教育部人文社会科学重点基地重大项目
"中国特色的大学内部治理结构与质量保障机制建设"（18JJD880005）

"大学治理现代化丛书"顾问委员会

潘懋元　别敦荣　刘振天　吴　薇　郭建鹏　覃红霞

大 学 治 理 现 代 化 丛 书

丛书主编/王洪才

我国地方高校二级学院院长教育领导力研究

A STUDY ON THE EDUCATIONAL LEADERSHIP OF DEANS
IN LOCAL UNIVERSITIES AND COLLEGES IN CHINA

毛芳才◎著

厦门大学出版社
XIAMEN UNIVERSITY PRESS

国家一级出版社
全国百佳图书出版单位

图书在版编目（CIP）数据

我国地方高校二级学院院长教育领导力研究 / 毛芳
才著. -- 厦门：厦门大学出版社，2022.9
（大学治理现代化丛书 / 王洪才主编）
ISBN 978-7-5615-8743-0

Ⅰ．①我… Ⅱ．①毛… Ⅲ．①地方高校－院长－学校
管理－研究－中国 Ⅳ．①G647.17

中国版本图书馆CIP数据核字(2022)第170469号

出 版 人	郑文礼
责任编辑	曾妍妍

出版发行 厦门大学出版社

社　　址	厦门市软件园二期望海路 39 号
邮政编码	361008
总　　机	0592-2181111　0592-2181406(传真)
营销中心	0592-2184458　0592-2181365
网　　址	http://www.xmupress.com
邮　　箱	xmup@xmupress.com
印　　刷	厦门集大印刷有限公司

开本	720 mm×1 000 mm　1/16
印张	24
插页	2
字数	419 千字
版次	2022 年 9 月第 1 版
印次	2022 年 9 月第 1 次印刷
定价	96.00 元

厦门大学出版社
微信二维码

厦门大学出版社
微博二维码

总　序

一、高等教育内涵式发展需要大学治理现代化护航

（一）中国高等教育质量提升需要治理结构调整

我们清晰地认识到，研究大学内部治理结构问题是推进国家治理体系与治理能力现代化的急迫需要，也是推进高质量高等教育体系建设的客观需要。

从历史发展规律看，中国高等教育发展必然要经历从量变到质变的转变。虽然高等教育发展任何时候都不能忽视质量建设，但质量是作为基准还是高水平状态却有本质的不同。我们知道，在高等教育精英阶段，由于高度的选拔性使得生源素质普遍较高，学生的学习自觉性比较强，从而基本质量是有保障的，故而不必太关心质量问题。随着高等教育大众化的发展，大批新建高校出现，质量就变成了一个突出问题。我国也适时地开展了高等教育评估，并且通过建立示范校方式来促进质量建设。但在效率优先原则的带动下，人们对质量的关注成为其次的选择。对于高职院校、民办高校而言，保证充足生源无疑是第一位的选择。对于多数高校而言，扩充规模仍然是一种第一位选择。在此背景下，质量建设主题往往被忽视，经常成为一种口号的存在，在实际中往往不发挥真正作用。只有当高等教育规模开始趋向稳定时，质量建设主题才开始凸显出来。

高等教育规模扩张的拐点出现是在 2008 年，这一年是适龄入学人口的峰值，之后适龄入学人口出现不同程度的递减，因而人口学专家认为，即使招生规模不再继续扩大，仅仅维持 2008 年的招生规模，我国高等教育毛入学率也将出现持续增长的趋势，因为按照数学公式计算，在分子不变的情况下，分母减小，分值必将增加。事实也如此，虽然在 2008 年之后我国高等教

育规模扩张速度开始大幅度降低,而高等教育毛入学率依然呈快速增长态势。所以在2018年就基本完成了大众化,到2019年就已经超越了大众化水平,即高等教育毛入学率已经超过50%。这意味着高等教育大众化过程基本结束,量的扩展任务基本完成,高等教育发展重心将从量的扩展转向质的提升。正是2018年年底我们正式启动了"中国特色的大学内部治理结构与质量保障机制建设"研究课题。这看似一种巧合,实质存在一种必然的逻辑,背后是"量变质变规律"在发挥作用。

事实上,伴随着高等教育大众化的发动,高等教育质量问题就开始引起各方面的关注,人们经常用"多而劣"来形容高等教育规模扩张。虽然人们认识到了高等教育大众化应该采取多样化的质量观,但对多样化质量观究竟是什么样的,人们并无清晰的认识。正是如此,我国提出了"分类发展"政策,也即倡导研究型大学、应用型高校、职业技术型高校应该采用不同的发展模式并采取不同的评价方式。分类发展概念实际上是多样化高等教育质量观的具体应用。但时至今日,人们并未给出一个清晰的划分标准,只是给出一个粗浅的分析框架。原因在于,对于众多高校而言,无法给出一个统一的合理的标准。因为每个高校办学条件不同,面对的生源素质不同,所面向的就业市场不同,教师的来源不同,于是教学质量千差万别,采取统一的评价标准根本不可行。唯一可行的路线是加强高等教育主体责任建设,使高等教育行为主体对高等教育质量问题高度重视,把质量提升变成每个主体的自觉行动。这实际上就需要治理机制的变革,而非通过外在控制的手段来解决质量问题。

要使每个高等教育行为主体担负起质量建设的责任,就必须进行高等教育治理结构的调整。高等教育管理重心太高,必然使高等教育基层变得被动。而高等教育质量建设的重心恰恰是在底层,所以激活高等教育行为底层的活力才是高等教育质量建设的第一要务。很显然,高等教育质量建设的第一行动者是高校教师,只有他们充分认识到质量问题的重要性并且致力于探讨教学质量提升的路径,才能从根本上解决质量问题。教师是高等教育质量建设的第一大群体,只有他们真正行动起来,高等教育质量建设才有保障。这直接涉及治理结构的调整,首先是大学内部治理结构的调整,即高校真正赋权给教师,给他们教学探索权、教学创制权,如此才能激发他们的创造活力。这样就要求高等教育管理重心下移,使高校二级管理机构真正变成管理实体,而非简单的执行机构,而能够根据办学市场变化和生源条件变化以及社会发展变化进行主动决策,而且能够科学决策,同时善于民主决策,从而把广大教师的积极性、创造性调动起来,最终能够激发每个学生的学习积极性,主动地把自己塑造成适应时代要求的创新创业人才。

(二)大学内部治理结构调整是一个系统工程,需要重点突破

显然,大学内部治理结构问题与高等教育管理体制密切相关,与高等教育运行机制紧密呼应。高等教育宏观管理体制不变,大学内部治理结构就难以调整。但我们不能等到外部管理体制完全调整完成之后才开始内部调整。事实上,高等教育改革并没有严格的先后顺序,可以同步进行,即只要哪个地方认识到了改革的必要性,就可以率先行动。可以说,高等教育创造性寓于每个行动者行为之中,高等教育改革动力就在于人们认识的超前性和对改革急迫性的感受。"知而不能行"是知识分子的痛楚,"知而能行"是时代赋予高校教师的使命。高等教育改革也可以从基层开始,从教学改革做起。当然,真正能够从自身做起的仍然是少数教师,对于绝大多数人而言,行动依然依靠自上而下的动员,需要行政上的赋权。所以,教育改革既离不开少数人率先探索示范,又不能缺少顶层设计和行政支持。高等教育体制改革事情很难全面铺开,只能选点进行实验探索,待实验成功之后再总结经验并逐步推广。大学内部治理调整也是如此,只能从局部探索开始,无法事先设计一个完美方案去推行。

选择哪些点进行探索比较合适?很显然,选择治理的关键节点进行比较合适。我们知道,在大学内部普遍采用的是一种垂直式管理方式,大学管理权力集中在学校领导机构,集中在校长与书记手中,因为我们实行的党委领导下的校长负责制。书记主持党委工作,自然就拥有工作的主导权,校长负责学校全面工作,必然就具有治理学校的权力。党委负责组织和人事工作,校长负责计划和落实工作。因为大学是一个多学科的综合体,如何调动每个学科的创造性就是书记和校长的核心职责。显然,选拔好各个学院的院长是书记和校长要做好的首要工作。那么,如何选拔合适的院长就是书记和校长工作的课题。随着办学重心的下移,办学压力将逐渐转移到学院,那么选拔合适的二级学院院长显得越来越急迫。什么是合适的二级学院院长呢?我们认为具有教育领导力的院长才是合适的院长,如果不具备教育领导力,就不是合适的二级学院院长。那么我们的第一个研究重点就是二级学院院长领导力研究。

1.大学二级学院院长领导力研究

之所以谈二级学院院长的教育领导力,就在于大学不仅是一个学术机构,而且是一个教育机构,大学各个二级学院应该是一个实体性的办学机构,而培养合格人才是办学的第一位职责,那么,培养我们社会所需要的人才就是院长的基本职责,如果不能完成这个任务,就是院长的失职,这样的院长就不称职。那么,二级学院院长的教育领导力问题就是我们的第一个研究主题。

如何开展二级学院院长领导力研究?选择合适的研究方法非常重要。通过简单的调查或理论推演都没有什么实际意义,只有能够面向高校改革实践来研究问题才是最合适的。显然对高等教育改革具有直接推动作用的研究方法是行动研究,那么只有行动者才适合从事该项研究。如果是纯粹的理论家进行研究就容易沦为空谈。而主管过高校组织人事工作并且正在从事高校人事管理的高校领导是最佳人选。

选择什么样的研究对象也非常关键。在高校办学群体中,地方高校在二级学院院长教育领导力提升问题上遇到的困惑最多,也最具有典型性。我们不得不承认,学术地位与领导能力之间具有紧密的相关性,学术地位越高越可以增加无形的影响力,自然对领导力提升具有促进作用。教育领导力提升与个人的学术水平有关,也与个人的教育经历和教育信念有关。在这些方面,地方高校劣势明显。如此,研究地方高校二级学院院长的教育领导力就具有代表性,换言之,如果地方高校二级学院院长教育领导力问题可以顺利解决,那么对于那些资源和优势非常明显的部属院校而言可能就不成问题。

2.大学二级学院学术委员会研究

在重视大学作为教育机构的同时,也必须重视大学首先是一个学术机构,教育活动是依托学术而进行的,没有学术这个本体,教育功能就难以实现。要充分实现大学的学术功能,就必须充分发挥二级学院的作用,因为二级学院是大学的基层组织,是基本的学术功能实体。那么,遵循学术规律,就不能把学院当成行政组织来管理。所以我们在研究二级学院院长的教育领导力的同时,必须关注学术委员会的建设,只有建立强有力的学术委员会组织,才能有效地发挥学院的学术功能实体作用。可以说,在研究二级学院的教育领导力时,也必须关注院长对学术委员会工作的支持,关注如何尊重学术自由,充分发挥学术委员会的作用,这对于实践"教授治学"的办学方针具有直接的现实意义。

二级学院学术委员会问题研究显然更为复杂,因为学术委员会组织长期以来处于一个弱势地位,受到的关注比较少,从而研究起来难度比较大。国内普遍缺乏比较成功的经验,而重点大学的情况会相对好一些,因为在重点大学,学术权威更容易受到重视,学术氛围也更好,学术委员会运行机制也更顺畅,从而从重点大学学术委员会建设中摸索成功经验比较容易。换言之,在重点大学,学术立场更容易得到坚持,行政化力量会受到自觉限制,这在无形中就为学术委员会运转提供了便利条件。那么,从重点大学获取二级学院学术委员会建设的成功经验就比较有利。

在研究方法选择上,无疑质性研究方法是第一位选择。因为学术委员会制度在建设过程中面临着许多挑战,这些挑战会因学科不同、学校不同或具体组成人员不同而不同,这些不同点又与复杂的历史背景和现实的多样的冲突有关。如何把握学术委员会制度建设中的难点和重点是大学学术治理的困惑所在。作为局外人很难完全理解当事人的处境,只有长期共事才有可能有比较全面的理解,显然这对于研究者而言是不现实的。在研究者无法全程跟踪研究对象的情况下,只能在取得信任的基础上通过深度访谈获得研究资料,然后再从中抽取出学术委员会制度建设的经验、问题进行思考。如果对二级学院院长教育领导力的研究需要采用行动研究方法的话,那么对学术委员会制度建设的研究只能采用客观描述的方法,即研究者不带个人主观意见地呈现研究对象的思考和对现实问题的分析,并且通过对不同研究对象的叙述的比较,找到一种比较理想的学术委员会制度建设图式。

3.大学本科课程治理研究

教育质量提高,关键靠教师。而调动教师的积极性关键要先全面了解教师在课程建设中的投入程度。如果教师在课程建设中投入的时间和精力充分,则教学质量无疑是高的,相反,则教学质量就难以保障。为此就需要在课程治理上做文章,调动教师投入课程建设的积极性,使教师积极投身教学改革研究。本科教育是高等教育的基础工程,"本科不牢,地动山摇"。在本科教育质量保障机制建设中,本科课程治理是一个关键环节。我们培养专业人才,都是通过一门门课程实施的,通过教师在每门课程上投身教学实践来达成的。要使教师充分地投身教学,就必须做好课程治理工作。

课程治理是一项艰难的工作,如何促进大学课程治理需要科学的设计。

本科课程涉及面非常广,涉及研究型大学和应用型高校乃至职业本科院校,但所有的本科课程建设都必须遵循教育基本规律,即都必须从调动学生学习积极性出发,都需要从激发教师的教学热情入手,离开这两点,课程治理就不可能成功。具体而言,就是要从满足教师发展需要出发,只有结合教师发展需要实际,才能激发他们的教学热忱,使他们主动投身教学,主动改革教学内容、方法,以适应学生发展需要,满足社会对大学生发展的要求。对于各个院校实际而言,必须根据各自的实际情况制订具体的工作方案,当然这有赖于各级管理者的聪明才智的发挥,特别是院系一级管理者的主动作为,需要建立合适的体制机制。

无疑,并非所有教师都是被动的,一些教师本身就具有对教育工作的热爱,一直在坚持进行教学改革探索,也取得了一些教学改革成功经验,从而对如何扩大教学改革效果具有自己的设计。为此,了解并收集他们的改革经验,倾听他们对推进改革的建议,将对完善课程改革方案设计具有重要意义。如此就需要实地调研,运用质性研究的方法,获取一线教师和管理者的成功经验或失败教训,这对于提供全面的改革建议具有直接的促进意义。

4.研究生师生关系研究

高等教育要培养创新人才,研究生教育则是必须关注的重点。教育质量的提升,依赖于和谐的师生关系建设,如果缺乏和谐的师生关系,就无法达到立德树人要求,为此必须高度关注师生关系问题,促进师生关系的和谐。显然,促进师生关系的和谐需要因循依法治教的理路推进,不能寄托于传统的说教方式。从法律角度思考师生关系是一个重要的研究主题。目前,研究生师生关系问题比较突出,把完善研究生师生关系问题作为研究主题就是大学内部治理调整过程中需要关注的重点。

依法治教,必须从我国的教育法律法规的实际出发,了解国家对于研究生师生关系是如何规范的。不得不说,我国并未出台系统的研究生师生关系法案,关于研究生教育中的师生关系规定散见于不同的法律文件中,这就需要进行大量的法律文本分析,从中抽离出关于研究生师生关系的规定。其中的研究生导师权力规定和研究生所享受的教育权利规定应该是关注的重点,这也是我们在分析研究生教育过程中师生关系矛盾发生原因和处理办法的依据。将研究生教育所涉及的师生权益的文本进行系统梳理成为研究的基础工作。

法律文本规定并不等于现实状况,法律规定执行和依法治教习惯的培养都需要一个过程,教育活动在一定程度上独立于法律文本规定,它经常按照传统的习惯逻辑运行,人们对法律规定的理解程度和遵照法律规定办事程度都与法律规定的理想要求存在差距。所以,现实中人们究竟是如何理解研究生师生权力-权利关系状况需要进行一定范围的调查研究。

5.关注民办高校质量与效率关系

在关注公办高校的同时,我们也需要关注民办高校办学质量问题。民办高校往往把经济效益放在第一位,对与社会效益直接相关的质量问题关注相对不足。质量提升,离不开管理杠杆的撬动,离不开内部治理结构的调整,我们假定,合理的内部治理结构有助于民办高校质量提升。但如何促进民办高校改善内部治理结构就是一个需要解决的难题。根据民办高校对办学效益(特别是经济效益)高度关注的特性,我们尝试以绩效评价机制为突破口来研究民办高校的内部治理结构调整问题。我们知道,民办高校具有自己的特殊性,选择适当的研究视角非常关键。办学效益是民办高校考虑的核心问题,绩效评价是民办高校提升办学效益的重要手段,通过绩效评价杠杆来促进内部治理结构调整是一个不错的选择。

要进行绩效评价与内部治理结构关系研究,首先需要论证两者之间确实存在着逻辑的联系。为此就需要运用扎根理论方法,从那些实际从事民办高校管理工作的当事人经验中去提取,也需要从民办高校正在执行的管理文件中去验证。所以前期的扎根理论方法的研究与后期的案例研究缺一不可。当然,在中间还需要进行民办高校治理机制与治理结构关系模型的建构,虽然它是基于扎根理论研究材料的,但又不完全依赖于这些材料,毕竟这些材料是零碎的、不全面的,难以完整地描绘民办高校治理机制运行图式,也难以清晰地勾勒出理想的民办高校内部治理结构样式,为此就不得不依据研究者对民办高校治理过程的体验,经过反思之后再从理想角度进行构建,这样才能既具有理想性又具有现实性,从而可以指导未来民办高校治理结构调整。这就要求研究者本身必须对民办高校治理过程具有深度的体验。

二、高等教育作为国之重器,大学必须率先实现治理现代化

大学是高等教育活动的基本单元,高等教育现代化必须从大学治理现

代化做起,而且要伴随着高等教育现代化全过程。如前所述,在大学治理走向现代化的过程中,大学治理中面临的最突出问题是管理重心太高,无法发挥基层的积极性。如此就出现大学内部行政化状况久治难愈,甚至有愈演愈烈的倾向,所以大学走向治理的出路就要降低管理重心。显然,冰冻三尺,非一日之寒,大学内部治理结构非一朝一夕就可以解决的,必须一步步来。究竟如何开始就需要认真思考。我们认为,推进大学内部治理现代化有五步是必须的,第一步是把管理重心降到院级。所谓降到院级,意味着院级的管理责任必须增强,如此就会对院长的管理能力提出挑战,那么,院长应该具备什么样的管理能力就是高校内部治理研究首先需要解决的问题。第二步就是要壮大院级学术委员会的治理概念,从而与学院治理责任加强相一致,与院长管理能力提升相适应。可以说,与院长管理能力提升直接相应的就是强化院级学术委员会的功能,使之在教授治学过程中发挥积极的作用。第三步是优化治理机制,促进院系有效治理。所谓有效治理,就是要确立合理的治理目标,采用有效的执行机制,促进目标有效达成。有效治理的根本目的是调动教师的积极性,通过教师积极性调动来促进教育教学质量提升。教师积极性提升最终效果应该体现在课程建设和课堂教学质量上,为此大学内部治理机制优化最终需要落实在课程治理机制优化上,因为课程是联系教师与学生、教师与学校、学校与社会的桥梁,所以,课程治理是大学治理的落脚点。大学内部治理效果最终通过强化课程治理、调动教师的积极性来实现,可以说课程是影响教育教学质量的最直接的因素。第四步是顺应社会发展趋势,加强依法治教力度,强化师生关系的疏导和引导,特别是要注重化解研究生教育中师生关系不合适的状况,促进大学校园建立权力—权利适配的师生关系。第五步是有效地运用绩效评价杠杆,使之成为高校内部治理结构调整的平衡器。能够做好这五步,就建立了一个比较合理的大学质量保障机制。

我们认为,我国高校管理重心过高主要是传统管理体制造成的。我国传统上是计划体制,实行的是垂直式管理模式,即学校一级领导直接对应上级教育管理部门的领导,学校自主权集中体现在上级指示的执行者,而非主动的社会需要的反映者。要强化大学办学自主地位,就需要加强学校办学自主权。但大学是一个多学科的联合体,学校自主权不能集中在学校层面,因为集中在学校层面就无法反映各个学科的具体发展情况,就无法反映市场对专业人才需求的变化情况。所以,办学权力应该适当地分散到各个学院,由学院负责具体学术事务,掌管各个具体学科与专业的发展情况,促进学科与专业主动适应社会发展变化要求。显然,办学权力下放到学院,绝不是下放给某个人,无论是院长或是学术权威,都不行,必须是一个学术共同体。代表学术共同体的是学术委员会,因为它是学院学术力量的代表,集中了学院最具有学术影响力的教授,因为这些教授不仅学术贡献大,而且能够谨守学术规范,得到了同行的认可,从而被推举到学术委员会中负责学术事务评议工作。但作为一个相对独立的办学单位,要处理大量的学术事务和行政事务,就必须由一个有管理能力的院长负责全面事务以维持学院日常运转。这样的院长第一条需要有自己的教育理念,否则就难以担负起全院人才培养的重任和学术事务协调工作。所以,院长的领导力本质上是一种教育领导力。

那么,研究院长的教育领导力必须与研究学院学术委员会建设同步进行。在二级学院,院长虽然负责学院全面事务,但主要发挥的是一种行政管理职能,他虽然对学术事务具有很大的发言权,但必须尊重教授群体的意见,不能实行个人独裁。所以,学术权力既是一种精英权力,也是一种民主权力。所谓精英权力,指学术权力不是平均分布的,而是向学术权威倾斜,即谁的学术贡献大,谁的学术话语权就强。所谓民主权力,指学术决策不是某个人说了算,而是需要集体决定,无论是通过投票的方式还是通过辩论的方式,都是在让人们充分发表意见之后再进行决策。但学术权力又不是一个纯粹的民主权力,学术权力也需要采用一种集中制,如此才能进入执行环节,从而院长具有学术干预的权力。当学术决定不符合办学目标的时候就要运用行政手段进行干预,也即院长具有否决学术委员会决定的权力,如此才能获得一种学术权力与行政权力的基本平衡。我们知道,集体决定未必都是正确的,个人决定不一定都是主观臆断的,各自具有自己的优势,关键是两者之间达成一个合理的平衡,从而在不否定民主决策的同时又可以保证决策的效率。

课程与教学是决定教学质量的根本环节,教学质量从根本上说又取决于课程建设质量。课程就是对教学内容和方法的系统规划设计,是实现专业人才培养目标的基本载体。教学是课程的具体执行,是一种活的课程。课程并不等于教学计划和教学方案的设计,必须通过具体执行环节来体现。只有在课程正确设计的前提下才能出现高质量的教学,有高质量的教学,才有高质量的课程。进行有效的课程设计需要充分发挥教师的能动性,需要教师进行充分的教学研究,需要教师真正关心学生成长需求,同时必须认真关注社会发展需求的变化。只有教师的关注点与学生需求和社会发展需要有机地统一在一起,课程设计才可能是有效的。在正确关注学生需求和社会发展需要基础上,还必须采用恰当的方式进行教学才能促进学生发展,为此必须钻研学生的接受心理,激发学生从被动学习状态转向主动学习状态,只有把学生从被动的接受者的状态转变为主动探索者的状态,教学才是成功的。显然,激发教师教学主动性是关键,调动学生学习积极性是根本,如果学校管理策略不改变,学校不能针对不同学科使用不同的教学管理策略,就难以真正调动教师的积极性和学生的主动性。与教师的积极性直接相关的就是教师评价政策,这是影响课程治理成效的根本,因为评价就是指挥棒,指挥棒不变,其他就很难改变。所以,课程治理显然不只是课程本身的事情,而是整个高校管理机制的事情,这就与高校的绩效评价制度直接相关。

　　谈到绩效评价,就直接涉及高校内部部门利益的调整,因不同的考核意味着不同的权力分布,权重越大自然就越受重视,在考核中比重越小,自然就越不受重视。在课程领域,专业课比通识课受重视,必修课比选修课受重视,从而学生把更多的精力用在专业课和必修课上,这样就使课程出现了不同的等级,相应地也影响到教师的教学积极性。在绩效评价过程中,科研比教学权重更大,从而吸引教师把更多精力用于科研而非教学。由于科研业绩直接关系到学校排名和地位,从而管理层就越发重视科研,而对教学则采取应付策略。随着各项教学比赛纳入排名行列,这些比赛项目也受到了重视。这显示出大学办学受外部控制的影响太大,难以发挥自身的主动性与能动性。如何让管理部门把注意力向教学倾斜,特别是发挥科研对教学的促进作用,使科研定位与自身的办学定位相一致,是一个非常重要的问题。可以说,绩效评价方式是大学内部管理机制的牛鼻子,抓住这个牛鼻子,对高校治理结构调整和质量保障有积极的作用。

　　师生关系调整最能够显现人才培养质量,也是治理成效的展示区。健康和谐的师生关系是立德树人根本目标落实的表现,如果出现师生关系紧张则是大学治理失灵的表现。所以,师生关系状况是大学治理状况的警示器。很显然,建设健康和谐的师生关系是师生双方面的责任,绝不是单方面的事情,但双方面的责任绝不是均等的,而教师在其中占有主导地位,负有主要责任。教师所具有的优势地位容易使学生处于被动的地位,所以,如何尊重学生的主体性,使学生能够充分主张自己的学习权利,保护自己的正当利益,是高校管理者必须思考的事情。高校自然需要健全规章制度,完善对教师的行为规范,引导教师正当行使自己的学术权力,同时也要进一步保护学生所享有的学术权益,特别是学生的学习权利,使师生在正常的交往过程中获得一个相互促进的关系。近年来,研究生师生关系出现了不少问题,需要引起高度关注,为此也需要对校园环境进行治理,这也是校园文化建设的重要一环。不得不说,校园环境治理必须遵循依法治教的轨道进行,只有遵循法治的思路才能使大学校园长治久安。

三、"唯论文""唯项目"对高等教育质量造成重大威胁

(一)高等教育质量提升面临的问题非常多

众所周知,目前我国高等教育规模已经是世界第一,毛入学率已经超过50%,进入了普及化阶段,但我国高等教育实力并不强,与成为世界高等教育强国还有相当距离。

在高等教育进入普及化阶段后,规模扩张就不再是高等教育发展中的主要问题,而质量提高才是高等教育发展中面临的最主要问题,也是真正的难题。对于规模扩张而言,似乎只要经费充足投入就可以完成预期目标,然而要达到质量提升目标就显得非常困难和复杂,因为要提升高等教育质量,就需要考虑到高等教育层次和类型问题,考虑到专业和学科差异问题,考虑到师资和设备的适配性问题,而且必须考虑到校园文化环境建设和学生学习心态问题,同时还必须考虑到社会需求变化和高校的承受能力问题。对这一系列问题的考虑,都是对高等教育质量提升课题所提出的挑战。但我国要建设高等教育强国,就必须突破质量建设的难题,这也是我国提倡高等教育走内涵式发展道路的由来。

(二)提升高等教育质量需要从大学内部治理结构进行突破

很显然,妨碍我国高等教育质量提升的根本问题仍然是办学体制机制问题,对于这些问题,必须用改革的眼光来看待,也即必须从新思路去思考和解决。在高等教育内部,人们普遍发现基层创新活力还没有被激发,这实际上已经成为阻挡高等教育质量提升的关键问题。为此就必须从治理机制变革入手来解决。治理机制问题,从根本上说是治理结构问题,如果大学内部权力集中,基层缺乏必要的行动能力,那么基层的活力就难以显现出来。

为此,大学内部治理结构问题就是一个我们必须关注的重点问题。

按照功能主义理论,结构决定功能。没有合理的治理结构,就难以让大学发挥出真正的办学效能,进而就难以使整个高等教育系统发挥出有效的功能。因为高等教育的基本单位就是各所高校,只有每所高校在治理上都发挥出高效能,高等教育办学质量才能获得整体提升。要使高校治理发挥出高效能,大学内部治理结构调整在所难免,因为人们感受最深的就是目前大学内部治理结构制约了大学办学的功能发挥。当然,大学内部治理结构受大学外部治理结构影响,但外部治理结构调整是一个长期的复杂的事情,很难很快地找到答案,而大学内部治理结构调整容易找到突破口。所以,从大学内部治理结构的突破口去思考,就容易推进高等教育质量获得有效的提升。

目前高等教育理论界与实践界双方面都获得了一个共识:大学治理重心必须下移,二级学院应该成为真正的办学实体。所以,"学院办大学"成为大学治理结构调整的一个不可逆转的基本趋势。但如何实践"学院办大学"战略,就是大学内部治理结构研究的重点所在。故而,本课题以"大学内部治理结构"为研究的逻辑起点正是以此为背景展开的研究。

(三)我国大学内部治理结构改革必须走中国特色道路

要探索中国特色的大学治理结构确实不是一个简单的命题,充满了挑战性。但我们不能回避这个难题,因为我们要建设世界一流大学,必须做出中国气派,必须具有中国学派,哲学社会科学必须在世界上独树一帜。我们必须能够对中国大学制度做出合理的解释,从而支持中国学派建设。中国有自己的国情,必须根据自己的情况办事,为此我们必须具有文化自信、制度自信、理论自信和道路自信,因为我们是社会主义国家,走的是中国特色的社会主义道路,我们必须对中国特色社会主义道路充满信心,我们也必须不断地充实、发展和完善中国特色社会主义理论,我们必须具有这种理论的自觉性,这种自觉性就表现在我们主动地把马克思主义基本原理用于指导中国社会改革开放实践,教育实践就是其中重要的组成部分.高等教育实践尤其充满挑战性,因为高等教育不仅肩负培养创新人才的责任,同时也肩负创新知识的重任,需要在创新知识过程中为社会提供广泛的服务。这种自觉就转变为高等教育学科建设的动力,即我们需要用创新的高等教育理论指导高等教育实践。

毫无疑问,大学内部治理结构调整目的是提高质量,促进人才培养质量的提升,提高科学创新能力,促进社会服务能力的提升。教育以育人为本,所以,大学科学创新能力提高和社会服务能力提升都离不开人才培养质量提升这个根本,而且人才培养质量本身就是检验科学创新能力和社会服务能力的主要依据。现今我国大学发表的论文量非常巨大,已经超过许多发达国家,总量仅次于美国,但这些论文究竟对社会贡献如何、对人才培养质量提升的作用如何,非常值得拷问。大学中为发表而写论文的情况屡见不鲜,已经构成了高等教育质量的隐患,这是中央决心要破除"唯论文"倾向的根源。

(四)改革重科研、轻教学的绩效评价机制是大学治理改革的重点

确实,要解决"唯论文"这个问题并不容易,但关键是要找到问题的根源,否则就可能出现治标不治本的情况。从本源上说,之所以出现"唯论文"的情况,就在于基层无法决定自己究竟干什么,已经被各种指标所捆绑,这些指标成为大学教师必须完成的任务,不然就很难达标,这才是"唯论文"的根源。这说明科研人员缺乏基本的自主权,无法决定自己究竟该做什么,不能从诚实的原则出发来从事教学与科研工作。因为各种管理指标并不针对每个人,是不加区别的,那么每个人也只能不顾自己的实际情况都从指标出发来安排自己的工作与生活。而论文量是每个教师必须完成的工作。在这种被动情况下所撰写的论文只能靠追慕热点和投机取巧方式来获得发表机会,不然就很难在短时间内达到发表任务量的要求。这种非自由状态下从事的研究与高质量无缘,只能是一种低水平的重复劳动。

"唯项目"也是如此,因为项目是大学教师晋升的必要条件。每年一度的课题指南基本上就确定了教师的选题范围。毫无疑问,指南所列项目的指导性非常强,但是否适合大学教师就难以预料。大学教师更适合从事基本理论研究,这是学科体系构建的需要,也是教学的实际需要,因为在教学过程中必须能够解答学生提出的相关问题,如果不进行系统的理论研究就无法胜任。而指南课题非常偏重应用性,对教师的实践条件要求非常高,这些都是绝大多数教师无法胜任的。加上现在考核制度都是个人性评估,不鼓励合作研究,教师的研究能力也存在着严重不足。如果有科研助手的话还能降低一定的科研压力,否则个人就需要从事课题设计、文献查找、课题论证、课题申报等一系列工作。如果有幸获中课题,就需要个人全方位地开展研究工作,完全超出了个体的研究能力。在这种情况下,科研质量难以保证就是自然而然的了。由于管理部门重视课题申报而不重视课题完成情

况,导致很多课题都成了"烂尾楼"工程。即使可以结题的项目多半也属于应付。原因在于科研机制不合理,计划研究项目是一种理想设计,一遇到现实问题,这些设计都必须重新修订。而管理部门如果严格按照原先设计进行管理,那最终结果只能是应付和拼凑。可以说,这种科研机制不仅无法鼓励科学创新,反而会抑制创新,因为这种科研机制无法使教师充分自由地开展研究,已经把研究变相地转化为一种硬性任务。

在这种科研体制和考评机制下,教师们只好把主要精力用在科研上,也即项目申报和论文撰写上,这种科研很难说是真正意义上的科研。所以,考评机制不改,办学真正效益和办学质量就无法提升,自然也就很难提升教育质量和人才培养质量了,就可能与落实立德树人根本任务渐行渐远。故而,绩效评价机制改革是大学内部治理结构改革的最终突破点。

四、大学内部治理结构改革遵循的行动逻辑

(一)选好二级学院院长是治理重心下移需要第一位思考的问题

要让大学二级学院成为真正办学实体,选好当家人即学院院长是第一位思考的问题。毛主席说过:"政治路线确定之后,干部就是决定的因素。"[①]学界普遍认为,学院院长必须具有很强的管理能力才行,否则学院的秩序就难以保证,办学方向就难以坚持。同时也认为,要使学院具有较高的学术水准,院长自身需要具有学术带头人的资历,否则就难以服众。进而还认为,要培养社会主义合格的建设者和接班人,院长也必须具有正确的教育理念。因而,学院作为一个学术性、教育性和行政性相统一的机构,院长必须具有综合协调能力,既能够满足学术发展的内在需求,又能够倾听学生发展需要的声音,同时还能够认真贯彻上级指示精神。所以,院长必须具有较高的综合素质,不能是一个只知道做学术的单纯的学者,也不能是只知道听从上级命令的行政人员,更不能是只懂把书本教好就知足的教书匠,而应该是一个具有人格魅力、管理实力和学术权威的专家,这种院长就是具有教育领导力的专家。所以,研究如何使院长具有教育领导力就是中国特色的大学内部治理结构与质量保障机制建设研究需要解答的第一个问题。

---

① 毛泽东.中国共产党在民族战争中的地位[M]//毛泽东.毛泽东著作选读:上册.北京:北京人民出版社,1986:279.

（二）建设好学院学术委员会可以有效地平衡学术权力与行政权力，阻止行政化加剧

经过近 20 年的探讨，学术界普遍认为，大学内部行政权力过大是当代中国大学治理面临的一个通病，如何在大学内部治理重心下移状态下避免行政权力过大，是一个必须认真预先思考的问题。对于试图实践学院办学理念的二级院长而言，必须具有充分的行政权力，因为这是一种正式权力，有了这个权力，才能有效地调动办学资源，落实办院计划，实现学院发展目标，否则就难以管好一个学院。但在办院过程中又不能出现"一言堂"的情况，否则就会扼杀学术活力，会让人变得唯唯诺诺，不敢创新。因此，无论行政事务还是学术事务都必须遵循民主集中制原则，特别是在学术事务处理上必须尊重教授群体共同的意见。为此就离不开学术委员会（含教授委员会）的建设。建设好学术委员会，就是发挥教授治学的主动性、积极性，共同建言献策，使学术决策能够照顾绝大多数学者的利益而不是单纯反映个别人的意志。所以，找到学术委员会良性的运行方式就是学术委员会建设急迫需要解决的难题。我国大学学术委员会建设一直处于软弱无力状态，长期受行政权力挟制，无法充分发挥作用，难以维护学术的独立地位，这种状况严重阻碍了我国大学迈向世界一流大学的步伐。只有院长与学术委员会之间保持健康的良性关系，才能使教授治学有效地发挥作用。所以，我们非常有必要研究学术委员会健康运行的文化生态问题。

（三）课程治理是大学治理的重点，也是高等教育质量的根本保障

课程是教学的载体，教学是师生沟通的主要桥梁，教学质量决定教育质量，而课程质量决定教学质量，抓好课程建设就抓住了高等教育质量建设的牛鼻子。因此，高等教育质量保障最终依靠课程来落实，通过课程建设把每个教师的积极性发挥出来正是课程治理的目的。如果不能把教师的主要精力吸引到课程建设上来，说明大学内部治理改革并没有到位，大学内部治理成效就不明显。只有把教师的教学积极性充分发挥出来，大学内部治理改革才是成功的，因为教学可以促进科研，可以促进课程建设，可以促进学术环境建设，可以提升大学的文化软实力。目前大学教师对教学投入不足已经成为我国高等教育人才培养质量建设的软肋，只有解决好这个问题，高等教育质量建设才算落到实处。如何促进教师投身教学？课程治理就是关键。正是由于教师能够投身课程建设，才会吸引他们把每一堂课上好，从而把课程做精，精品课程依赖于每堂课的高质高效。要使每堂课高质高效，不对课程进行总体设计是不可能的,不安排好课程总体内容、不设计好课程采取的基本方法、不考虑好课程所依赖的设备设施就无法让课程达到预期效果。这就要求教师必须有自己的教学理念和课程理念,通过课程理念统帅自己教学过程,指导自己的教学行为。

目前,本科教育质量弱化已经成为社会高度关注的事情,那么研究本科课程治理就是大学内部治理结构调整研究中必须关注的一个重点,而本科课程治理也是高等教育质量保障体系建设的一个关键。

(四)师生关系和谐关系到大学治理成败,依法治理是平安校园建设的基础

研究生师生关系恶化已经成为社会上非常关注的事件,这也对高等教育质量建设产生巨大的负面影响,如何进行治理已经成为大学治理过程中一个亟待解决的问题,当然也是大学内部治理结构必须思考的一个重要问题。我们知道,师生关系是大学内部最基本的关系,师生关系状况直接影响到教育教学质量。虽然目前出现的研究生师生关系恶性事件属于个别事例,但已经暴露出大学内部师生关系出现了异化现象并亟待调整和整顿,显然它也显示出大学师生在大学治理过程中权力不足状况,从而涉及大学师生对大学治理的参与权问题。然而,在目前研究生师生对大学治理的参与权还难以结构化,需要进行系列的研究,因为这不仅涉及大学章程的建设问题,也涉及法律的基本规定问题。我们只能在目前法律框架下思考该如何保障教师的学术权利和维护学生的学习权利,同时制约教师的学术权力滥用和培养学生对自身学术权利的保护能力。为此就必须对目前师生权益的法律法规进行系统梳理,并且从大学具体执行的角度来思考如何完善师生权益保护的法律框架。

(五)绩效评价是大学治理的重要抓手,也是完善治理结构和提升办学质量的有效杠杆

无疑,现今大学教师的行为受到了绩效评价的巨大影响,完全置身于绩效评价之外的教师几乎没有。要调动教师积极性,就不能不思考如何运用绩效评价杠杆的问题。传统的"五唯"评价是评价导向出了问题,才产生今日大学质量危机。"解铃还须系铃人",我们要改变今天大学治理的不利局面,仍然需要从解决绩效评价存在的问题入手。如果绩效评价产生了正向效应,说明大学治理结构是合理的、有效的,否则就说明大学治理结构存在着明显问题。调整绩效评价指标,在一定意义上就是在调整大学治理结构。

我们知道,要使教师们更加投入教学,就必须提高教学指标在绩效评价中所占的比重,只有教学绩效占据整个绩效评价一半左右的分量时,教师们才会充分注重教学投入。如果教学绩效在总体评价所占分量极低,就是无意中鼓励教师脱离教学。因此,完善绩效评价机制可以在相当程度上促进大学内部治理结构完善。

五、广泛萃取成功经验,探索中国本土化的大学治理路径

在研究主题确定之后,研究方法选择就是关键因素。针对大学内部治理结构问题研究,无法采用预先设计理论框架的方式进行,只能采取经验萃取的方式进行。因为我们无法把西方大学的治理框架直接搬过来为我所用,事实上通过改革开放以来的摸索,人们已经认识到我们必须走自己的道路,必须从完善自身的治理结构出发,走中国特色的大学内部治理之路。目前,我们正处在推进管办评分离的途中,还没有实现真正的管办评分离。采用垂直式管理仍然是中国高等教育管理体制的特色。当然,坚持党的领导是我国社会主义大学办学的最根本的特色。大学内部管理体制也是如此,坚持党的领导是社会主义大学办学的基本特色,实行党委领导下的校长负责制是中国大学治理的基本模式。中国特色的大学内部治理结构调整也是在遵循这个基本特色和基本模式的基础上开展研究的。所以,无论二级学院院长选拔还是学术委员会建设,抑或是课程治理或是师生关系调整,再或是绩效评价的开展都是在坚持党的领导的基本原则下进行的。

本研究采用的基本方法是经验萃取法,也即从调查研究出发,从实践中发现成功经验,进而在总结经验的基础上形成基本理论。具体而言,就是采用个案研究法,通过找到一些典型个案,发现促进大学内部治理结构调整的有效经验,用来建构比较适宜的理论,从而为中国特色的大学治理结构调整找到一条切实可行的路线。当然,这些经验都是在通过大量的访谈之后才能确定的,为此,所采用的基本研究途径就是质性研究方式,因为我们无法事先构建理论框架,然后采取大规模的量化调查方法。相反,我们正是在大量的实地调查基础上,生成一个理论框架。如我们提出"提高二级学院院长教育领导力"命题就是在长期的实地调查基础上提出的,提出大学课程治理思想也是在大量的田野调查中生成的,提出通过绩效评价来调整治理结构

思想、建立研究生导师学术权力与学生权利适配性思想也是如此,提出建立二级学院学术委员会良性的文化生态思想也都是基于田野调查而提出的。

为了找到典型的研究资料,我们进行了多轮实地调研。我们身在高等教育研究重镇,目前正在从事大学治理的行动研究,有着非常深刻的切身经验。研究者都经历了大学治理的专业理论训练,具备从实践一线获得生动资料的能力。我们的研究团队非常精干,不仅有精力集中、全神贯注的全日制博士生参与,而且有丰富实践经验的专业博士生加入,他们具有丰富的管理经验,对于大学内部治理结构存在的问题有深刻的体会,能够从真正问题出发开展研究。作为主持人,我非常关注大学内部治理结构改革问题,切实体会到治理结构直接关系到办学质量提升。我具有作为大学教授的经验,长期参与教授委员会工作;后来担任研究所所长,开始参与院系层面的治理工作;再后来成为院教授委员会主任,直接主持教授治学的过程;如今作为院领导人一员,先后负责教学管理和科研管理工作,并且参与聘任委员会工作、学术委员会工作,参与党政联席会的决策过程,直接体会到院管理工作的不易和面临的诸多挑战,从而更加坚定了大学内部治理结构改革研究的决心。

为了保证研究高质高效地推进,同时也为了在实际研究中培养研究生的理论联系实际能力,我把研究任务进行细化深化,并且作为博士生博士论文的研究选题,使他们的学术研究不仅具有充分的理论价值,而且同时要具有充分的实践价值。只有用充满挑战的实践性课题来训练学生的思维和实践意识,才能真正提升其思维的敏锐性和观察问题的深度,提升其理论视野的开阔性和实践关注的现实性,培养其具有强烈的责任意识和自觉的使命担当精神,让他们通过回答当前中国高等教育发展过程中面临的最迫切的问题增长理论思维水平和领导实践才干。

第一个研究主题"大学二级学院院长教育领导力研究"责任人是毛芳才教授,他目前是贺州学院党委副书记,长期担任学校的组织部负责人,具有学院院长选拔的丰富实践经验,也有很多理论困惑,参加该专题研究,不仅发挥其实践经验的长处,而且激发其理论探讨的热情,从而能够有效地做到学用结合和学以致用,如此训练,也真正符合教育博士生的训练要求,即用理论解决工作中的实际问题。

第二个研究主题"大学二级学院学术委员会建设研究"责任人是田芬博士生,她目前已经获得西北工业大学高教研究所助理研究员的职位邀请。

她是一个很具有同理心的女生，特别擅长与他人产生心理共鸣，她负责田野资料搜集非常合适。她没有在大学实际工作的经验，反而是她从事质性研究的优势，即她不会戴着有色眼镜去观察学术委员会建设中存在的问题，从而可以以完全的第三人立场去搜集资料，用共情的心理去体会大学二级学院的学术委员会委员们的苦与乐，分享他们的成功经验，正视他们所面临的问题，并尝试从学理的角度来回答他们的疑惑。这是一个富于挑战性的工作，也是增长学生知识和智慧的工作，同时也是训练其学术见解的工作，使其可以在其中真正领会学术的含义、学术与治理的关系、学术治理会遇到哪些实际的挑战，这些都会变成她终身的财富。

第三个研究主题"大学本科课程治理研究"责任人是汤建博士，她目前为安徽大学高等教育研究所助理研究员。她非常聪慧，善于理论思维，敢于迎接挑战，对于本科课程治理这个具有开创性的难题一点都没有退缩。我们知道，国家对本科课程建设非常重视，"双万计划"就是"金课"建设的动员令。因为只有"金课"建设成功，才能有一流专业出现。然而传统的课程建设模式是行政命令型的，这种建设很容易表面上轰轰烈烈，而真实效果却乏善可陈。所以课程建设必须走出一条新路来，即从自上而下的路线改为自下而上的路线并与自上而下的路线进行汇合，否则课程建设就不接地气。要找到一条自下而上的建设路线，就必须广泛萃取各类学校成功的课程建设经验，找到它们的成功案例，再通过理论思辨，形成一个具有统整意义的课程治理路线。换言之，只有从治理理念出发，才能改变目前课程建设中"领导忙活而群众旁观"的尴尬局面。

第四个研究主题"研究生师生权力-权利适配性研究"责任人是施卫华副研究员，他目前是福州大学石油化工学院党委书记，曾担任组织部副部长多年，并具有多年的学生工作经验，有较好的法学理论基础。他选择了研究生导师学术权力与研究生学习权利关系的研究，可谓正得其人。他思想政治觉悟非常高，自觉地以立德树人根本目标作为研究的指导思想，非常关注研究生教育中师生关系健康和谐问题，也在负责研究生师生关系矛盾调解的相关工作，从而具有丰富的实践经验。在实践中发现，导师权力与学生权利的适配性是一个关键问题，如果法律规定比较具体明确，就有利于指导师生健康和谐关系的建设，相反，如果法律规定模糊或空白，就容易使一些法律法规意识不强的教师在师生关系处理上出现越界行为。当然，研究生自身缺乏法律意识和自我保护能力也成为师生关系矛盾频发的一个重要影响因素。从法治建设入手探究师生关系调整问题无疑是一个正确有效的思路。

第五个研究主题"大学绩效评价与大学内部治理结构调整研究"责任人是宣葵葵研究员,她在宁波财经学院(前身是宁波大红鹰学院)科研处任处长一职,长期在管理部门工作,与校内各个管理部门具有密切的联系,并且参与学校改革发展规划和负责绩效评价改革设计工作。在民办高校,绩效评价是非常重要的管理手段,是办学者意志的集中反映,同时也反映出高校内部治理结构现状。作为一个行动研究者,她总是在不自觉地思考如何促进高校内部各种关系和谐,如何提升高校管理效率,以及如何提升学校办学竞争力,对这些问题的思考使她的研究更具有针对性。当然,对高校治理结构和治理效能的关注不能仅仅局限在本校,因为那样的视野是狭窄的。借鉴成功学校的经验无疑对完善本校改革思路和改革设计是大有裨益的。因此对校本研究和案例研究,都有助于丰富绩效评价研究的设计,也可为大学内部治理结构改善提供有效的借鉴。故而,她从事该专题研究不仅是专业发展的需要,也是承担好学校工作的需要,还是促进大学质量保障机制建设的需要。

六、结语

必须指出,关于中国特色的大学内部治理结构与质量保障机制建设研究目前取得的成功也只能是一个开端,后续的研究任务还很多,因为许多问题研究随着大学治理现代化命题的深化而不断涌现,都需要进行深度探讨。本次研究所取得的成果也只能为后来研究起到一个奠基的作用。这也呼唤研究者仍然需要继续努力,在本研究领域做出更多的成果和成绩。我们研究的目的就是突破目前高校治理结构难题,为中国特色的大学内部治理结构调整与质量保障机制建设奠定基础。

本研究总体而言是一次大规模的团队作战,需要多方面协作才能成功。在本次研究中,毛芳才、施卫华、宣葵葵、汤建和田芬5个人担任了主力,分别承担了专题研究工作,这也是他们博士论文的选题,他们都顺利地通过了论文答辩,本丛书就是在他们博士论文基础上修改而成的。赵祥辉、段肖阳、闵琴琴、杨振芳、郑雅倩、郭一凡等参与了调研和研讨,他们都表现出很高的研究热情和创造性,具有良好的学术素质,我对他们表示衷心的感谢。

本套丛书是教育部人文社会科学重点研究基地重大课题的成果,得到了基地领导的支持,我作为课题负责人在此表示热诚感谢。在课题设计论证环节,有许多专家提供了帮助,如西安欧亚学院董事长胡建波教授、青岛大学的李福华教授、华侨大学的陈雪琴教授等都给予了很大支持,我对他们的支持表示真诚感谢。特别是西安欧亚学院董事长胡建波教授,他热情接待了我们的专题调研活动,使我们调研收获非常大并发表了系列研究论文。而且西安欧亚学院也成为民办高校内部治理结构改革成功案例出现在终期的专题研究成果中。

本丛书是对大学内部治理结构与质量保障机制建设的一次深入的系统探索,是一次深入的系列专题研究。显然,研究无法对该问题给出一整套成熟的答案,我们只是对人们所关注的主要问题进行了前沿探索。我们相信大学治理重心下移是必然的,也相信必须从提升二级学院院长的教育领导力进行突破,从院级学术委员会的文化建设方面出发完善学术治理,从本科课程治理做起保障质量,从师生健康和谐关系构建入手推进大学校园环境建设,抓住绩效评价这个杠杆促进大学内部治理结构调整,这些基本判断有待时间的检验。我们寄希望于未来能够有机会对今天的研究结论做一次系统的检验,从而完善和推进该主题研究进一步走向深入。

王洪才

2021 年 12 月 16 日

　　悉知毛芳才教授的著作《我国地方高校二级学院院长教育领导力研究》即将付梓，甚为欣慰。利用寒假拜读了专著，颇有些感触。

　　贺州学院毛芳才教授、博士在其博士论文的基础上，完成的著作《我国地方高校二级学院院长教育领导力研究》，从把握二级学院院长应有教育领导力的特殊性及其具体构成要素、效能表现形式和考核评价对策，回答了什么样的二级学院院长才是好院长，以及如何当好二级学院院长等现实问题，对如何当好二级学院院长具有一定的启发作用，对于构建大学治理体系和能力现代化建设具有重要的理论和现实意义。

　　"火车跑得快，全靠车头带。"任何组织都必须有一个能够领导组织开展好工作的人，这个人就是组织中的领导者，而组织中的领导者其领导能力如何，直接影响到组织工作的开展以及组织目标的实现。从高等教育领域来说，当前我国大力推进构建现代大学制度，完善大学治理体系和治理能力现代化，其中，大学二级学院的有效治理及其活力的激发具有重要地位，而二级学院的治理及其活力的体现，很大程度上依赖于二级学院院长的领导力，院长唯有具备了一定意义上的领导力方能承担起院系有效治理的重要责任。

　　学院是大学组织结构中重要的组成部分，是大学发挥人才培养、科学研究、社会服务、文化传承创新、国际交流合作等五大职能的重要阵地，同时也是大学实施教学、科研、社会服务的主要场所。二级学院办得好与不好，直接影响到大学办学质量的好坏以及大学在社会上的声誉。从另一个角度来说，学院学科、专业办得如何，某种程度上也影响着大学在人们心中的认可度。学院发展的好与不好，很大程度上又取决于学院院长的领导水平和治理水平。

　　关于大学治理，我经常说一句话：一所大学要办好，必须要做到，上层有想法,中层有办法,基层有做法。这里所谓"中层有办法"就是指二级学院和职能部门必须有"办法",才能够将学校顶层设计的"想法"通过基层的"做法"落地落实,才能够出成效,才能够实现学校规划的目标。我所在的学校正在进行"强院兴校"的改革,大学治理重心下移,充分发挥二级学院的积极性,让"学校办学院"的观念转型到"学院办学校"。我曾经提出"管理就是处理好各种关系"的观点,对于高校二级学院院长来说,就是如何处理好教学与科研、传承与创新、学科与专业、个人与平台、引人与育人、学院与学校、找钱与花钱、校园与社会等"八大关系"。

《我国地方高校二级学院院长教育领导力研究》围绕"二级学院院长具有什么样的教育领导力才能胜任大学治理重心下移的时代使命"这一核心命题展开,其学术价值就在于通过解决二级学院院长教育领导力的特殊性及其具体构成要素、效能表现形式和考核评价对策,解答大学治理中的现实问题。理论来源于实践,理论的生命力在于创新。我认为专著从理论和实践创新方面体现出了以下特点:

一是从对高等教育本质属性理解与认识的基础上阐释教育领导力以及院长教育领导力的应有要义。如何结合高等教育的本质属性对教育领导力作一个概念界定,是研究中要突破的重点和难点。为此,作者在深入理解和遵循领导力的本质是影响力的基础上,从对教育本质的理解上阐述了教育领导力的真正含义,并提出二级学院院长教育领导力是指院长在深刻领会高等教育本质基础上,对"培养什么人"形成了全面透彻的理解,并用之统率学院全体人员而形成的教育行动合力。简言之,院长教育领导力是指院长基于理想人格的设计,形成学院的共同奋斗目标,并用其统御和指引学院教学、科研、社会服务和行政管理工作。这一概念的界定突显领导力在教育领域中的本质属性和教育领导力的专业性。遵循教育规律和教育属性对教育领导力概念界定、院长教育领导力结构模型构建,体现领导力在教育领域的本质属性和岗位的专业性,把原来一般化的概念变成专门化的概念,这正是它的创新之处。

二是切合高等教育领导领域的特殊性、专业性构建了院长教育领导力模型。从国内已有的研究看,由于研究基本上是直接把领导力移植到教育领域,无论从概念理解还是要素构建,均没有突显教育属性和教育领导岗位的专业性。为此,作者研究结合高等教育本质属性、地方高校二级学院的特点、院长行使行政权力和学术权力的特殊性,结合地方本科院校的实际,提出了院长教育领导力三三四模型。从而显现出二级学院院长教育领导力与其他岗位的教育领导力的不同。院长教育领导力模型的构建都体现了高等教育的本质属性和规律性，对应了二级学院治理的新趋势，同时体现了院长应有领导力应该具有的教育专业色彩。

三是在研究方法上综合运用行动研究开展研究。作者结合自身在地方高校二级学院担任过负责人，在高校组织部门担任过组织部部长，以及现在是高校分管干部工作的校领导等自身经历，基于行动研究得出了研究结果，是运用行动研究来开展领导力研究的大胆尝试。这不仅弥补了已有相关研究主要采取逻辑思辨为主，普遍缺乏工作实践的不足，而且还能使研究结果更加具有针对性和实际应用性。

我与毛芳才教授相识多年，他是一位很有理想和追求的学者，对地方高校管理特别关注和潜心研究，并取得了一系列成果，这是他的又一新成果。我对他在教学科研中表现出的严谨学术精神和勤勉努力深感钦佩。这部富于思想性、学术性的专著即将出版。我在繁忙的行政杂务之余，将书稿初读了一遍，受益匪浅，写下这点感想。

是为序。

贺祖斌

广西师范大学校长，教授、博士生导师

2022 年 1 月 22 日　于桂林

前　言 ·······

　　随着我国大学治理重心下移和高等教育内涵式发展不断推进,作为承载大学人才培养、科学研究、社会服务等职能主体的二级学院越来越受到重视。二级学院如何有效治理、激发办学活力是当前我国推进大学治理体系和治理能力现代化,构建现代大学制度非常重要的问题。二级学院治理中,最为核心的要素之一是二级学院院长的治理能力。作为大学二级学院的掌门人,二级学院院长在大学组织和二级学院治理中扮演的独特而又重要的领导角色,越来越受到大学内外的关注和重视。

　　本书围绕"二级学院院长具有什么样的教育领导力才能胜任大学治理重心下移的时代使命"这一核心命题展开,认为二级学院院长的教育领导力提升是实现大学二级学院治理体系和治理能力现代化的关键。研究以二级学院院长教育领导力为研究对象,重点研究院长教育领导力的内涵、具体构成要素、效能表现形式以及考核评价对策。研究的学术价值在于解决二级学院院长教育领导力的特殊性及其具体构成要素、效能表现形式和考核评价对策,解答什么样的二级学院院长才是好院长,以及如何当好二级学院院长的现实问题。

　　本书基于对广西两所地方本科院校共 34 例个案进行深度访谈,对院长教育领导力面临的问题进行了较为全面、系统而深入的探究。首先,从大学治理新趋势呼唤具有教育领导力的院长引入研究主题,全面分析了大学治理重心下移二级学院所引发的系列变化,包括二级学院办学自主权扩大和相应责任增加,校院两级办学目标的落实和办学活力的激发,师生利益诉求和矛盾主要在二级学院解决等。本书认为,大学治理重心的下移对二级学院院长提出了新使命、新要求、新标准,唯有培养和提升二级学院院长的教育领导力方能担当大学治理重心下移的时代使命。本书有望为理解教育领导力真正内涵,厘清二级学院院长教育领导力的构成维度,开展二级学院院长教育领导力质性分析奠定坚实基础。

其次，基于领导和领导力相关理论、大学治理相关理论，在遵循教育规律、体现高等教育本质属性以及院长学术治理和行政治理专业性的特点的基础上，结合地方本科院校的特点和实际，提出二级学院院长教育领导力由三个层面构成：第一层面是先进领导观念，包括教育观、人才观、权力观三个基本维度；第二层面是核心领导素养，包括人格魅力、学术造诣、领导艺术三个基本维度；第三层面是关键领导能力，包括学院发展谋划力、内外交往讲演力、办学活力激励力、学院治理规范力四个基本维度，由此构建了三层面、十维度院长教育领导力模型，即三三四模型。而后通过深度访谈证明该模型具有较强的解释力。

再次，在分析教育领导力考核评价内涵、考核评价的原则和方法的基础上，依据 360 度考核评价方法，探讨了院长教育领导力效能的基本和核心表现形式，并从考核评价观、考核评价体系、考核评价主体、考核评价结果运用等四个方面提出了院长教育领导力考核评价的对策。

最后，根据高校干部成长的规律，结合高校干部队伍建设中干部选拔、培养、任用的制度性要求，探讨了院长教育领导力培养和提升的路径。

通过研究，我们总结得出以下五个方面的结论：一是院长的教育观是影响二级学院内涵式发展的根本因素；二是教育观、人才观、权力观水平共同决定了院长领导观念的先进性，进而决定了二级学院的发展思路和举措；三是良好的人格魅力、学术造诣和领导艺术构成了核心领导素养，并成为先进领导观念的依托；四是院长只有具备学院发展谋划力、内外交往讲演力、办学活力激励力和学院治理规范力等关键领导能力才能领导好学院；五是具备院长教育领导力的十个维度要素方能当好院长，并承担大学治理重心下移的时代使命。

本书主要框架分七章。第一章是绪论，论述了选题背景、研究意义、基本概念、核心概念、研究现状和研究思路方法及研究架构等；第二章论述为何大学治理新趋势呼唤具有教育领导力的院长；第三章探讨大学治理重心下移后院长教育领导力构成维度要素；第四章是通过对院长教育领导力成败典型案例的质性分析，以论证院长教育领导力维度要素构成的科学性和可行性；第五章是对院长教育领导力考核评价内涵、效能表现形式和考核评价对策的探究；第六章是解答如何才能培养和提升院长教育领导力的问题；第七章是研究结论与展望，并阐述了创新和不足之处。

　　本书的创新之处主要有三个方面：一是凸显了教育观在院长教育领导力中的核心地位；二是提出院长教育领导力由三个层面十个维度要素构成，即三三四模型；三是在研究方法上的创新，即本研究以行动者身份来探究院长教育领导力问题，希望通过理论探讨与实践建构找到提升院长领导力的科学方案。因为，能够为地方高校二级学院院长队伍建设提供有借鉴意义的参考是研究的初衷。

目　录 ···

第一章

绪　论

　　党的十八大以来党和国家的事业发生了巨大变化,显示出党中央的超强领导力。习近平总书记在党的十九大报告中明确提出要"不断增强党的政治领导力"①,中国特色社会主义已经进入新时代,这是我国发展新的历史方位。进入新时代意味着我们的经济、科技、国防、文化、教育等领域必须主动适应新时代,引领新时代,贡献新时代。教育这一事关千秋万代的伟业更应该领航新时代,而在领航新时代中高等教育的战略地位越显重要。回顾世界各国的发展,不论是美国、英国还是日本,其国家飞速发展的动力都源于教育,特别是高等教育。当前,我国高等教育的发展必须走在新时代前列,引领时代的发展,特别是要考虑如何让我们的国家从高等教育大国走向高等教育强国。当下上升为国家高等教育发展战略的"双一流"建设鼓舞人心,催人奋进。但是,大学治理体系和治理能力现代化如何推进?"双一流"建设如何落地生根?高等教育内涵式发展如何达到既定目标?这些问题的存在考验着大学校院两级领导人。毛泽东主席早就说过:"政治路线确定之后,干部就是决定的因素。"②对当前高等教育发展来说,"大学治理体系和治理能力现代化"、"双一流"建设等战略规划掷地有声地提出后,关键是看每一所高校从大学校长,到中层干部,再到每一位教职员工的行动如何,执行力如何。而执行力来源于领导力,领导力如何又决定着执行力如何。

----

　　① 习近平.决胜全面建成小康社会 夺取新时代中国特色社会主义伟大胜利:在中国共产党第十九次全国代表大会上的报告(2017 年 10 月 18 日)[M].北京:人民出版社,2017.

　　② 毛泽东.毛泽东选集:第 2 卷[M].北京:人民出版社,1991:526.

从我国高等教育发展历史来看,完全可以说,一所好的大学,一定有一位好的校长,如清华大学的梅贻琦、北京大学的蔡元培、南开大学的张伯苓、厦门大学的萨本栋等。这些校长因为遵循教育规律和人才成长规律,把握教育发展的使命,汇聚办大学之力量,有较强的教育领导力水平,有较强的执行力。因此,这些大学均取得了成功! 大学的发展需要各个二级院(系)的发展。同样,一个好的二级院(系),一定要有一位好的二级院(系)院长(或主任)(以下统称二级学院院长或院长),方能引领二级院(系)的发展。正如厦门大学王洪才教授在其 2009 年所著的《大学校长:使命·角色·选拔》开篇中所言:我国已经提出了建设世界一流大学的雄心勃勃的计划,而这个计划必须有一大批卓越的大学领导人来负责具体的组织实施,只有在他们的具体组织和领导下才可能总体性地提升大学水平,才能从根本上提升大学的竞争力,才可能使我国涌现出一批高水平的大学,让我国大学跻身世界一流大学的行列。同时,王洪才教授又一针见血地指出:要遴选出这批大学领导人并非一件易事,必须进行精心的设计和做好制度安排,唯如此才能保证选拔结果的可靠有效。① 因此,在大力实施和推进"双一流"建设的过程中,必须建设一支领导力和执行力强的干部队伍和教师队伍。大学领导人既要有教育领导力强的大学校长,也要有教育领导力强的二级学院院长,也就是说既要提升大学学校一级党政领导人的教育领导力,也要提升大学院(系)掌门人的教育领导力。因为学校顶层设计的落地关键还要看中层一级领导干部,特别是二级学院这一层的领导干部,学校发展中具体问题的解决也主要是看中层一级的党政领导人。他们不仅是学校政策的执行者,也是本部门的决策者,负有领导本部门教职工有效开展工作的职责和使命。随着大学治理重心下移二级学院,二级学院院长作为学院发展与改革的重要引领者,他们的领导力水平是影响二级学院发展乃至学校发展的重要因素,也是实现院长职责、发挥好二级学院这一办学主体的关键。

---

① 王洪才.大学校长:使命·角色·选拔[M].上海:上海交通大学出版社,2009:1.

第一节 研究缘起及意义

一、研究缘起

随着我国高等教育事业的发展,高校内部治理结构改革和完善工作的不断推进,高校管理重心不断下移,二级学院如何有效治理成为当前我国现代大学制度建设不得不考虑的问题,二级学院院长在大学组织中、在二级学院治理中扮演着独特而又重要的领导角色,越来越受到高校内外的关注和重视。南京师范大学王建华教授在总结反思我国高等教育发展时指出:"我国高等教育改革所缺少的不是顶层设计和总体规划,而是基层的活力,重启高等教育改革必须强化大学自身勇于创新的积极性和主动性,而非政府关于高等教育改革的总体方案、路线图和时间表。"[①]而高校的基层活力以及大学自身的积极性、主动性在哪里? 作为二级学院主要负责人之一的院长成为理所当然的、不可或缺的主角之一。 正是由于这样一种独特的社会文化境遇,本研究拟以领导力相关理论和大学治理相关理论为指引,在前人研究领导力,特别是大学校长遴选及大学校长领导力的基础上,开启二级学院院长教育领导力问题研究。

笔者认为对于二级学院院长教育领导力的系统研究和深入探究,不仅是一个严肃的学术命题,而且是一个复杂的实践性命题。因为二级学院院长教育领导力既要从学理上进行研究,又要从高等教育领导实践中去探讨。对于二级学院院长教育领导力的研究,既要从大学组织内部的发展找原因,也要从它发展的外部社会环境中找原因,当然,也要从二级学院院长的个人发展和价值实现找诱因。基于此,总结以下几点认识:

---

① 王建华.重启高等教育改革的理论思考[J].高等教育研究,2014(5):1-10.

（一）办好人民满意的大学和实现高等教育强国的战略目标，急迫需要提升二级学院院长教育领导力

党的十九大明确提出：建设教育强国，办好人民满意的教育。[①] 从高等教育来说，办人民满意的教育就是办人民满意的大学。无论是过去还是现在，一所大学学术水平的高低，人才培养质量的优劣，科研成果的好坏，主要是通过二级学院（系）的基础性工作体现出来的。人民满意的大学来源于人民满意的院（系），人民满意的大学首先要有人民满意的院（系）。那么如何办好人民满意的院（系），谁去办人民满意的院（系），这是大学校长需要考虑的问题，更是二级学院院长首先要考虑的问题。

我国高等教育的发展已经从精英教育步入了高等教育普及化阶段，推进教育现代化，建设高等教育强国的强音越来越强。《国家中长期教育改革和发展规划纲要（2010—2020 年）》明确提出：提高质量是高等教育发展的核心任务，是建设高等教育强国的基本要求。[②] 2015 年 11 月，国务院印发《统筹推进世界一流大学和一流学科建设总体方案》，明确提出到本世纪中叶，一流大学和一流学科的数量和实力进入世界前列，基本建成高等教育强国。[③] 同年 10 月，教育部、国家发展改革委、财政部联合出台的《关于引导部分地方普通本科高校向应用型转变的指导意见》明确提出：要紧紧围绕创新驱动发展、中国制造 2025、互联网＋、大众创业万众创新、"一带一路"等国家重大战略，找准转型发展的着力点、突破口，真正增强地方高校为区域经济社会发展服务的能力，为行业企业技术进步服务的能力，为学习者创造价值的能力。[④]《中国教育现代化 2035》明确提出：将服务中华民族伟大复兴作为教育的重要使命，坚持教育为人民服务、为中国共产党治国理政服

---

① 习近平.决胜全面建成小康社会 夺取新时代中国特色社会主义伟大胜利：在中国共产党第十九次全国代表大会上的报告（2017 年 10 月 18 日）[M].北京：人民出版社，2017.

② 国家中长期教育改革和发展规划纲要（2010—2020 年）[EB/OL].（2010-07-29）[2020-06-01].http://www.moe.gov.cn/srcsite/A01/s7048/201007/t20100729_171904.html.

③ 国务院关于印发统筹推进世界一流大学和一流学科建设总体方案的通知[EB/OL].（2015-11-05）[2020-06-01].http://www.gov.cn/zhengce/content/2015-11/05/content_10269.htm.

④ 三部门印发关于引导部分地方普通本科高校向应用型转变的指导意见[EB/OL].（2015-11-16）[2020-06-01].http://www.gov.cn/xinwen/2015-11/16/content_5013165.htm.

务、为巩固和发展中国特色社会主义制度服务、为改革开放和社会主义现代化建设服务,优先发展教育,大力推进教育理念、体系、制度、内容、方法、治理现代化,着力提高教育质量,促进教育公平,优化教育结构,为决胜全面建成小康社会、实现新时代中国特色社会主义发展的奋斗目标提供有力支撑。[①] 这些目标的实现,急需二级学院院长充分发挥其应有的领导作用。

在学校组织结构中,二级学院是学科学术承载的中心,是最为重要的组成部分,是学科建设、团队建设、人才培养与服务、资源集聚和应用等方面最直接的组织机构。学院作为承担学校教学、科研和社会服务活动的基层具体的执行机构,学院组织活动的运行效果如何,直接关系到大学组织目标和各项工作任务的完成,完全影响着高校的运作效率和生存能力。二级学院院长作为这一机构中的主要负责人,是学院发展的火车头,学院发展的牵引力,处于举足轻重的地位,起着率领二级学院师生实现学校科学发展的中坚力量作用,其教育领导力水平如何,不仅关系着我国教育方针政策的贯彻落实,而且关系着教育目标的实现。同时,也直接关系着学校学科建设、专业建设、团队建设、人才培养与服务、资源集聚和应用等方面的科学发展、全面发展、协调发展、可持续发展。面对高等教育发展提出的新要求、新挑战、新使命,二级学院院长如果没有新的思想、新的观念、新的举措,没有锐意改革的胆魄和引领学院发展的谋划能力、决策能力、驾驭能力、执行能力、激励能力以及自身的人格魅力,就难以发挥二级学院在办好人民满意的大学和实现高等教育强国战略目标中的作用。办好人民满意的大学和实现高等教育强国的战略目标,不仅需要优秀大学校长的教育领导力去全面负责学校教学、科研、行政管理工作,行使高等教育法等规定的校长职权,谋划学校的科学发展,保证教育教学质量达到国家规定的标准;而且需要一批教育领导力强的二级学院院长去率领师生贯彻执行好学校的办学方略,行使相应的职权,贯彻落实立德树人根本任务,抓好二级学院的教学、科学研究和社会服务工作,确保学校科学发展工作落实到位。

---

① 中共中央、国务院印发《中国教育现代化 2035》[EB/OL]. (2019-02-03)[2020-06-01]. http://www.moe.gov.cn/jyb_xwfb/s6052/moe_838/201902/t20190223_370857.html.

（二）建立有中国特色的现代大学制度，推进高校治理体系和治理能力现代化，急迫需要提升二级学院院长教育领导力

建立有中国特色的现代大学制度，推进高校治理体系和治理能力现代化，急迫需要提升二级学院院长教育领导力，方能更好确保高校治理重心下移的落实。建立现代大学制度，必须由高校治理体系现代化和治理能力现代化所支撑。建立现代大学制度，推进高校治理体系和治理能力现代化不仅对二级学院院长提出了新要求，而且对二级学院院长提出了新挑战。随着大学治理的深入推进，治理的重心不断下移，二级学院治理成为大学治理中的关键。北京师范大学石中英教授在其《大学办学院还是"学院办大学"》一文中明确提出：没有一流的学院，就难有一流的大学。① 在高等教育大众化进程中，学院规模日益扩大、组织愈为复杂、职能逐渐多元化，这些对传统学院管理方式提出了挑战，更是对二级学院院长提出了新挑战。同时，大学治理重心下移后，学院必须理顺诸多利益相关者之间的关系，明确学院决策权力与责任划分，改革和完善学院治理结构，有效统筹协调运行好学院治理中的行政权力和学术权力，对二级学院院长也是考验。

曾经有学者指出：在大学治理过程中凡是需要通过校院合作予以解决的问题难以得到有效处理的，就会积压在校院之间，进而激化大学内部矛盾，导致大学治理面临失灵的危险。② 而破解大学治理失灵，必须更新治理理念变革传统的校院管理模式，理顺大学校级组织与学院基层组织之间的权责关系，提高学院主体地位并使其获得更多管理职权。二级学院院长担任领头羊、负责人的角色，如何化解矛盾、运用好权力，也是不得不考虑、不得不直面的问题。

（三）深化高校内部综合改革，激发二级学院办学活力，急迫需要提升二级学院院长教育领导力

王洪才教授在研究我国大学内部治理改革趋势时提出"大学内部治理的中位原则"③，即要把大学的学术权力和行政权力集中在中层，有利于激发知识创新活力和基层的创造力。深化高校内部综合改革，激发二级学

---

① 石中英.大学办学院还是"学院办大学"[N].光明日报,2016-05-10(13).

② 华起.新时代高校内部治理体系现代化重构:基于"整体性治理"理论的视角[J].高教学刊,2018(18):10-13.

③ 王洪才.中国大学模式探索:中国特色的现代大学制度建构[M].北京:教育科学出版社,2013:156.

院办学活力需要二级学院院长能引领师生形成新合力,真正考验着二级学院院长的教育领导力水平。始源于中世纪巴黎大学的"学院"最初是来自远方贫困学生的住宿之所,后来扩大为师生共同学习、生活的地方。当时巴黎大学设有以神学院为核心的文学院、法学院、医学院等四所学院,师生人数较少,学院规模小,当时的管理机构名类单一,日常的行政管理手段就能轻而易举地应对简单、明了的学院事务。但当今的高等教育进入普及化阶段,一方面大学内部学院数目普遍增加,另一方面学院内部系(科)、专业数量也在增多,以学院为单位的教师、学生、管理人员数量也相应扩大。在高校管理重心下移的推动下,二级学院的规模不断扩大,功能逐步完善,学院院长角色经历了由"学生食宿管理者"到"教学管理者"到"学术管理者"再到"综合管理者"的演变,今天更成为"双一流"建设中的"学科建设者",从单一角色向多元角色转变。[①] 此外,从学院内部组织机构设置情况来看,发挥实体性组织功能的机构数量也不少,如学院党委(党总支)系统、行政系统、群团系统以及最主要的学术系统等。这些变化增加了学院组织的复杂性、学院活动的多样性、学院成员及其关系的多元性,随之加大了学院管理的难度。美国著名的高等教育学家马丁·特罗说:"在精英高等教育向大众高等教育转型过程中,学校师生意识一致性的崩溃使学校内部管理问题大大尖锐化。"[②]此外,学院规模的扩张使学院活动范围大大扩展、组织边界日益模糊,学院与校内外组织或群体交往更加密切。这些都在促使二级学院院长作为主要负责人要很好地认识和提升自己,学会处理由变化带来的系列新情况、新问题,这无形中考验着二级学院院长教育领导力水平。

(四)结合自身长期从事高校组织工作对选人用人工作改革与实践的思考

当然,"二级学院院长教育领导力研究"这个选题,也是在结合自身工作角色——曾经担任过地方高校二级院(系)负责人、学校组织部部长,现在又是分管组织和干部工作的校级领导,即基于长期从事组织干部工作实践进行的思考。因为在从事高等教育工作 28 年来,一直是教学、科研、行政工作

---

① 姜华.高校二级学院院长的角色冲突[J].中国高教研究,2011(10):56-59.

② 马丁·特罗.从精英向大众高等教育转变中的问题[J].王香丽,译.外国高等教育资料,1999(1):1-22.

"三肩"挑,最初在二级院(系)担任过学生辅导员、院(系)负责人,后来在机关部门又担任过党委办公室、学生工作部(处)、招生就业处、党委组织部负责人,到现在是一名学校领导。在我国高等教育不断全面深化综合改革、提高人才培养质量、建立现代大学制度等的新常态下,对于高校中层干部队伍这一中坚力量如何去构建、如何去培养、如何发挥好作用,推动学校科学发展,提升学校竞争力,推动办好人民满意的大学目标的实现等相关问题,颇有感悟。特别是在从事组织工作过程中,经常在思考为什么二级学院的办学活力激发不出来? 为什么有的二级学院院长工作出色,而有的工作推进不力、办学效果不明显? 这些问题一直困扰着笔者。因此迫切期望通过研究解决二级学院院长教育领导力岗位适应性问题,解答在具有什么样教育领导力的院长率领下,才能有好的办学效果出现。此外,在二级学院发展面临的困难和挑战过程中,发现不少二级学院院长以及中层干部在工作过程中不敢为、不愿为、不会为、不真为的问题比较突出。如他们在分析问题和解决问题时很少有规律性认识,只是简单地凭经验、凭感觉办事;对高等教育发展趋势经常把握不准,办法不多,想法不多。笔者在多年的高校干部工作过程中,借鉴行动研究的方法路线,一边开展干部队伍建设工作的实践与创新,一边对工作过程中遇到的问题进行理性思考和实践探讨。正因如此,研究过程中选择了两所地方本科院校 23 名二级学院院长、7 名学校领导以及 4 名与院长工作关联度紧密的主要职能部门负责人,共 34 人作为个案进行深度访谈的基础上,探讨二级学院院长教育领导力的特殊性及其具体构成要素和考核评价,并结合二级学院院长选拔和使用提出了院长教育领导力培养和提升的路径。最终通过研究破解"二级学院院长具有什么样的教育领导力才能胜任大学治理重心下移的时代使命,领导好学院发展"这一核心命题。同时为解答什么样的二级学院院长才是好院长,以及如何才能当好二级学院院长提供系统的参考。

二、研究意义

近年来,教育管理界日渐重视教育领导力的建设,英国伯明翰大学教育学院前院长彼得·雷宾斯认为:"领导力的质量是决定学校效能和学生学业水平的关键因素,这一点已是国际教育界的共识。"①二级学院院长教育领

---

① 张俊华.教育领导学[M].上海:华东师范大学出版社,2008:序 2.

导力研究既是一个理论课题,也是一个实践课题,决定了研究既有理论意义又有现实意义。

(一)理论意义

一是丰富领导科学的内容,助推领导科学的发展。通过研究拓展领导力研究的学术内容,丰富领导科学的内涵特别是领导力理论,推动领导科学的发展具有积极意义。当前不论是国内还是国外对领导力研究大部分都在企业管理或行政管理领域,在教育领域领导力研究也没有从教育的根本属性进行研究,基本类似于研究结论的移植或嫁接。本课题研究将紧扣教育的特殊性,紧扣高等教育的规律性,探寻在高等教育领域特别是在二级学院院长这一职位上的教育领导力应有要义。这将对领导力理论的丰富具有重要意义。

二是丰富高等教育管理研究的内容和高等教育管理理论。通过研究,特别是结合高等教育属性构建具有本土意义的、中国特色的院长教育领导力模型以及院长教育领导力考核评价体系,揭示教育领导力培养与提升的规律,可以丰富高等教育管理研究的内容,为高等教育研究注入新鲜活力,丰富高等教育管理理论。

(二)现实意义

一是为二级学院和学校的发展提供更坚强的思想保障和组织保障。对二级学院院长教育领导力研究将为大学内部治理特别是二级学院治理效果或水平的提升,改善学院和学校的关系和治理环境,促进学院和学校的健康发展提供坚强的思想保障和组织保障。任何管理都离不开领导者,领导者都应该有切合其领导工作特殊性的领导力。大学治理重心下移二级学院后,如何确保各项工作的运转顺畅且有效,必须有二级学院院长的牵引。院长如何牵引?牵引水平高低如何?主要在于院长教育领导力水平的高低。二级学院院长有较好的教育领导力水平,就能较好地引领学院发展,治理重心下移后的效果才能确保,具有中国特色现代大学制度建立和大学治理能力和治理体系现代化方能有强有力的组织保障。

二是为高校选好、用好、培养好以及科学评价二级学院院长提供直接参考。研究构建二级学院院长教育领导力模型,探讨院长教育领导力的表现形式,分析二级学院院长教育领导力考核评价方法原则和对策,探讨二级学院院长教育领导力培养和提升路径,可以为大学如何选好用好二级学院院长、如何培养好二级学院院长、如何科学评价二级学院院长的领导水平提供直接参考。

三是有利于促进二级学院院长群体的成长。二级学院院长教育领导力研究有助于二级学院院长们进一步挖掘、提升自身的领导力,改善二级学院院长的领导活动,增强学校治理和二级学院治理中的领导效能,使二级学院院长能更好地发挥中坚作用,促进学校的发展和自身领导能力的提升。

四是为高校建设高素质专业化干部队伍提供参考。教育领导力问题研究也是教育研究深化、更加专业化的表现,更是高校领导干部走专业化道路的体现。

第二节　基本概念和核心概念界定

德国著名社会学家、政治学家、社会理论家马克斯·韦伯(Max Weber)曾经指出:"概念大多是抽象的,总是给人们已远离现实的印象。所以,我们需要对概念加以解释。"[①]因此,为了研究的顺利进行,以及保持研究的科学性和严谨性,对研究中牵涉到的一些基本概念和核心概念要进行科学界定,以便更好地明确研究的对象和研究的边界,从而确保研究顺利进行。

一、领导

生活中我们经常使用"领导"一词。根据文献资料,关于"领导"的概念把握,笔者认为可以从以下三方面去理解。

(一)领导的本义

根据《现代汉语词典》,"领导"可以作为动词理解——领导是率领和引导他人进行工作的一种具体行动;同时也可以作为名词来理解——领导是专门指那些率领和引导他人进行工作的人,也被称为"领导者"。[②] 而根据《牛津词典》,"领导"(leadership)一词的解释是:率领并引导人或动物朝正确的道路(方向)前进。领导者(leader)有两个任务:一个是"找路",一个是

---

① 韦伯.社会学基本概念[M].杭聪,译.北京:北京出版社,2010:1.

② 中国社会科学院语言研究所词典编辑室.现代汉语词典[M].5版.北京:商务印书馆,2005:870.

"引路"。① 可以看得出,东西方关于"领导"的本义是极其相近的,这说明了东西方对于"领导"概念的认识和把握是相同的。不过自从"领导"一词被人们引入领导学以后由于受到文化、政治等方面的影响,中西方的表述又有所变化,有所不同。

(二)国内外学者关于"领导"的定义

西方领导学这一学科中的"领导"多以 leadership 来命名。而 leadership 又包含领导能力的意思,因此在中文翻译中采用了"领导力"这一词来表述。随着领导科学的发展,研究"领导"的学者也越来越多,国内外有关"领导"内涵观点的理解和表述层出不穷,笔者分别以表格的方式罗列了国内外学者关于"领导"内涵具有代表性的理解,这些理解都反映出研究中可以从不同视角去理解"领导"内涵的应有之义,可以说都具有其科学性的一面。详见表 1-1 和表 1-2。

表 1-1 国外学者对"领导"内涵的理解

关于"领导"概念内涵的基本观点	代表性人物
1.领导是"个人指导一个团体朝着一个共同目标活动的行为"	Hemphill & Coons,1957
2.领导是"对组织日常活动的机制性的影响"	D.Katz & Kahn,1978
3.当个人运用制度的、政治的、精神的和其他的资源去激起、促使和满足追随者的动机时,就实行了领导	Burns,1978
4.领导是"影响一个有组织的团体朝着既定目标活动的过程"	Rauch & Behling,1984
5.领导是一个对集体努力给予目的(意义指导)的过程,以激起期望达到目的的意愿而努力的过程	Jacobs & Jaques,1990
6.领导是"运用外界文化使其更具适应变化的能力"	E.H.Sehein,1992
7.领导是给人们共同工作赋予意义的过程,因而人们能够理解它并为之献身	Drath & Plaus,1994
8.领导就是在能实现的事情中阐明愿景、赋予价值和创造环境	Richard & Engle,1986
9.领导是"个人影响、鼓动和促使其他人奉献于组织的效能和成功的能力"	House,1999

资料来源:加里·尤克尔.组织领导学[M].5 版.陶文昭,译.北京:中国人民大学出版社,2004.

---

① 闫拓时.当代中国大学校长领导力研究[M].北京:高等教育出版社,2014:13.

表 1-2　国内学者对"领导"内涵的理解

关于"领导"内涵的基本观点	代表性人物
1.领导是指领导者在一定的环境下为实现既定的目标,对被领导者进行统御和指引的行为过程,它"在社会组织中居于关键的地位"[1]	王乐夫
2.领导是领导者在一定的客观环境中影响、指导被领导者,为实现某种预定目标而进行的社会活动过程[2]	胡彬
3.领导是指在一定的组织或团体内,统御和指导人们为实现一定的目标而进行的一项社会实践活动[3]	孙奎贞
4.领导是组织或群体中的一些成员运用所拥有的权力引领其他成员实现组织或群体目标的过程[4]	常健
5.领导是指领导者充分运用自己的影响力,在获得被领导者自觉追随和服从的前提下,引导、率领被领导者实现共同目标的行动过程[5]	孙立樵冯致笺
6.领导是领导者为了实现预定目标,采用一定的组织形式和方法,率领、引导、指挥、协调和控制被领导者完成预定任务的一种活动过程[6]	孙钱章王玉森
7.领导就是某一具体社会系统中的领导主体,根据领导环境和领导客体的实际情况,明确本系统的目标和任务,获取和运用各种资源及手段,制动和致变领导客体,达成既定目标,完成该系统共同事业的主导性、支配性、决定性社会行为过程和强效实际工具[7]	邱霈恩
8.领导是以实践为中心展开的,由具体的社会系统中的领导主体,根据领导环境和领导客体的实际情况,确定本系统的目标和任务,通过示范、说服、命令、竞争和合作等途径,获取和运用各种资源,引导和规范客体,实现既定目标、完成共同事业的强效社会工具和行为互动过程[8]	李成言
9.领导是领导者在特定的情境中吸引和影响被领导者与利益相关者并持续实现群体或组织目标的过程[9]	中国科学院"科技领导力研究"课题组
10.领导是领导者在一定的社会组织情境中,利用个人权力或权威,率领、引导、影响领导对象,努力实现预期工作目标任务的社会实践行为[10]	闫拓时

资料来源:[1]王乐夫.领导学:理论、实践与方法[M].广州:中山大学出版社,2002:32.

[2]胡彬.中国领导科学概论[M].天津:天津人民出版社,1987:29.

[3]孙奎贞.领导科学教程新编[M].北京:中国人民公安大学出版社,2005:6.

[4]常健.现代领导科学[M].天津:天津大学出版社,2004:5.

[5]孙立樵,冯致笺.现代领导学教程[M].北京:中共中央党校出版社,2002:41.

[6]孙钱章,王玉森.领导科学知识问答[M].北京:中国经济出版社,1987:1.

[7]邱霈恩.新世纪领导学[M].北京:经济科学出版社,2000:119.

[8]李成言.领导学基础[M].北京:中央广播电视大学出版社,2003:10.

[9]中国科学院"科技领导力研究"课题组.领导力五力模型研究[J].领导科学,2006(9):20-23.

[10]闫拓时.当代中国大学校长领导力研究[M].北京:高等教育出版社,2014:15.

(三)领导的概念界定

根据国内外学者对"领导"的含义理解来看,基本可以归纳为三个方面的理解:一是领导是为了达到既定目标的一种行为过程;二是领导是能够影响被领导者的行为活动;三是领导就是领导者的引领。笔者综合以上分析认为:领导是领导者为了达到组织既定目标和任务,在一定的客观环境下,运用自身的领导力去率领和影响组织中的成员凝聚力量、发挥作用的行为活动。它包含领导者、被领导者、领导环境以及领导力四大要素。

二、领导力

理解把握领导的内涵后,就必须对领导力有一个更加深入全面的认识和理解了,那么什么是领导力呢?笔者认为首先要对"力"有所认识和理解,通俗地说,力一般指力气或能力。领导力中的"力"即指能力。从心理学理论方面来说,能力是人完成某种活动的心理特征,那么领导力就是人们从事并完成领导活动的心理特征。当然,这只是最一般的理解,领导力的科学内涵还要到领导学专著中去寻找,在领导实践中去总结提炼。

(一)领导力的来历

领导力(leadership)对我们国家来说是一个既熟悉又陌生的概念,说熟悉是因为领导来源群众,超越群众,领导无时不在,无处不在,并且领导力通俗来说就是领导能力,有领导(包括领导活动)就必然体现一定的领导能力,领导力在领导科学、管理科学中越来越受到重视,并且领导力的强弱随时随地被人们感受得到。说它陌生是因为领导科学这一门学科,特别是领导力的科学研究是从西方传输过来的。尽管目前我国各级组织人事或人力资源部门都在做与领导力有关的工作,但是大多数是在选人用人上,在领导力的科学研究如领导力的内涵、领导力的本质、领导力的评价与考核、领导力的提升和培养等方面起步较晚。我国是在 20 世纪 80 年代才开始对其进行较为系统、深入的研究。但是,当今领导力已经成为管理界及至各领域最热门的一个词,几乎没有一个企业、没有一个行业不谈领导力,更没有一个专家否认领导力的重要性。

领导力尽管来自西方,但是这个词的出现也是比较晚的。刘澜在其著作《领导力》中提道:英文中的 leader 一词迟至 1300 年才出现,leadership

一词最早出现在 1821 年。① 古汉语中没有"领导"这个词,也没有"领导力"这种说法,"领导"作为外来词进入汉语是 20 世纪初的事情。因此,领导力这个概念首先就来自西方。

(二)领导力的概念界定

对于一个概念的界定,可以从不同的视角去进行分析,并且不断地优化。特别是对于领导力这样一个似熟悉又陌生的概念,要给它下一个科学的定义,的确并非易事。因为不同的研究学者由于所站的视角或位置不同,对领导力的理解和把握肯定也不同。为了科学地把握领导力的科学含义,笔者借鉴前人的研究,尝试从国内外专家学者对领导力概念界定的方式去理解和把握。

国内外专家学者对领导力概念界定的方式的确多种多样,纷繁复杂。经过查阅文献,国外专家学者在研究领导力方面,最为典型的是美国专家学者大卫·V.戴和约翰·安东纳基斯合著,由国内专家学者林嵩、徐中翻译,北京大学出版社出版的《领导力的本质》这一著作。这部著作在开篇中直接表明:领导力是一个复杂多元的主题,想要把领导力彻底研究清楚,所需付出的努力是惊人的。这部著作中把领导力研究划分为九个主要学派,即特质学派、行为学派、权变学派、情境学派、怀疑学派、关系学派、新领导力学派、信息处理学派,以及生物/进化学派。这足以说明研究领导力的视角之多。

而从国内研究领导力的专家学者来看,通过查阅文献,有代表性的是刘澜所著的由北京大学出版社出版的《领导力:解决挑战性难题》一书。刘澜先生在其著作的前言中首先提出了领导力研究的三种范式,即科学范式、经验范式、人文范式。这三种范式分别代表着学院派、实践者、思想家,并把他们的研究追求的目的归纳对应为求真、求善、求美。笔者认为这样的归纳是十分贴切的,很有借鉴参考意义。按照刘澜先生的研究成果及归纳,笔者认为本课题的研究是属于经验范式,旨在通过研究找到领导工作中遇到的一些问题的思考和解决路径。因此,对领导力概念的研究以及下一步深入探讨教育领导力均从经验范式的角度去开展。

英语中领导和领导力都是 leadership,所以,在西方关于 leadership 的解释基本上都可以当作领导力的定义。著名的领导学大师沃伦·本尼斯(Warren G.Bennis)曾经做过统计,截至 2008 年,关于领导力的定义有 850

---

① 刘澜.领导力:解决挑战性难题[M].北京:北京大学出版社,2018:13.

多种,不同的研究者从不同角度对领导力进行了解释与定义。但是,大部分的专家学者则是依据自己的侧重点来定义领导力的。例如,彼得·德鲁克(Peter F.Drucker),这个管理界的顶尖人物,将领导力定义为目标和业绩:"领导力能将一个人的愿景提升到更高的目标,将一个人的业绩提高到更高的标准,使一个人能超越自我界限获得更大成就。"①詹姆斯·库泽斯(James Kouzes)、巴里·波斯纳(Barry Posner)则认为,领导力具有真诚性、前瞻性、能力性和激情性,正是在这个意义上,他们得出领导力是一种领导者激励他人自愿地在组织中做出卓越贡献的能力的结论。② 而大卫·V.戴和约翰·安东纳基斯在其合著的《领导力的本质》这一著作中谈到什么是领导力时指出:领导力在实践中也很容易辨别,但是准确定义它却很难。因此,在给领导力一个宽泛的定义时综合了一些最常见的特征,并根据两个方面来确定领导力的定义:一是领导者与追随者之间的相互影响过程,以及产生的结果;二是通过领导者的性格特征与行为、追随者的认知与特质,以及影响过程发生时的情境来解释该影响过程。同时,还指出:不论从哪个角度定义领导力,从概念上将其与权力和管理区分开都是非常重要的。

我国学者对于"领导力"概念的界定也有很多种表述。任真、王石泉、刘芳等人指出,"领导力是指鼓舞和引导他人树立并实现共同愿景的能力"③;张小娟认为领导力包括"崇高的人格魅力,精准的预见、判断能力,超强的沟通能力,不息的创新能力和持续的延伸能力"④。邱霈恩提出,"领导力即由领导素质、领导体制、领导环境和一定的物质基础等多种因素综合作用所产生出来的最高组织性作用力,是用以推动一个组织群体或社会去应对并制胜挑战和竞争,达到共同目标的核心力量"⑤;柯士雨则认为,领导力"是组织中的领导者或者领导集团在洞察组织的内外形势的基础上,充分利用自身的领导资源(人际关系、权力、权威以及自身的领导素质)与具体形势的有

① 中国科学院"科技领导力研究"课题组.领导力五力模型研究[J].领导科学,2006(9):20-23.

② 詹姆斯·库泽斯,巴里·波斯纳.领导力[M].3版.李丽林,杨振东,译.北京:电子工业出版社,2004.

③ 任真,王石泉,刘芳.领导力开发的新途径:"教练辅导"与"导师指导"[J].外国经济与管理,2006(7):53-58.

④ 张小娟.打造卓越的领导力[J].领导科学,2005(18):37.

⑤ 邱霈恩.新世纪呼唤新的更强大的领导力[J].党政干部学刊,2001(2):28-29.

机结合而形成能激发、教化、引导被领导者追随自己,去实现组织的共同目标的合力"①。邱心玫认为"领导力是指领导者在特定的领导体制、领导环境中,为实现群体或组织目标,利用各种资源对被领导者或组织施加影响的能力"②。朱忠武认为"领导即影响,领导力就是影响力,是领导人们心甘情愿、满怀热情地为实现群体目标而努力的艺术过程"③。陈建生则认为,"所谓领导力,就是领导激励员工跟随自己一起工作,以实现共同目标的能力"④;王丽慧和王玉英认为,领导力是领导者与追随者为实现共同目标而迸发出的一种思想与行动的能力,如果用公式表示,即:"领导力(合力)=领导者的能力+追随者的能力-阻力"⑤;而李光炎认为,"领导力应该是个四元函数",可表示为"领导力=F(道德魅力,岗位能力,职责努力,心理承受力)"⑥。显然,这种表示方法和卡西门、奥奈尔的表示方法颇为相似,他们认为"领导力=(充满理想色彩的使命感+果断而正确的决策+共享报酬+高效沟通+足够影响他人的能力)×积极的态度"⑦。而刘澜在其著作《领导力》中为领导力提供了初级和高级两个层面的定义,认为领导力的初级定义是带领团队实现目标。其包括了领导行为的两个基本维度:任务行为(实现目标)与关系行为(带领他人)。同时还构建了领导力的初级模型,这个模型包括领导者、追随者、目标三个要素之间的相互作用,并且强调了环境对于领导行为有着重要的影响(如下图 1-1)。

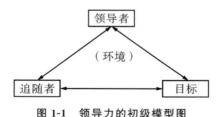

图 1-1　领导力的初级模型图

①　柯士雨.论政府及其官员的领导力的提升[J].甘肃行政学院学报,2004(1):35-37.

②　邱心玫.论中小学校长领导力的提升[J].当代教育论坛,2007(12):23-25.

③　朱忠武.领导的核心要素[J].中外企业家,2005(4):32-33.

④　陈建生.企业领导如何提高领导力[J].领导科学,2003(17):52.

⑤　王丽慧,王玉英.领导力的启示[J].才智,2004(2):25-27.

⑥　李光炎.领导力与生产力[J].中共桂林市委党校学报,2001(1):30-32.

⑦　沃伦·本尼斯,伯特·纳努斯.领导者[M].方海萍,等译.北京:中国人民大学出版社,2008.

　　而领导力的高级定义是指动员群众解决难题。笔者认为刘澜先生给领导力下的初级和高级的定义是坚持目标导向或者说领导行为导向而去解释的。

　　罗列了这么多国内外专家学者对"领导力"内涵的理解,在提出本研究的理解之前,笔者把沃伦·本尼斯的一段关于领导力的精彩描述呈现出来:领导力就和爱情一样,人人都知道有这么个东西存在,但就是没有人能够说清楚它是怎么一回事。除了上面说的,还有许许多多的关于领导力的理论,有些着眼于领导者,有些着眼于形势。但它们都经不起实践的考验。鉴于此,难怪"领导力研究"号称管理学界的死亡谷,有去无回。①

　　从上述有关"领导力"的内涵理解分析,由于受到政治、文化等方面的影响或者所关注点的不同,因此国内外专家学者对"领导力"内涵的理解各不相同。为此,本研究对领导力作一个解释和规定,以此作为教育领导力研究和论述的基点。对领导力的界定应该以领导的定义为基础,按照前面笔者描述的领导内涵,领导力可以定义为:领导者为了达到组织既定目标和任务,在一定的客观环境下率领和影响组织中的成员凝聚力量、发挥作用的影响力。

　　这一概念的界定,笔者认为有以下几个方面的优势和特点:

　　一是突出目标导向。即领导者拥有一定的领导力其目的是更好地实现或完成组织既定的目标和任务。如果忽视了领导工作的目标性,领导力则完全失去其存在或者拥有的意义。这也是衡量领导力强弱、领导效能好与差的关键。

　　二是突出领导行为。即把刘澜先生谈到的领导力两个维度任务行为(实现目标)和关系行为(带领他人)融入概念理解当中。

　　三是突出环境影响。这里特别指明的是在一定的客观环境下领导者所必须拥有的影响力,这说明领导者所处的领导环境不同,领导力的要求应该具有差异性的问题。例如一所学校的校长的领导力和一座城市的市长的领导力肯定不同。这是很容易理解的,而现实当中恰恰研究的时候只注重普遍性的问题,而缺乏领导力个性或差异化、专业性的研究。基于国内外研究领导力专家学者的研究成果,结合各领域领导者领导工作的实际,笔者认为,一个领导者的领导力应该由基本领导力和核心领导力构成,基本领导力

---

　　① 沃伦·本尼斯,伯特·纳努斯.领导者[M].方海萍,等译.北京:中国人民大学出版社,2008:5.

是人人皆有的领导力,核心领导力是领导者必须具有的领导力。并且领导力具有内生性、方向性、行业性、层次性和动态性等五大基本属性,具体内涵在第三章中专门阐述。

三、教育领导力

把握了领导力的内涵以后,对什么是教育领导力就容易理解和把握了。在我国研究教育领导力的专家、学者中,直接明确为其定义的,经过文献查找到的有:

1.由哈尔滨师范大学温恒福教授编著,中国人民大学出版社出版的《教育领导学》一书中专门有教育领导力的章节,书中把教育领导力定义为:是教育领导者创建共同愿景与目标、选人用人、影响人、实现目标与愿景,给组织和成员带来回报的能力。并且进一步表明,教育领导者能将这几个方面的活动进行好,成功地完成就可以说具有较高的领导力,如果不能或不能较好地建构愿景与目标,不能恰当地选人用人、影响人,不能有效地实现组织目标,不能给组织和成员带来较大的回报,就说明这位领导者的领导力不高或较低。[①] 同时提出"七维教育领导力",即从提高教育领导活动的方向性、道德性、科学性、有效性、艺术性、创新性和可持续发展性七个维度来提高教育领导能力,即通过提高教育领导活动的方向性领导力、道德性领导力、科学性领导力、有效性领导力、艺术性领导力、创新性领导力和可持续发展性领导力来提高教育领导活动的整体能力。[②]

2.由胡卫译,华东师范大学出版社出版的约翰·韦斯特-伯纳姆(John West-Burnham)的专著《重新审视教育领导力:从提升到转型》中提到了教育领导力,但是该书中没有明确给教育领导力下定义,只是表明:由于教育的改革与发展,教育领导力必须在提升的基础上转型,为此,作者提出教育领导力转型的过程中,要处理好创新、民主、人际交流、精神力量等多个因素之间的关系。[③] 约翰·韦斯特-伯纳姆提出的教育领导力从提升到转型的观

---

① 温恒福.教育领导学[M].北京:中国人民大学出版社,2011:390.
② 温恒福.教育领导学[M].北京:中国人民大学出版社,2011:391.
③ 约翰·韦斯特-伯纳姆.重新审视教育领导力:从提升到转型[M].胡卫,译.上海:华东师范大学出版社,2016:1.

点,更加坚定了笔者对教育领导力研究的信心和决心,同时对构建适合我国政治、文化等方面因素以及结合我国教育发展趋势,与时俱进地去构建教育领导力的模型极具启发。

综合并借鉴上述对教育领导力内涵的理解后,可知教育领导力在不同社会脉络中有着不同的理解与解读。但是,之前学者对教育领导领域领导力概念的理解存在一个根本性的问题,即缺乏对教育本质属性方面的认识,不能突显领导力在教育领域的特殊性和专业性。这导致教育领导者在领导工作过程中,不经意地发生不合教育常规甚至有违教育规律的现象,直接影响了教育领导效能的提高以及教育目标的落实。为此,本研究认为:教育领导力(educational leadership)是指教育领导者在深刻领会教育本质基础上,对"培养什么人"形成了全面透彻的理解,并用之统率教育领域全体人员而形成的教育行动合力。简言之,教育领导力是指教育领导者基于理想人格的设计,形成教育发展的共同奋斗目标,并用其统御和指引教育教学以及学术研究和行政管理工作。这样的表述体现出了教育领导力具有教育属性、教育领域领导岗位专业性的特点,而区别于一般的、普遍的、通俗的领导力,更加显现在教育领域领导力的本质属性和专业性。

四、二级学院院长

要研究二级学院院长教育领导力,对二级学院院长这一领导岗位的界定也是非常必要的。基于我国大学校院(系)的两级管理模式,对院长(系主任)定位为党的教育思想、路线、方针及政策宣传者、执行者,教育实践活动的组织者、指挥者,教改教研的带头者,教师学生的服务者,等等,均有专家、学者描述过。笔者认为,随着我国大学历经规模扩张向内涵式发展转型,以及《统筹推进世界一流大学和一流学科建设总体方案》进一步明确将学科建设作为世界一流大学建设的突破口,大学落实学院办学主体地位、释放基层活力、以学科建设谋求发展的迫切要求更加突显。二级学院院长作为二级学院的行政负责人,作为学科方向的引领者及人、财、物等相应资源的整合者及配置者,对于学院乃至学校发展发挥着不可替代的作用。本研究中所探讨的"二级学院院长"是指大学二级学院(系)院长(主任)群体,即包括所有的具有二级学院(系)的行政主要负责人,但主要是指担任正职的院长(或系主任),当然也包括主持工作的副院长(或系副主任)。

五、二级学院院长教育领导力

对二级学院院长教育领导力的内涵理解和把握,笔者始终坚持以下三个方面的认识:

一是要分析国内外共通的有效教育领导力的实践特点,侧重分析这些特点是如何因应不同情境脉络而有所变化的。之后,尝试将领导力的理论应用于高等教育领域,探讨大学各学院的领导如何提高其单位的组织效能。最后,提出未来教育组织中领导力研究的一系列的假设与问题。

二是在借鉴以往专家学者对大学校长领导力、大学院长领导力等高校领导者领导力的研究成果基础上,结合大学治理重心下移、二级学院行政权力和学术权力增大、二级学院定位、二级学院院长的职责与使命以及与二级学院相关利益体的冲突等方面,遵循教育的规律和属性,加以理解和把握二级学院院长教育领导力的真正内涵。

三是对二级学院院长教育领导力内涵的理解以及今后研究其构成要素或者建立二级学院院长教育领导力模型,笔者认为一个比较明智的办法是采取德国社会学重要奠基人之一的马克斯·韦伯的理想型理论的办法,即从事物的典型特征、理想状态出发进行研究,这是社会科学学界公认的一条比较有效的研究途径。

关于"大学校长领导力"的内涵理解,中国音乐学院原党委书记闫拓时教授在其专著《当代中国大学校长领导力研究》中,谈到校长领导力时,明确指出:校长领导力是教育领导力中的一种有机表现形式。并且认为大学校长领导力应该这样定义:大学校长领导力是一种与大学精神、大学文化相和谐的和谐化校长领导力,它是大学校长在大学这种崇尚民主和自由的社会组织结构中,协调有个性差异的教职员工彼此包容,共同合作,不断取得知识创新、科技创新和学术创新成就的杰出领导力。[①] 笔者认为闫拓时教授把校长领导力作为教育领导力的一种有机表现形式是非常恰当的,这也是为什么要研究二级学院院长教育领导力的一个重要原因。但是,其对校长领导力内涵的理解,笔者认为依然不够全面,没有把领导力的实质内涵和教育属性有效地结合起来,其表述仍然是一种体会式的描述,没有上升为规律

---

① 闫拓时.当代中国大学校长领导力研究[M].北京:高等教育出版社,2014:17.

性、内在性的认识。

关于"大学院长领导力"的内涵理解,首先要说明的是,这里说的"大学院长领导力"是指大学二级学院院长的领导力,而不是指校长一级。周富强在其博士论文《高等教育大众化阶段地方大学院长领导力研究——以广东外语外贸大学为例》是这样表述的:院长领导力既契合于普通领导力又有其显著的特征。地方大学院长扮演多重矛盾角色,他们领导力的核心在于凝聚和培养人才的能力。院长考虑地方大学发展战略、改革目标、学院管理、学术共同体、学术道德、大学及学院文化的综合影响,凝聚共享愿景,加强执行力。院长领导力主要表现在任务领导、关系领导和精神领导三个层次,细分为战略领导力、变革领导力、学习领导力、沟通领导力、道德领导力和文化领导力六个维度。[①] 从周富强关于院长领导力内涵的理解分析,其认为院长领导力既有普通领导力的特征,又有自身显著的特征,是两个方面的有机结合,这个观点对笔者提出的领导力是由基本领导力和核心领导力构成是具有一定启发作用的。而从其提出的院长领导力的六个维度分析,笔者认为其观点依然没有体现教育的根本属性,其六维领导力运用到其他领域或行业皆可通用,没有很好地说明教育工作领导者领导力的特殊性和专业属性的问题,同时也存在逻辑关系不清或没有体现平行关系的问题。如战略领导力与变革领导力、文化领导力与学习领导力均存在不同程度的交叉问题等。

关于"教师领导力",肖月强、袁永新两位学者在其《高等院校教师领导力建设研究》中指出:教师领导力是指教师在一定的群体活动中,通过自身的权力性要素以及所具有的非权力性要素的相互作用,形成的对组织及其组织成员的一种综合性影响力。两位学者还进一步指出,教师领导力包含行政领导力、专业领导力、人际领导力、自我领导力四个维度。[②] 由于本书主要研究的是教育组织中的领导者教育领导力,教师的领导力暂时不作为研究对象。但是,他们的研究对全面认识教育领导力很有帮助。

一个新概念的提出必须有其提出的必要性、急迫性和深刻性。笔者认

---

① 周富强.高等教育大众化阶段地方大学院长领导力研究:以广东外语外贸大学为例[D].北京:北京大学,2009.

② 肖月强,袁永新.高等院校教师领导力建设研究[J].国家教育行政学院学报,2011(4):66-70.

为,提出院长教育领导力这一概念的必要性在于从领导力视角解答好院长的标准问题;急迫性在于通过构建新型的院长教育领导力,让院长更好地胜任高等教育内涵式发展的时代要求,以及大学治理重心下移带来的新挑战;深刻性在于通过对高等教育本质要求、理想人格的设计,以及学院教学、科研、社会服务和行政管理工作等三个方面构建院长教育领导力维度模型,突显院长教育领导力在大学乃至二级学院这一特殊组织的本质属性和院长领导岗位的专业性。基于以上认识和专家、学者有关教育领导力相关研究的成果,笔者认为二级学院院长教育领导力的概念界定可以这样去理解:二级学院院长教育领导力是指院长在深刻领会高等教育本质基础上,对"培养什么人"形成了全面透彻的理解,并用之统率学院全体人员而形成的教育行动合力。简言之,院长教育领导力是指院长基于理想人格的设计,形成学院的共同奋斗目标,并用其统御和指引学院教学、科研、社会服务和行政管理工作。它包括院长在深刻领会高等教育本质基础上,所形成的先进领导观念、核心领导素养和关键领导能力三个层面所体现出的素质和能力的综合体。这一概念的界定有三个特点:一是坚持了领导力的本质是影响力这一核心,体现了院长教育领导力的目标和效用是形成教育行动合力;二是揭示了院长教育领导力必须基于对高等教育本质属性的深刻理解和对大学培养什么人的全面透彻认识而形成;三是明确了院长教育领导力的最终效能是统率学院全体人员并形成教育行动合力。

第三节　相关研究综述

本书研究归属于教育领导学方面的内容,即高校干部队伍建设问题。关于高校干部队伍建设研究方面,改革开放以来,可以说最具有权威证明的是起源于潘懋元先生 1982 年在《上海高教研究》上发表的文章《高等学校管理干部的专业化问题》,潘先生在文章中明确提出:高等学校的干部必须走专业化道路。并且潘先生分析提出,高等学校干部专业化的条件,可归纳为三个方面:一是具有某一科学领域的科学知识、学术水平,这样才能对高校教学、科研有比较深入的理解,做好领导管理工作;二是具有领导才能、组织能力、管理经验,才能做好组织管理工作,做好人的工作,处理好人的关系;

三是懂得教育科学(包括教育管理科学),才能按教育规律办事。① 这为高校干部队伍建设指明了根本方向,更为研究二级学院院长教育领导力指明了方向。下面把与本课题相关研究与述评分析如下:

一、关于领导力的研究

(一)国外对领导力的研究

领导力的研究不论国外还是国内都源于企业管理。国外对领导力的研究和建设非常重视,美国著名的领导学专家约翰·麦克斯韦尔说:"一切组织和个人的荣耀与衰落,皆源于领导力!"②正是由于对领导力的重视,所以国外在领导力方面的研究已经非常成熟,各种领导力理论皆出于西方,如约翰·麦克斯韦尔《领导力的5个层次》《中层领导力》等。首先,目前国外关于领导力的研究已经形成比较完整的理论体系,20世纪以来美国的领导力理论研究经历了特质理论、风格理论、情境/权变理论和变革型领导理论四个主要阶段。③ 领导特质理论、领导行为理论、领导权变理论和领导变革理论,对构建领导者的素质和能力,提升领导者领导力水平都有重要的指导意义,丰富的领导力理论直接为研究与实践提供参考,这在后面研究中单独做分析。

其次,领导力的模型构建具有一定的基础。例如,约翰·麦克斯韦尔是享誉全球的领导力大师,他提出的领导力五个层次对领导力开发很有指导意义。其研究得出:领导力有五个层次,第一个层次是职位——人们追随你是因为他们非听你的不可;第二个层次是认同——人们追随你是因为他们愿意听你的;第三个层次是生产——人们追随你是因为你对组织所做出的贡献;第四个层次是立人——人们追随你是因为你对他们所付出的;第五个层次是巅峰——人们追随你是因为你是谁以及你所代表的东西。④ 约翰·麦克斯韦尔的领导力五个层次理论对领导力模型的构建富有指导意义,不

---

① 潘懋元.高等学校管理干部的专业化问题[J].上海高教研究,1982(4):18-20.

② 约翰·麦克斯韦尔.领导力的5个层次[M].任世杰,译.北京:金城出版社,2017:1.

③ 王芳.美国领导力理论的研究特点及其启示[J].理论前沿,2009(22):23-24.

④ 约翰·C.麦克斯维尔.中层领导力[M].施轶,译.南京:江苏凤凰文艺出版社,2015:6.

论领导力维度模型从素质、能力、特质等方面去考虑,均可从五个层次中找到应有的理论依据。而国外领导力模型构建最有代表性的是"WICS 领导力模型",它是由美国心理学家罗伯特·斯滕伯格(Robert J. Sternberg)基于成功智力理论而提出的领导力模型。WICS 模型认为高效领导者具备四种持续发展的关键特征:智慧、智力、创造力及其相互综合,而领导力是以智力为基础,智慧与创造力并行发展的决策过程。[①] WICS 模型从心理素养探讨领导力模型的构建,因此对教育领导力模型的构建也具有一定的直接参考意义。

国外领导力模型的成熟还体现在变革型领导的主要模型上:一是巴斯的变革型领导力模型,它是所有模型中最有影响力的一种。巴斯把变革型领导行为确定为四个要素:①理想化影响,又称魅力,是领导力的情感构成部分;②鼓励型激励,它是激励并推动追随者实现自己看似不可能完成的目标的领导力;③智力刺激,它主要是激励追随者勇于创新、挑战自我和领导者及组织的信仰与价值观;④个性化关怀,主要是通过指导追随者,定期与其接触,帮助追随者实现自我以完成个性化关怀。二是大卫·V.戴等在《领导力的本质》中归纳出的"竞争性魅力—变革型模型",该模型主要包括魅力的特质理论、自我概念和魅力、愿景型领导者以及波德萨科夫的变革—交易型领导模型。[②] 三是库泽斯和波斯纳的模型,他们在对领导者进行访谈的基础上建立了自己的领导模型,此模型包括五项基本实践:①以身作则,即领导者要明确自己的价值观;②共启愿景,即通过描绘愿景,展望未来,感召追随者为实现愿景努力奋斗;③挑战现状,即领导者勇于开创,敢于尝试甚至冒险改变现状;④使众人行,善于发挥追随着的才能去完成目标和任务;⑤激励人心,即领导者通过激励下属的成绩以鼓励他们,通过表彰个人的卓越表现来认可他人的贡献。[③] 库泽斯和波斯纳的模型对教育领导力模型的构建具有重要的参考价值,特别是对如何从领导行为能力以及领教者个人特性方面着手很有启发,如教育领导力模型构建中领导者本身的价值观等领导观念在模型构建中是一个基础,对领导者的影响力来说又是一

---

① 李政,胡中锋.大学生人力资源质量体系的构建:基于 WICS 领导力模型的实证研究[J].高教探索,2017(9):29-35.

② 苗贵安.变革型领导力研究述评[J].领导科学,2017(19):36-38.

③ 詹姆斯·M.库泽斯,巴里·Z.波斯纳.领导力:如何在组织中成就卓越[M].5 版.徐中,周政,王俊杰,译.北京:电子工业出版社,2013:21.

个关键;领导者对未来的谋划能力,对未来发展的判断以及发展远景的描绘这是鼓励被领导者奋发工作的精神动力;而自身领导才能如何带动被领导者的才能也是一个极其值得关注的问题;激励人心对扩大领导者的影响力更是直接可以借鉴。

最后,领导力的评价体系也相对比较完备。例如 Hughes 等人总结了对领导特质进行评估的不同方法,提出了关键行为事件法、面谈法、观察法等衡量领导有效性的方法,即传统评估法。[①] 传统评估法至今在领导干部考核评价中均具有现实意义。而最为典型且经常被提及的 360 度评估法,其全称就是 360 度领导力评估。该评估方法是由 Annie E.Casey Foundation 提出的,360 度评估法是一种比较新的领导力评估方法。360 度领导力评估法是对被评估者的行为和技能等方面的评估,它避免了其他领导力评估方法存在的准确性、有用性、可信性和公平性等缺乏的问题。此外,领导力评价体系比较完备还体现在教育领导力的评价模型上,如有关校长教育领导力的评估就有海林杰和墨菲编制的"校长教学管理评定量表";克努普和卡蒙设计的"教育绩效评价分析与改进系统";利思伍德和蒙哥马利创设的"校长侧影";莱森编制的"教学活动问卷";库泽斯和波斯纳设计的"领导力实践目录";范登伯格编制的"变革促进者风格问卷";伊伯米尔设计的"校长和学校效能诊断评估系统";波特等人共同开发的"范德比尔特教育领导力评估系统"。这将在后面关于教育领导力方面的研究专门进行分析。

(二)国内对领导力的研究

我国专家学者从科学角度对领导力的研究比较晚,大概是近三四十年才开始兴起,比西方晚了近 100 年。但是对领导力研究的专家、学者不断增多,研究的内容不断丰富。截至 2021 年 12 月底,笔者从中国知网以"领导力"为主题在文献栏目中查询,共找到 58132 条结果,其中归属于学科中高等教育的有 876 条,教育理论与教育管理的有 832 条;再以"领导力"为主题在硕博士论文栏目中查询,共找到 6974 条结果,其中归属于学科中高等教育的有 94 条,教育理论与教育管理的有 127 条。从笔者了解分析的情况看,目前在国内专家、学者中研究领导力的视野不断扩大,涉及的领域也越来越广泛,既有普遍性领导力的研究,又有专业领域方面的领导力研究。目前国内专家、学者中从普遍性或专业领域研究领导力比较有代表性的有:

---

① 丁栋虹,朱菲.领导力评估理论研究述评[J].河南社会科学,2006(2):123-126.

1.中国科学院"科技领导力研究"课题组的"领导力五力模型研究"。[①]他们在系统总结领导学特别是领导力的最新研究成果,结合中国科学院知识创新工程实践,探讨并提出了一种科学而实用的领导力模型和理论。即:对应于群体或组织目标的目标和战略制定能力——前瞻力;对应于或来源于被领导者的能力,包括吸引被领导者的能力——感召力,以及影响被领导者和情境的能力——影响力;对应于群体或组织目标实现过程的能力,主要包括正确而果断决策的能力——决断力,和控制目标实现过程的能力——控制力。这五种关键的领导能力就构成了领导力五力模型。"领导力五力模型研究"是具有典型代表性的普遍性意义的研究。这为笔者研究教育领导力开拓了视野,提供了参考。至于其五力模型是否符合科技工作属性和规律,笔者认为其构建的"领导力五力模型"缺乏领导力其本身应有的专业领域和专业性的特点。特别是从领导力本质就是影响力来说,维度中把影响力专门作为一个维度,显得不够严谨。但是,其模型还是注意了研究过程中要素设计的逻辑性和平行性,对各领域领导力模型或者要素的构建依然具有重要的指导意义。

2.谭红军、郭传杰、霍国庆、苗建明的"科技领导力要素研究"。[②]他们在基于上述"领导力五力模型"结构和对战略科学家能力的挖掘,结合科技界科技领导者的调查数据,提出了科技领导力的六大关键构成要素:前瞻力、感召力、影响力、决断力、控制力和创造力。他们提出在"领导力五力模型"的基础上科技领导力应加上"创造力",是为了使科技领导力的行业特色更加鲜明,突显科技实践的特点。这充分说明了领导力在不同领域是具有其行业特点和专业特性的,这为研究教育领导力提供了很好的借鉴意义,为构建院长教育领导力模型提供了参考。

3.杜治洲提出的"廉政领导力"。[③]杜治洲在研究中首先表明:反腐绕不开廉政领导力建设。并且给什么是廉政领导力下了定义:廉政领导力是公共领导者以自身的权力、能力和魅力对廉政建设的过程和结果所施加的一

① 中国科学院"科技领导力研究"课题组.领导力五力模型研究[J].领导科学,2006(9):20-23.

② 谭红军,郭传杰,霍国庆,等.科技领导力要素研究[J].科研管理,2007(6):115-122.

③ 杜治洲.廉政领导力的内涵、模型及作用机理[J].河南社会科学,2014(10):5-10.

种正向的、增效的影响力。廉政领导力是公共领导者在廉政建设领域所施加的一种影响力,它隶属于公共领导力的范畴。同时,其提出了廉政领导力的构成要素,即:廉政公信力、廉政决断力和廉政执行力。廉政领导力与一般领导力相比再一次证明了领导力在行业领域的特性问题,领导力具有普遍性的特点,但是也具有专业性的特点。这进一步说明在构建不同领域领导力要素时必须结合行业领域的特性去考虑。

4.刘崇瑞的"危机领导力"①研究。其基于企业危机管理理论从危机管理的要素提出危机领导力模型:危机预见、危机识别、危机反应、危机恢复和危机学习。刘崇瑞构建的"危机领导力"给笔者展现了构建领导力模型的新视角,即构建模型或者要素时可以从领导或管理的职能特点考虑,视野应该更为宽广。当然,笔者认为其提出的危机领导力五要素或许概括为危机预见力、危机识别力、危机反应力、危机恢复力和危机学习力更为容易理解和掌握。

5.吴涛、奚洁人的"战略领导力问题研究"②。他们在研究中首先指出:领导力研究是与哲学、政治学、法学、经济学、史学和管理学等众多学科联系紧密的综合性研究,作为一门无论在理论层面还是在具体实践中均具有重要意义和重大价值的知识群整合型领域,学界关于领导力的研究已经越来越显现出其跨学科、跨领域、跨部门的多学科融合、多视角研究的趋势,比如,关于领导力的研究视角和路径有影响力视角、法理视角、情商视角、历史视角、执行视角、群体视角、内在动力视角、要素路径研究等多个视角和路径,对于企业领导力、教育领导力、女性领导力等领导力的研究领域也有所涉猎。他们认为:战略领导力主要是指战略领导者职位权力与非职位权力相统一的领导力,包括整合力、预见力、创造力和执行力。笔者认为战略领导力的研究同样也是领导力研究专业化的体现,说明领导力的研究范围比较广泛,研究的视角也比较广泛,可以从不同切入点去找到领导力研究的突破口,这更加显得有针对性。

此外,我国学者关于领导力模型或要素构成方面也有学者归纳了几种特点:如孙锦明在其博士论文中谈到校长领导力要素构成时总结出:领导力理论构成要素变迁的过程是从最初的特质论开始到后来的行为论时期,领

---

① 刘崇瑞.危机领导力:内涵、要素和模型[J].中国商贸,2010(25):65-66.
② 吴涛,奚洁人.战略领导力问题研究[J].上海行政学院学报,2013(1):24-31.

导力理论构成都是单要素（领导者的特质或行为），然后在权变论时期开始增加为双要素，其中典型的权变理论多会涉及"领导行为"和"情境"这两个要素。[①] 领导力要素构成要考虑领导行为和情境，这既体现了领导力对领导行为的影响，也考虑到了情境因素对领导力的影响，这是领导力要素构成中要关照的。而王娟在其博士论文中谈到校长领导力内涵时梳理文献总结出：校长领导力的内涵理解有"能力说""影响力说""综合说"。[②] "能力说"是指校长在推动学校发展过程中所具备的能力；"影响力说"是指校长对被领导者——学校教师和学生所施加的影响力；"综合说"是指校长领导力是一个多种因素综合发挥作用的过程，包括校长的素质、能力与环境及被领导者的反馈等要素。王娟对校长领导力内涵的理解可以说也是比较科学且完整的。领导力应该是一个综合体，包括领导者基本素质、能力，领导工作中应该具有的素质、能力以及能影响于师生的素质和能力。这是笔者研究过程中特别要注意的。

通过查阅文献，从上述的分析看：

一是领导力的重要性已经受到了广泛关注，我国领导力的研究也越来越成为热点。

二是领导力在不同领域、行业的专业化不断突显。如"科技领导力""廉政领导力""危机领导力""战略领导力"的研究，说明了领导力在专业领域的广泛应用，领导力研究在不同领域、行业的不同要求，体现出领导力在不同领域、行业的专业化水平不断提升，这为我们提出教育领导力研究提供了直接的参考依据。

三是领导力在不同领域的属性即其专业性或差异性的研究应该不断完善。经过几年的发展，领导力研究已经取得了一些进展，但目前有关领导力的理论和实证研究仍存在一些问题与不足，在理论和实践领域内，仍有一些问题需要解决，特别是对相应领导力概念的界定，依然是泛泛的概念，没有很好提炼专门的概念。同时研究专业或者某一领域领导者领导力的过程中，没有很好体现特殊性、核心性方面的问题，维度的设计要么没有一个标准，要么缺乏严谨的逻辑性和针对性，要么要素设计之间的平行性被忽视，这也是我们在研究教育领导力过程中要突破的。

---

① 孙锦明.中学校长领导力研究[D].上海：华东师范大学,2009：23.
② 王娟.中小学校长领导力评价指标体系研究[D].上海：华东师范大学,2016：8-9.

四是领导力的构成要素应该是素质和能力的综合。这种素质和能力必须要与领导工作相关联,并能直接影响领导领域中的被领导者。素质和能力应该具有潜在的和显性方面的特点。既有个体自身具有的,也有组织要求具备的。

二、关于教育领导力的研究

(一)国外关于教育领导力的研究相对比较成熟

1.关于教育领导力的研究

由于国外领导力研究比较成熟,相随教育领导力的研究也比较成熟。20世纪30年代左右领导特质理论在美国最早出现后,鉴于此理论在当时的深远影响,教育部门利用该理论对校长个人的领导特质进行了广泛深入研究。例如,亨普希尔(Hemphill)等人通过对32名小学校长研究,发现具备良好领导素质的校长有利于促进学校发展。而领导力强的校长往往具有较强的亲和力、饱满的热情,以及善良宽容、自信乐观等良好特质。而到了20世纪40到60年代末主要是对领导氛围和领导的行为方式以及领导者对其下属产生影响的领导行为进行研究,相应地也出现了校长领导行为研究。到20世纪60到80年代,随着领导权变论的出现,相继也出现了校长权变领导的研究,这一理论认为领导有效性是由领导者的行为程度和领导过程中的具体情况决定的,领导者在不同的领域需要不同的领导能力和领导风格。到20世纪90年代主要是关于道德领导与校长领导力的研究,这方面的代表是萨乔万尼的专著《诚信领导:学校改进的核心》,其著作中关于道德领导理论的主张引发了教育界对道德领导领域的关注。国外有关教育领导力的研究仍以美国进行得最早,同时美国也是目前教育领导力研究成果最为丰富的国家。①

英国在教育领导力研究方面也有非常卓著的成果,如约翰·韦斯特-伯纳姆著的《重新审视教育领导力:从提升到转型》直接表达了教育领导力要随着教育发展从提升到转型的问题,作者深入地对"领导力"这个概念做了剖析,指出了领导力与"创新、民主、人际交流、精神力量"等多个因素的关

---

① 王红,陈纯槿.美国教育领导力评价研究三十年:回顾与启示[J].比较教育研究,2012(1):55-58.

系。而由英国阿尔玛·哈里斯(Alma Harris)、丹尼尔·缪伊斯(Daniel Muijs)所著的另一部著作《教师领导力与学校发展》(许联、吴合文译,北京师范大学出版社出版)专门探讨了教育领导力中的教师领导力问题。该著作从教师领导力的理论基础、教师领导力提升、教师领导力的最新研究及其案例分析(包括教师领导力与教师有效性、教师领导力与多元有效性、教师领导下的学校改进等),以及教师领导力的未来展望等四个部分,探讨了教师领导力如何促进学校和课堂教学的改进与发展。这些研究成果为我们开展教育领导力研究提供了非常重要的参考,如研究中如何遵循教育规律问题、教育属性问题等。

2.关于教育领导力考核评价的研究

就教育领导力考核评价来说,从 20 世纪 80 年代至今,在美国就发生了三次变革:

一是 20 世纪 80 年代早期兴起的以"校长教学管理评定量表"(PIMRS)为代表的教育领导力测评浪潮。PIMRS 总共设计有 3 个基本维度:①确定学校任务(包括制订学校目标和传达学校目标);②管理教学系统(包括监督与评价教学、协调课程和监测学生进步);③促进积极的学习氛围(包括保障教学时间、促进专业发展、保持高出勤率、为教师提供激励以及为学习提供激励)。

二是到了 20 世纪 80 年代末 90 年代初,变革型领导成为美国教育领导力评价的另一风潮,这一时期的教育领导力的评价多带有"变革"色彩。具有典型代表性的是范登伯格编制的"变革促进者风格问卷",即 CFSQ (Change Facilitator Style Questionnaire)。CFSQ 设计了影响校长领导效能的 6 个因子:①明确学校发展愿景和学校改进目标;②提高资源配置效率和管理效率;③加强对教师的人文关怀;④为教师教学与学习提供支持;⑤不对教师教学活动进行干预;⑥赋予教师大量的自主权。随着对变革型领导的认识逐渐加深,"变革促进者"的概念提出后,人们发现 CFSQ 忽视了学校背景因素对领导效能的影响,从而在实际测评过程中产生了较为严重的误差。为此,伊伯米尔结合学校背景设计了"校长和学校效能诊断评估",即 DASPE(Diagnostic Assessment of School and Principal Effectiveness)。从总体上看,DASPE 类似于 360 度评估量表,评估者包含了学生、家长、教师、校长和督导者,从而重视和回应了学校背景因素对领导效能的影响。

三是进入 21 世纪以来,以学生学习为中心而创建的"范德比尔特教育领导力评估"(VAL-ED)成为新的潮流。注重科学性、多样性和时代性已成为美国教育领导力评价的主要趋向。① VAL-ED 评价量表设计主要有两个评估维度,即核心要素(core components)和关键过程(key processes)。核心要素主要是指最能反映成功的学校管理者能力的学校特征,这些特征是与支持学生学习和提高教师教学能力密切相关的。关键过程是指成功的学校管理者在管理工作中必须经历的一系列主要环节。各种核心要素都可以在关键环节中表现出来,而关键过程中也反映了学校管理者在管理工作中设定和处置核心要素。核心要素主要包括 6 个方面:①为学生学习设定的高标准;②严格的课程;③高质量的教学;④学习的文化和专业行为;⑤与外部社区的联系;⑥绩效问责制。关键过程主要包括 6 个环节:①计划;②实施;③支持;④倡导;⑤交流;⑥监控。在 VAL-ED 评估量表中,两个维度的交合点形成了评估具体内容,同时划分了 5 个评估等级,即没有效果、效果微弱、基本有效、效果显著和成效卓著。VAL-ED 评估的证据主要来自他人报告、个人观察、学习文献和学校活动等,同时还有除此之外的"其他来源",如果评估者没有提供证据来源的也可以标明"没有证据"来源。

在这些评价体系中,"范德比尔特教育领导力评估系统"是美国各州中小学教育领导力评估应用最广泛的测评工具之一,这个评价体系与大多数现代教育测量工具一样,都是采用 360 度评估体系,评估者包含了教师、校长和督导者。因此说,这个评价体系对构建符合我国实际的教育领导力评价体系有一定的借鉴意义。但是,也必须清楚认识到,这些评价体系中仍然存在评价要素不够客观、不够全面,指标体系不符合我国教育事业发展的实际,本土性不适应等问题。

(二)国内教育领导力的研究处于初期

目前在我们国家,关于教育领导力的研究从研究方向和研究成果方面来说还基本处于初期,主要还是关于中小学校长领导力研究居多。从所检索的相关信息来看,大都是根据自身体会进行的简单阐述,其实际内涵并没有从教育的根本属性加以严格意义上的深入研究。正如前面所言,领导力

---

① 王红,陈纯槿.美国教育领导力评价研究三十年:回顾与启示[J].比较教育研究,2012(1):55-58.

的研究始于西方企业管理领域,后来才逐渐拓展到教育、医疗、科技等组织系统,教育领导力研究也就是在这样的情况下产生的。目前,我国学术界涉及教育领导力的概念及教育领导力的构成要素或模型的观点主要有以下几个:

1.前面所列举的温恒福教授编著的《教育领导学》一书中提出的"七维教育领导力"。温恒福教授认为七维教育领导力就是从提高教育领导活动的方向性、道德性、科学性、有效性、艺术性、创新性和可持续发展性七个维度来提高教育领导能力,即通过提高教育领导活动的方向性领导力、道德性领导力、科学性领导力、有效性领导力、艺术性领导力、创新性领导力和可持续发展性领导力来提高教育领导活动的整体领导力。① 笔者认为这"七维教育领导力"依然没有直接体现教育的基本属性,因前面在分析教育领导力概念时已经作了评述,这里不再重复。

2.王铁军教授则从境界力修炼、道德力修炼、思想力修炼、智慧力修炼、合作力修炼、经营力修炼、教学指导力修炼、顿感力修炼、学习力修炼和创新力修炼十个维度来研究教育领导力。② 王铁军教授对教育领导力的研究,还是没有很好体现教育发展的核心要义,在逻辑性方面也是可以进一步探讨的,如思想力、智慧力、顿感力应该具有交叉性,境界力、智慧力和创新力也是有交叉性的,此外,针对性同样是值得商榷的。

3.张志勇研究员关注国家的教育领导力,并将国家的教育领导力分为五个方面,即教育思想力、教育决策力、教育执行力、教育监控力和教育问责力。③ 张志勇研究员关于国家的教育领导力的研究是比较系统且符合教育发展规律,体现教育属性的,并且逻辑性也是比较严谨的,尽管其研究的对象是国家这一组织,而非教育工作者这一对象,与我们的研究视角不同。

4.蔡万刚学者在其论文《教育领导力构成及其实现路径》中提出:教育领导者或校长教育领导力由办学理念、人格魅力、教育视野、人文情怀和科研意识5个要素构成。同时提出教育领导力实现和生成路径要有时间保

---

① 温恒福.教育领导学[M].北京:中国人民大学出版社,2011:391.
② 王铁军.校长领导力修炼[M].上海:华东师范大学出版社,2010:201.
③ 温恒福.教育领导学[M].北京:中国人民大学出版社,2011:392.

障、要深入一线、要付诸行动、及时反馈等四条路径。① 这篇论文是我国目前难得的专门针对教育领导力维度构建进行研究的论文。文中所提出的教育领导者或者校长教育领导力由上述 5 个要素构成,笔者认为考虑还是比较全面的,至少有三个特点:一是体现了教育领域领导力的教育属性和领导力专业性,这与笔者的研究视角高度吻合;二是把准了学校发展的重点人才培养和科学研究;三是注重了领导力要素构成中的素质问题。也有不足,如5 个维度基本是同一层面即素质层面,这与当前研究领导力维度构成是素质和能力的综合体趋势是有差距的。此外,其提出的教育领导力实现和生成路径仍然比较单一,仅仅从领导者视角分析,这是不够客观全面的。但是这篇论文对笔者研究院长教育领导力维度构成、教育领导力培养和提升很有启发。

　　笔者从收集国内有关教育领导力的文献分析得出:我国在教育领导力研究方面,探讨得比较多的是"校长领导力"。到 2021 年 12 月底,从中国知网以"校长领导力"为主题在文献栏目中查询,找到 1987 条结果。在这些文献中研究中小学校长领导力的居多,并且这些研究大部分是对校长领导力构成或提升的研究,而且借鉴了国外如美国、英国等西方国家有关校长领导力的研究成果进行研究。而研究大学校长领导力的只有 96 条。这些数据足以说明校长是教育治理中不容忽视的力量。无论大学、中小学均如此。周丽在梳理国内大学校长领导力研究综述时,总结了目前在这方面研究的方向:一是概念界定;二是大学校长领导力的研究历史;三是大学校长领导力研究的基础;四是当前大学校长领导力的研究主要是基于大学校长的素质对大学校长领导力的研究、大学校长的行为对大学校长领导力进行研究、大学校长的领导环境对大学校长领导力的研究、大学校长的道德领导对大学校长领导力的研究。② 笔者认为在大学校长领导力研究方面,前面提到的闫拓时教授的《当代中国大学校长领导力研究》还是比较有代表性的,因为其提出的校长领导力的含义包括校长领导力构成的主体精神要素(即思想引领——大学校长凝聚力、价值追求——大学校长感召力、人格境界——大学校长亲和力、行为垂范——大学校长影响力)和主体工作要素(即愿景开启大学校长的前瞻力、锐意创新——大学校长推动力、刚柔相济——大学

---

① 蔡万刚.教育领导力构成及其实现路径[J].浙江教育科学,2016(5):23-24.
② 周丽.国内大学校长领导力研究综述[J].中国电力教育,2016(12):5-7.

校长控制力），大部分能够体现校长"把方向、管大局、作决策、抓落实"的岗位特点。但是，从现实中校长的领导力看，校长的教育理念、人才观念、权力观念如何？校长个人的学术造诣如何？这对学院以及中层干部或广大师生是有着重要影响的。因此，笔者在研究院长教育领导力过程中是要避免此类问题的。另外饶正慧博士撰写的博士论文《民国时期著名大学校长领导力研究》是比较有特色的，其在论文中对大学校长领导力的内涵界定、大学校长领导力的构成要素、大学校长领导力的价值分析以及民国时期著名大学校长领导力的当代启示等对我们的研究很有启发。饶正慧博士提出了大学校长领导力的构成要素主要包括前瞻力、决策力、执行力、感召力。大学校长领导力的价值主要在于塑造大学精神、凝聚大学组织、领导大学师生和推动大学的发展。这些观点对我们的研究是有一定借鉴意义的。但是，笔者始终认为前瞻力、决策力、执行力、感召力等似乎所有的领导人都应该具备这些能力，只有高低不同，并且在这些方面的能力强也是人们对领导人的期望。

关于国内有关教育领导力研究的文献梳理，国内对教育领导力的研究越来越重视，特别是在教育领导力维度构建方面尽管只是从通常的、普遍的领导力维度模型去研究，但是其对教育领域领导效能的提升是发挥了作用的。为教育领域领导者领导力水平的提升提供了参考。从理论上说，为进一步深入研究教育领域所应有的领导力打下了基础。但是，笔者深入分析认为当前的研究存在三个方面的问题：一是对教育领导力的概念界定没有体现教育属性或教育领导力的专业性，教育领导力的本质把握有待商榷；二是教育领导力模型设计没有体现教育领域专业化的要求，针对性不够强；三是教育领导力维度设计的基本要求把握不够精准，逻辑关系有的还没有理清，有的甚至经不起推敲。

三、关于二级学院院长的研究

国内目前关于二级学院院长的研究比较少而且零散，几乎还没有比较系统的探讨。笔者在收集资料的过程中，分别以"二级学院院长""大学校长""大学教师""高校中层干部"4个关键词，在中国知网上从2010年到2021年进行搜索查询，查出的结果如表1-3：

表 1-3　2010—2021 年大学校长、二级学院院长、高校中层干部、
大学教师研究文献数据统计

年份	二级学院院长	大学院长	大学教师	高校中层干部
2010 年	1	179	216	23
2011 年	0	161	239	14
2012 年	0	172	242	19
2013 年	0	153	230	15
2014 年	4	158	277	28
2015 年	0	126	255	20
2016 年	2	95	221	14
2017 年	1	91	200	9
2018 年	1	88	164	19
2019 年	1	63	159	13
2020 年	0	54	171	7
2021 年	1	48	137	3

资料来源:统计数据来源于中国知网关键词搜索查询所得。

　　从表中的数据可知,二级学院院长、中层干部是专家、学者研究和关注甚少的对象,从 2010—2021 年,关于二级学院院长、中层干部研究论文平均每年在知网上能查询到的在 10 篇左右,研究较少。而从仅有的有关二级学院院长的研究来看,其研究的内容大部分集中在二级学院院长的职责研究、角色定位、角色冲突、院长绩效考核、选聘机制等方面,并且较多一部分是工作经验分享或心得体会性文章。这些研究对二级学院院长教育领导力课题研究或多或少也有一定的借鉴意义。从目前研究院长的数据看,对二级学院院长的研究是被忽视的,而在大学发展的实际工作中院长又是不可缺少的中坚力量。

　　基于我国大学过去校系两级管理模式系主任的角色和现在校院(系)两级管理模式院长的角色有一定的相似性,在这方面笔者搜集到的资料最早的是崔韵琛的《关于系主任负责制的思考》[①],文章主要探讨了当时如何推行以系主任负责制为核心的岗位责任制的问题,这对如何通过系主任规范

---

① 崔韵琛.关于系主任负责制的思考[J].广西师范学院学报,1988(2):18-21,45.

系级管理具有指导意义。其次是戴文斌的《大学系主任应该具备的素质》①，文章主要就当时定位为党的教育思想、路线、方针及政策宣传者、执行者，同时又是教育实践活动的组织者、指挥者的系主任，应该具备什么样的素质。再次是眭依凡的《大学系主任研究》②，文章主要就大学系主任的基本素质、职责、权力、选任四个方面进行了分析，可以说是对系主任研究比较全面且深入的，如文章提到系主任应该有"组织建制权""人事权""财经权""学术权"等四个方面的权力，具有一定的高度，并且至今仍有影响。这3篇文章应该是改革开放后首开对大学系主任研究的先河。但是，这3篇文章还是以眭依凡的《大学系主任研究》为代表，该文基于一定的调查研究，从大学系主任的素质、职责、权力和选拔四个方面进行了探讨，为以后的系主任研究提供了一定的参考依据。之后，可以说近10年内，我国学术界对系主任的研究非常之少。从中国知网上以关键词"二级学院院长"查询，只有10条查询结果，以关键词"大学系主任"查询，只有12条查询结果。这可能与此阶段高等教育扩招、内部组织结构变革导致的系主任角色模糊的现实有关。③ 其他方面的论文，如曾令初认为院长的职能主要包括8个方面，即协助校长管理校务（行政、教学、科研、学科建设）；平衡院属下各系、所的发展；帮助各系争取资源，协调各系、所之间的相关业务；根据决策中心的总体规划、奋斗目标和各项工作部署，制订本学院短、中、长期的发展方向和奋斗目标；规划、协调下属各系、所、中心的学科建设；组织多学科的联合，交叉开展重大科研项目的攻关工作；统筹调配全院的人、财、物资源，使各种资源得以综合利用；负责学院和下属系、所、中心的主要行政管理工作，使系、所、中心的负责人集中精力抓好教学、科研、学科建设和人才培养工作。④ 这个概括总体来说是全面的，但是其没有很好体现高校治理重心下移后，二级学院院长职责使命应有的变化。到2000年以后，系主任研究的范围和力度日益扩大，逐渐发表了一些具有代表性的成果，如朴雪涛提出了我国系主任的10种角色，探讨了系主任容易产生角色冲突的原因，并提出了避免冲突的

① 戴文斌.大学系主任应该具备的素质[J].高等农业教育,1988(2):46.
② 眭依凡.大学系主任研究[J].上海高教研究,1990(1):53-57.
③ 王敬红.大学二级学院院长研究:回顾与展望[J].高校教育管理,2016(6):120.
④ 曾令初.大学实行学院制后校、院、系基本职能探讨[J].高等教育研究,1997(3):47-50.

建议。① 另外还有陈伟的《组织视域中的系主任分析》②等一系列文章也产生了深远的影响。但整体来看,我国学者对系主任的研究无论是在方法的科学性还是在理论的创新性等方面还有相当的不足,还需要综合运用多学科的方法、理论视角进行持之以恒的探索。③

对于二级学院院长角色的研究相对比较集中,博士论文就有 2 篇,即任初明《我国大学院长的角色冲突研究》(2009)、刘香菊的《治理视域下的我国大学院长角色研究》(2014)。这两篇文章尽管都是研究院长角色,但是侧重点完全不同,《我国大学院长的角色冲突研究》主要分析了院长应对角色冲突的策略,从大学组织和个体两个方面提出了缓解院长角色冲突的建议。文章提出的院长由首席学术管理者到首席执行官的转变,以及我国院长扮演的四类九种重要角色,对笔者研究大学治理重心下移后需要什么样的院长有参考意义。④《治理视域下的我国大学院长角色研究》主要从我国大学院长角色的演变历史梳理,提出了治理视域下的我国大学院长角色以及角色过渡的路径。文章提出的院长角色受其学术因素的影响日益突出,以及学院和院长个人所具有的专业权力(权威)成为其角色构成的关键,对大学治理重心下移二级学院后院长应该具备什么样的教育领导力具有重要的参考意义。⑤ 姜华对院长学术角色和行政角色的冲突进行了研究。他根据角色期望和权力约束提出了院长学术角色和行政角色冲突的模型,在建立模型的基础上,运用 1970 年康奈尔大学的角色冲突量表(也称 RHL)对高校二级学院院长的角色冲突情况进行了测量。⑥ 对笔者从院长学术治理和行政治理方面考虑教育领导力维度的构建有一定的参考意义。因为院长在二级学院的领导工作主要是行政和学术两大方面,相应的行政权力和学术权力也是院长所拥有的两大权力,权力的运用考验着院长的领导智慧和领导能力。

国内对二级学院院长的研究从现状来说总体还是比较少;从研究内容

① 朴雪涛.中国大学系主任角色行为分析[J].现代教育科学,2002(7):25-27.

② 陈伟.组织学视域中的系主任分析[J].扬州大学学报(高教研究版),2005(2):22-25.

③ 王敬红.大学二级学院院长研究:回顾与展望[J].高校教育管理,2016(6):121.

④ 任初明.我国大学院长的角色冲突研究[D].武汉:华中科技大学,2009.

⑤ 刘香菊.治理视域下的我国大学院长角色研究[D].武汉:华中科技大学,2014.

⑥ 姜华.高校二级学院院长的角色冲突[J].中国高教研究,2011(10):56-59.

上来说,大部分是集中在二级学院院长的职责研究、角色定位、角色冲突、院长绩效考核、选聘机制等方面的研究。目前,专家、学者对二级学院院长角色的研究对研究高等教育发展新常态下院长的职责与使命具有一定的参考价值和借鉴意义:一是更加坚定了研究二级学院院长教育领导力的信心和决心;二是启发了在高等教育发展新常态下,特别是在现代大学制度建立以及深化高等教育综合改革、高校内部治理重心下移为背景下,进一步明确二级学院院长职责使命的重要性;三是上述专家、学者对二级学院院长的角色研究、职责研究也为探讨二级学院院长的教育领导力打下坚实的基础。

四、关于二级学院院长教育领导力的研究

从中国知网上直接能够找到研究二级学院院长领导力的文献非常少,并且唯有2篇文献可以参考,反而研究医院院长领导力的文章还有20来篇。目前,经过查阅中国知网和万方数据库,真正研究大学二级学院院长领导力的文章就4篇,其中博士论文1篇,硕士论文1篇,其他相关论文2篇。从目前的4篇文献来看,关于二级学院院长领导力的研究多从某一现象出发来泛谈二级学院院长领导力,没有结合高等教育的属性,从高校领导干部的专业化角度来探讨,特别是没有很好地抓住教育应有的内涵和本质要求去探讨,这也是笔者把它直接定位为教育领导力的原因。因为,闫拓时教授在其专著《当代中国大学校长领导力》中也明确指出:校长领导力是教育领导力中的一种有机表现形式。[①] 就目前研究二级学院院长领导力的4篇文献来看:

1.靳占忠教授等合著的有2篇:《提升二级学院院长领导力　推进高等农业院校协同创新》[②]、《二级学院院长感召力研究》[③]。这两篇论文都从不同角度探讨了二级学院院长的领导力问题。如《提升二级学院院长领导力　推进高等农业院校协同创新》一文主要探讨了推进高等农业院校协同创新为什么需要提升院长领导力的问题,而关键的院长领导力的真正内涵是

---

① 闫拓时.当代中国大学校长领导力研究[M].北京:高等教育出版社,2014:17.

② 靳占忠,王洋.提升二级学院院长领导力　推进高等农业院校协同创新[J].高等农业教育,2014(1):3-6.

③ 靳占忠,王洋,张艳倩.二级学院院长感召力研究[J].高等农业教育,2014(4):3-8.

什么？推进高等农业院校协同创新需要院长有什么样的领导力？如何才能具有这样的领导力？这些关键的问题没有谈到。当然，文章从推进协同创新论述提升院长领导力的重要性，一方面可以启发要从多角度看待院长领导力的重要性问题；另一方面同样启发要从多视角探讨院长领导力内涵问题。《二级学院院长感召力研究》一文主要依据上述提到的"领导力五力模型"中的"感召力"结合二级学院院长的特点，探讨了院长感召力构建的维度模型、院长在感召力方面存在的问题以及提升院长感召力的路径。其提出的院长感召力模型由院长的教育理念、以专业知识与管理知识为显著特征的基本素质、学术道德与学术伦理、工作激情以及管理智慧等五个维度构成，这对笔者的研究是有启发的，但是笔者认为如此归类不够严谨，如"以专业知识与管理知识为显著特征的基本素质"这对院长的要求来说过低，院长既然是领导者在这些方面的要求应该更高，否则与老师的要求难以区分。因此，从总体上看，笔者认为这两篇文章的研究依然不够深入，不够全面。因为只是从某一层面上进行的分析，特别是没有很好体现院长这一领导职位的特殊性等问题。

　　2.周富强教授的博士毕业论文《高等教育大众化阶段地方大学院长领导力研究——以广东外语外贸大学为例》是直接研究二级学院院长领导力比较系统、深入的文章之一。他的研究结合高等教育大众化阶段地方大学领导面临的挑战，通过回顾相关领导力理论，反思地方大学中层学术领导实践，提出地方大学二级学院院长领导力六力模型：战略领导力、变革领导力、学习领导力、沟通领导力、道德领导力和文化领导力。[①] 笔者认为这六力模型也是没有很好地把握教育的根本属性问题，对大学二级学院院长领导力的针对性或者专门性没有突显，六方面的维度在各个领域均可存在，没有反映出不同领域的差异性问题。因为从领导力的本来含义是影响力来说，作为大学院长是从哪方面的领导力影响师生的，特别是作为院长在其教育理念、学术方面的影响力肯定是影响师生的重要方面，并且教育理念是院长搞好学院领导工作的基础，教育发展的根本动力在于科学的教育理念的树立，没有牢固树立科学的教育理念，就容易迷失工作方向，难以把握教育规律，就会出现诸多教育异化的现象，这对教育事业健康发展、可持续发展是极为

不利的,特别是作为二级学院院长,没有科学的教育理念就难以把握学院发展方向,更谈不上引领发展。但是这篇论文对本研究还是有很多可取之处,如其主张的研究二级学院院长领导力和校长领导力要把握宏观与微观的区别、谋划与执行的区别等,对笔者深入理解大学校长教育领导力和二级学院院长教育领导力的差别有直接的借鉴意义。

    3.王洋的硕士论文《基于领导力理论的二级学院院长领导力研究》,该研究围绕领导力理论、二级学院、学院院长三个关键要素展开,其借助中国科学院领导力五力模型:前瞻力、感召力、影响力、决断力,控制力,认为二级学院院长领导力也应当分为感召力、前瞻力、影响力、决策力和控制力五大部分。同时他提出了二级学院院长领导力主要由教育理念、以专业知识与管理知识为显著特征的基本素质、学术道德与学术伦理、工作激情、管理智慧、战略管理、关系管理、决策管理和规范管理9个要素构成。[①] 王洋的论文主要是借鉴"科技领导力的五力模型"来研究院长领导力,可以说是直接移植。因为教育与科技不论在本质属性还是在工作内容上是有本质区别的。并且这9个要素维度的划分也并不合理,因为领导力是由领导者的素质和能力综合构成,素质和能力在不同领导领域应该有其专业性的要求。同时这9个维度中有的有相互包含和重复的关系,如管理智慧应该包括战略管理、决策管理,缺乏管理智慧谈不上制订战略和决策,此外,工作激情也是体现在战略管理、关系管理、决策管理、规范管理当中。但是,其研究过程中从二级学院治理的视角分析院长领导力的效能以及领导行为方式的体现,这是可以借鉴的。

    院长应该具有什么样的领导力才能治理好学院?这是大学治理重心下移二级学院必须解决的问题。从目前国内现有关于二级学院院长教育领导力研究的分析来看:一是对教育领导力概念与维度模型的研究缺乏对教育专业性的反映和教育领域的针对性;二是缺乏对二级学院院长教育领导力评价体系的研究,对更有针对性地培养、选拔、任用好院长缺少实践意义上的指导,急待进一步完善和深入探讨。

---

    ① 王洋.基于领导力理论的二级学院院长领导力研究[D].石家庄:河北科技大学,2013.

五、对已有研究的评价

从上述情况分析,二级学院院长的领导力受多方面因素的制约和影响,但其中一个很重要的因素就是其角色规定性。高校二级学院院长应有的领导力既要凸显院长在学术领域的领导者地位,又要凸显行政工作中的管理者角色,应该成为将领导力贯穿于管理工作中、集领导者和管理者于一身的"合体",其难度和挑战性可想而知。从目前二级学院院长领导力的研究来看,与国外研究相比,国内院长领导力研究多为广泛性研究或领导力理论与院长角色的简单结合,缺乏直接指向二级学院这一组织的根本属性以及院长职业岗位、职责使命等根本属性问题。例如,理论层面,我们要丰富充实大学的组织管理理论和领导角色理论,在角色阐释基础上构建基于情境性、互动性的院长角色及其扮演的扎根理论,弥补院长研究的不足,拓展研究的视野;增强对大学组织治理现状的理解和中层学术领导本质的把握。而从现实层面,我们要帮助院长理性反思自身角色,并为其领导能力提升提供理论指导和经验借鉴;帮助大学领导者和相关职能部门了解院长的生存困境,强化主动为学院服务的意识,尤其提醒大学的领导者要高度关注院长的职业生涯发展并健全院长队伍建设的长效机制,同时要厘清二级学院院长教育领导力与二级学院治理的相互关系及其重要性,以此作为深化大学内部管理改革、推动大学内涵建设和持续发展的关键环节。

综合以上分析,笔者认为目前从国外对领导力研究的聚焦来看:主要聚焦于领导力系统理论构建、领导力模型的构建、领导力评价体系这三个方面。而从领导力系统理论构建来说,基本源于企业管理,因此理论上企业管理色彩深厚;而从领导力模型的构建来说,差异性无法突显或不够全面,没有显现各领域的特殊性问题;而从领导力评价体系来看,因存在文化、政治差异性,适用性不强,因此不能照抄照搬。国内对领导力研究的聚焦,主要在于领导力模型的构建、领导力所需能力素质的培养与提升、校长领导力研究这三个方面。而从领导力模型的构建来说,目前的研究还缺乏一定的逻辑性、标准性、针对性;从领导力所需能力素质的培养与提升来说,目前还存在体系不健全、科学性有待进一步完善的问题;而从校长领导力研究来说,一个基本的问题是对"校长领导力"下的概念还没有很好体现专业性、教育属性。根据国内外对领导力、二级学院院长、教育领导力的研究文献分析,笔者认为可以有六个方面的认识：一是研究教育领导力必须遵循教育规律，体现高等教育本质属性以及教育领导岗位的专业性。二是研究教育领导力必须把握教育领导力的本质：是否拥有先进的教育观念，哪些素质和能力应该是教育领域特有的，院长必须具备的。三是研究教育领导力必须把握维度划分的依据：理论依据、反思、推导、实证调查。四是必须把握维度设计的基本要求，如特殊性、专业性、避免交叉重复，应该达到可判断、可观测、可操作等。五是同样的领导岗位为什么有的领导人做得好，有的领导人做得不好，领导力的强弱在其中的作用如何？影响如何？非常值得深入实际去探讨。六是领导力的强弱能否进行专项的考核评价？如何考核评价？评价后如何进行培养提升？这都是院长成长过程中必须解决的实际问题。

第四节　研究的思路与方法

国家行政学院中国领导科学研究中心主任刘峰教授在为《领导力的本质》一书作推荐序时指出：要以科学的态度和方法研究实践领导力。同时明确提出：领导力是可以日常认知的，是可以实证研究的，是可以实践应用的，是可以学习培训的。这为笔者开展本课题研究指明了方向，更加坚定了笔者开展好这一课题研究的信心和决心。

一、研究思路

研究二级学院院长教育领导力，是为了提高院长的领导效能和领导水平，提升二级学院的治理效果或者水平，改善学院和学校的关系和治理环境，促进学院和学校更好地发展。本研究的核心命题就是尝试解答在地方本科院校中"二级学院院长具有什么样的教育领导力才能胜任大学治理重心下移的时代使命"或"高水平的二级学院院长应具备什么样的领导力"，目的也是为了回答好"地方本科院校如何才能选好、培养好、考核评价好乃至当好二级学院院长"的实际问题。研究的过程中，通过深度访谈、实证调查、案例分析找出地方高校二级学院院长工作中存在的问题，以二级学院院长教育领导力为研究主体，以领导和领导力相关理论以及大学治理相关理论为理论依据,并结合高等教育领域的特点以及二级学院院长的职位特点,探讨院长在领导工作中应有教育领导力维度以及表现形式建构研究分析框架,形成研究二级学院院长教育领导力的"两维一体",即用两种理论作研究理论基础,开展院长教育领导力研究。

特别是在研究院长教育领导力模型构建过程中,必须始终以领导和领导力理论以及大学治理理论为指导,在分析两大理论对实践的要求基础上,依据领导力由领导者的领导素质和领导能力构成的综合体,通过院长对高等教育本质属性的深刻领会,对"培养什么人"有全面透彻的理解基础上,集聚学院师生的教育行动合力,构建院长教育领导力的模型;接着,运用深度访谈和质性分析法,在坚持问题导向的基础上,深入分析院长教育领导力成败案例。并在此基础上,提出院长教育领导力考核评价的原则和方法,探讨院长教育领导力的表现形式和院长教育领导力考核评价对策,最后提出院长教育领导力培养和提升的体系,为高校优化培养、选拔、任用、考核评价二级学院院长提供参考,破解"二级学院院长具有什么样的教育领导力才能胜任大学治理重心下沉的时代使命"的核心命题。综合以上情况,研究思路可以描述为以下模型架构图,如图 1-2 所示。

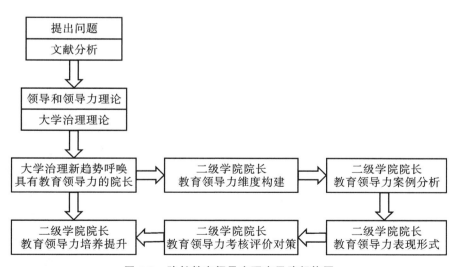

图 1-2　院长教育领导力研究思路架构图

二、研究方法

研究方法是研究问题与研究结果之间的桥梁,涉及研究问题的一般程序和准则。"方法不是什么外在的东西,方法是材料的有效处理——有效就是花费最少的时间和精力利用材料达到一个目的。"①适当的研究方法,能够帮助我们更好地分析研究问题,提高研究结果的有效性和可靠性。本研究主要基于笔者在高校院(系)担任过负责人,又在组织部门担任部长 6 年,以及现在是分管干部工作的校领导,结合工作实践,以行动研究者的身份开展的研究。同时,根据研究内容,在具体研究方法上还主要采取了以下几种方法:

(一)文献研究法

文献的搜集整理与分析是本研究的基本方法。本研究主要运用 CNKI 中国学术期刊网络出版总库、Springer 全文数据库、读秀学术搜索、谷歌学术对与"院长教育领导力"相关的文献进行了搜集和整理,主要参考国内外专家、学者对领导力、教育领导力、学院治理以及二级学院院长的研究,搜集相关文献,借鉴和借助前人力量,为研究提供较好的借鉴与参考。与此同时,为了获取样本院校院长工作的实际情况,笔者通过访问样本院校的网页,收集了样本高校广西 A、B 两所地方本科院校 23 名院长所在学院的办学情况。

(二)访谈法

访谈法是一种有目的的研究性交谈,能够更加灵活、深入、广泛地对较为复杂的问题进行探讨。二级学院院长教育领导力研究是一个复杂的问题,如何根据高等教育的本质属性和专业性特点,界定院长教育领导力的概念,构建其维度要素模型,并通过深度访谈证明该模型具有较强的解释力,也是具有极大挑战性的问题。研究主要以地方本科院校二级学院院长(包括主持工作的副院长)为主要研究对象,主要围绕"二级学院院长具有什么样的教育领导力才能胜任大学治理重心下沉的时代使命"这一核心命题,通过深度访谈二级学院院长、校级领导以及与院长工作关联度比较高的职能

---

① 约翰・杜威.民主主义与教育[M].王承绪,译.北京:人民教育出版社,1990:181.

部门负责人,破解核心命题。为构建二级学院院长教育领导力维度模型和院长教育领导力效能表现形式,研究院长教育领导力强弱考核评价对策,提出二级学院院长教育领导力培养和提升的原则和路径,最终为构建院长教育领导力理论体系打下基础。为了能够在对访谈结构有一定的控制基础上,又给访谈对象留有较大的表达空间,为此笔者制订了半结构性访谈提纲,采用了个别访谈的形式对访谈者进行深度访谈。本研究按照方便抽样的原则,考虑到样本选择的代表性,选择了 23 名地方本科院校二级学院院长、7 名校领导、4 名与院长工作关联度较高的职能部门负责人,共 34 名代表作为访谈对象。从 2019 年 1 月开始访谈,时间跨度近半年,有些访谈对象进行了两次甚至多次访谈。有些访谈是通过电话、邮件进行的,也有的是通过会议形式进行的集体座谈。访谈时间平均为 65 分钟,以了解他们对"具有什么样的教育领导力才能当好二级学院院长,承担起大学治理重心下移二级学院的使命",并根据访谈录音整理了 9 万余字访谈记录。对文中的访谈资料,按照"工作单位—访谈对象"的顺序进行编码。

（三）案例分析法

案例分析法是对单一的、典型的研究对象进行深入具体的考察,以深入了解研究对象的发展特征和运行状况,具有较强的可操作性和实践意义,能够更深入地发掘研究对象存在的问题。本研究目的是要解决地方本科院校二级学院院长到底应该具有什么样的教育领导力方能履行好大学治理重心下移后的职责,真正当好二级学院发展的领头羊。为此,研究抽取 A、B 两所地方本科校中的二级学院院长共 23 名,校级领导 7 名,以及与院长工作关联度比较高的职能部门负责人 4 名,总共 34 名,根据各自特点设计访谈问题分别进行深入访谈,从中了解院长教育领导力成败方面的典型案例。同时,通过案例分析来验证二级学院院长教育领导力构建维度的科学性和可行性,通过对他们的分析和研究,力图探寻二级学院院长教育领导力的现实性和规律性认识。

（四）观察法

为了得到一手的、真实的资料,笔者利用担任学校组织部部长以及学校分管组织工作的校领导的便利身份,在深入样本学校,对相关高层校级领导、中层各职能部门进行访谈的基础上,深入各二级学院对院长、副院长,及主要师生进行观察。并参加一些会议或活动,对会议或活动主要内容进行拍照、记录。对观察到的内容坚持做工作日志,记录详细的经过和重要的细节,为案例分析提供了直接而重要的素材参考。

第五节　研究的目标与内容

在当今社会转型发展时期,不论是企业界还是管理界,不论是经济领域还是文化教育领域,领导力问题越来越受到人们的关心和重视。基于目前学界对院长应有什么样的领导力方面研究的不足现状,本着研究必须解决实际问题的初衷,本研究的主要研究目标和研究内容如下:

一、研究目标

二级学院院长教育领导力研究既是一个比较复杂的理论课题,也是一个亟待解答的实践课题。在大学治理重心下移二级学院的趋势下,院长所肩负的责任和使命越来越重大,学院办大学已经深入人心。学院办得好与不好,关键是看是否有一位好的院长。好的院长其领导力肯定强,否则是难以率领学院师生把学院应有的职能发挥好。本研究的最终目标是破解"二级学院院长具有什么样的教育领导力才能胜任和承担起大学治理重心下沉的时代使命"这一核心命题,并以此为方向去开展研究。本研究具体要达到以下目的:

一是在把握领导力科学内涵的基础上,遵循教育规律,体现教育特点,从高等教育本质属性的认识,以及从"培养什么人,怎样培养人,为谁培养人"的全面透彻认识的基础上,厘清教育领域领导者应有领导力的真正内涵及其特殊性,解决当前教育领导力概念泛泛的问题。

二是在把握大学治理特别是二级学院治理的基础上,进一步明确二级学院院长应该承担的职责和使命,并借鉴前人研究领导力构成要素或模型的经验和缺憾,根据高等教育领域的特点以及大学二级学院的职能,构建二级学院院长教育领导力模型,真正达到体现院长应有领导力在教育领域特别是高校二级学院的特殊性和专业性,解决院长应有领导力教育属性和专业性不突出的问题。

三是在构建院长教育领导力模型的基础上,通过院长教育领导力成败案例分析,探讨院长教育领导力考核评价内涵及其原则和方法,并在分析院长教育领导力效能表现形式的基础上,提出了院长教育领导力考核评价对策。特别是在院长教育领导力考核评价指标体系建立方面,提出了院长教育领导力维度要素和院长教育领导力效能表现形式的二维考核评价指标体系构建方向。最后,在建立院长教育领导力培养和提升机制的基础上,提出完善二级学院院长的选拔和培养机制,为培养和选拔二级学院院长提供参考和依据,解决院长教育领导力强弱如何考核评价以及如何培养选拔院长的问题。

四是通过实证研究和行动研究,在院长教育领导力强和弱的领导方式和领导效能对比以及在进一步明确二级学院院长的职责和使命的同时,坚持问题导向,揭示二级学院院长教育领导力实现过程中存在的动力问题,探讨二级学院院长教育领导力的培养和提升路径,解决院长教育领导力如何培养和提升等问题。

二、研究内容

随着现代大学制度的不断健全和完善,大学治理和二级学院治理成为急需研究探讨的话题。就二级学院治理来说,大学治理重心下移的趋势下如何解决选好、培养好、考核评价好二级学院院长是各高校必须解决的实际问题;而就各二级学院院长来说,大学治理重心下移的趋势下如何当好二级学院院长也是非常客观且实际的问题。根据研究的目标和解决具体问题的要求,主要设置 5 个章节以及绪论和研究结论与展望两个部分的框架开展研究,研究内容的总体架构如图 1-3 所示。

各章节对应的研究内容如下:

第一章绪论。本部分主要是分析选题背景、研究意义、基本概念和核心概念界定、目前学界研究现状等方面的内容。同时围绕"二级学院院长具有什么样的教育领导力才能胜任和承担起大学治理重心下移的时代使命"这一核心命题,提出研究的思路与方法、研究目标与内容。

第二章以"大学治理新趋势呼唤具有教育领导力的院长"为题。本章主要在解读大学治理重心下移二级学院的真正内涵的基础上,分析大学治理重心下移后二级学院的价值取向和目标追求,从而提出大学治理重心下移后院长的新使命和新要求,并在此基础上描绘了大学治理重心下移后院长

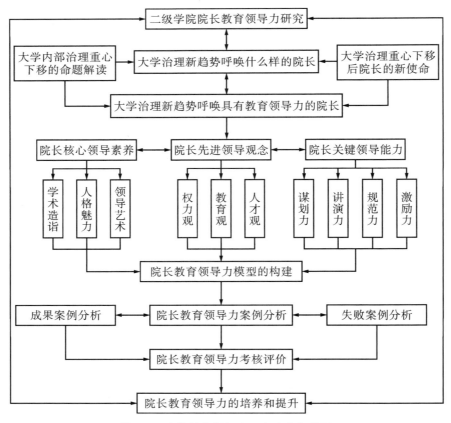

图 1-3 院长教育领导力研究内容架构图

的新画像,从深刻领会和把握高等教育的本质属性、科学谋划和设计理想人格的实现路径、高效统御和指引学术管理与行政管理的相互融合等三个方面,分析唯有培养和提升院长教育领导力方能担当大学治理重心下移的时代使命。为理解教育领导力的真正内涵,构建院长教育领导力维度,开展院长教育领导力质性分析打下坚实基础。

第三章主要是对大学治理重心下移后院长应该具有什么样的领导力方能治理好学院进行了全面深入的研究。本章主要在探讨院长教育领导力模型构建的理论基础和模型构建的方法论问题的基础上,综合前人研究领导力构成的"素质说"和"能力说",结合大学治理重心下移的特殊要求,高等教育领域和二级学院院长岗位的特殊性和专业性,针对地方高校的特点,从院长对高等教育本质属性认识形成的教育观;促进院长更好形成对高等教育本质属性认识而所具有的学术造诣；院长对理想人格的设计形成的人才观；用于统率学院师生并形成教育行动合力所应有的权力观、人格魅力和领导艺术；用于统御和指引教学、科研、社会服务和行政管理工作的关键领导能力，主要包括学院发展谋划力、内外交往讲演力、办学活力激励力、学院治理规范力；并从先进领导观念、核心领导素养、关键领导能力三个方面进行归类，构建了"院长教育领导力三三四维度模型"，同时对每一个要素进行了探索和阐释。

第四章主要是以质性分析的方法对院长教育领导力成败典型案例进行了深入分析。本章主要是通过选取 A、B 两所地方性本科院校中的 23 名二级学院院长、7 名校领导以及与院长工作关联度比较高的 4 名职能部门负责人，在深度访谈的基础上，结合院长教育领导力维度要素构成的三个层面，深入探讨了院长教育领导力成功型典型案例和失败型典型案例的成因，进一步论证了院长教育领导力维度构成的科学性和可行性。同时从理性归因、感性认识和理性反思深究了院长教育领导力成败的启示。在深度访谈和实证调查中还发现了地方本科院校二级学院院长的年龄、性别、学科、学历、职称、海外经历、行业背景等方面的特征，从结构上得知了谁在地方本科院校二级学院任院长。

第五章主要是对院长教育领导力强弱如何进行考核评价方面的研究。本章主要是在把握教育领导力强弱考核评价的内涵以及考核评价的原则和方法基础上，从院长教育领导力强弱的核心表现形式和基本表现形式提出了院长教育领导力强弱考核评价对策，为如何考核评价好院长教育领导力强弱指明了方向，提供了参考。

第六章主要解答了如何才能培养和提升院长教育领导力的问题。本章在分析院长教育领导力培养和提升的动因基础上，探讨了院长教育领导力培养和提升的原则和路径，提出了自身努力是院长教育领导力培养与提升的内生动力；治理文化是院长教育领导力培养与提升的外生动力；组织培养是院长教育领导力培养与提升的根本保障。特别是在选拔任用中还专门探讨了选拔任用院长的原则、院长选任工作中存在的问题，以及选拔任用二级学院院长的对策，为选好用好二级学院院长提供了依据。

第七章是研究结论与展望。本章主要对本研究的结论、可能创新之处以及存在的不足进行了分析和说明，同时对下一步的研究提出了展望。

第二章

大学治理新趋势呼唤具有教育领导力的院长

大学治理重心下移二级学院是大学内部治理的新趋势,也是办好大学的新要求。学院是大学组织结构中重要的组成部分,是大学发挥人才培养、科学研究、社会服务、文化传承创新、国际交流合作等五大职能的重要阵地,同时也是大学实施教学、科研、社会服务的主要场所。二级学院办得好与不好,直接影响到大学办学质量的好坏以及大学在社会上的声誉。从另一个角度来说,学院学科、专业办得如何,某种程度上也影响着大学在人们心中的认可度,当前高校学科、专业的排名就是一个重要的例证。学科、专业办得好,排名肯定不会差,得到人们的认可度就会高。学科、专业办得好与不好,关键要看支撑学科和专业的二级学院发展得如何。二级学院发展的情况很大程度上又取决于学院院长的领导水平和治理水平。因此,大学治理重心下移后,不论学校管理层还是师生心中,都更加期待一位好院长的出现。因此,二级学院院长具有什么样的教育领导力才能胜任大学内部治理重心下移的时代使命,成为当前高等教育研究当中理论和实践都得探讨的重要课题。

第一节　大学内部治理重心下移的命题解读

一、大学内部治理重心下移的应然与实然

"管理"和"治理"看起来尽管只是一字之差,但是真正的社会核心要义

却完全不同。习近平总书记在参加十二届全国人大二次会议上海代表团审议时指出："治理和管理一字之差,体现的是系统治理、依法治理、源头治理、综合施策。"①治理高于管理,治理需要各种各类体系和制度的构建。治理要求精准把握现实变化和时代特征,从而确立合作、互通、共享理念;治理注重从单一行政手段向多种手段并用发展,强调互动与调和,变集权为分权,实现社会合力的最大化;治理也要求更加凸显为民情怀,做到由服从到服务;治理同时突出的是依法治理。当前,我国高等教育的发展制度体系保障是现代大学制度。建立现代大学制度的核心要义就是要实现由大学管理到大学治理的转变。而要实现这一重大而具有激发活力的转变,一个很重要的问题就是必须锻造高素质专业化干部队伍,必须注重培养、提升干部的领导力。

（一）治理重心下移是时代的召唤

习近平总书记在党的十九大报告中指出:要"加强社区治理体系建设,推动社会治理重心向基层下移,发挥社会组织作用,实现政府治理和社会调节、居民自治良性互动"。② 由此可以明显地看出:社会治理重心向基层下移已经成为我国社会治理创新领域中新的时代命题。而作为社会建设不可或缺的高等教育领域,大学治理创新必然也要紧跟重心下移的时代命题。尽管高等教育的发展有其自身的规律性要求,大学治理也有其独特性,但是,大学治理要遵循社会治理创新的改革逻辑也是一个重大的原则。因此,社会治理领域治理重心下移的命题也要覆盖到高等教育领域的改革当中。当然,我国高等教育领域的治理问题虽然不是近期才提出,并且在现实改革当中从上到下、从外到内都在深入探索,甚至从某种意义上说还走在了其他领域的前列。但是,我们必须有清醒的意识,教育是千秋伟业,十年树木,百年树人,高等教育要从大国走向强国,现代大学制度的建立是根本保障。只有制度体系健全完善了,高等教育的改革发展才能充分调动各种要素,激发各级办学活力,围绕内涵建设,打造我国高等教育发展的核心竞争力。"双一流"建设才能落地、生根、开花、结果。纵观世界高等教育发展的历史,无

---

① 习近平.推进上海自贸区建设 加强和创新特大城市社会治理[N].人民日报,2014-03-06(01).

② 习近平.决胜全面建成小康社会 夺取新时代中国特色社会主义伟大胜利:在中国共产党第十九次全国代表大会上的报告(2017 年 10 月 18 日)[M].北京:人民出版社,2017.

论是美国、英国、法国还是德国,其高等教育发展史都是紧跟时代步伐的历史。例如美国的哈佛、英国的剑桥、法国的巴黎高师、德国的洪堡无不如此。让人欣慰的是,从 2017 年起,院系治理开始在国家相关政策中被提起,治理重心下移的举措也不断显现。例如,中共中央国务院印发的《关于加强和改进新形势下高校思想政治工作的意见》谈到推进高校思想政治工作改革创新中,提出"要贴近师生思想实际,以改革创新精神做好高校思想政治工作,建立健全校领导、院(系)领导联系师生、谈心谈话制度,在平等沟通、民主讨论、互动交流中进行思想引导,有的放矢、生动活泼地开展工作,发挥师德楷模、名师大家、学术带头人等的示范引领作用"。同时对院系党组织建设、民主决策都提出了明确要求。① 再如,《国家教育事业发展"十三五"规划》提到"落实学校办学自主权"时,明确指出"推动高等学校进一步向院系放权"②。而在教育部等五部门印发的《关于深化高等教育领域简政放权放管结合优化服务改革的若干意见》中指出:"各高校要及时制定实施细则,向院系放权,向研发团队和领军人物放权,确保各项改革措施落到实处。"③面对大学治理重心下移的时代趋势,大学中的校领导、二级学院领导均要主动面对,分步推进。

(二)学院办大学是二级学院自主发展的体现

大学治理重心下移有一个重要的问题要认识到位,并且也要解决落实到位,那就是:大学到底是"大学办学院还是学院办大学"? 这个问题在 2016 年 5 月 10 日《光明日报》第 13 版刊发的北京师范大学教育学部石中英老师的一篇文章《大学办学院还是"学院办大学"》中就谈到了。文章从"校院关系影响了整个大学的办学活力""完善现代大学治理必须调整校院关系"④等两大主题对大学应该是学院办大学进行了深入探讨。此文章引

---

① 中共中央 国务院印发《关于加强和改进新形势下高校思想政治工作的意见》[EB/OL]. (2017-02-27) [2020-09-08]. http://www. xinhuanet. com//2017-02/27/c_1120538762.htm.

② 《国务院关于印发国家教育事业发展"十三五"规划的通知》国发〔2017〕4 号 [EB/OL].(2017-01-10)[2020-09-08]. http://www.moe.gov.cn/jyb_xxgk/moe_1777/moe_1778/201701/t20170119_295319.html.

③ 教育部等五部门《关于深化高等教育领域简政放权放管结合优化服务改革的若干意见》教政法〔2017〕7 号 [EB/OL]. (2017-04-06) [2020-09-08]. http://www.moe.gov.cn/srcsite/A02/s7049/201704/t20170405_301912.html.

④ 石中英.大学办学院还是"学院办大学"[N].光明日报,2016-05-10(13).

起了社会各界的广泛思考,特别是对大学管理向大学治理转变、大学治理重心如何下移,可以说是非常有用的参考。从我国高等教育发展的历史来看,我们绝不能一概地说:大学必须是学院办大学。因为在不同的历史时期,不同的发展条件下,高等教育的发展体制是不一样的,这也是符合高等教育发展内外部关系规律的。例如,这里谈到的校和院(系)管理问题,我们国家也经历了最初的校—系两级到校—院—系三级的管理体制转变。这说明大学制度也是一个不断发展完善的过程。当前,高等教育的改革与发展,到底是大学办学院还是学院办大学,笔者认为必须全面客观地去分析和看待。例如,从学校发展的顶层设计制订来说,肯定是大学办学院,当然顶层设计也要来源于基层;而单从学校顶层设计的落实、落地来看,这又依赖于学院,从这个意义上来说又是学院办大学。但是,高等教育内部治理体系的改革,总体趋势仍然是:大学治理重心下移院(系),才能激发大学内部的办学活力,让学院充满活力地去办大学,完成学校赋予的使命和责任。在此有两个问题必须处理好:一是避免"一管就死、一放就乱"的现象;二是处理好学院自主发展与自我约束的关系。两个问题看似一个矛盾的统一体,是大学治理重心下移二级学院过程中最容易出现的问题。而要解决好这两个问题,首要考验的也是大学校长和学院院长的领导智慧,考验着校院两级的治理能力和水平。

党的十九届四中全会明确指出要"加强系统治理、依法治理、综合治理、源头治理",并通过了《中共中央关于坚持和完善中国特色社会主义制度推进国家治理体系和治理能力现代化若干重大问题的决定》,对国家治理体系和治理能力现代化提出明确要求。我国高校在深化高等教育综合改革、推进大学治理过程中要避免"一管就死、一放就乱"的现象发生,不论从学校层面还是从学院层面归根结底同样必须在"四个治理"方面去努力。而二级学院在处理自主发展与自我约束的关系过程中,也不能仅仅靠二级学院去解决,学校层面的科学约束与科学赋能极其关键。

(三)大学治理重心下移在于激发学院办学活力

大学治理重心下移二级学院,不仅仅在于形的责、权、利下放,关键是通过学校层责、权、利下放以后,如何激发二级学院的办学活力,让教师的发展、学生的成长、办学水平和办学质量的提升充满生机。用一句话来概括,就是要让学院在人才培养、科学研究、社会服务、文化传承创新、国际交流合作等方面更加有作为,学院师生参与办学的积极性和创造性充分调动,最终使学院承载的高校各项职能发挥得淋漓尽致。"办好大学的关键在教师",清华大学梅贻琦校长"大学之谓,非大楼之谓也,乃大师之谓也"的感慨,每一位大学人对其都是极其熟悉的。大学治理重心下移,其中一个非常重要的目的就是希望二级学院能够更加关注教师,能够更加充分发挥每一位教师的作用,让善于教书的教师倾心教书,让善于搞科学研究的教师用心开展学术研究,甚至是善于管好实验仪器设备的实验管理员均能够全心服务好教学,服务好师生。这才是大学治理重心下移后的应有之义。因为,大学的教师和学生都集聚在二级学院,这一批专注于教学和科研的专家、学者以及学生,他们工作的核心内容就是进行知识传播、知识发现、知识应用、知识理解等知识生产活动。大学的人才培养、科学研究、社会服务等各项职能要依靠二级学院去承担、去执行、去实现,离开二级学院,大学的知识生产活动、大学的职能实现就成了空中楼阁。①

如何激发二级学院的办学活力?当然前提是治理重心下移。但是,我们可能还要思考两个基本问题:一是大学治理重心下移,学校一层特别是学校机关中层做什么?他们能够为激发二级学院的办学活力提供什么?二是大学治理重心下移,二级学院如何接应?回答这些问题,依然要以党的十九届四中全会提出的"系统治理、依法治理、综合治理、源头治理"为遵循。在以此为遵循的基础上,校院两级都要认真思考一对关系,即"主动还是被动的关系"。例如,在学校层面,深化内部治理结构改革,治理重心下移,就是要逐步完善"统一领导,分级管理"的二级管理体制,充分发挥学术委员会和教学指导委员会的作用,探索建立理事会制度和专家委员会制度,完善教代会和学代会参与民主管理的制度。深化以优劳优酬为核心的绩效分配激励机制,加强预算管理与审计监督,推进资源科学合理配置,提高办学效益、资源使用效率和服务保障能力。再如,在机构调整设置方面,一是学术机构的调整要有利于促进学科的交叉融合,顺应学科发展趋势,鼓励学术创新。二是职能部门的调整要有利于提高管理效能,职能部门设置要精干、高效,干部和管理人员要专业、敬业;要倡导更好地为教师学生服务,为教学科研服务;要鼓励管理人员围绕学校发展目标、结合部处职能开展问题研究,这既有利于开展工作,也有利于克服职业倦怠。三是要有利于对基层教学科研

---

① 张德祥,李洋帆.二级学院治理:大学治理的重要课题[J]中国高教研究,2017(3):6-11.

单位实行扁平化管理,提高行政效率,调动院系和教师的积极性和创造性。而在学院层面,首先一个根本的问题就是学校治理重心下移后,如何健全和完善学院层面的领导体制和决策机制。目前,在我国大学领导体制方面实行的"党委领导下的校长负责制"已经非常完善和成熟,在这一领导体制的规范下,学校层面的党委书记和校长两位主要负责人的关系比较好处理。在决策机制方面党委常委会(或党委会)以及校长办公会也非常健全,对哪些应该由学校党委常委会(或党委会)决策,哪些应该由校长办公会决策非常清晰。但是,在院(系)层面目前的决策机制是院(系)的党政联席会议制度。学院的工作决策主要由党政联席会议讨论决定。但是,这一机制在实施过程中或多或少遇到了一些问题,其中之一是党政联席会议谁主持、谁唱主角的问题,尽管在上党政联席会议讨论决定的事项应该先由院(系)党组织委员会先讨论酝酿,并且也明确规定二级院(系)书记、院长意见不统一的事项,不能上党政联席会议讨论。但是,在真正实施的过程中,受制约、受影响的情况不少。甚至有的书记、院长提出了谁大谁小的问题,也就是谁说了算的问题,这个问题回答是容易的,即没有谁大谁小,党政联席会议制度说了算。但仍然解决不了问题,为此有的省份在试行二级学院也执行党组织领导下的院长负责制。这些方面说明了,大学治理重心下移后二级学院的领导体制和决策机制必须明确,不能含糊。否则,这肯定影响二级学院办学活力的发挥。另一个问题,还是回到什么样的人适合当二级学院院长的问题,这也是一个极其关键的问题。俗话说:群龙不能无首。一个部门的合力、凝聚力关键是看领导班子,而领导班子中关键是看班长。有的学者把院长比作二级学院这个部落的首领,这是非常有道理的。因为如果这个首领有问题,一定会导致部落四分五裂,甚至撕裂。假如出现这种情况,何谈活力?关于如何选拔院长,什么样的院长方能领导好学院发展,率领师生活力四射,形成教育行动的合力,后面还要论述。

二、大学治理重心下移的内涵理解

大学治理研究现在已经成为高等教育研究领域重要且常见的话题。关于大学治理的内涵,王洪才教授认为它包括四个方面:一是结果,即大学内部形成一种和谐的状态;二是手段,即对大学发展出现的问题进行整治;三是结构,即建立人人可以参与从而共同治理的结构;四是目标,即建立起人们对共同价值追求的文化。① 而所谓大学治理重心下移,笔者认为:是指大学治理过程由大学校级一层传统的管理和把控逐渐把办学自主权力向二级学院延伸和倾斜的过程。具体可以从以下四个方面理解:

(一)二级学院办学自主权的扩大

权力是管理中的有效手段。管理过程中,假如领导者缺乏应有的权力,或者不被赋予相应的权力,可以说在这样职位的领导者形同摆设,领导职位也不必设置了。俗话经常说:权力大过天;权力不用会时;等等。但是,作为领导者对待权力也要清楚,党中央一直强调:权为民所用,情为民所系,利为民所谋。这是每一个领导者在领导职位上行使权力必须遵循的基本原则和要求。李克强总理在十二届全国人大三次会议政府工作报告中指出:"大道至简,有权不可任性。"②这也充分表明有权怎么用的问题。通俗地说,权力存在于每一个人的手中,领导者手中有权,老百姓手中也有权;权力同时也存在于每一个组织当中。作为大学来说,大学要发挥好应有的人才培养、科学研究、社会服务、文化传承创新、国际交流合作等五项职能也离不开权力的问题。大学以及大学下设的学院,正是通过大学中的各级领导者以及全体师生科学行使其应有的行政权力和学术权力去推动学校的发展,履行大学应尽的职责和义务。别敦荣教授在研究美国大学治理时指出:美国大学治理是在大学自治的基础上发展起来的。不论公立大学还是私立大学,都享有充分的办学自主权。③ 由此可以看出办学自主权之重要。笔者在访谈二级学院院长的过程中,发现接近100%的院长提出比较多的或者说急切需要解决的是办学自主权下放。因此,笔者认为:在我国大学治理重心下移的趋势下,大学治理重心下移关键是大学内部权力重心下移。那么,作为承载高校各项职能的院(系),应该通过拥有什么样的办学自主权或者说大学应该下放什么样的办学自主权,方能调动院(系)的积极性和创造性呢?

首先应该是办学基础保障权的下放。这方面就包括:人、财、物管理和使用权力的下放。巧妇难为无米之炊。尽管二级学院不是一个具有法人意义的办学单位,但是二级学院却是大学办学的主体单位,大学的老师和学生

① 王洪才.大学治理的四种内涵[J].苏州大学学报(教育科学版),2015(4):17-20.

② 李克强.政府工作报告(2015 年)[EB/OL].(2015-03-05)[2020-09-08]. http://news.12371.cn/2015/03/16/ARTI1426518206927710.shtml.

③ 别敦荣.美国大学治理理念、结构和功能[J].高等教育研究,2019(6):93-101.

因为学术性的共同，汇聚在一个学院，有了人，财物必须跟上。曾经，在访谈一位学校领导时，他直接做了这样一个通俗易懂的比方：手上无米，鸡都不跟你。细心想想，这话的确很有道理，作为二级学院或者二级学院的院长，如果手上没有什么资源可以提供师生发展共享，怎么能调动师生的积极性和创造性呢？因此，从学校的人事权下放来说，应该把选人、用人、培养人的权力下放二级学院。也就是在学校核定二级学院总编制数的基础上，可以把人才引进、提拔、使用、职称评聘以及聘请高级人才的权力下放二级学院。人事权力下放了，学院发展的活水就有了，活力四射所需的人就有了。从学校的财权下放来说，目前地方本科院校基本上执行"统一领导，集中管理"的财务管理模式，而这种管理模式特别要思考如何通过财权下放去盘活财力资源。也是在访谈中一位校领导谈到财权下放时说，财权下放二级学院要处理好三个环节：放权、断奶、找食。"放权"即在经费管理和使用方面，学校要适当下放经费管理和使用审批权，决不能学院报一笔账目都要找财务处长甚至学校领导签字，可以授予二级学院院长一定额度的经费审批权力。"断奶"即学院有的财力来源是二级学院通过努力可以争取得到的，要激发二级学院拓宽财力来源的动力，财路必须由二级学院自己想办法去找，去拓宽财源门路，如一些直接服务地方的横向合作项目等。"找食"就是要二级学院在政策制度允许的条件下自己想办法去创收，拓宽经费来源渠道，提高和改善师生福利待遇和学院办学环境。因此，笔者认为大学要下放财权到二级学院，学校在科学核算和明确使用方向的前提下，将一定额度的经费预算和使用权限下放给学院，并鼓励和支持学院开展自主创收，逐渐形成以学院为主体的权责明确、一级核算、两级管理的财务管理运行机制，从而增强学院的自我发展意识，有效激发学院作为办学主体单位的活力。[①] 而从学校的物权即国有资产管理和使用权下放来说，这更加要盘活资源，达到资源共享，互通有无。在物权下放方面来说，笔者认为学校应该确定一个原则：基本保障应有尽有，重点保障重点倾斜，校院统筹节约共享，物资保障规范有序。

　　其次是常规工作管理权的下放。提出大学内部治理重心下移，的确是因为大学校级一层管理太多，服务太少。就大学内部管理的几项常规工作来说，均集中在学校机关处室。从教务处常规教务管理，如考试安排、补考

---

① 傅永春.高校二级学院活力激发的几个问题[J].高校理论战线，2013(3):71-76.

重修、教材征订、教学检查、教室安排等均集中在教务部门;从学生工作管理,如学生住宿安排、学生一般违纪处分、学生旷课迟到、学生宿舍晚归、学生火车票证办理等均集中在学生工作部门;从科研工作管理,如课题申报评审、科研成果鉴定、科研经费审批、科研平台建设、科研成果审核统计等均集中在科研管理部门,诸如此类常规管理大都集中在学校机关部门。为了方便师生办理常规工作事务,目前很多大学都组建了师生服务中心实行"一条龙"服务,这是管理向服务的转变。可是细想一番,师生非得到机关办理常规工作事务吗?有的工作能否下放二级学院,并且简化烦琐的程序?回答当然是肯定的。笔者在调研中发现,所调研的学校机关行政、教辅部门人员占学校教职工总数的比例近 40%,而生师比达到 21:1,有的专业近 30:1,可见常规工作管理权下放的迫切性。那么常规工作管理权如何下放呢?曾经有学者提出以建立责任清单的方式进行。笔者认为:常规工作管理权的下放,一个基本原则是学校可以考虑从总体上分门别类地厘清二级学院与学校在常规工作管理中的作用、关系、职能、职责和分工;切实加强学校一层对各条线常规工作的宏观指导、组织、调控、服务功能和绩效目标管理,同时进一步规范二级学院的办学方向,强化二级学院在常规工作上的主体功能,对各项常规工作的计划、组织、实施、调配、监察等管理权,可部分或全部下移到二级学院,提高学校和学院的治理效能。

再次是重大事项决定权的下放。作为承担学校办学目标和任务的一个主体、一个重要载体,其在大学办学过程中的地位不言而喻。在办学过程中,把二级学院束缚住是极其容易的事情,因为二级学院基本没有重大事项决定权。在二级学院党政联席会议制度中有一项明确规定的:即决定学院的重大事项。这从侧面也说明学校一级应该把与二级学院有关的重大事项决定权下放。笔者以二级学院发展规划决定权方面举例,别敦荣教授在研究我国地方高校发展战略时指出:我国很多高校的办学没有战略,是"无目标办学",所以在高等教育发展历史上,长期存在一个怪现象:一些高校经过几十年发展后,好像还在原地踏步。现在高校已经有了一定的自主权,如果还是像过去一样完全按照教育行政部门的要求办学,这个学校肯定是办不好的。学校只有在遵循国家宏观政策的同时,坚持走自己的道路,才能真正办出水平。① 别敦荣教授的观点如果换成从二级学院视角去分析，同样也是非常有道理的。笔者在访谈二级学院院长的过程中，谈到学院发展规划时，提出比较多的有两个方面：一是因为忙于应付学校一层的工作部署和任务，没有时间和精力去思考学院自己应有的发展规划；二是学院有想法可是学校未必能够同意学院的想法，因此就不去思考学院的规划了。大学治理重心下移，要让二级学院充满活力，鼓励、激励二级学院办出自己的特色，办出自己应有的水平，就是最好的活力。因此，从学院发展规划权下放来说，学校应该让学院有时间去思考近期、长远发展规划的问题，给空间去谋划未来学院发展蓝图的问题。诸如，教师队伍建设规划、学科专业发展规划、科研平台及团队建设规划、开放办学战略规划、质量提升战略规划、学院文化构建规划等。有规划，方有工作目标；有规划，方能激发工作热情和动力。

最后要说明的两点是：二级学院办学自主权扩大，大学内部治理权力下放，并非学校一概不管，学校要做好办学自主权下放后，在做好服务的同时要做好监控，有时甚至是监管；二级学院办学自主权扩大更加考验二级学院的治理水平和能力。

（二）二级学院应有责任的增加

大学内部治理重心下移二级学院，除了学院办学自主权扩大外，学院应负的责任相应也要增加。因为权力和责任都是管理中的重要手段，可以说是一对孪生兄弟姐妹。有一份权力必须有一份责任与其对应。法约尔早在20世纪初在其主要代表作《工业管理与一般管理》一书中就描述了责任和权力的关系，他论述的14条管理原则，其中第二条就是"权力与责任"。②劳勃在《良好组织的原则》一书中提出的12条原则，其中一条是：职责始终应该同相应的权力结合在一起。③ "权责对称"是现代政治学和管理学的基本原则之一。这一原则强调权力与责任的同生共存和对称兼容。高等教育分权的底线就是权责对称。④ 因此，大学治理重心下移二级学院后，二级学

---

①　别敦荣.我国地方大学的使命与发展战略[J].河北科技大学学报（社会科学版），2007（9）：82-86.

②　法约尔（H Fayol）.工业管理与一般管理[M].北京：中国社会科学出版社，1982：55-57.

③　王霆，马志英.组织中的责任和权力[J].社会科学家，2005（5）增刊：376-379.

④　刘淑华.权责对称：高等教育分权的底线[J].浙江大学学报（人文社会科学版），2009（3）：144-152.

院应有的责任肯定增加。二级学院所承担的责任主要是根据学校实施的发展战略和办学目标来确定,总体上来说,人才培养、学科专业建设、师资队伍建设、科学研究、社会服务、对外交往、资源配置、内部管理等方面均负有主动担责和主动谋划的责任。在调研访谈机关部门与二级学院院长工作对接比较多的教务、科研、组织部门负责人的时候,对二级学院院长需要改进的地方谈得比较多的是二级学院工作很被动,基本上是学校布置的就去做,学校不布置的就不做,学院对工作的开创性、主动性太少。工作基本上是学校推着学院走。出现这些问题,究其原因是二级学院没有明确自己应有的责任。这也说明,责任的增加,治理能力和水平的要求相应也要提高。

(三)校院两级办学目标的压实和办学活力的激发

王建华教授在研究大学治理时指出:大学治理必须充分考虑大学的本质与逻辑。大学治理是为了切实解决大学所面临的新问题和新挑战,而不是用来粉饰现实或掩盖问题。[①] 这为进一步理解和梳理大学治理重心下移的内涵提供了一个基本遵循。办大学的目标是什么? 大学内部治理改革的目的是什么? 实行二级学院制管理的目的又是什么? 这些都是在思考大学治理重心下移时必须明白的问题。否则大学治理重心下移二级学院就有可能离开大学的本质,同时与大学的逻辑也相悖,更不能解决大学和二级学院在现实改革发展中遇到的问题和挑战。立德树人是高校的根本任务,也是首要任务。如果高校离开了育人这一根本任务,完全可以说不能称为高校。当然高校还有其特殊的地方就是学术,学术也是高校必有的,如果高校缺乏学术,这样的高校也不怎么像高校。因此,高校的育人和学术可以说是其他组织不具有的。作为在大学承担育人和学术研究主体的二级学院,单从教师和学生的拥有,就足以说明必须承接育人和学术这两大基本的工作。因此,大学治理重心下移二级学院,就是要让教师的育人和学术治理更加有成效。这样才能与大学办学目标相吻合。二级学院要充分利用学院办学自主权的扩大把大学要完成的目标实现得更好、完成得更好。

办学目标的实现与办学活力的激发基本上是相互照应的。如果二级学院师生死气沉沉,学习、工作、生活懒懒散散、松松懈懈,没有一点精气神,是很难把学习工作做好的。大学治理重心下移二级学院,就是要给二级学院松绑,能够结合学院特点和实际,有针对性地、有目的性地开展学院工作,在

---

① 王建华.重思大学的治理[J].高等教育研究,2015(10):8-13.

工作中突显学院特点,凝聚学院特色。办学活力的激发也绝不是表现在形上,关键是表现在内在上,在大学职能、大学目标的实现上。

(四)避免矛盾激化和矛盾上移

大学是一个典型的利益相关者组织。[①] 因为大学具体的利益相关者就包括大学的高级行政管理人员、大学教授、大学出资者、学生和政府。[②] 这足以看出大学治理过程中的复杂性。重视和回应师生们的合法权益诉求,已经成为大学发展进程中的重要现实问题。权益诉求体现了各个利益群体的不同价值取向,不一定都是合理的,合理的也未必都能够立刻做到,但是一定要完善反映诉求的渠道,一定要有研究、有对策、有反馈。在访谈中,一位二级学院院长说:现在二级学院的工作太不好做了,因为关注、关心学院发展的人太多了,管理和服务工作中容易产生的矛盾纠纷或者不解太多了。今天这个老师对学院安排的工作不理解;明天这个学生说学院没有体现学生为本;后天机关部门同志督查工作发现学院出了问题;大后天学校分管领导说学院的科研拖后腿了,等等。这些,说明二级学院工作中各种矛盾体的确不少。在这些矛盾或不解当中,二级学院不可能什么事都上报学校处理,而应该主动担当作为,把矛盾和不解尽可能化解在基层。大学治理重心下移,就是希望二级学院更加关心关注师生这个利益群体,真正体现学院治理坚持以师生为中心的原则。因为,在大学治理或者学院治理过程中,最大的问题或者难题就是师生这个群体当中的问题和难题。师生利益诉求和矛盾解决了,可以说学院治理就做好一半了。因为师生群体利益诉求和矛盾的解决对提高师生对大学、学院价值和身份的认同感是非常有效的。因此,大学治理或者二级学院治理过程中,重视和回应师生们的合法权益诉求是大学和学院发展进程中重要的现实问题。唯有解决好了师生利益诉求和矛盾,方能更好得到师生这一核心利益群体对学校和二级学院的价值和身份认同,才能真正调动和发挥师生等各方面的积极性与创造性。

---

① 张维迎.大学的逻辑[M].北京:北京大学出版社,2004:39.
② 胡赤弟.高等教育中的利益相关者分析[J].教育研究,2005(3):38-46.

第二节 大学治理重心下移后院长的新使命

一、大学治理重心下移后二级学院的价值取向 和目标追求

一代人有一代人的使命，一代人有一代人的追求。不论是一个组织还是一个个体，一定有其自身的价值取向和目标追求。董云川教授的文章《冷漠的教育：大学朝向一流的根性缺失》[①]引起了笔者沉重的思考。董教授在文章中指出：中国大学一流建设方兴未艾，但深入教育教学一线，可见热闹的宣传活动与冷淡的教育行动之间形成反差。这可能有多方面的原因，诸如客观原因和主观原因等。但是，有一个根本的问题值得我们去反思，那就是大学、二级学院治理过程中的价值取向和目标追求到底是什么？关于大学价值取向和目标追求的文章，笔者在知网上进行了查询，以"大学价值取向"为主题，截至 2020 年 6 月查询到的文章有 655 条，年份最久的是 1988年且唯一的一篇。这篇文章研究的还是大学毕业生择业中的价值取向，还不完全是大学价值取向。接着是 1989 年有一篇文章《大学教育的两种价值观及其发展趋势》[②]。文章结合当时的现实提出了两种大学教育的价值观：即个人中心大学教育价值观和国家中心大学教育价值观。文章同时还从两种价值观"在专业与课程上的反映、在教学方法和制度上的反映、在入学和毕业制度上的反映"进行了分析。这说明大学、学院价值取向对大学、学院的工作是有影响的。这也让我们更加明白为什么要加强对大学生的"三观教育"。作为二级学院来说，要承载好大学的办学功能，其学院办学的价值取向和目标追求是非常重要的。

（一）二级学院治理主体责任的突显

厘清二级学院的价值取向和目标追求，首先要明了二级学院治理主体

---

① 董云川.冷漠的教育：大学朝向一流的根性缺失[J].高教探索，2019(10)：5-11.

② 周川，叶之红.大学教育的两种价值观及其发展趋势[J].高等教育学报，1989(3)：74-83.

责任以及主体责任者。关于大学治理的主体不论是学校一层还是二级院（系）一层，国内外研究学者根据利益相关者理论，关注比较多的是教师、行政人员、学生、社会人士这四类。为此有的学者就政府如何调控、学生如何参与、教授如何治学、校长如何治校、社会如何参与等问题进行了研究探讨，并提出了"共同治理"的理念。根据利益相关者理论，的确各利益相关者都有参与大学治理的资格和权益，共同决定大学治理中的事务。但是，我们细想一下，假设上述四类人员均作为主体同时对等地参与治理，其形式上可能体现了民主办学，共同治理，但结果上未必能达到预想的效果。为此，笔者认为非常有必要再明确：治理好二级学院是二级学院院长的主体责任，也是首要责任。

（二）二级学院治理结构和模式的优化

厘清二级学院的价值取向和目标追求，也要明了二级学院的治理结构和模式。根据公共治理理论，从二级学院内部治理来分析，二级学院治理可以概括归纳为四条线的治理结构和模式：一是二级学院党组织一条线，这条线主要是体现党组织的政治领导，即把好二级学院办学的政治方向，很多学者称之为政治权力。二是以二级学院院长为首的行政班子一条线，这条线主要体现的是二级学院行政对学院教育教学、科研、资源调配等方面工作的领导，即领导二级学院行政日常管理与服务工作，很多学者称之为行政权力。三是二级学院学术组织一条线，这条线主要是负责学院的学科、专业设置以及教育教学工作的专业研讨，即要充分发挥学术组织作用，真正把好专业关，体现大学、二级学院应有的学术性，很多学者称之为学术权力。四是以二级学院教职工代表大会为主的一条线，这条线主要是通过教职工代表大会发挥好民主办学的作用，很多学者称之为民主权力。政治权力、行政权力、学术权力、民主权力都是二级学院治理结构和模式构建中要注意的。政治权力、行政权力、学术权力、民主权力在二级学院均能有效统筹和发挥，学院的治理才会出现善治的状态。

（三）影响二级学院治理因素的归因

厘清二级学院的价值取向和目标追求，更要全面了解和把握影响二级学院治理的因素。在大学治理重心下移二级学院的态势下，分析探讨二级学院治理过程中受到哪些因素影响是十分必要的，并且也是探寻治理路径和措施的关键。如果从二级学院治理过程的主体层面上来说，二级学院的院长是关键因素，院长的领导能力如何，治理水平如何，直接影响二级学院治理的效果。当然其他的诸如教师、学生、社会有关人员也肯定有影响。而从二级学院内部治理结构性因素来说,院长的行政权力与学术委员会的学术权力匹配、院长的行政权力与二级学院教代会的民主权力匹配、治理人员构成与权责关系设计、二级学院内部决策机制与院长执行机制的关系、院系领导者与师生价值取向和目标追求等,都是影响二级学院治理的内部因素。而从外部因素来说,学校的放权、资源的调配、制度的设计以及社会力量的支持等也将影响着二级学院的治理。这些影响治理的因素,也影响着二级学院治理的价值取向和目标追求。

(四)二级学院治理的价值取向和目标追求

一个组织或者一个个体其价值取向和目标追求如何,直接影响着其行为方式以及工作效果。为什么要探讨二级学院的价值取向和目标追求?因为二级学院内涵的发展都是建立在此基础之上的。1990 年 5 月,在联合国开发计划署发表的联合国年度人文发展报告中对人的发展做了一个非常贴切的表述:"人的发展就是扩大人的选择的过程。"以此推断,大学发展是给学生提供越来越多的可供选择的教育过程。[①] 这可能是我们在思考大学育人这一根本价值取向时要思考的问题。但是,客观地说大学的总体价值取向不仅仅在于育人,诸如社会服务、科学研究、文化传承创新等都属于取向的范畴,但是回到二级学院来说,价值取向和目标追求主要的可能还是两个方面:一是育人,即培养好适应社会现实发展需要的应用型人才;二是服务,即服务好地方经济社会的发展。唯有确定了适合实际的价值取向,才能更好地发挥二级学院的作用,体现二级学院办学的特色。

在访谈二级学院院长的过程中,院长都能认识到把人培养好的重要性。特别是有一位院长访谈时说:二级学院的魂就是育人,如果失去了育人这个魂,二级学院完全失去发展的价值,不论是重点高校还是地方高校育人的魂是共有的,教育部提出的"四个回归"就是在唤醒高校的魂,也是二级学院的魂。如何把二级学院的魂立好?这位院长提出了四个观点:一是要树立教学是大学以及二级学院安身立命的理念。大学要以教学为中心。如何体现?要把教学看作是人的生命一样,生命在,人才在。二要把教研室这一承载教学的主体真正建设好。教研室重在教,同时研要促教。当前,大学中很多教研室形同虚设,更有甚者,把教研室全部改成研究所,把教这个本丢掉

---

① 钱强.大学发展内涵与价值取向探析[J].教育评论,2007(4):21-23.

了。这都是在开展教学工作中要反思的。三要把教师教学个体行为改变为教师教学集体行为。把每一次教学工作当作集体智慧行为。要好好地恢复集体备课、集体讨论，让集体备课、集体讨论回归教研室。四是要做好育人目标的合理定位。研究型大学育人目标与教学型大学育人目标肯定不同，在人才培养方面思想政治素质的要求可以同质化，其他方面的要求要各显特色，各尽风采。

总之，大学治理重心下移后二级学院的价值取向和目标追求直接影响着学院的内涵发展，也影响着教师的发展和学生的成长，更能突显大学、二级学院在社会当中、人们心中的地位。

二、大学治理重心下移后院长的新使命和新要求

大学的发展在二级学院，学院的发展关键在院长。院长的领导水平如何，决定着二级学院发展水平如何；二级学院发展如何，决定着学校发展如何。俗话说，火车跑得快，全靠车头带。从某种程度上说，二级学院发展得好与不好，与二级学院院长的领导水平密切相关。这一点在地方高校尤为明显，因为重点院校、特别是研究型大学与地方性本科院校有一个完全不同的地方，那就是师资队伍水平。重点院校、研究型大学的师资力量雄厚，从事教学、科研工作的大多数都是大牌教授、专家学者，这些老师学术尊严、工作的责任感使命感都很强，尽管他们同样在二级学院，但是他们对二级学院院长的要求与地方高校的老师们对二级学院院长的要求也完全不同，重点院校、研究型大学的教师主要希望院长是工作上的协调者，而不是绝对的决策者、规划者；地方性本科院校二级学院的教师希望院长是保姆型的院长，不论是教学、科研、学生引导、社会服务等，都希望院长从指挥、组织、协调、决策、管理、服务等全方位领导和组织。他们希望二级学院的院长不仅仅是协调者、服务者，还应该是指挥者、决策者、指导者。可随着大学内部治理重心下移，二级学院办学自主权的扩大，面对着如何为实现高等教育强国贡献地方高校应有的力量，必须对二级学院院长有一个全新的认识。

（一）大学治理重心下移后院长的新使命

大学治理重心下移后二级学院院长的使命是什么？这可能要从大学使命谈起。关于大学的使命，高等教育研究领域有不少专家学者进行了探讨，

睦依凡教授就专门撰写了多篇文章,如《对国家负责:大学必须牢记的使命》①《高等教育强国:大学的使命与责任》②《大学的使命及其守护》③等,文章从不同角度表明了大学使命的重要性。对大学使命的认识,从高等教育的时代感方面说,应该不同时代有不同时代的要求。从大学的类型来说,应该不同类型的大学有不同类型大学的使命,如师范类院校,睦依凡教授提出:教师教育是地方师范大学必须安于本位的使命。④ 大学的使命还可以从不同的视角、不同的层面去分析,别敦荣教授在研究地方院校的使命时提出:地方院校的使命是从相对封闭的人才培养、科学研究和社会服务走向全面开放的人才培养、科学研究和社会服务。⑤ 王洪才教授认为:大学作为独特的学术组织,一个很重要的使命便是学术创新,在创新中培养人才、提供科研产品和智力服务。⑥ 因此,作为二级学院的院长要明白自己当院长的初心和使命是什么,才能有工作的动力,才能把握好办学的方向,才能不辜负学校以及学院师生的期待。那么,在高等教育发展进入一个新的时代,新的大学治理态势下,二级学院院长的新使命是什么呢? 就大学中的个体来说,王洪才教授在其著作《大学校长:使命·角色·选拔》中谈到大学校长的使命时,他结合全球化的趋势提出大学校长的使命在于引导大学观念的转变。⑦ 因此,笔者认为,在大学治理重心下移,实现高等教育强国、实施"双一流"建设、提升本科教学质量、地方高校转型发展以及应用型创新型人才培养的背景下,二级学院院长的使命是:点燃二级学院内涵发展的引擎,提高二级学院发展的核心竞争力。

不论是哪个岗位的领导者,能够走上领导岗位都是不容易的。都说明其政治素养、领导能力、个人品德和专业水平是得到群众认可的。但是,一定要清楚,走上领导岗位意味着责任更大,任务更加最艰巨,使命担当也更

① 睦依凡.对国家负责:大学必须牢记的使命[J].高等教育研究,2006(4):1-6.
② 睦依凡.高等教育强国:大学的使命与责任[J].教育发展研究,2009(23):26-30.
③ 睦依凡.大学的使命及其守护[J].教育研究,2011(1):68-72.
④ 睦依凡.教师教育:地方师范大学必须安于本位的使命[J].教育发展研究,2013(7):54-59.
⑤ 别敦荣.我国地方大学的使命与发展战略[J].河北科技大学学报(社会科学版),2007(9):82-86.
⑥ 王洪才.大学治理的内在逻辑与模式选择[J].高等教育研究,2012(9):24-29.
⑦ 王洪才.大学校长:使命·角色·选拔[M].上海:上海交通大学出版社,2009:13-24.

重。作为院长来说,走上院长的领导岗位,初心和使命肯定是想把学院办好,让学院师生发展好,使学院的办学特色更加明显,学院发展工作的满意度、认可度更好。把点燃二级学院内涵发展的引擎,提高二级学院发展的核心竞争力作为院长的新使命,主要基于三个方面的考虑:一是符合大学育人的核心使命。当前党中央已经明确把立德树人作为高校的根本任务,这一根本任务落到实处来说,就是要加强内涵建设,通过内涵建设把"培养什么人,如何培养人,为谁培养人"的根本问题回答好。二是大学的职能发挥、功能实现、办学目标的完成等,主要在于师生,师生就好像是一个引擎,引擎点燃了,办学活力就激发了。三是基于高等教育面临的竞争和挑战。质量是大学和学院的生命线,但是如果大学和学院没有特色,没有形成自己的核心竞争力,没有占领一个制高点,在竞争中可能很难找到突破口,想赢得挑战和竞争的胜利,只能是一句空话。为此,作为地方本科院校二级学院院长在引领学院内涵发展,打造学院发展核心竞争力的过程中,要注意五个方面的融合:

一是传统办学之路与特色办学之路的融合。守正创新是地方高校应该坚守的办学原则。大学中学科、专业的设置以及二级学院的组建,肯定有其存在的缘由。假如在一些具有一定办学历史或者具有一定办学时间的二级学院当院长,一定要清楚这个学院的传统优势是什么。在继承发扬好传统优势的基础上,再去考虑学院创新发展之路,特别是要善于借助传统办学优势的基础去寻求、开创办学特色的突破,在发挥传统优势的基础上,培育新的、特色的学院亮点。笔者所调研的某高校的文化与传媒学院,其发展脉络经过了三次更替:最早学校是师范学校时叫中文科,设语文专业,学校后经教师进修学院、教育学院一直沿用中文科设中文教育专业,直到学校升格为普通师范高等专科学校后改为中文系,设汉语言文学专业,这样一直到升格为一所地方本科院校7年后,改为现在的名称,现在设6个本科专业,即汉语言文学、秘书学、广播电视编导、数字媒体、播音主持、网络与新媒体。从这个学院的发展时间和历史轴看,经过了中文科、中文系到文化与传媒学院三个发展阶段,专业由一个到现在6个本科专业,其有一个特点:一直没有把传统的优势——汉语言文学专业抛弃,而是借助这个专业打造新的专业和专业群。

二是培养质量提升与创新人才培养的融合。自从教育部召开了新时代全国高等学校本科教育工作会议以后,不论是学校领导、院(系)领导、普通教师还是学生,对教学质量、人才培养质量提升的意识不断增强。教育部原部长陈宝生在新时代全国高等学校本科教育工作会议讲话时指出:不抓本科教育的高校不是合格的高校,不重视本科教育的校长不是合格的校长,不参与本科教育的教授不是合格的教授。[①] 同理,不抓教学质量的院长不是好院长。因此,院长什么时候都要把人才培养质量这根弦绷紧。同时,在人才培养质量提升的过程中,把握创新型人才培养这个关键点,培养出来的人才都能紧跟时代的步伐。

三是校内资源整合与校外资源集聚的融合。拥有一定的办学资源是二级学院发展的基础。平时人们交流经常说:钱不是万能,没钱万万不能。其实这句话是有道理的。不论是人的生活还是组织的发展都不能缺少基本保障。作为二级学院院长,其实要注意如何集聚资源,如何开源节流。资源的集聚要靠校内和校外的争取,资源集聚单纯依靠"等靠要"的思想是无法解决的。这就要求院长在工作上,在学科专业平台建设上、教育教学改革上、教育教学物资基础保障上、教师队伍建设上、学生发展上、服务地方经济社会发展上等方面要有思想、有规划、有行动、有作为,这样才能获得校内外的资源。办学资源不是等出来的,办学资源是跑出来的,这是在访谈过程中学校领导以及部分院长说出的心得。当然,还要注意开源节流,使学院的办学经费多起来,师生的收入提高起来,师生的获得感、幸福感满意起来。

四是引领教师发展与促进学生成长的融合。伟大的教育家、思想家孔子说过一个教育原则:教学相长。教学相长笔者认为不仅仅是体现在教学活动过程中,教师和学生共同探讨共同成长,还体现在教育过程中教师发展和学生成长的融合。作为院长要有以师生为中心的理念,首先就是要为教师发展、学生成长搭桥铺路。要有教师发展不仅仅是教师个人的事,学生在学院、在大学里面成长也不仅仅是学生自己的事这一观念。作为院长应该考虑通过何种方式、何种手段使教师发展、学生成长。而在这样的过程中,院长的引领很关键。院长千万不要在领导过程中、平时学习生活过程中,见到师生避而远之,而是要主动与师生沟通交流,了解需要解决的问题或者需要帮助的地方。在访谈的过程中,一位院长谈到一句话,很让人值得回味:一所大学也好,一个二级学院也好,不应该缺少的不是大师,而是大爱;有的

---

① 陈宝生.在新时代全国高等学校本科教育工作会议上的讲话[J].中国高等教育,2018(Z3):4-10.

大学或者学院可能没有大师,但是一定要有大爱。

五是坚持专业链优化与产业链对接的融合。学科专业的发展是内涵发展、学院发展的主色调。学科专业发展不好,科学研究难以发展得好,文化传承创新也难以开展得好,服务社会更加缺乏底气。从大学的发展历史来说:大学的发展轨迹已经不完全是按照知识和学术的逻辑展开,大学是在社会需求与知识逻辑共同作用下发展。[①] 因此,在学科专业发展的时候,不能离开社会需求去发展学科专业。基于这样的要求,作为二级学院院长来说,在考虑规划学科专业发展构建专业群,打造专业链的时候必须着眼于地方产业的发展,使专业链与产业链有效对接,并从中找到打造特色和亮点的切入点。

(二)大学治理重心下移后院长的新要求

一个人自身无论做什么,首先要明白自己做这件事的目标任务是什么,而从更高的层面说,就是要明白自己的职责和使命是什么,岗位的价值取向是什么,工作的要求是什么。经常有人说,当领导干部就要知道摆正自己的位置,明白自己的角色。随着我国高校内部管理重心的下移,高校内部结构的调整和职、责、权、利关系的重新分配,作为二级学院院长来说,自身是学校的骨干领导力量,是学校发展的中坚,也代表学校发展的未来。为了更好履行职责,牢记使命,真正激发二级学院办学治院的积极性、主动性,真正把学院内涵发展全面落实,打造学院发展核心竞争力,必须把握以下新要求。

1.始终坚持立德树人,牢牢把握办学的正确方向。高校的根本任务是立德树人,如何把立德树人的工作落到实处,如何在二级学院办学的过程中牢牢把握好正确的办学方向,这是二级学院院长的基本要求。这就要求二级学院院长要绷紧意识形态这根弦,决不能让师生在教育教学、科学研究工作过程中出现意识形态方面的问题。必须旗帜鲜明地要求师生坚持"四个意识",坚定"四个自信",做到"两个维护"。真正做到为党育人,为国育才,真正培养好德智体美劳全面发展的社会主义建设者和接班人。

2.始终坚持质量立院,不断提升人才培养质量。质量就是生命线,质量也是生存之道。当前,各个工作领域都非常重视工作质量的提升。质量意识也非常深入人心。教育教学质量是立校之本,更是立院之本,假如不重视教育教学质量的提升,不抓教育教学工作,从学校校长来说是不称职的校

---

① 　邬大光.大学理想和理念漫谈[J].高等教育研究,2006(12):1-5.

长,而从二级学院院长来说,同样也是不称职的院长。一所学校办学质量的提升,源于各二级学院办学质量的提升,二级学院院长在抓教育教学质量工作的过程中一定要注重从人才培养的主渠道课堂教学抓起,要好好打造"金课",打掉"水课"。要通过抓教育教学工作,真正让教师强起来,学生忙起来,管理严起来,质量提起来,使高校培养的人才能够经受起用人单位的检验。

3.始终坚持人才强校,不断加强师资队伍建设。强校必须强教,强教必须强师。一所学校、一个二级学院如果没有强大的师资队伍是不可能把人才培养好的。作为二级学院院长一定要树立人才强院的意识,好好把学院的师资队伍建设工作抓实抓好。因为高质量的人才,离不开高水平的师资去培养。梅贻琦先生曾经说过:"所谓大学者,非谓有大楼之谓也,有大师之谓也。"可见师资队伍建设之重要。

4.始终坚持学科专业建设为龙头,不断优化学院发展规划战略。学科专业建设是二级学院发展的第一要务,没有学科专业的发展,就不可能打造师资队伍建设的平台。因此,作为二级学院院长一定要清晰自身学院学科专业发展的定位,通过加强学科专业建设,优化学院发展规划战略。厦门大学别敦荣教授在研究大学战略与规划中明确提出:二级院系是战略规划的主体,没有二级院系的主动参与和作为,战略规划的实施效果将大打折扣。[1] 二级学院院长在谋划学院学科专业建设发展过程中,如果没有战略眼光,缺乏规划战略的意识,不论是"双一流"建设还是转型发展都绝对不可能适应高等教育发展前沿。

5.始终坚持服务地方发展,不断拓宽办学资源和路子。地方高校有一个非常特别点,就是所处地方,属于地方。这类似于美国的社区大学。地方高校的地方性要求要做好服务地方文章,服务好地方经济社会发展。在这方面,二级学院也是担有重任的。其实,在服务地方方面,如果二级学院做好了,可以带来很大的实惠。因为,在当前的办学体制下,学校以及二级学院的办学路子要拓宽,办学资源要获取,没有地方政府以及企事业单位支持是很难实现的。唯有让二级学院的工作深入地方政府和人们的人心,办学的合力才能更加有效形成。

6.始终坚持深化内部综合改革,不断激发办学活力。随着高校办学重心的下移,二级学院的职、责、权、利等方面均有调整,从某种程度上来说,办

---

① 别敦荣.大学战略规划:理论与实践[M].青岛:中国海洋大学出版社,2019:105.

学的自主权将越来越大。如何用好二级学院的办学自主权,这也是考验二级学院院长的一大难题。而在此过程中,改革传统办学模式中的机制、激活二级学院办学活力是关键。解决这些问题或者难题的方法和策略就是要通过深化内部综合改革,去盘活二级学院的人、财、物以及教育教学、科学研究、社会服务等方面的工作。改革肯定要触动利益,这也要求二级学院院长要敢于担当,勇于开拓,才能在新的办学机制下开创二级学院工作新局面。

第三节　大学治理重心下移呼唤院长新型领导力

一、大学治理重心下移后院长的新画像

关于什么样的人做大学二级学院院长的问题,曾经有多名专家、学者研究过,如刘香菊博士曾经有一篇文章专门研究谁在我国一流大学做院长,她研究后发现:我国一流大学院长从性别和年龄上说绝大多数是 50 岁左右的男性;从学术造诣方面来说,都具有良好学术背景并且在本学科专业领域内卓有建树;从工作经验方面来说,多数院长在任职前都具有类似工作经验;并且我国一流大学倾向于选择具有海外学术经历者担任院长。[①] 华中科技大学新闻与信息传播学院院长张昆就新闻学院需要什么样的院长也做了研究,他从院长作为学科或专业的总负责人、承上启下的枢纽、肩负重大责任等方面考察,提出在考虑院长人选时,出身、资历、学养、能力、操守、人脉、资源等因素孰重孰轻,值得学校和教育当局深思。[②] 而清华大学新闻与传播学院李彬教授读了张昆院长的《我们需要什么样的新闻学院院长》后,提出合格的、称职的新闻学院院长应该需要在政治、业务、行政三个方面具备条件;而是否合格和称职要看三个客观标准:专业认可、社会认可、历史认可。[③]

---

① 刘香菊.谁在我国一流大学任院长?:我国一流大学院长基本特征研究[J].高等工程教育研究,2014(4):99-104.

② 张昆.我们需要什么样的新闻学院院长?[J].新闻记者,2017(02):44-48.

③ 李彬.我们需要这样的新闻学院院长:读张昆《我们需要什么样的新闻学院院长》有感[J].新闻记者,2017(3):35-36.

(一)院长选拔很重要,是大学自己的权力

其实,从我们国内内地高校来看,在一所大学,选谁做校长往往不是学校自身能够决定的,更多的是由外部决定的。但选谁做院长,则是大学自己能够决定的。大学发展好不好,就在于院长是否选对人。因为大学的主要活动是依靠学院一级来推行的,学院有承上启下的作用。这个中间的联系环节对于大学的办学活力而言非常重要。中间环节具有活力,则能够调动基层高效运转,否则基层就无法被调动。很显然,如何选对院长是一个实践课题,因为在现实中,人们发现没有一个院长的工作能够让人完全满意;也是一个理论课题,因为究竟该按照什么标准来选择呢?有没有标准的模式或测量量表之类?究竟是院长自身素质问题还是任用过程的问题?这些都需要进行客观分析。因为难点就在于怎么才知道所选择的人是否合适。对于学院而言,它需要什么样的领导人呢?这就必须从学院自身的发展任务出发,从学院的发展状况出发,从学院面临的挑战出发。这实际上就排除了通用性的领导人。

(二)院长选拔注重可行性,需要考虑的因素

从大学发展实际出发,选择学院院长最起码需要考虑以下五个方面的因素:学科性、阶段性、复杂性或特殊性、学术声望和个人品行。

学科性,指每个学院都是专业性非常强的,如果一个人与所在学院的专业不匹配的话就失去了天然资格(因为人们对学术同行的信任度更高)。对于大学学院这样的专业性非常强的机构而言,如果他不是本学科的毕业生,就很难保证他对本学科高度重视和忠诚。国外确实有专职的行政院长,他们不怎么熟悉学科业务,所以也不对学科事务发表意见。这建立在他们的学术事务决定权主要由教授会负责的基础上,因此,学院院长的作用没有那么大,这不符合中国国情。即使如此,这种情况也是比较少的,因为学院院长一般都是教授会的召集人,对教授会的意见具有平衡权力,一个非专业的人士就很难发挥这种平衡功能。

阶段性,指不同学院所处的发展阶段不同,对院长的特质要求也不同。越是开创阶段,对院长的素质要求就越高,对其个人魅力的期望就越大,因为学校希望他能够大胆开拓,能够聚拢人气,能够对学科发展做出英明的决定,能够为学院未来发展奠定稳固基础。当然,学院办学机制越成熟,对领导人的才干要求就越低,但对他的品性要求就越高,因为此时它仅仅要求学院领导人作为看护人即秩序的捍卫者而不需要他过多作为,因为唯恐他过

度作为而打破了良性运行秩序。

复杂性或特殊性,指每个学院在发展中都有一些特殊问题或矛盾,这些矛盾是不断积攒下来的,如果对这种特殊的文化氛围不了解的话就很难有所作为。可以说,只要有人群的地方,关系都比较复杂。当然,国外大学内部的人际关系比较单纯,国内大学的人际关系都比较复杂,这也是许多国外留学回来者难以适应国内学术氛围的主要原因。太多的人情关系因素已经严重地困扰了中国大学学术发展,对于每个学院而言也是如此。所以选择学院领导人应该对这种文化氛围具有适应力和免疫力。显然,排斥这种文化氛围是无法开展工作的,但如果受其中的不良风气影响太深的话则会无所作为。

学术声望,指作为二级学院院长应该在专业方面具有很高的学术造诣,取得了相当的学术成就,这种资历也在相当程度上决定了他的决策水准。在大学里,人们往往奉行的是一种学术精英主义(这也是一种资历主义的表现),也即对学术能力超强的人是充满期待的,也希望自己成为这样的人,如果一个人在学术上没有多少建树则是比较羞愧的。因此大家对不学无术者往往是比较鄙视的,虽然人们不会表现在口头上,但在私下议论中都会对一个人的学术能力论短道长。

个人品行,指一个人是否具有公德心,处事是否公平公正,是否自私自利。事实上,这一点是群众非常关心的,也是对一个领导人的基本要求。对于公平对待,几乎是一个人的本能要求,对于对平等有天生偏好的知识分子而言更是如此。知识分子的批判精神实质上就体现在对公平公正的追求上,因为他们认为那就是善,就是善本身。公平公正就是正义。知识分子把对它的捍卫作为自己的天职。如果一个二级学院院长不具备这样的品质,可以想象,这样的学院就很难办好。

(三)大学治理重心下移后院长的新画像

"组织的基调通常是由最高首长决定的,事业的成功将完全有赖于它对整个集团注入的精力和卓见。"[①]在一个大学里,基本上是以学院为实体运转,大学的主要教学科研工作由学院承担。但如果学院不努力,院长无作为,大学基本上是不可能办好的。因此,学院要努力,首先就是要选好学院院长。那么,在大学治理重心下移的趋势下,二级学院需要什么样的院长

---

① 艾伦·杰伊·查伦巴.组织沟通商务与管理的基石[M].北京:电子工业出版社,2004:5.

呢? 王洪才教授根据全球化趋势研究大学校长角色时指出大学校长应该是:学术利益的代言人、国家教育政策的执行者、教师的楷模、社会利益的主动反映者。[①] 那么,作为执行大学校长办学意图的二级学院院长,面对大学治理重心下移的新趋势和新挑战,被赋予什么样的期待呢? 大学呼唤什么样的院长呢?

一是有大局意识的院长。所谓大局意识,就是具有整体观,不能事事先考虑自己,或从自己身边人出发,而是先从学院发展出发。虽然这一点是一个基本要求,但事实上能够做好的却很少很少。一般而言,学科的开创者比较具有这种大局意识,继承者则很少具有这种大局意识。开创者的角色注定了他必须从大处着眼,不能斤斤计较。继承者则不乏投机钻营而上位者,所以他们的视线多半是以自我利益为中心的,从而比较工于心计,这样的人一般是对自己有利才做,对自己不利就不做,因而自私自利的心思比较重,一旦有了这样的表现,其他人就看在眼里,行为上也就有样学样,所以事业就开始出现停滞不前。当前高等教育竞争激烈的过程中,缺乏大局意识的领导,是无法引领教育事业发展的。当然一个领导人是否有大局意识也有一个根本前提,就是看他是否有政治意识、政治觉悟、政治眼光和政治胸怀。也就是要懂政治、讲政治,就是要在治理学院的过程中要牢牢把握办学的政治方向。这一点是绝对不能含糊的。

二是有远见卓识的院长。所谓有远见,就是能够从长远计划考虑,而不是忙于一时一地的事情。没有长远计划的人总是在忙于眼前的事情,对未来通向何处是没有概念的。事实上,没有远见的人往往也是学科理念缺失,也是没有教育理念的人。因为不懂得学科发展规律和教育发展规律,所以也没有自己主见,那么往往是听命于上级领导,从而忙于管理而不是带动大家专心专注学科建设和学术发展。这也意味着,要有长远计划,就必须对事业发展有定力,知道该发展什么和应该怎么发展,也即必须对学术有独特的见解,而且他的见解能够被接受,否则他就没有机会施展自己的才华。一般而言,有远见卓识的人也是善于谋划的人,同时也是积极采取行动的人。所以,有远见卓识的人一般不可能只是空想家,自己设定目标让别人去做。就像空想社会主义者欧文一样,他自己有了一种理想就会去进行试验,通过试

---

① 王洪才.大学校长:使命·角色·选拔[M].上海:上海交通大学出版社,2009:13-24.

验来验证自己的理想。很少会出现一个人认识到了而不去行动。人们在看到了某种苗头或趋势后，必然要相应地采取一定的行动，不然的话就只能被动地承受它的不良后果，或达不到自己期望目标。当然，院长有远见卓识才能更好激励师生，统领学院的发展。

三是有学术造诣的院长。学术造诣的直接表现就是有学科成就。有学科成就是院长学术实力的体现，也是一种威信。学科成就基本上就代表了个人努力程度，对学科的理解，个人的悟性或天分，包括与学术共同体的关系等，可以说这是对一个人综合素质的考量，不单纯是某方面素质的评量。对于学科成就这一点就非常难以评价。事实上这也是当下中国高校面临的一种困境。因为中国高校并不以学术为本，对于学术评价缺乏独立评价标准，往往会受政治因素或行政权力的干扰，所以关于学术评价不能让人完全信服。那些具有独特见解的人常常并不受待见，而那些思想平庸却善于趋炎附势者常常能够志得意满。在以量化为主的评价中，真正具有学术创造性的却不断地遭到边缘化。这种评价方式，也导致了学术空气沉闷，学术创新乏力，学术进步停滞不前。院长有学术造诣，意味着能够把握学科发展前沿、发展方向和学术动态，才能打好学术领导的基础。

四是有人格魅力的院长。人们常说的人格魅力是指一个人的性格、气质、能力以及道德品质等方面在学习生活工作中表现出来的具有特别能够吸引人的力量。人格魅力从某种程度上说既是一个人内在的表现，也是一个人外在的表现。并且这种表现非常能够得到人们的认可甚至赞许。具有人格魅力的领导，组织中的成员会自然而然地亲近他、配合他、支持他。作为一个学院的院长如果具有人格魅力，对学院的师生是一种无形的力量，对师生会起到示范引领作用，同时还能够增强师生对学院的认同感、归属感和荣誉感，并形成强大的正能量。就如当年北大校长蔡元培、清华校长梅贻琦对师生的影响一样。高校是各种各样人才汇聚的地方，渴望有一位具有人格魅力的校长和二级学院院长是高校知识分子内心的现实期盼。因为从人格魅力方面来说，老师们都希望院长是一位平易近人、对人热情、为人又正直，该严肃的时候严肃，该活跃的时候活跃，对人诚恳又轻松幽默，同时又富有同情心，又善解人意，特别是面对变化多端的问题也不厌其烦的领导人。

五是敢担当善作为的院长。二级学院院长在高校的确就是一个中层，但是这个岗位在高校中层中应该是重中之重的。因为在这个岗位上的院长从学校领导以及其他中层干部再到普通教师和充满青春活力的学生，从学校内再到学校外聚焦了很多期待。特别是其承载人才培养、学科建设、科学研究、文化传承创新、服务社会等方面的重托，可以说院长的责任感和使命感超越了高校中其他任何中层岗位。作为二级学院院长不仅要有远大的志向，更加宽广的学科视野，同时还要有更加坚实的步履，在学院的发展过程中敢于担当。特别是面对如何带领学院师生把学院发展好，要敢想敢为，迎难而上。有时可能出现暂时的不解甚至失败，也要敢于面对，勇于担责。院长的工作可以说是千头万绪，既要处理好上头即学校甚至上级部门，同时也要处理好下头即学院下设组织以及师生，并且有时候可能明摆着不是自己负责的，但是也要敢于去承担。这些都要求院长要学会统筹谋划工作，学会"弹钢琴"，善于调动一切有利于学院发展的人力、物力、财力促学院更好发展。

六是善于组织管理的院长。作为二级学院院长肯定不是靠一个人干就能够成功的，而是要带领大家一起干，这就必须具有组织管理才能，也即要善于调动大家的积极性。组织管理才能是需要天分的，不是任何人都能够成为优秀的组织管理者。一般而言，不善于进行语言表达的人基本上是无法成为优秀管理者的，因为在人与人的交往中，语言是第一位的媒体，如果语言表达能力不强，那么组织功效就直接减去一半。除了语言能力之外，就是要具备一定的管理技巧。这一点就依赖于个人对人性的理解，特别是对知识分子习性的理解。管理从根本上讲就是做人际沟通工作，就是要打开人的心扉，如果不关心别人需要什么、喜欢什么，就不可能做好管理。管理是一门艺术，不能过分刻板化。虽然没有规矩不成方圆，但如果死搬教条的话肯定一事无成。所以人们经常讲，管理必须把原则性与灵活性结合起来，只要一端而舍弃另一端肯定不行。

七是敢争创一流的院长。一提到敢于争创一流，可能有的人会不屑一顾，甚至会说如果个个学院的院长都争创一流，有那么多一流争创吗？其实，争创一流，结果固然重要，但过程更重要。因为只要行动了，肯定会有变化，哪怕最后没有得到"一流"的称号，但在争创一流的过程，得到进步、得到提高，这才是最重要的。况且曾经有人说：梦想万一实现了呢？所以作为一个学院的院长，既然自己手中有一定的办学自主权，必须想尽办法培育学院学科专业、教学改革、课程建设、学生发展、服务地方等方面的特色和一流。如果缺乏这样的顶层设计，这样的宏大理想，那就不是一个敢于改革、勇于创新、争创一流业绩的院长，学院师生的积极性、创造性就难以充分调动起来，就会错失大学治理重心下移的良好时机。因此，敢于争创一流也考验着院长的开拓创新能力。

二、当前院长领导工作中容易出现的问题和困惑

2019 年 2 月 26 日,在教育部举行的 2019 年第四场新春新闻发布会上,时任教育部高等教育司副司长范海林介绍推进高等教育内涵发展有关情况时说:我国已经建成了世界上规模最大的高等教育体系,2018 年本科院校已经达到了 1 245 所,普通本专科在校生 2 831 万人,高等教育毛入学率达到了 48.1%。我国即将由高等教育大众化阶段迈入普及化阶段。高等教育从精英化到大众化,再到普及化阶段,这标志着我国的高等教育发展到了一个全新的阶段。① 院长的岗位是重要的,任务是艰巨的,使命是光荣的。面对我国高等教育的发展趋势,作为二级学院的院长一定要清醒地意识到在二级学院治理过程中自身存在的不足和问题,对照二级学院治理院长应有的本领,应该承担的时代使命,内外兼修,不断提升领导能力和领导水平,画好新时代师生期待的院长画像。习近平总书记在党的十九大报告中指出:"深刻认识党面临的精神懈怠危险、能力不足危险、脱离群众危险、消极腐败危险的尖锐性和严峻性,坚持问题导向,保持战略定力,推动全面从严治党向纵深发展。"②这"四种危险"是包括高校在内的每一位领导干部都要对照查找的。在访谈高校领导和高校具体负责干部的组织部部长时,他们普遍认为在大学治理重心下移二级学院的过程中,院长领导工作中容易出现的问题和困惑主要体现在理念与实践的脱节、视野与格局的狭小,以及领导能力不足三个方面:

(一)理念与实践脱节

理念是院长履行好领导岗位职责的基础。从某种意义上说,院长领导学院发展的过程就是不断地践行自己的教育理念和领导理念的过程。因此,院长有什么样的教育理念、领导理念将决定着学院治理过程中的行为和效果。有的人可能认为理念是虚的,看不见、摸不着的、无形的、潜在的。其

---

① 教育部:我国高等教育即将进入普及化阶段,你知道普及化的标准吗[EB/OL].(2019-02-27)[2020-09-08].https://www.sohu.com/a/298026670_120077355.

② 习近平.决胜全面建成小康社会夺取新时代中国特色社会主义伟大胜利:在中国共产党第十九次全国代表大会上的报告(2017 年 10 月 18 日)[M].北京:人民出版社,2017.

实并非如此,从院长领导行为和方式方法就可以推断院长的教育理念、领导理念大概是什么,是否符合高等教育规律及其发展趋势,是否符合领导科学的要求。在现实的领导工作中,大多数二级学院院长并不是缺失教育理念、领导理念,而是对教育理念、领导理念只是停留在知道有这个理论、这个论述,但在领导实践中,并没有真正用来指导自己实际的领导工作,出现了教育理念、领导理念与领导实践的脱节。而这方面主要表现在:

1.教学为中心的理念落实不到位。教学为中心的思想和理念可以说从学校领导到院长,再到普通老师,心里都明白其重要性。可是在真正的工作实践中,很多人只是把教学为中心的理念挂在嘴上,没有落在行动上。导致出现了教学与科研"两张皮"现象,为了职称晋升,为了经费项目,重科研轻教学,教学与科研截然分开,一篇C刊胜过一年的好课,等等。在笔者调研的学校,曾经出现过,从学校到学院专门出台奖励政策鼓励教师在C刊上发表论文,并且一篇C刊论文奖金不菲。在此环境下,教学变成教师良心上的工作。认真、专心搞教学的有,应付教学的也存在。曾经在网上看过一篇文章,题目是《中山大学老校长黄达人:大学前任领导不该对现任领导指手画脚》[①],这篇文章其实是中山大学原校长黄达人教授退休后,在中大一次干部培训作专题辅导交流时的报告内容之一,在这次辅导报告中,黄达人校长谈如何搞好教学工作的内容,给我留下极深的印象。当时他还举了南京大学外国语学院王守仁院长的例子,王守仁院长提出,学校和二级学院都要认同的教学改革才得以实施;清华经管学院钱颖一院长的例子,钱颖一院长亲自抓通识课;北大生命科学学院院长饶毅的例子,饶毅院长提出教学改革的阻力,不在教育部,也不在学校,关键是看院长是否负责任地做这件事。这些例子足以说明院长在教学上的理念如何,决定着学院教学改革、人才培养甚至教学日常事务管理的走向。

2.坚持以师生为中心的理念落实不到位。教师和学生是二级学院治理和发展的主力军,也是二级学院活力激发的主体。师生学习工作的精神面貌如何,直接关系到学院的教风和学风如何,也直接体现着学院人文环境、治理文化如何。在二级学院如果没有教师的发展和学生的发展,就谈不上学院内涵的发展。因此,重视教师队伍建设和学生群体的发展很关键、很重

---

① 中山大学老校长黄达人:大学前任领导不该对现任领导指手画脚[EB/OL].
(2015-04-03)[2020-09-08]. https://www.thepaper.cn/newsDetail_forward_1323907.

要。但是,在实际的院长领导工作过程中,有的院长经常忽视教师和学生这两支队伍,领导工作中不能从教师、学生的角度去考虑和设计,有时甚至对待师生态度生硬,对师生学习工作中反映的问题应付了事,更有甚者不把师生放在心上、放在眼里。对师生提出的意见、建议爱理不理,目中无人。这些都是没有坚持以师生为中心的表现。领导就是要管人和用人,可是如此表现,院长在学院治理的过程中如何把人管好、用好呢?

3.领导决策、领导服务的理念落实不到位。作为院长在学院治理工作过程中首先要学会做决策。做决策是领导的首要工作,因为有很多工作的策略和方法是来自基层和具体负责人员当中的。大学实行校——院——系三级管理后,学院还下设专业系或者教研室等学术组织,这些组织或者师生个体都是学院发展的策略或者举措来源之地。当下设组织和师生个体把策略或者举措提出来后,院长要能够决策,并且及时决策,决不能优柔寡断。在访谈的过程中,有的学校领导谈到院长工作中的问题时特别提到这方面的问题。其实院长也知道自己当领导就是要学会拍板,学会定调,学会决策。可是有些院长只停留在思想上和口头上。此外,在组织部部长的访谈中,谈到院长领导工作中的问题时,提得比较多的是关于院长为师生服务的意识问题和工作问题。访谈的组织部部长举了这样一个例子,说当前地方高校高层次人才流动非常的多,人才流动本来是正常的事情,人们经常也说人往高处走。可是人才流动的过程中,反映比较多的是这些要流动的人才,多数是在平时工作生活过程中遇到困难和问题不能及时得到帮助解决,并且这些困难和问题很多都是轻松就能解决的。有的甚至还说,在学院辛辛苦苦工作一年,从来没有得到过院长一句问候或者安慰的话,更谈不上其他什么服务。

教育理念、领导理念是院长在领导工作中的具体体现,厦门大学邬大光教授在谈到大学的理想和理念时,有过这样一句话:在一定意义上说,大学理想和理念就是大学校长的理想和理念。因为只有大学校长的理念才有可能付诸实践。[①] 笔者认为,面对高等教育大众化发展的新趋势,二级学院院长要把学院治理好,牢固树立新的教育理念和领导理念,才能在二级学院治理实践中达到应有的成效,实现应有的目标。

(二)视野与格局狭小

一写到视野与格局,就想到教育家、北大校长蔡元培提出"五育并举"

---

① 邬大光.大学理想和理念漫谈[J].高等教育研究,2006(12):1-5.

"思想自由，兼容并包"的办学方针和理念，假如蔡元培先生没有大视野、大格局是不可能有如此先进的办学理念和办学理想的。当前不论是从国内还是国际来看，高等教育的发展可以说面临非常好的发展机会，同时也面临从来未有的严峻挑战。从发展良机来说，无论从国家到地方，从高校到家庭，从用人单位到每一个学生，对高等教育重要性的认识比任何时候都强，全国全民对高等教育的重视程度前所未有，对高等教育的投入越来越大，高校缺钱少粮的日子已经过去。但是，我们也要更加清楚地认识到：高等教育强国不是轻轻松松、敲锣打鼓就能实现的。从高等教育外部环境看，面对互联网、大数据、人工智能、云计算等信息技术的迅猛发展，高等教育如何应对和面对？从高等教育内部环境看，高等教育的内涵发展如何满足人们对高质量高等教育的诉求和需求？大学以及二级学院治理能力和治理体系现代化如何推进？这些问题都在拷问着大学的各级领导者以及广大师生。无论是从国内还是国际，高等教育内部还是外部，大学的视野与格局、大学领导人的视野与格局、大学里每一位师生的视野与格局如何，都是面对新形势新挑战必须回答的问题。笔者从访谈中了解到，当前二级学院院长在学院治理过程中，在视野和格局狭小上主要表现在以下三个方面：一是对学科专业建设和人才培养规格缺乏全局性、前瞻性的分析。二是对学院未来的发展方向和对未来的远景规划不明确。三是缺乏宽广的胸怀，对各种各类师生不够包容，对学院发展过程中出现的不足甚至失败不够从容，以及领导工作中对各种批评不够宽容。

（三）领导能力与学院治理要求不对称

当前我国高等教育发展成绩是喜人的，但是，我们也要清楚地认识到高等教育发展，特别是高等教育大众化推进的过程中仍遇到不少矛盾和问题。例如，高等教育大众化发展进程中的量与质，发展理念与教育理念的同与异，成人的无限目的与适应竞争需要和经济生存等有限目的的重与轻，服务国家战略需求与资源配置公平的取与舍，发达国家高等教育理念的移与借等矛盾和问题。[①] 这些矛盾和问题都是大学治理重心下移过程中，学校一层和学院一层必须面对和解决的。矛盾和问题的解决是需要一定领导能力和水平的。当前，二级学院院长在面对大学治理重心下移以及学院发展遇

---

① 刘献君.我国高等教育发展的主导思想及面临的主要矛盾[J].高等教育研究，2017(1)：1-7.

到的矛盾和问题中,出现了领导能力与大学治理重心下移的新要求不对称情况,尤其是治理体系和治理能力显得薄弱,甚至出现了结构性错位,导致不能胜任大学治理重心下移的新趋势。主要体现在:

1.战略管理和执行能力不强。习近平总书记指出:"战略问题是一个政党、一个国家的根本性问题。战略上判断得准确,战略上谋划得科学,战略上赢得主动,党和人民事业就大有希望。"①目前,在地方高校发展过程中,经常出现二级学院跟不上学校发展节奏,也就是学校顶层设计不错,但是到了二级学院执行就走样的情况。这是治理重心下移后最不应该出现的问题。

2.组织指导能力不够。大学治理重心下移后,在学院发展过程中,从办学过程中的重大事项权下放到常规事务管理权下放等,都需要院长是一个全能型、多面手的领导者。同时,在治理重心下移后,如何组织调动师生全身心投入到学院发展过程中,让师生的行动与学院发展合拍,都要求院长具有较强的组织指导能力。

3.统率能力不强。二级学院作为大学主要的办学实体,大学应有的职能基本上都要依靠学院去布置、落实。都需要院长好好统筹学院的人、财、物等办学资源服务学院发展。诸如院长的决策部署能力、合理配置资源的能力、改革创新能力、社会参与能力等系统性、结构性的领导能力既不能缺失,也不能出现能力结构性错位。

三、培养和提升院长教育领导力方能担当大学治理重心下移的时代使命

大学治理重心下移二级学院可以强化二级学院的办学主体意识,激发二级学院办学治院以及追求学院内涵发展、特色发展的主动性和创造性,同时,也有利于充分调动教师工作的积极性,激发二级学院的办学活力,真正落实好学院办大学的机制,更好地为学校整体办学水平和实力的提升打下坚实基础。在推行大学治理重心下移的过程中,除了学校层要做好顶层设计制订好实施方案,同时要树立坚定的改革信心和决心外,二级学院院长的领导力水平也是一个很关键的、决定性的因素。因此,学校在选拔、培养、使

---

① 习近平.在纪念邓小平同志诞辰110周年座谈会上的讲话[N].人民日报,2014-08-21(01).

用的过程中都要注重培养和提升院长新型领导力。因为,作为二级学院来说,二级学院领导班子对学院治理的影响是主要的,而这当中作为主要行使学院行政权、学术权的院长是关键之关键。正是由于院长在治理二级学院过程中的重要性,很多大学都非常重视二级学院院长的选拔和培养。例如,2008年,美国蒙特克莱尔州立大学在招募商学院院长时明确提出:"院长必须是著名的、富有创造性的领导,具有基于其学术成就的学术信誉,影响教师的个人魅力,保证学术计划的高水平,在满足不断变化的、全球性范围的商业社区的需求时,在提高该学院在本地区的竞争性卓越的领导中富于创新性。他必须熟悉美国工商管理学院联合会的政策与程序,并承诺达到其标准。因为外部与私人资金对于学院的发展至关重要,院长还要有与商界领导保持有效联系的能力,既筹集捐赠,也发展与商界的互惠伙伴关系。院长必须能够在学院营造浓郁的合作与共同的学术视野的氛围,并谙熟如何在学院、大学及外部社区实施智力领导。为使学院有效地发挥功能,院长还需拥有基于重要管理经验的高超管理与财务技能。他或她还必须拥有强大的沟通技能,在指导运用信息技术与电子途径获取信息方面富有经验。承诺维持并扩大学生与教师的多样性。"[①]从这个例子看得出,美国对二级学院院长的领导力要求相当的高。曾经有专家学者提出:中国建设世界一流大学的关键,在于大学领导人应具有政治家的眼光与气度。[②] 那么,大学治理重心下移二级学院成败的关键在于二级学院院长有较好的领导力水平,而这样的领导力必须是契合高等教育领域特殊性和专业性的领导力,即教育领导力。这也是院长要承担起大学治理重心下移时代使命所需要的新型领导力。把院长教育领导力称之为新型领导力,主要是基于大学治理重心下移院长所需的领导力必须充分考虑三个方面:一是要体现高等教育发展趋势的新要求;二是要契合当下人才培养的新定位;三是切中大学治理重心下移过程中院长领导工作的问题所在。为此,根据绪论中对二级学院院长教育领导力概念的界定,在大学治理重心下移趋势下,院长具有的教育领导力应该体现以下三个方面的要求。

(一)深刻领会和把握高等教育的本质属性

关于高等教育本质属性问题是高等教育研究和实践过程中必须解决的

---

① 余承海.美国州立大学治理结构研究[D].南京:南京师范大学,2011:100-101.

② 王义遒.建设世界一流大学究竟靠什么[J].高等教育研究,2011(1):1-6.

一个根本问题。因为只有真正深刻领会和把握高等教育的本质属性，才能真正全面认识高等教育，才能真正指导好高等教育实践。二级学院院长是高等教育实践过程中的主要牵引者。如果院长对高等教育本质属性缺乏认识、产生偏见，就会直接导致院长的教育理念、领导观念等方面产生偏差，就可能使院长领导学院发展中的价值取向和领导行为方式远离高等教育发展的实际要求，甚至会迷失高等教育发展方向，把握不了高等教育发展的未来。"因为高等教育的本质属性是高等教育内在的必然的联系，所以这种属性应该是唯一的，具有不可替代性，能够决定高等教育发展的方向和未来。"[①]虽然目前高等教育学界对高等教育本质问题尚无一致意见，人们对高等教育本质属性的认识经常是与高等教育的功能定位联系在一起，但是人们对高等教育必须担负文化传承、培育高级人才的使命是完全认同的。"高等教育活动虽然具有多重目标，但育人是其核心目标，而科学追求是其基本前提和实施手段，政治追求是一种理想预期和最终结果，经济追求是一种外溢性价值，文化追求则是其存在的本体，也是高等教育的本质。"[②]因此，院长只有充分认识好了这些问题，才能真正发挥好院长应有领导力在实现高等教育强国道路上的效能。

（二）科学谋划和设计理想人格的实现路径

立德树人是我国大学的根本任务。"培养什么人，怎样培养人，为谁培养人"是教育必须解决的根本问题。高等教育首先是培养人，如果高等教育离开了培养人这一基本点，就不再是教育了。二级学院是大学培养人的主要阵地，必须要自觉担负起培养人的重任。习近平总书记在全国教育大会上强调："坚持中国特色社会主义教育发展道路，培养德智体美劳全面发展的社会主义建设者和接班人。"[③]这为高等教育的人才培养指明了方向。院长在领导学院发展过程中要牢牢把握这一方向，真正落实为党育人，为国育才的根本要求。但是，在具体人才培养的过程中如何去落实？这是院长从人才培养观以及人才培养理念上又一个必须思考和解答的现实问题。"对人的培养，主要是对他的价值观的培养，同时对他的行为方式进行塑造，即

---

① 王洪才.论高等教育的本质属性及其使命[J].高等教育研究,2014(6):2.

② 王洪才.论高等教育的本质属性及其使命[J].高等教育研究,2014(6):7.

③ 习近平出席全国教育大会并发表重要讲话[EB/OL].(2018-09-10)[2020-09-08].
http://www.gov.cn/xinwen/2018-09/10/content_5320835.htm.

养成一种良好的行为习惯,培养一种理想人格。使人具有某种价值观和行为方式,包括拥有某种知识和职业能力,达到某种专业水平。"①因此,院长必须拥有谋划和设计理想人格的教育领导力,率领师生在对培养目标、课程内容、课程结构、师生教学中的互动,以及学生的行为方式上形成共识。这考验着院长的人才观、学生观、教学观等方面的认识和领导行为表现。

(三)高效统御和指引学术管理与行政管理的相互融合

正如前面分析,大学治理重心下移就是要对原来大学管理中行政管理和学术管理过于集中学校一层的局面进行改革,把学术管理和行政管理相关的权力下放二级学院,并且要达到激活二级学院办学活力的目的。教学、科研和社会服务是二级学院的主要工作,也是二级学院学术管理方面的主要内涵。教学、科研和社会服务这三者要围绕培养人这一中心相互融合、相互促进,而不是把三者分割,导致相互脱离,甚至是产生抵触。因此,从教学、科研、社会服务三个方面的融合来看,作为院长一定要科学统筹,一体推进。而从行政管理方面来说,无论是日常管理还是资源集聚,其最终的主要目的仍然是服务于培养人的工作,也是服务于学院如何推进教学、科研和社会服务。为了更好达到行政管理服务于学术管理,学术管理又促进行政管理的目的,作为学院学术管理和行政管理的统帅,院长要善于通过自身的教育领导力,高效统御和指引学术管理与行政管理的相互融合,以更好地实现人才培养的目标。

本章小结

本章从大学治理重心下移二级学院的趋势,引出了二级学院需要什么样的院长方能承担起治理重心下移的时代命题。并在分析大学治理重心下移内涵的基础上,提出了院长应承担的使命和要求,同时描绘了院长的新画像。在描绘了院长新画像之后,接着分析了当前院长在领导工作过程中存在的一些深层次问题,而从寻求解决问题的路径,引出了论文要解决的核心命题:二级学院院长具有教育领导力才能胜任大学治理重心下移的时代使命。

---

① 王洪才.论高等教育的本质属性及其使命[J].高等教育研究,2014(6):4.

第三章

院长教育领导力模型的构建

在大学治理重心下移的趋势下,院长到底需要什么样的教育领导力?教育领导力这个概念是不是偷换概念?首先要说明的是:本研究的教育领导力是指教育领导者在对教育本质深刻领会,以及对培养什么人进行全面透彻理解的基础上,用于统率所辖教育领域全体人员并形成教育行动合力所体现出来的领导力。这个概念不是偷换概念。因为在教育发展过程中教育领导者所表现出的领导力如校长领导力、院长领导力、幼儿园园长领导力、教师领导力等教育领导者或教育工作者的领导力,其实都属于教育领导力范畴。笔者期望通过研究把教育领导力这个泛泛的概念变成一个专门概念,突显教育工作的专业化、教育领导者的专业化,真正体现教育领域领导者领导力的教育属性和专业属性。研究领导力如果撇开领导力的主体只能是探讨一些共性的或者普遍性的问题,其针对性肯定不强,对具体某一领域或者组织的领导者来说,可借鉴参考的东西可能也不强,更不能说具有专门性的参考或指导。正因为如此,笔者在探讨领导力、教育领导力的基础上,专门以高校二级学院院长这一主体去研究院长教育领导力。借鉴韦伯理想模型理论为指导,按照教育科学研究中质性研究的方法和要求尝试构建院长教育领导力的模型。

第一节 教育领导力模型构建的理论基础

教育领导力的研究是一个跨学科的研究范畴。它既涉及管理科学中领导科学的范畴,也涉及教育科学中教育领导学的范畴。从领导力视角来说,其始终在围绕如何实现组织目标、如何提高领导效能、如何更好体现领导水平等现实问题给出解答。因此,要以领导和领导力相关理论作指导。从教育学视角分析,一方面说明了领导力在教育领域具有特殊性要求,必须以教育理论作指导,遵循教育领域中的特殊性和规律性。另一方面,也说明了在教育发展的过程中,教育领导者具备了更加契合教育发展的领导力方能更好地引领和推动教育发展。这也说明了研究教育领导力,构建教育领导力的各方面维度体系,必须以教育理论作支撑。而这些理论支撑,可以从领导力研究、教育领导研究、大学治理的研究中总结归纳梳理。同时,教育领导力的研究必须契合当下教育实际,真正让教育领导力的研究扎根于教育的沃土,更加贴近教育领导者的实际。领导科学发展到今天,其基本理论主要经历了四个阶段,形成了四种基本理论。[①] 一是领导特质理论;二是领导行为理论;三是领导情境理论,也称领导权变理论;四是领导变革理论。四种基本理论所关注的重点不同,如领导特质理论和领导行为理论重点关注的是"领导者"(Leaders)。关注的是领导者和其他非领导者相比,其特质"特"在哪里,其该做的事即其领导行为如何进行等。而领导情境理论和领导变革理论,主要关注的是"领导力"(Leadership),特别是如何提升"领导力"去提升领导效能,实现领导价值。但四种理论均有一个共同的目的,就是提高领导绩效和领导效能。因此,这四种基本理论都是在研究探讨领导力过程中必须参考借鉴的理论。

一、领导特质理论

领导特质理论的核心观点就是认为领导力与人的某些特质有关。[②] 这种理论主要是从 19 世纪的"天赋伟人说"发展而来,并于 20 世纪早期出现在领导理论中。领导特质理论认为:有些特定的个人特质是天生的,有些特定的个人特质是后天锻炼形成的。同时,也认为领导者的特质也可以在先天素质的基础上通过教育和培训进行塑造、培养的。根据有无这种特质可

---

① 刘峰.领导能力提升简明读本[M].北京:国家行政学院出版社,2012:1.
② 王芳.美国领导力理论的研究特点及其启示[J].理论前沿,2009(22):23-24.

以把领导者和非领导者区分开来。① 从特质理论的观点可以得知:领导力来源是领导者所具备的先天或后天习得的一些特定素质。领导特质理论只是从个人特定素质去探讨对领导效能的影响,忽视了领导行为和环境等因素在领导过程中的重要影响,使得其具有明显的局限性。但是其有一个根本点是值得参考借鉴的,即领导者必须具备应有的领导素质才可能成为领导者。而这些特质就是领导力构成的重要组成部分。这是研究院长教育领导力过程中不可或缺的理论指导。

从领导特质理论方面看,结合工作过程中的观察与分析,在高校中有的已经成为二级学院院长的知识分子或者今后成为二级学院院长的知识分子有如下三个方面值得思考和借鉴:

1.注重培养和提升领导工作中的常识、通识、胆识和自省意识

高校无论是校级领导还是二级学院院长,高职称、高学历是两大极其突出的特点。这为高校领导干部的专业化道路打下了非常好的基础。但是,在现实过程中也要清醒认识的是:高职称、高学历就能当好一名二级学院院长吗? 就能适应高校领导干部的专业化和职业化道路? 回答当然是不能完全肯定,也不能完全否定。这说明,在高校领导干部中存在职称学历层次高、学术研究能力强并不一定就能胜任担任领导的情况。究其原因,主要是领导工作中有的缺乏领导的特质,特别是缺乏领导干部中的一些常识、通识、胆识和自省意识。因此,在高校的知识分子中,要想成为一名合格的领导干部,就必须培养和提升领导工作中的常识、通识、胆识和自省意识。

(1)注重培养和提升领导工作中的常识

一说到常识,有的二级学院院长可能不屑一顾,更有甚者可能认为这么低级的问题怎能登上大雅之堂大谈特谈? 如果看到此问题就有意见,或者认为低级者更加应该反思。因为善于听取不同意见和建议甚至刁钻话语,是当好院长,做好领导工作的常识之一。如果在领导工作中,不善于听取意见和建议,就说明缺乏领导工作中的常识。根据笔者自身多年工作上的积累,结合高校院长工作中的实践,笔者认为院长在领导工作中最基本也最容易被忽视的常识有三种:

一是集体决策、分工负责、相互沟通的领导工作方式。在高校,不论是

---

① 李明,毛军权.领导力研究的理论评述[J].上海行政学院学报,2015(11):91-102.

机关处(部)还是二级学院(系),其决策机制无非处(部)务会或二级院(系)党政联席会议制度,这是机关处(室)或二级院(系)的最高决策机制,也是唯一决策机制,这也是民主办学的重要体现。这就决定院长在涉及决策、决定的工作或事务中,要善于发挥这一机制的作用。这可以避免谁说了算或不知如何下手的问题。工作或事务决定后,接着就是分工负责、互相沟通。这就要求院长和班子成员在分工负责、相互沟通时,要做到分工不分家,工作开展的过程中要相互主动沟通交流,而不是各顾各的、各干各的、单打独斗。在访谈的过程中,校级领导和组织部门负责人普遍认为院长在学院决策机制执行方式上容易产生问题。例如,有的是不执行学院决策机制,依然存在院长一个人说了就执行的情况;有的是执行学院决策机制不规范,召开党政联席会议不做会议记录,不形成会议纪要,不通报决策情况等;有的是在召开党政联席会议前缺少沟通,导致会议讨论中难以形成统一意见。

二是自下(上)而上(下)、上下结合、逐级反馈的领导工作程序。从事领导工作或领导活动过程中,有的工作是自上而下、上下结合、逐级反馈的,有的工作是自下而上、下上结合、逐级反馈的。这就要求院长要学会、领会且把握工作的流程,把握好工作的本质,不能脱离群众,也不能只顾上级,不能越级反映,也不能出现中梗阻,即工作传递不到位。必须按照工作流程,一环扣一环、一项接一项把工作做好,做到位,做出成效。访谈过程中,与院长工作关联度比较高的职能部门负责人,都谈到有的院长领导工作过程中经常把一些基本问题、矛盾直接上报学校领导层的现象,而不是把遇到的困难或问题先与学院班子商量,或者与学校职能部门沟通解决,这是极其不利于发挥各方面作用的,有时甚至非常容易产生误解。有的院长在做决策或者布置工作时缺乏与老师的沟通交流,导致有时老师不理解,甚至不支持和不配合。

三是以上率下、身先士卒、关注师生发展的领导工作作风。高校二级学院院长基本上都是教学、科研、行政工作三肩挑。由于教学、科研、行政三者关系处理不好,经常出现当甩手掌柜的情况,或者不放心让手下干的情况,或者只知道自己埋头苦干,不知道在领导工作中调动下属工作积极性,培养下属、培养同事的情况。自己没有做好榜样,去影响同事、带动同事发展。

(2)注重培养领导工作中的通识

领导工作是一项系统而复杂的工作。要想领导工作效能高,必须有管理学、政治学、社会学、心理学、哲学等方面的视野和思维。通识主要是指应对领导工作中的复杂性。应对领导工作中的复杂性要求二级学院院长是通才，而不仅仅是专才。要求院长既要有严谨思维，也要有发散性、开放性思维。同时，也要求院长要博学多才，既要懂文又要懂理，达到文理兼修。既要懂教育又要懂社会、经济、文化、政治，更要懂人性，知道如何能够获得师生的支持，赢得人心，更好地推动工作。有时甚至包括性格方面，该内敛的时候要内敛，该活跃的时候要活跃。特别是要学会和各类各层次的知识分子打交道，凝聚各方面的力量，推动发展。因此说，更需要通识。访谈过程中，院长谈到学院师生的凝聚力，说得比较多的是院长本身善于带动师生，善于根据学院发展中遇到的各种困难和问题随机应变。

（3）注重培养和提升领导工作中的胆识

如果说二级学院院长领导工作中最容易出现的问题是什么，笔者认为就是在领导工作中缺乏胆量和见识，即领导过程中容易出现患得患失、胆怯退缩。这表现在领导工作中面对两难处境时，不敢决策，犹豫不决，缺乏那种舍我其谁的胆识和气概。当然，有的也表现为缺乏自信，缺乏宽广的胸怀，没有大局意识，全局观念。只知道从本身学院利益即小利益、小团体去思考问题，不知道从学校大局、从整体、从全局去考虑问题。在日常工作中表现出来就是工作自信心不足，责任心不足，工作主动性不够，敢于承担责任、不怕各种困难和压力的意志和勇气不足，患得患失。访谈过程中，多数校领导和职能部门负责人均认为，有的二级学院院长在领导工作中每当遇到学校或职能部门部署工作时，有三个极其明显的表现：一是理论强于实践，部署工作时说的大道理不少，但是行动力无法体现，甚至有的每当学校布置工作或任务都要与学校理论一番；二是问题多于建议，每当部署工作均大谈特谈工作中可能存在的困难和问题，但是对如何去解决困难和问题又缺乏意见和建议；三是质疑胜于协作，每当部署工作均质疑工作的可行性，而不是考虑如何协作、如何配合一同完成。

（4）注意培养和提升领导工作中的自省意识

一谈到高校知识分子，经常会把"文人相轻"这顶帽子扣在他们头上。这也是要注意培养和提升院长"自省意识"的主要原因之一。事实上，在高校领导干部中，的确最容易产生自以为是、自我感觉良好、听不进别人的意见或不容易接受别人不同意见的情况。导致工作过程中不会合作、不敢合作，拉不下架子。领导工作中讲自省意识，就是要院长能容言，即能听得进各种声音各种意见，特别是不同意见甚至是反对意见。同时也要院长能容人,即在领导工作中要学会与各种人打交道,包括持不同意见的个人或群体。在对待利益方面,能从大局利益考虑,从维护师生利益考虑,而不能只从自身利益、小团队利益考虑。工作过程中,不仅自己能干,还要能够带领大家一起干,发挥好"头雁效应"。

2.注重培养和提升领导工作中应有的特质

知识底蕴丰厚,特别是专业知识底蕴丰厚是高校知识分子最为突出的特点。这也是当好高校领导干部的基础之基础。但是知识底蕴丰厚,专业知识牢固并非就能当好一名高校的领导干部。从领导特质理论看,笔者认为二级学院院长除了培养和提升上述谈到的常识、通识、胆识、自省意识外,以下四方面特质是具有其特殊性的。

(1)教育理念

思想是行动的先导,有什么样的思想就会有什么样的行动。作为学校这一组织中的领导干部,唯有牢固树立科学的教育理念,才能在领导工作中科学把握教育规律,并且按教育规律办事,才能更好地在领导工作中坚持好学校的中心工作,发挥好学校的职能。没有树立好科学的教育理念,既当不好学校的教师,更当不好学校的领导干部。对二级学院院长而言,科学的教育理念来源于对高等教育本质属性的深刻领会,和对"培养什么人,怎样培养人,为谁培养人"的全面透彻的理解。只有对高等教育本质属性认识到位,才可能有科学的教育理念。而培养人的问题既是高校的根本问题,也是高校的使命问题。

(2)领导观念

首先是服从领导的理念。个人服从集体,下级服从上级,小局服从大局,是领导和管理过程中必须遵循的基本要求。在从事学校管理与服务工作中,有时不得不佩服在政府机关或企业单位管理工作中的各层级职员服从领导和管理的坚决性。究其原因,笔者认为在上述组织中从事领导工作的人员,其领导理念、思维方式与高校从事领导工作的人员不同。例如,对令行禁止的理解与遵循,政府机关或企业单位的是军令如山倒,而高校的领导干部在命令(或决策、决定)确定后,还在思考"为什么"的问题,行动总是慢半拍。在指定某一项工作方案时,大道理说了一大通,而关键的如何行动、采取何种措施、达到何种效果等,却没有很好地考虑。有的甚至连行政管理的环节都把握不好,导致工作丢三落四,顾此失彼。当然服从领导和管理并不是简单地执行,也必须发挥工作中的主观能动性,以便更好地发挥领导效能,提高执行效率和效果。

其次是服务群众的理念。党的群众路线是从群众中来到群众中去。这是我们党的群众观点,也是一切事业取得胜利的法宝。习近平总书记在党的十九大报告中明确指出"坚持以人民为中心的发展思想"①,这是我们党在新时代群众路线、群众观点的进一步升华。这就要求在领导工作中要时时为人民着想,处处为人民着想,全心全意为人民解难题办难事除民忧。为此,一要践行从群众中来,这首先说明领导干部本来就是群众中的一员,当然这一员不是工作能力、工作水平、工作思维普普通通的一员,而是具备了为人民群众更好服务能力的一员,这样才能让工作能力、领导能力、工作业绩出得来。其次从群众中来,还意味着我们的工作举措、工作方略要源于为群众考虑,领导工作中善于发挥群众的创造力。二要践行到群众中去,就是要求领导干部在领导工作中要注意缩小与群众的心理距离,学会向群众学习,谦虚谨慎,能够与群众打成一片。

在领导工作中,要做到从群众中来,就是要求院长要以身作则、以上率下、时时带好头,并且善于调动师生的积极性,争取更好的业绩回报师生的信任。要做到更好地到群众中去,就是要求院长要学会与师生沟通,且善于与师生沟通。通过沟通赢得师生的认可与支持。沟通中,首先要特别注意信息沟通。掌握信息方面,院长肯定比师生有更大优势。信息的作用如何发挥、信息如何盘活,如果缺乏与师生的信息沟通,就容易导致信息倒置,甚至不理解或误解。要通过信息沟通达到信息上的共同点。其次是情感沟通,在领导工作中,决不能脱离师生。要调动师生工作的热情,甚至工作中的激情,唯有通过情感沟通,才能达到与师生同频共振,才能有共鸣感。再次是思想沟通,这就是要求院长在领导工作中,要注意解决思想不统一、认识不统一甚至是不认同。思想沟通是领导工作中解决师生认同感的关键一招,院长与师生沟通的过程是院长以自身影响下属的过程,也是领导力表现的主要方式之一。

（3）领悟能力

高校二级学院院长可以说不缺乏理解能力,但是缺乏领悟能力。在高

---

① 习近平.决胜全面建成小康社会 夺取新时代中国特色社会主义伟大胜利:在中国共产党第十九次全国代表大会上的报告（2017 年 10 月 18 日）[M].北京:人民出版社,2017.

校从事干部工作中,了解干部的工作状态,经常听到"这个或那个院长(或副院长)、处长(或副处长)没有一点悟性(即领悟能力)"的评价或感慨。这里有两个问题要明白,一是为什么没有领悟能力?二是什么是领悟能力?一般说来,高校的领导干部,特别是二级学院的院长,由于其知识分子的特殊身份,其平时的思维主要是学术思维,并且思维方面,考虑工作的点与面相对比较单一或者狭窄,也就是平时所说的会钻研问题,但不会灵活机智地领会处置问题,另外平时与人的交流,相对面也比较窄,对各种场合、局面领会或面对较少,从而导致领悟能力比较低或浅。而什么是领悟能力?笔者认为领悟能力就是对工作中的各种工作事态的领会能力、理解能力、意识或意会能力。高校有的二级学院院长正是由于缺乏诸如此类的领悟能力,经常被认为"好麻木"。

当然,谈到领导特质理论,谈到二级学院院长的特质,最后有一个问题是不得不表明的。这就是:不能够误读领导特质。也就是要明白,领导干部的特质有的是先天的、遗传的,但主要是在后天的锻炼、培养中形成的、提升的。"天生就是当领导干部的料"这是不存在的,更是不科学的。不论什么层次,什么级别的领导干部都是从实实在在的领导工作中涌现出来的,历练出来的。他们的能力和特质都是在平时的领导工作中历练或总结乃至培训中培养、提升出来的。领导干部的特质既有普遍的一面,也有特殊的一面。这些都要求每一位领导干部都必须明白和把握的。因此,从领导特质理论的分析可知,要当好二级学院院长需要具备多方面综合性的素质与能力,并且要善于在领导实践中不断培养和完善。

二、领导行为理论

领导行为理论产生于 20 世纪 40 年代末至 60 年代末,其主要观点是认为领导效能与领导行为、领导风格有关。[①] 领导行为理论与领导特质理论的不同,主要是其需要解决和回答的问题不同。行为表现的不同可以将有效的领导和无效的领导区分开来。[②] 领导特质理论主要是要解决领导干部

---

① 王芳.美国领导力理论的研究特点及其启示[J].理论前沿,2009(22):23-24.
② 李明,毛军权.领导力研究的理论评述[J].上海行政学院学报,2015(11):91-102.

是一个什么样的人的问题,也就是有什么样的特质才能更好适应领导干部这个角色或身份。而领导行为理论主要是要解决领导干部应该干什么事的问题。也就是要回答好领导干部该做什么的问题。谈到领导行为理论,自然而然让我们想到了毛泽东同志经常说的一句话,即领导干部的工作千头万绪,但关键是要做好或者说抓好两件大事:一是会或能出主意、做决策;二是会用人或用干部。① 因此,理解和把握领导行为理论就是要理解和明白领导行为两大重点:一是理解和明白如何决策;二是理解和明白如何用人。而这两大主要领导行为又恰恰是高校二级学院院长中的两大软肋。

1.对领导干部的再认识

平时,我们谈到领导干部或者想到领导干部,甚至见到领导干部,通常地就是指一个人的一种身份,甚至是一种地位和象征。如果从词性来说,是一个名词,并且是专用名词,即在一个组织中发挥组织、协调、指挥、管理、控制等作用的人。作为一名领导干部的院长来说,借助领导行为理论来进行分析,可以从以下四个方面再深入认识:

(1)院长的领导行为必须突出对学院发展工作的统领

领导干部中的"领"就是率领、带领,就是统筹、统领。"火车跑得快,全靠车头带"就是这个道理。这就说明院长在领导行为中,首先要把握的就是领,即率领、带领。只有好好发挥领的作用,学院才不会出现无组织状态或一盘散沙状态。因此,院长领导工作中的行为首先就是一个"领"的行为。为什么院长领导工作中要注意"领"呢? 我们可以从院长的角色定位去寻找答案,院长是二级学院行政管理和学术管理的首要责任人,是二级学院的掌门人,有的还认为是学院行政、学术工作的首脑。从这样的角色定位,说明院长必须要统率好学院的师生,形成学院发展的教育行动合力,才能够承担大学治理重心下移的时代使命。

(2)院长的领导行为必须突出对师生学习工作的指导

领导干部中的"导"就是指导、督导。这就说明院长在领导学院发展中要想发挥更好的效能,要学会指导、督导。领导干部在人们心中,首先是各方面的能力、素质,甚至是专业、业务水平应该是更高一筹。当你在工作中、出现在组织当中时,组织中的人员所期盼的是你对他(她)的关心指导。当你在领导工作中发现组织中的人员工作状态不佳时,能够及时指导,甚至督

---

① 　毛泽东.毛泽东选集:第 1 卷[M].北京:人民出版社,1991:527.

促指导。正如前面笔者谈到地方本科院校的院长和"985""211"以及一些老牌本科院校的院长不同，首先是面对的师生群体不同。"985""211"以及一些老牌本科院校的师生总体素质、能力都比较高，可以说他们在学术追求方面有自己本身的基础，他们需要的是院长领导过程中的支持和服务。而地方本科院校的师生总体能力、素质方面来说还要提升，有的甚至很茫然，他们不仅仅需要院长的支持和服务，同时更加希望院长在学术、学业方面能够指导、指引他们的发展和成长，他们心目中希望院长是一个全能型人才，特别是学术造诣高的人才。

（3）院长的领导行为必须突出工作中的务实肯干

领导干部中的"干"就是能干、实干。这就是要求院长在领导工作中要务实能干。有人说，一个人能够在一个组织中脱颖而出，肯定是因为他智商、情商都稍高一筹。其实，从领导行为理论去分析，应该是因为他知道要做什么、会做什么、能做什么，并且最终干成了什么。这一些在组织和人们的心中均得到了认可，即公认度高。为了深入研究院长工作职责对院长教育领导力的相应要求，笔者收集了8所地方本科院校院长的工作职责，从总体上来说，院长必须全面负责学院的行政管理和学术管理工作，要对学校全面负责。从具体上来说，院长必须统筹协调好学院教学、科研、社会服务以及行政事务管理工作，确保学校、学院目标任务的完成。这都要求院长要有实干的精神，要能够统御和指引学院教学、科研、社会服务和行政管理工作。如果院长缺乏务实能干的精神是难以做好工作的。

（4）院长的领导行为必须突出对学院发展工作的部署

领导干部中的"部"就是部署。这就要求院长在领导学院发展过程中要学会规划、部署和布局。也就是要有战略眼光，会做短期、中期、长期的规划和打算。能够从全局考虑、大局着手，而非鼠目寸光，对工作没有计划、没有规划、缺少谋划。笔者在担任高校领导干部的过程中，经常与同事交流一个体会，即领导干部不仅仅要会做事，同时还要会谋事（谋事就是谋划工作）。会做事、能做事、做成事是基础，而作为领导干部会谋事才是关键。在访谈的过程中，校级领导谈到什么样的院长才是好的院长，都一致认为，工作有想法，对学院发展有规划，能够根据学校工作部署创造性地谋划好学院发展是好院长的主要条件。大学治理重心下移，办学自主权逐步下放二级学院，如果院长没有一定的谋划能力，不能够统筹安排好学院发展的工作，是很难把学院办好的。

2.二级学院院长领导工作中的决策行为

领导干部要引领所在组织或单位事业的发展,而领导干部引领事业发展的过程,其实就是一个不断做出决策的过程。就高校的发展来说,从宏观层面的学校发展战略规划到中观层面的二级院(系)发展规划、学科(专业)建设规划,再到微观层面的课程建设以及课堂教学改革模式的选择等,都是学校、院(系)发展过程中领导干部带领广大师生要做出的抉择。结合二级学院院长领导工作中的实际,院长在领导工作中的决策行为应注意以下两个问题:

(1)正确把握决策的真正内涵

对于高校的领导干部来说,从学理上掌握决策的科学含义应该是一件不难之事。而在此说正确把握决策的真正内涵是从通俗的、更易于理解把握、更易于接受的视角去分析。因为在现实的工作中,有的二级学院院长容易陷入对决策理解的理论深渊,逃不出决策这重要领导行为的怪圈子。那么,什么是决策呢? 笔者认为应该把"决"和"策"分开来理解,然后再合起来运用、履行。

一是决策应该先有策,再有决。在我们从事领导工作中既要思考问答题,也要会做选择题。答选择题就是决策。因此,在我们做决策前,应该先有策。也就是好好从工作中梳理出可供选择的策。这就相当于平时经常说的:条条大路通罗马,但最佳或较佳的路可能就是一条,那我们该如何选答? 在选答前,这些路就是摆在我们面前的策。没有策就不可能有决。高校中层干部乃至二级学院院长,由于是知识分子的身份,很多在领导工作中只会出问答题,不会出选择题,更不知道选择题的备选答案该如何设计。访谈中有一位院长谈到自己经历的一个例子:为了加强学院班级管理,营造良好的班风、学风,学院决定设置副班主任,把学院没有兼任班主任的教师都联系一个班级。设立一周后,几乎全部副班主任提出质疑:副班主任的工作与本职工作冲突时怎么办? 班主任也反映,副班主任以工作冲突为借口,不到位工作,该怎么办? 这些问题出来后,自己没有经过梳理,最后导致工作破产、无法执行。而另外一个学院的院长,得知这一做法后,经过梳理,提出了两条实施路子:一是明确副班主任工作职责;二是开一个专题会,指出出现冲突自行协商,引发问题共同负责,做得好的给予绩效奖励。这样把问题解决了,后来成了学校"三全育人"的典型案例。

二是决策应该是又策又决。二级学院院长起着承上启下的作用。承上方面来说,要承接好学校领导层(即学校层)寄予的重任,对学校领导层负责,要发挥好中层干部的主观能动性。因此,作为高校的一名二级学院院长,面对学校领导层,应提更多建设性的负责任的方案供领导层去决。而不是什么工作、什么问题只是往上反映,自己拿不出一个解决思路和方案供学校领导层决。当然,这里也要特别提醒二级学院院长,我们提的策,如果学校领导采纳了,我们理所当然高兴,这样的成就感是十足的。但是假如没有被采纳,我们心里也要坦然,因为作为下级,你已经尽到提出方案的责任了,学校领导层不采纳,应该有他们不采纳的理由。如有可能你只是站在专业的、学院的角度分析问题,而学校领导层可是要站在学校全局的角度思考问题。另外,从另一个角度来说,院长面对广大师生或者说是下级来说主要又是决,这里的决是集思广益地做出决定。这个时候的"决"就是该拍板的就拍板,不要议而不决。因此,院长要注意在学校领导层的角色和在师生面前的角色。由于角色的转换,决和策的行为也要随着转变。因此,笔者认为从这个角度上说,不要说对上对下都一样。因为,对上,应该是以策为主,发挥院长在专业部门熟悉业务工作的优势。而对下就要敢于决,敢于承担作为院长的职责、敢于集思广益、敢于决断。

当然,对于二级学院院长来说,对决策内涵的理解把握,策要借助外脑,也就是要发挥各职能科室或教研室等学术组织乃至师生的作用去策,决要靠内脑,也就是要多历练、多思考、善思考,同时要有前沿眼光。

(2)避免决策行为中的两种误区

决策行为在领导行为中是极其重要的行为之一。在领导工作中要做好决策工作并非易事,但是是要事。在此,关键是要做到两点:

一是"策"要打开思维空间,避免出现霍布森选择①。在领导工作的决策行为中,"策"一定要打开思维的空间和选择的空间。因此,在"决"之前,应该是多种方案的抉择。在访谈的过程中,一位院长就学院人才引进方面

① 霍布森是英国的一个商人,他是一个专门从事马匹生意的商人,他养了很多的马匹,大小马匹均有。他说,买我的马也好,租我的马也好,不论马的大小,买是一个价钱,租也是一个价钱,可以随便挑、随便选。他的马圈很大,但是马圈只有一个小门。个头高大的马都出不去,能够出去的都是个头小的、瘦小的马。也就是说,到霍布森的马圈里买马或租马,不论怎样挑选,最后选中的马匹一定是瘦小的。有的买马人却全然不觉。后来,管理学家西蒙就把这种不知不觉的选择称之为"霍布森选择"。高朋敏.三个心理学原理对干部工作的启示[J].党政干部学刊,2008(2):30-31.

的工作举了一个十分符合这一现象的例子。他说,地方本科院校高层次人才缺乏是极其普遍的现象,但是在学科专业发展的过程中,离不开高层次人才去支撑。为此,学院一方面自己培养人才,鼓励年轻的老师考博;另一方面,要大胆引进人才,特别是敢于引进领军人才。为此,学院确定了领军人才不求我有,但求我用的原则。最后通过努力,从某"211"高校引进了一名食品科学专业的教育部教指委委员,同时通过设立院士工作站从某"985"大学引进了一名院士,从而带动了学院食品科学专业的发展,通过三年的努力,该学科获得省级唯一的一流学科(培育)。这就是大胆选择的结果。

二是"决"要避免出现布里丹选择①。在这方面,访谈中不论是校级领导还是二级学院院长,谈得比较多的是在学院办学特色培育方面,一定要有战略眼光,结合办学实际,特别是地方发展特色大胆培育学院办学特色,一定要善于找到自己发展的切入点,真正从"人无我有,人有我优"的发展思路中把办学特色不断培育起来。

上述的霍布森选择和布里丹选择,都是我们在决策过程中要避免出现的错误。因为在地方本科院校发展的过程中(特别是一些远离省府属于在二三线城市办学的高校),由于受到地域性的影响,办学条件和办学资源受限,在如此条件下不论是学校一层还是二级学院唯有走开放办学、协同发展之路,大胆拓宽办学视野和办学空间,才能在高等教育竞争中更好找到自己的立足之地。此外,地方本科院校大多数是从原来单一性的高等师范专科学校发展而来,在办学特色特别是学科专业特色凝练方面,如何守正创新,如何提炼办学特色,必须有战略眼光,善于决断,敢于取舍,才能真正闯出自己的办学特色。只有走好开放办学、特色办学的路子,才能更好焕发地方本科院校以及二级学院办学的生机。

---

① 布里丹选择也是管理学家西蒙命名的又一种领导工作决策行为中的现象。布里丹选择源于法国人布里丹讲的一个关于驴子找草吃的故事。一头驴子肚子饿了,然后到野外找草吃,驴子看到右边的草没有左边的好,就跑到左边吃。到了左边后又觉得右边的草颜色更好,又跑到右边。到了右边,又觉得左边的更甜,又跑到左边。到了左边,又觉得右边的草更多,又跑到右边……这头驴子反反复复,左顾右盼,左思右想,左奔右跑,犹豫不决,最后饿死在途中。也就是,因为犹豫不决导致了领导工作中决策的失败。西蒙把这种现象称为"布里丹选择"。江忠宝.决策中应避免的思维误区[J].徽州社会科学,2002(4):24-25.

3.二级学院院长领导工作中的管理、服务和激励行为

如果从领导行为理论中分析,解决了如何决策这一领导行为后,接下来,又一关键就是要解决领导工作中如何用人、如何用干部、如何用师生的问题。这些问题说直接一点就是院长如何管理和服务下属的问题。解决用人问题最终目的是调动每个人为实现组织目标的积极性、主动性和创造性。"用人"牵涉到管理、服务、激励等行为。

(1)院长领导工作中的管理行为

领导工作中决策确定后如何去执行,这离不开管理。而单从领导行为来说,更加离不开管理。因为领导行为本来就是一种管理行为。那么在领导工作中如何进行管理、如何提高管理的效能,这是院长必须考虑的问题。

高校的管理由于面对的群体和政府、机关以及其他企事业单位领导者所面临的群体不同,领导者领导工作的管理行为显然有其不同。这就更加要求二级学院院长在领导工作中要好好思考如何结合高校特别是学院的特点去进行管理。平时工作中,常常听到一些高校中层干部感叹:知识分子的工作太难做了。因为一说到什么事,他们可以说出千万条理由去驳斥。这的确是考验院长以及高校中层干部的。为此,在管理过程中要把握三点:

一是学会打有准备之战。这里说的"有准备之战"是指在实施管理的过程中要从多角度、多层次看问题,决定做任何一件事情都要做充分准备。例如,从领导层级方面来说,二级学院院长是直接对学校领导负责的。如果某一天学校领导通知你到他办公室,这个时候你的头脑里面就要好好过滤一下:校领导会有什么事要和我商量? 还是有什么工作布置? 或者是学院发生了什么问题? 这些方面,作为院长必须在自己心里面过一遍,估计一下校领导可能和自己谈什么工作,或者了解什么样的情况,自己心里有哪些还不清楚,这些都是要考虑的。不然,学校领导假如是向你了解学院近期的情况,而自己什么都不清楚,这样是非常被动的。另外,和老师们商量讨论工作,也要从方方面面去考虑,要估计一下老师们的反映。此外,平时开会讲话都要做好准备,确定好主题。

二是要把握管理的要领。管理的要领是什么呢? 这还得从"管"和"理"分开去思考,才能把握管理的要领。如果把管理分开为"管"和"理",我们会自然而然地想到,"管"和"理"到底谁先谁后? 谁多谁少? 哪个为重? 这些问题的回答就是管理的要领。因此,管理的要领就是:先理后管,多理少管,又理又管,重点在理。

而管理中的"理"是什么？这也是我们在把握管理要领中要理解和把握的。管理中的"理"，首先是道理的"理"，也就是说在管理中要讲道理。没有道理，完全可以说就没有管理。在高校面对知识分子和青年学生的管理工作更加需要讲道理。高校本身就是一个传理、习理的地方。二级学院院长在管理中，更加要把理讲清楚。把理讲清楚了，误会、矛盾、冲突就少了。其次，管理中的"理"还是条理中的"理"。也就是说，在管理中要有条理。有条理就是知道什么事情要先做，什么事情要后做；有条理就是知道工作的轻重缓急，而不是毫无计划，毫无组织，没有头绪。最后，管理中的"理"是伦理中的"理"，也就是在管理中要讲道德、讲诚信。当然，这包括院长和学院师生都要讲诚信、讲道德。

三是要把握从管理上升为治理。管理和治理，一字之别，但其真正要义和内涵却有很大的差别。中国行政管理学会执行副会长高小平研究员认为，治理重点是强调多元主体管理、民主、参与式、互动式管理，而不是单一主体管理。[①] 当前建立现代大学制度、大学治理、二级学院治理的号角已经奏响，作为二级学院院长，在大学治理重心下移二级学院后的管理行为，更要从治理的视角入手，方可取得更好的实效。

（2）院长领导工作中的服务行为

"领导就是服务。"这句话至今已经耳熟能详。可是在日常的领导工作中，依然常能听到"这个领导没有一点服务意识"的抱怨。在高校，如果问广大师生：对领导干部的满意度如何？不满意的原因是什么？多数人也是认为领导干部服务意识不够。如何提高高校中层干部在广大师生中的满意度，是笔者一直在考虑的问题。这也是大学治理和二级学院治理过程中应该关注的一面。而师生满意度的测评，绝对离不开服务的问题。因此，不论是二级学院院长还是高校机关教辅职能部门的干部，在其领导工作中必须要注意提升其服务行为和水平。具体应该把握以下三个方面的问题：

一是牢固树立以师生为中心的理念。高校领导工作的服务对象，首先是教师和学生。牢固树立以师生为中心就是时时为师生着想、时时从师生的角度出发去考虑问题，处处不忘师生这一首要的根本的服务群体。要注意维护师生的利益。特别是要让师生能感受到学校以及各二级学院（系）、各机关教辅部门对师生的关爱。让师生能感受到家一样的关怀，找到家的

---

① 周晓菲.治理体系和管理能力如何实现现代化[N].光明日报,2013-12-04(06).

感觉。牢固树立以师生为中心的理念,还体现在能把师生的事当作学校、二级学院(系)、机关、教辅部门的事去解决、去办好,而不是让师生个体去单打独拼。

二是注重从关心师生生活和专业发展着手。服务两个字不是虚的,而是实的,不是高大上的,而是非常接地气的。因此,在高校领导工作的服务行为,首先应该注重从关心师生的生活着手。在访谈机关职能部门负责人时,有一位负责人在工作中遇到过一个案例:一位博士抱怨,他通过学校的人才引进政策来到学校,满了五年服务期了,准备调离。问其想调离的原因他说在学校的这几年,他的教学、科研任务都不轻,但是他完成的成效还可以。五年内共出版了三部专著、获得了一项教育部人文社科项目,每学期承担近三百课时的教学。但是这些工作是在他一家老小四代人挤在两间不相连的单间、在他把其中一间单间的厨房当成工作室的情况下完成的。这样的环境,他待了五年,现在实在忍受不了了,因此要调走。这个案例不得不引起深刻反思。学校引进这位博士之后,这五年间,没有人关心他的生活。这就是服务的缺失。这也说明在一些高校或者二级学院引进人才工作中,出现了人才引进了就画上句号的情况,对引进后如何留住稳定人才工作不到位。其实关于如何留住人才,感情留人、环境留人就是服务留人。师生的生活也需要阳光雨露。其次是应该注重关心师生的专业发展。教师有教师的专业发展,学生有学生的专业发展。但是作为二级学院院长要明晰,教师的专业发展、学生的专业发展绝非仅仅是教师、学生个体的事。作为学院院长应该把教师专业发展、学生专业发展纳入学院工作的视野,给予指导和关心,用学院的力量、学院领导人服务的力量去助推教师及学生的专业发展。

三是坚持沟通交流与帮助解决现实问题相结合。有的二级学院院长一谈到"服务"心里就不舒服。因为他从思想上没有认识到作为一名领导者要有服务意识。这一点是极其危险的。因为心里不装着人民群众,不装着师生,是做不好工作的。而有的院长,心里认识到做好师生服务工作的重要性,可就是不知从何入手,从何做起。其实得到服务是人的需要。人得到服务了、遇到的问题解决了,那种满足感是无法用语言表达的。对二级学院院长来说,要把服务师生的工作做好做实,关键是坚持沟通交流与切实帮助解决现实问题相结合。因为在高校,教师和学生为了学习和工作,埋头苦学干、埋头苦学的人是不少的。他们为了教学、科研,为了学习,有的对学校或二级学院(系)的事关注度不高,更谈不上关心。而此时,如果院长服务意识强的,会择时择机和这些师生沟通交流,让他们了解情况,一方面可以激励他们努力搞好工作和学习,另一方面也会减少很多不理解甚至误会。而在与师生沟通交流中,发现他们有困难和问题,及时给予解决,这就是把服务做好了,领导工作中的服务行为就表现得完美了。

（3）院长领导工作中的激励行为

一写到激励,就让人想到小时候父母常讲的一个词"戴高帽",也就是做某一件事做得好时的夸奖、表扬。有人甚至说,孩子是"戴高帽"长大的,孩子是夸奖长大的,等等。这都说明激励、夸奖、表扬对孩子成长的重要性。其实,在院长的领导工作中,也少不了这一环。特别是当我们面对不善于表达、不善于表现的师生,当他们又取得好的成绩时,及时的鼓励、激励,对他们把学习和工作做得更好,无形中也会产生积极的促进推进作用。

院长在领导工作的激励行为中首先要从激发师生正确的工作动机和满腔的工作热情开始。也就是说,为了让师生努力去实现学院既定的工作目标和工作任务,首先要让学院全体师生树立"我想干"和"我要干"的思想。而不能让师生带着焦虑、带着顾虑,甚至带着情绪,没有目标地去干。同时,也不能让师生有事不关己、高高挂起的思想,而是能全身心地投入到学院发展的工作中。

其次在激励行为中,还要注重事中的小结、督导和关心助力。在完成某一项工作任务时,经常会听到有人发出做事半途而废的感叹。追问其原因,大多数情况就是在关键时候缺乏督导、缺乏鼓励、缺乏助力。有的时候,做事是讲一气呵成的,但大部分的时候做事或完成某一工作任务和目标时,是要经得起时间考验的,特别是教学、科研以及社会服务工作,其成效的突显更加要有时间的考量,这更加需要事中的激励。

三、领导情境理论

领导情境理论有的人也称之为领导权变理论。这种理论主要出现在20世纪60年代末至80年代初,其主要观点是:认为有效的领导受不同情境的影响。[①] 该理论的主要思想或主张是:领导者从事领导工作中取得的领导绩效的好与坏、高与低,不能仅仅从领导者的特质如何去判断,也不主

---

① 　王芳.美国领导力理论的研究特点及其启示[J].理论前沿,2009(22):23-24.

要取决于领导者领导工作中领导行为表现方式,而是取决于领导情境诸要素的合理匹配。

1.对领导情境的再认识

情境,在《现代汉语词典》中的解释是情景、境地。[①] 而从社会心理学视角去分析,情境一般是指影响事物发生或对机体行为产生影响的环境条件。[②] 俗话说:天时地利人和,也说明个体或组织为实现目标或达到某一目的所采取的行为措施是受环境条件所影响的。从哲学的角度看,事物的发展也是有正向和负向、好与不好、促进和阻碍等矛盾的两个方面。因此,领导者在其领导工作中的领导行为理应考虑领导过程中的情境状态。

(1)坚持问题导向,客观分析领导情境

院长在领导工作中总会遇到这样或那样的问题,这是很正常的事情。但是,有的院长不敢正视问题,不敢研判问题。遇到问题绕道走,遇到阻碍或挫折低下头,这些是十分不可取的。作为一名领导者,院长一定要有问题意识,善于分析、谋划在开展某一领导工作中可能会出现什么问题、可能会出现什么困难,均要有分析预判。有分析、预判了,出现问题或困难就不会乱步调、无头绪,就不会不知所措。同时,在开展工作过程中一定要坚持问题导向,奔着解决问题、促进发展去开展领导工作。特别要善于分析开展领导工作中对于推动工作、促进发展的有利因素和不利因素,并且能够围绕学院发展目标的实现,抓住有利环境,避免不必要的、不利于学院发展目标实现的不利因素影响。

(2)从"领导替代"看领导情境变化中领导行为与作用的变与不变

"领导替代"这一概念是 1978 年史蒂文·克尔和约翰·杰迈尔首先提出来的。他们认为,随着个体文化程度、文明程度、素质能力、自我发展、自我意识等方面的提升以及组织中组织文化、工作机制等方面的培育、健全和完善,这些领导情境要素的变化导致领导者在领导工作中的作用逐渐弱化甚至被取代。其实,随着经济、社会、政治、文化等方面的发展,在现代社会中,随着上述个体或组织的变化,且在工作过程中,他们对领导者的依赖程

---

① 中国社会科学院语言研究所词典编辑室.现代汉语词典[M].北京:商务印书馆,2018:1068.

② 黄希庭.简明心理学辞典[M].合肥:安徽人民出版社,2004(9):287.

度逐渐降低,并可能在许多方面替代传统领导者,替代传统的领导作用。[①]

从领导者的领导特质看,领导替代这一领导情境的变化,要求二级学院院长要注意更新领导观念,特别是传统领导中的权力管理观念,要好好考虑领导工作、领导行为方式、方法上的创新。因为,随着经济社会的发展,人们受教育的程度越来越高,能力和素质也相应提高,同时掌握各种信息的渠道也越来越多,且越来越及时、通畅,导致在学院发展过程中,师生对学院领导人的依赖程度会越来越降低,甚至有的可以不依赖,并且有的还替代传统的领导者,由此传统的领导作用也被替代。这些都要求院长要好好把握领导替代出现后、领导情境发生变化后,相应领导行为的变与不变。

2.菲德勒的领导情境理论观及其启示

谈到领导情境理论,最具有代表性的是美国当代著名的管理学家弗雷德·菲德勒的领导情境理论观。菲德勒的领导情境理论被视为最早试图调和与之前特质和行为研究不一致的理论。[②] 他认为,在研究领导、领导者、领导行为、领导效能的过程中,不能孤立地去研究如何"用人",也不能只是研究领导者与被领导者之间的关系,而是要把与领导活动相关的、相联系的其他因素和领导情境都考虑,当然可以把一些次要的因素忽略掉。为此,菲德勒认为影响领导绩效的情境因素主要有三个:

(1)领导者——成员关系(Leader-member relations)。领导者与被领导者之间的关系,就是说,领导者对下属信任、信赖和尊重的程度。

(2)任务结构(Task structure)。也就是领导者布置工作任务时对工作任务规定的明确程度,以及下属对这些任务的负责程度如何。

(3)职位权力(Position power)。也就是领导者手中拥有的例如雇佣、解雇、奖惩、晋升等权力变量对被领导者的影响程度。

菲德勒认为,领导者要达到最佳的领导效能和领导绩效,需要其领导风格和领导艺术和上述方面的情境因素相匹配。

菲德勒的情境理论告诉我们,领导者的领导风格、领导艺术是不太容易改变的,要使领导效能和领导绩效最佳,领导者必须通过改变领导情境,即努力改变上述三个因素的状态。因此,菲德勒的情境理论可以给我们以下几个方面的启示:

---

① 刘峰.领导能力提升简明读本[M].北京:国家行政学院出版社,2012:15.
② 李明,毛军权.领导力研究的理论评述[J].上海行政学院学报,2015(11):91-102.

(1)领导者可以通过改变自己去适应环境、适应条件；

(2)领导者也可以通过改变环境、条件、关系来适应领导风格和领导行为；

(3)领导也可以通过环境和自身两方面同时改变和设计，达到领导风格与领导情境因素的适应与匹配。

3.领导情境理论的应用

领导情境理论对领导者来说，具有极其现实的指导、借鉴作用，对于领导者领导力的作用发挥更具有直接的参考借鉴作用。从院长的领导工作视角分析领导情境理论的应用可以考虑以下四个方面。

(1)院长领导工作中要善于处理变与不变的问题

平时工作中经常听到这么一句话"以不变应万变"，这句话可以说是对领导情境理论应用的一个很好的例证。平时也经常听到"计划不如变化"。的确，不论是开展哪方面的工作，完完全全按理想或设计的状态去运行、去开展是比较少的。因为从院长所面对的师生或领导工作来看，人的思想是在不断变化的。有的可能此时其思想和目标与学院的要求是同向同行的，彼时可能完全改变了。另外，领导工作从某一种角度来说就是要不断改变、不断发展，改变和发展就是一个动态的过程。菲德勒领导情境中的三个因素告诉我们，领导工作中要善于处理变与不变。

(2)院长领导工作中要处理好"方与圆"的问题

在高校领导干部队伍建设中，经常听到一些教师对二级院（系）负责人或机关部门负责人发牢骚："某某领导太死板了，脑子转不过弯来。"为什么老师们会有这样的感慨？当然，也许有双方面的原因。但是从院长方面来说，也许是因为领导情境发生变化了，而自己依然固执地按照既定的套路去执行，面对领导情境的变化不知所措，或没有觉察到。这就是在领导工作中要把握"方和圆"的问题。"方"即原则性、坚定性，也就是说领导工作中要注意坚持原则。"圆"即灵活性、创造性，也就是说领导工作中要因时因势因对象而做判断、做调整。"方和圆"的问题，也是领导工作中的领导艺术问题，也是领导力水平高低的体现之一。

(3)院长领导工作中一定要坚持"以人为本"

领导工作中面临的最大情境问题就是人。正如前面提到院长的工作首先是做人的工作。领导工作中，各种领导情境的出现，大多数均是与人有关的。人的问题解决了，工作中遇到的问题均能够解决。习近平总书记在党的十九大报告中明确指出："人民是历史的创造者,是决定党和国家前途和命运的根本力量。必须坚持人民主体地位,坚持立党为公,执政为民,践行全心全意为人民服务的根本宗旨,把党的群众路线贯彻到治国理政全部活动之中,把人民对美好生活的向往作为奋斗目标,依靠人民创造历史伟业。① 这彰显了我党领导人民建设社会主义事业中的价值追求。对每一位领导者在领导工作中如何面对人民、如何依靠人民、如何为了人民、如何服务人民具有重要的指导意义。人是一切环境中的主导者。作为二级学院院长在领导工作中若能处处时时从服务于师生的视角着想,把服务于师生作为领导工作的出发点和归宿点,就能解决领导工作中出现的各种矛盾问题,就能很好地把握领导情境,真正成为名副其实的领导情境中的主导者。

(4)院长领导工作者中要注重创设合适的领导情境

正如前面我们分析领导行为理论时谈到,领导就是服务。这也是我国卓越的伟大的领导人邓小平同志的著名论断。领导者不是直接去干具体工作,而是制定规制、搭建平台、营造环境、提供服务,以便被领导者安心工作,创造效益。② 作为学院院长,更加需要理解和践行服务的理念,善于、勇于当好服务教师发展、学生成才的"后勤部长""保障部长"。不论是高校的领导者还是其他领域的领导者,只有为被领导者提供合适的服务,才能更好地为自己的领导行为或领导工作提供合适的情境。

四、领导变革理论

领导变革理论,也被称为变革型领导理论,它是随着领导力研究的过程中不断升华形成的理论,是一种较高层次的领导力理论,并且也是在研究探讨领导理论特别是领导力理论中比较公认和被接受的理论,因此成为关注的焦点。变革型领导是由美国著名的政治社会学家詹姆斯·伯恩斯(Burns)在 1978 年提出。变革型领导是改变和变革个体的过程。它关心的是价值观、社会准则、规范和长期的目标等问题。美国著名的领导心理学家

---

① 习近平.决胜全面建成小康社会 夺取新时代中国特色社会主义伟大胜利:在中国共产党第十九次全国代表大会上的报告(2017 年 10 月 18 日)[M].北京:人民出版社,2017.

② 刘峰.领导能力提升简明读本[M].北京:国家行政学院出版社,2012:15.

巴斯(Bass)1985年在詹姆斯·伯恩斯的基础上研究提出了变革型领导理论。这种理论观点认为:领导者在领导工作过程中作用的发挥,不是依靠自身的权力去组织或调动被领导者参与实现组织既定目标的工作积极性和主动性,而是通过满足被领导者的需求,并把组织既定目标变成其工作愿景为出发点,以及增强被领导者的责任意识来达到领导的目的和效能,最终实现组织既定的目标。① 之后,阿华利(Avolio)在巴斯研究的基础上发展了变革型领导理论,将变革型领导理论维度发展为四个维度,即变革型领导因素:魅力或理想影响、鼓舞干劲、智力激发、个性化关怀。通过这四个维度(因素)去有效地激励追随者,实现最大的利益而不是仅仅局限于个人利益。②

变革型领导理论的四个维度对构建领导力维度具有直接的指导作用。一是从领导魅力来说,这既包括领导者在领导工作中所体现的价值观念、工作理念、道德行为等所直接产生的影响力,也包括领导者利用自身的感染力来凝聚被领导者的人心,从而激发团队精神的力量。二是从鼓舞干劲来说,这既包括领导者在领导工作中对被领导者寄予的期望,从而激发被领导者的工作热情和动力,也包括领导者在领导工作中所谋划的组织发展远景规划,而使被领导者产生的使命感和责任感。三是从智力激发来说。主要是领导者在领导工作中注重激发被领导者的创造和革新的意识,从而使被领导者的在组织工作中独立思考和解决问题的能力提升,以及具有较好的自我创新能力。四是从个性化关怀来说,主要是领导者在领导工作中注重关心被领导者的发展,注重聆听被领导者个体发展的需求,并在组织发展的过程中一并助力实现被领导者自身的需求和发展。

在研究教育领导力的过程中,完全可以借鉴变革型领导理论去构建其特殊的维度和思考其相应的作用表现形式的。从变革型领导理论中,至少可以得到以下几点认识:

1.注重正确看待权力,发挥权力之外的非权力的影响力

成为领导者后或多或少都会有一些权力。在这过程中要注意不要因为看重权力而陷入官僚主义的圈套,甚至是以权压人,高高在上。如果出现这样的情况,领导工作中会出现被领导者表面服你,可内心反感甚至抵触你。当然,也要防止有权不用,特别是有权不为民作主,有权不为民服务,有权不

---

① 冯秋婷.西方领导理论研究[M].北京:人民出版社,2008:421-424.
② 冯秋婷.西方领导理论研究[M].北京:人民出版社,2008:425-426.

谋事业发展的情况。否则,也会出现领导者在被领导者中被视为可有可无,更谈不上什么威信或者威严。从变革型领导理论中可以看出,权力是一把"双刃剑",作为院长既要学会用好权,更要学会在领导工作中注意发挥权力之外的非权力的影响力。而变革型理论中的四个维度既是院长发挥权力因素时要考虑的,也是发挥非权力因素时要考虑的。

2.注重正确引领价值观,激发师生为实现组织目标的内生力

在领导工作中,领导者和被领导者都有工作的主动一面和被动一面。一个人的价值理念如何,不仅仅对其生活态度有影响,对其工作态度也有影响。因此,领导者和被领导者都应该树立正确的工作价值观。领导者的价值观不仅会影响其行为处世的态度、方式,还会影响组织成员的成长速度和组织的发展前景。[①]　而被领导者的工作价值观,直接影响到其在自身工作岗位上作用的发挥。因此,作为领导者在领导工作中要通过注重自身的表率和人格魅力以及培养组织文化去引领被领导者正确价值观的形成,从而去激发被领导者的内在潜能,去实现组织预定目标而努力。

3.注重聚集民智,激发师生工作中的创造性和解决问题的能力

不论是传统的管理还是现代的治理,都不可能只依靠领导者的智慧去进行。集集体智慧进行管理或者治理,方能发挥更好的领导效能。变革型领导理论中主张的智力刺激,就是要求领导者要善于发挥被领导者在领导工作中的聪明才智,注重培养和提高被领导者工作中的想象力和创造性,创造出更好的业绩。这就要求院长要有宽广的胸襟,千万不要有担心教师的能力和水平超越自己的想法,甚至设置教师创新能力发挥的障碍。

4.注重个性化关怀,让师生在学院事业发展中得到更好的发展

事业的发展都离不开"人"这一主体。因此,在领导工作过程中,院长要善于关心每一个人。这也更加说明了领导工作首先是做人的工作,即怎么把人在领导过程中的积极性和主动性充分调动起来。马斯洛的需要层次论告诉我们,满足人的需要是调动人的积极性和主动性的有效之举。变革型领导理论中主张领导者要注重个性化关怀,无不告诉我们在领导工作中注重带领个体实现组织既定目标,必须善于了解个体心理需求,体现对个体的关怀,特别是在领导事业发展的过程中,要注重个体在事业发展中的自我提升和自我发展,把被领导者个体发展与事业发展融为一体,让事业发展与个

[①]　叶加德.变革型领导理论与群众路线的方法创新[J].领导科学,2017(5):14-16.

体发展同步。

领导变革理论告诉我们,作为二级学院院长在领导过程中,要善于变通性地处理好学院发展中的各项工作,在不同的领导与管理活动中发挥不同的领导力。

第二节　从教育领导到教育领导力

我国著名教育家顾明远教授在为 21 世纪教育经济与管理系列教材作推荐序时指出:教育管理在现代教育中是重要的一环。[1] 办学的硬件再硬、软件再好,没有很好协调管理,它们也发挥不了应有的作用。在我国,研究现代化的教育管理是实现教育现代化、实现教育公平、提高办学效率和质量的重要途径。而研究现代化的教育管理不仅仅要从教育管理学、教育经济学、教育行政学、学校管理学、教育法学、教育政策学等方面入手,也要从教育领导学入手。也就是说要从多学科视角去研究教育,借鉴其他学科的优势去推动教育学科乃至教育事业的发展。温恒福教授在其所编著的《教育领导学》前言中指出:中国是一个重视领导、重视教育的国家,但是对于教育的领导规律和如何提高教育领导者的领导能力却重视不够。[2]"如果说有一个时代,教育的建立与改革特别需要有效的教育领导,那就是现在。"[3]因此,笔者尝试从教育领导的角度去找到研究教育领导力的动因。

一、教育领导的本义理应对应着教育领导力

温恒福教授在其所编著的《教育领导学》中给教育领导的定义是这样表述的:教育领导是指明教育活动的发展方向,提出愿景,确定目标,选人用人,影响人趋向愿景、实现目标,使人取得更好业绩、获得更好发展和回报的

---

① 顾明远.序[M]//温恒福.教育领导学.北京:中国人民大学出版社,2011:2.

② 温恒福.教育领导学[M].北京:中国人民大学出版社,2011:1.

③ 叶澜.教育研究方法论初探[M].上海:上海教育出版社,1999:15.

活动。① 从教育领导的定义来看,指明教育活动的发展方向、提出教育发展的愿景、确定教育发展的目标,均有着必然的教育要求、遵循必然的教育规律。因此,其对教育领导者相对应的领导力要求有其特殊的要求和教育的专业性。不懂教育发展要求、不懂教育发展规律的教育领导者,其所体现的教育领导力有可能违背教育要求、违背教育规律,这可以说是非常可怕的。这相当于平时人们常说的,外行不能领导内行,外行是不能管理好内行的。隔行如隔山估计就是这个道理。

二、教育领导的教育性和专业性必然对应着教育领导力

温恒福教授在其所编著的《教育领导学》中提出教育领导具有教育性、政治性、专业性、尊重性、价值性、传递性、回报性七种性质。② 从教育领导具有教育性的性质来说,教育领导不仅仅是教育领域里的领导,而且还是教育人、培养人的工作中的领导,它也是教育工作中的重要组成部分,受教育工作本质规定性所影响。科学高效地育人是教育领导工作的最终目的。而要把育人的目的实现好,对教育领导者来说,其落实育人方面的教育领导力如何是对其非常重要的考量。教育领导的教育性特质要求教育领导力必须突显其教育性的特征和本质。从教育领导具有专业性的性质来看,不论是教育领导者还是被领导者都是教育专业工作者,因此说,教育领导也是一种专业性的工作。它需要教育专业知识、教育专业能力、教育专业的道德品质以及教育专业的情感与意志等专业素养。同时教育领导工作必须遵循教育发展的内在规律,教育领导者必须依据规律、顺应规律、利用规律去开展教育领导工作,教育领导者应当成为教育专家。

三、教育领导的功能实现需要教育领导力

温恒福教授根据领导的功能与作用,结合教育工作的性质,提出了教育领导具有六个功能:一是确定教育工作的指导思想,为教育组织的发展确定方向;二是制订教育组织的发展规划和发展战略,设计实施方案、指导操作

---

① 温恒福.教育领导学[M].北京:中国人民大学出版社,2011:7.
② 温恒福.教育领导学[M].北京:中国人民大学出版社,2011:7.

办法；三是开发人力资源，选拔任用各级人员，并激励人们前进；四是综合配备各种资源，协调各方力量，提高教育组织的综合效益与效能；五是推进教育改革，创造性地开展工作；六是促进教育组织与个人的健康与发展，给人们带来回报。[①] 而这六个功能的实现，都需要教育领导者好好统筹，教育领导者缺乏相应的领导力，教育领导功能的实现都会大打折扣，甚至无法实现。按照目标结果导向，教育领导应有的功能与作用，对教育领导力的构建具有十分重要的意义。

四、深化高等教育综合改革需要非凡的教育领导力

在 2018 年召开的全国教育大会上，习近平总书记明确指出："深化教育体制改革，健全立德树人落实机制。"[②]当前我国的教育改革已经进入深水区，如何通过教育改革破解人才培养过程中的各种问题，已经摆在了教育领导者的面前。教育领导决定着教育改革的成败。因为，首先教育领导决定着教育事业发展的方向，教育领导从根本上决定着教育改革的指导思想和具体的改革内容和路径。无论是基础教育还是高等教育都面临着改什么，怎么改等一系列问题。这个时候没有强有力的教育领导，教育改革则无法推进、难以完成。教育改革呼唤教育领导者既能够成为政治家也能够成为教育家，这无形中对教育领导者的教育领导力提出了更加高的要求。

从高等教育领域看，当前深化高等教育综合改革正在深入地推进，从高校内部的综合改革来看，不论是从学校顶层设计层面还是从二级学院推进层面，都面临着严峻的挑战，特别是作为校、院两级来说，如何废除不适宜的制度体系，重构符合当前乃至今后大学治理趋势发展的现代大学制度；如何优化校院两级学术组织更好地发挥好大学应有的职能；如何优化人才培养模式，培养出能够适应信息化、大数据、人工智能化、云计算时代为主导的新经济态势所需人才的规格要求；如何与经济社会发展接轨，更好地服务社会发展；如何通过改革激发人的活力服务于学校发展，等等。这一系列问题都考验着学校领导和学院领导的领导智慧和领导能力。

---

① 温恒福.教育领导学［M］.北京：中国人民大学出版社，2011：17.

② 习近平出席全国教育大会并发表重要讲话［EB/OL］.（2018-09-10）［2020-09-08］.
http://www.gov.cn/xinwen/2018-09/10/content_5320835.htm.

因此,从教育领导这一教育领导工作中的重要工作以及教育领导学研究的内容看,教育领导力的提出及研究就成了自然而然的事情。

第三节　院长教育领导力模型构建的方法论问题

尝试构建院长教育领导力模型是本研究的一大重点内容。从高等教育的视角,特别是针对高校二级学院院长这一群体去构建一个新的领导力模型,的确不是容易的事。在学术研究过程中,模型、体系的构建需要考虑的科学性、严谨性、可行性、实用性是比较高的。为了解决这些问题,笔者尝试从模型构建的方法论谈起,在领导力相关理论的指导下,在前人研究的基础上,结合工作实践去分析探讨。

一、领导力模型构建的基本认识

理解和把握教育领导力的内涵,构建教育领导力维度要素,首先要对院长领导岗位、领导力的深层次内涵、领导力和执行力等方面有一个正确的理解与认识。因为教育领导力与通常人们说的领导力肯定不同,人们常说的领导力是指通用型的、普遍性的领导力,教育领导力针对的是教育领域的领导力。它也是源于通用的领导力和执行力,并在这些基础上根据教育领导领域的本质属性、专业性发展起来。从某种意义上说,教育领导力是领导力的延伸和拓展,又是教育领域领导过程中执行力强弱的基础。

(一)对二级学院院长领导岗位的认识

笔者在这里所说的对二级学院院长领导岗位的认识,主要是想从实践的视角,从院长领导工作过程中一些关键环节、关键工作着手去认识。对院长领导岗位的深入认识是从实践的视角构建好领导力模型的基础。笔者认为在理解和把握院长领导岗位的内涵时,既要从理论的高度去认识和把握,更要从实践的视角去理解和把握,这更加有利于指导如何去领导好学院,如何去培养和提升院长所应有的领导力。前面谈到领导行为理论时,结合院长岗位的特点,从领导干部的解读对院长的领导工作有了一个认识。在此,主要从领导行为方面考虑。无论是政府机关还是企事业单位,领导行为均事关发展、事关凝聚各方力量、整合各种资源去实现组织既定的目标。从领导科学、管理学以及组织行为学的视角分析,结合高校特点,院长对领导行为的把控或者对领导工作的驾驭,最基本的应该把握如下几个方面:

1.院长首先要把握好学院办学方向

俗话说:条条道路通罗马。作为院长一定要清楚朝着"罗马"这个方向走是关键,如果背离了这个方向,无论如何卖力走均无法抵达"罗马"。当前,在高等教育发展的过程中,把准社会主义办学方向至关重要,并且必须始终不渝地坚持好办社会主义大学的方向。唯有这样,我们培养的人才才能始终为社会主义现代化建设服务,为举好社会主义大旗,坚持好党的领导服务,才能始终把教育是党之大计、国之大计这一方略坚持好、贯彻好。要坚持好社会主义办学方向,作为二级学院院长首先必须有政治意识,有政治觉悟,必须有坚定的正确的政治站位。作为高校的领导者,政治站位直接体现在领导工作中能否坚决贯彻执行党的教育方针,能否始终坚持立德树人,培养好社会主义事业的建设者和接班人。

当然,领导者在领导工作过程中领导方向离不开实现预定的工作目标这一基本的工作方向。不论从组织、领导行为等视角看,领导这一行为最终是为了实现组织既定的工作目标或者完成工作任务。习近平总书记在党的十八大胜利闭幕后接见新闻记者时说:"人民对美好生活的向往,就是我们的奋斗目标。"①因此,不论是哪个领域的领导行为都要朝着这一奋斗目标去努力。对高校来说,办人民满意的大学就是高校的奋斗目标。因此,二级学院院长领导方向就是通过领导工作办好二级学院,最终达到办好人民满意的大学,这个方向也是必须牢牢把握和坚持好的。

2.院长要善于把握领导工作中的关键——核心是培养人

领导工作千头万绪,这是每一位领导者经常发出的感慨。但是,作为院长要清楚:上面千条线,下面一根针。在繁忙的工作事务中,如何才能做到忙而不乱,这个是很关键的。有的院长在领导工作中抓不到关键,甚至顾此失彼。分析其原因,大多数是因为不会抓大放小,工作中抓不到点,眉毛胡子一把抓。因此,在领导工作中一定要注意分清主与次、急与缓、重与轻。善于把准工作中的关键环节、关键部分、关键核心、关键重点,该抓紧的要抓

---

① 习近平等十八届中共中央政治局常委同中外记者见面[EB/OL].(2012-11-15)[2020-09-10].http://www.xinhuanet.com//18cpcnc/2012-11/15/c_113697411.htm.

紧,该放开手的要放得开。并且要善于把握事物发展的局,方可避免一抓就死,一放就松的局面,才能更好地推动学院科学发展。此外,对大学来说,领导工作的关键就是要把握高等教育的本质,那就是培养人。因为离开培养人,那就不是教育。因此,院长在领导学院工作过程中,要围绕"培养什么人,怎样培养人,为谁培养人"这一核心命题,充分发挥好教育领导力的作用,落实好高等教育立德树人的根本任务。这也是理解和运用教育领导力的真正核心要义。

3.院长要善于集聚资源和汇聚力量

人才是第一资源。院长在领导工作中集聚资源首先是要集聚人才资源。集聚人才资源就是要求院长要善于引才、培才、用才和服才。引才就是引进人才,院长要有慧眼识人才、引进人才。无论在哪个年代,没有人才支撑事业的发展就没有梁,也没有柱。培才就是培养人才,院长在注重引进人才时,也要善于培养人才,特别是在引进人才和培养本土人才方面要注意防止"引进了女婿,气走了儿子"的情况发生。用才就是要大胆使用各级各类人才,使人才发展有平台,合作有团队,发挥作用有空间。服才就是要求院长要善于关心服务好人才,为各级各类人才发挥作用提供好的发展环境和发展平台,善于为人才解决工作上以及工作之外的后顾之忧。

集聚资源、汇聚力量方面还要善于拓展事业的发展空间,争取更大更广的支持,开创协同发展之路。作为地方高校二级学院院长来说,一是要善于争取政府的支持,开创校政合作的空间,并通过校政合作推动学院各方面事业的发展,提升学院在服务经济社会发展的人才和智力支撑的作用。同时,通过政府的支持拓宽办学空间。二是要善于争取企业的支持,走校企合作之路,开创校企合作、产教融合的空间。三是争取科研院所的支持,借助科研院所的资源优势,走科教协同、科教融合之路,助推学院科学研究工作的开展和提升。四是善于争取兄弟院校同类学院的支持,充分借鉴兄弟院校的发展优势和发展经验推动学院的发展。

最后要说明的是,集聚资源、汇聚力量离不开组织好广大师生,凝聚师生的人心,最终达到全院上下同心、同向、同行,形成教育行动的合力。对二级学院来说,院长善于集聚资源和汇聚力量就是要走好协同育人的路子。

(二)对领导力的再认识

院长领导岗位的内涵理解把握后,就必须对领导力有一个更加深入全面的认识和理解。基于国内外研究领导力专家学者的研究成果,结合各领域领导者领导工作的实际,笔者通过研究发现,在研究领导力过程中,大多数是从领导能力方面去开展领导力研究的,笔者称之为领导力"能力要素说",如前面导论中谈到的"领导力五力模型"①。因此,在领导力"能力要素说"的基础上,笔者提出:一个领导者的领导力应该由基本领导力和核心领导力构成,并且领导力具有内生性、方向性、行业性、层次性、动态性等五大基本属性。在这里,有如下几个问题必须把握:

第一,领导力由基本领导力和核心领导力构成的依据。组织机构设置的领导职位均是金字塔式的,这毋庸置疑。为什么有的人能够从职员走上塔尖成为高端的领导者,从领导力角度分析是十分贴切的:是因为其领导力超凡。在组织机构的职员中为什么有的职员能够脱颖而出成为领导者,原因也是其在职员的职位上表现出了较强或者较好的领导力。在笔者从事高校组织部部长以及现在作为高校协助党委书记分管干部工作的校级领导,平时和同事们沟通交流时经常谈到这样的观点:领导不仅仅是能做事而且要能谋事,能做事是基础,能谋事才是领导的体现。"领导力并不一定是拥有领导职位或领导角色的人所特有的能力,组织里的每个成员都可能拥有领导力。"②组织机构中的职员为了做成某件事情、完成某项工作任务,都要具有一定的领导力,只不过这样的领导力是基本领导力。而组织机构中为什么他是领导者,是因为他会谋事,他除了具备基本领导力外还具备了核心领导力。本书研究的院长教育领导力是院长必须具备的核心领导力。

第二,基本领导力是具有常规性即通用性的,是作为领导者都必须具备的;核心领导力是根据组织以及领导岗位应有的特殊性或者专业性具有独特性、指向性的。基本领导力是作为一名领导者甚至非领导者都必须具备的,这样的领导力是比较常规的,也是人们常说的具有通用性,这方面就是基本的管理能力或者工作能力,如计划力、组织力、协调力、自我管理能力等能力。这些基本能力主要是基于个体发展所需的考虑,并且这些能力是每个人做好工作的基础,离开此类能力工作将无法完成,个人的价值就无法实现。而计划力就是平时开展工作能够根据组织目标和工作要求有目的、有步骤、分阶段地去统筹推进,而不是目的缺乏且毫无头绪。计划力是非常基

---

① 中国科学院"科技领导力研究"课题组.领导力五力模型研究[J].领导科学,2006(9):20-23.

② 王丽坤.国外大学学术领导力现状及其启示[J].教育评论,2015(10):161.

本的管理能力和工作能力,这是做好一切工作的基础之基础。组织力是开展工作过程中善于调动、统筹、组织利用有利于工作开展的各种有利因素或有利条件的能力。有一定的组织力工作才能更加紧凑,不会杂乱无章。协调力就是在开展工作过程中遇到困难或者问题知道如何去解决,特别是在协调人、财、物方面的能力。自我管理能力是开展好工作,避免出现问题的基本,如果一个人自我管理能力不强,去当领导管好别人是完全不可能的。当然,自我管理能力还包括在开展工作中对工作中可能出现的各种问题、局面或者所处环节的自我约束。很多人走上领导岗位后出现问题,就是自我管理能力出现了问题,导致贪污腐败。因此,自我管理能力又是一般领导力中重要的基本领导力。上述基本领导力都是开展好工作的基础,可以说不论领导者还是非领导者都必须具备,否则的话,可能无法做好工作,更谈不上去领导好其他人。

而核心领导力是衡量领导责任、有效领导行为以及影响力大小等领导力综合体中最关键、最根本和最重要的部分,根据领导力“五力模型”,笔者认为在感召力、前瞻力、决断力、控制力、影响力的基础上,包括如定位力、讲演力、规范力、激励力等能力以及领导者的领导观念、专业素养和人格魅力,因为这些能力是领导者在领导工作中决定工作成败的关键领导能力。感召力就是感染能力,一名领导者不仅仅是因为权力感染和影响被领导者,有的是因为领导能力影响被领导者,甚至还包括领导者的人格魅力、专业水平等影响被领导者。有这样有能力、素养的领导者,被领导者就容易受组织,听从领导。前瞻力主要是指在工作中的预见性和战略规划方面的能力。决断力就是在工作中的决策能力。控制力主要是领导者对领导工作与环境的把控能力,当然还包括应急方面的能力。影响力主要是领导者影响被领导者以及工作情境方面的能力,如有的领导者善于激励被领导者努力工作,并且营造良好的工作氛围和环境等,这都是影响力的表现。定位力主要还是领导者在领导工作中对工作目标要求的制订能力,当然也包括对发展形势的判断。讲演力主要是领导者在领导工作中对工作目标、方案、要求以及宣讲方面的能力,有的领导者对某项工作一讲解,被领导者就能领会,并且积极地去干。激励力主要是领导者在领导工作中对被领导者工作动力和工作积极性的激发能力,当然也包括奖惩。规范力主要是领导者在领导工作中对工作流程和工作制度的制定执行能力。领导观念是领导者在领导工作中所展现的领导思想,是领导者领导行为的决定因素;人格魅力主要是把领导者本身的为人、性格、道德品质甚至兴趣爱好、领导工作能力等方面对被领导者的影响；专业素养主要是领导者在领导领域范围内的学识和专业水平，这也是影响被领导者的一个主要方面。核心领导力既有作为领导者必需的特质，也有领导者所在组织机构领导领域专业性方面的特殊要求。正是因为学校、医院、政府机关、企业单位等因组织机构及其职能和组织目标不同，领导核心领导力的相应要求而不同。此外，核心领导力也具有岗位职责本质属性，即由于领导者所处的领导岗位以及职责的不同，核心领导力的相应要求也不同。因此，各个领域、各个领导岗位领导力的差异主要在核心领导力方面的差异，具有独特性、专业性。

第三，根据领导力的培养与提升以及在不同领域、不同范围、不同岗位的特殊性，领导力具有内生性、方向性、专业性、层次性、动态性等五大基本属性。领导力有的是天生的，但是主要还是后天培养历练形成的，笔者认为研究领导力既要站在面上去分析，更要结合点上去研究。从面上分析，领导力是社会科学研究中研究得最多的现象之一，[①]它也是极其普遍存在并且显而易见的。但是，领导力在不同的领导岗位，不同的领导领域应该有其共性和特殊性，同时也有领导者个性方面的体现。这也是笔者归纳总结出领导力具有其基本属性的依据或缘由。

一是内生性。在同一组织当中，有的人能够成为领导者，而有的人无论如何都没有办法成为领导者。究其原因，在于其是否具有应有的领导力。领导力不是组织或者领导职位外生的，而是领导者内生的，是在平时工作实践过程中不断学习、总结、反思、历练起来的。俗话说，"穿上龙袍也不像太子"，"烂泥扶不上墙"，从领导者的领导力方面来说，并非没有道理。

二是方向性。领导力具有方向性的属性这是一个根本的要求，因为任何组织的存在都有其组织目标要求。组织之所以把你培养成领导者，就是希望你带领追随者或者说被领导者去实现组织既定的目标。如果领导者的领导力方向性不对，在大是大非或者原则上出了问题，是十分危险的。因为方向性正确的领导力，对组织目标的实现具有正向作用，相反则具有负向作用。

三是专业性。领导力具有专业性的属性，也可以说是行业性的属性。

---

① 大卫·V.戴，约翰·安东纳基斯.领导力的本质[M].2版.林嵩，徐中，译.北京：北京大学出版社，2105：5.

前面已经分析过,核心领导力因组织本质属性、岗位职责本质属性而具有独特性、指向性的要求。也就是说不同的领域,不同的领导岗位,领导力相应的要求应该不同。例如医学行业、教育行业、政府机关行业等,其领导力理所当然的不同,并且具有其专业特殊性问题。这也是笔者提出教育领导力的主要缘由。

四是层次性。领导力的层次性主要是因为在同一组织机构中,由于所处的领导岗位不同,其领导力相应的层次要求也不同。例如,同样是在高校或者说高等教育这个领域,校长、二级学院院长的教育领导力相应的要求和体现是不一样的。完全可以说,领导岗位越高,领导力相应层次性的要求肯定越来越高。

五是动态性。动态性主要是指领导者的领导力不是一成不变,领导者在其领导岗位发挥作用的同时,领导力一般来说是不断增强的。从另一个角度来说,领导力具有动态性也说明领导力是可以通过培养、培训不断提升的,通过历练是可以不断增强的。

(三)领导力与执行力的区别与联系

人们谈领导力自然而然地就会联系到执行力,有的甚至把领导力和执行力混为一谈。其实领导力和执行力都是领导科学中必须研究的内容,两者都是领导干部素质能力中的重要内容。从组织目标的实现来说,都是组织目标实现过程中不可缺少的能力。两者既有区别又有联系。

对于大多数人来说,对执行力一词肯定是不陌生的,并且十分熟悉,感觉天天在用,时时在做。因为"执行力"不论对个体还是组织都是非常重要的,执行与否,落实与否,都是非常关键的。平时说的"三分部署,七分落实"说的就是执行的重要性。所以有的人把执行等同于落实并非没有道理。但是从一个概念科学、严谨的角度来说,执行力通常是指在组织内部中个体(包括领导者或被领导者)或群体甚至是组织贯彻上级组织或者组织中领导者的战略意图从而完成预定目标或者任务的能力。其包括完成目标任务的意愿、完成目标任务的能力以及完成目标任务的程度。简单地说,对个体,执行力就是办事的能力;对组织或者团队,执行力就是战斗力。

而领导力与执行力的区别主要表现在:其一,从主体上来说,领导力和执行力因个体角色不同相应的要求也不同,如领导者既要求有较高的领导力,也要求有较强的执行力,而非领导者主要是以执行力为主,当然也要有完成目标任务相应的基本领导力。其二,从侧重点来说,领导力和执行力因个体角色不同而侧重点不同,领导力注重组织变革与方向的引领,而执行力则注重组织任务的完成和组织目标的实现。其三,从作用上来说,领导力和执行力在作用发挥上也不同,领导力主要是凝聚人心的影响力,而执行力则是完成目标任务的行动力。其四,从个体态度的反映上来说,领导力和执行力个体角色不同所体现的态度面也不同,领导力主要是服务、统领,而执行力主要是服从、落实。

领导力和执行力两者有区别,但是两者联系也非常紧密。可以说,脱离领导力的执行力是无源之水,脱离执行力的领导力是空中楼阁。领导力和执行力其实是组织目标实现的一体两面,领导力离不开执行力,执行力无法脱离领导力,领导力保证了执行力的方向性和正确性,而执行力决定了领导力的程度及现实效率和领导效能。领导力决定执行力,执行力寓于领导力之中。执行力是领导的本质体现,领导力直接决定了执行力水平的高低,执行力则保障并反映着领导力的水平。从某种意义上来说,领导力强的领导者方能带出执行力强的被领导者。当然良好的执行力也体现在领导者的身上,因此执行力也是评价领导者领导力水平高低的主要标准。理解和把握领导力和执行力的区别与联系,目的是更好地了解和把握领导力的科学含义,更好地发挥领导力应有的效应。

(四)院长教育领导力与院长的履职能力、管理能力和办院能力

在理解和把握院长教育领导力的内涵,构建院长教育领导力维度要素的过程中,必须对院长教育领导力与院长的履职能力、管理能力和办院能力的区别与联系有充分深入的认识,这也是更好理解和认识院长教育领导力的基础。

首先,院长教育领导力与院长的履职能力、管理能力和办院能力既有区别又有联系。院长教育领导力是院长的履职能力、管理能力和办院能力的核心,院长的履职能力、管理能力和办院能力所指的内涵或外延比院长教育领导力均宽泛。院长履职能力是指院长履行岗位职责,发挥领导作用的能力。具体而言,是指院长领导和主持全院的工作,完成学校下达的各项任务,确保全院教学、科研、社会服务以及行政各项任务有效落实所展现的能力。院长唯有具备一定的教育领导力才能更好地履行好院长应有的职责,担负起院长应有的责任,完成好学校赋予二级学院院长的职责和使命。院长的管理能力是指院长在管理学院过程中,在实施计划、组织、协调、执行、控制、服务等管理手段上所展现的能力,教育领导力是院长管理能力的具体体现。院长管理能力必须依靠院长教育领导力才能进行更加有效的管理，更好地实现管理的目的和目标。院长的办院能力主要是指院长在领导学院发展，谋划学院未来，落实大学赋予学院职能方面所展现的能力。院长的办院能力是院长的履职能力、管理能力乃至院长教育领导力等方面的综合体现。院长具有较强的教育领导力才能更好地汇聚学校内外资源和力量，率领学院师生把学院办好。

其次，院长教育领导力与院长的履职能力、管理能力和办院能力在领导实践中的展现，都必须遵循教育规律才能更好地发挥好作用，提高领导效能和管理效能，真正发挥好二级学院承载大学教学、科研、社会服务的职能，真正落实好立德树人的根本任务，把人才培养工作的根本职能实现好。

二、领导力模型构建的方法

当前正处于经济和社会转型的重要时期，在社会各行各业竞争激烈的过程中，一个组织能否在激烈的角逐中获得竞争优势，实现可持续发展，很大程度上取决于组织的领导力。领导者卓越的领导力，能够引领员工在复杂迷茫的环境中确定自己的战略目标，找准发展方向，制订并落实发展计划，抢占超越竞争对手的先机。[①] 在高校来说，院长在学校的建设和发展中起着重要的桥梁作用，二级学院院长的领导力如何，直接影响着大学内涵的发展。然而，领导过程是一种非常复杂的行为，因此仅关注某项领导力并不能真正实现成功和有效的领导。鉴于此，作为有效整合各项领导力要素并为组织量身定制的"领导力模型"浮出水面，成为组织培育和提高领导力的基础。[②] 正是基于此考虑，笔者结合当前大学二级学院院长领导工作中出现的问题，并借鉴专家学者在领导力模型构建中的方法，尝试构建院长教育领导力模型。

我国学者黄勋敬在研究领导力模型与领导力开发中认为：领导力模型是指在特定的组织、行业和环境要求下，为支持组织达到既定战略目标、推动组织发展而须具备的最佳行为和领导能力模式的总和。领导力模型是对领导胜任要素的综合，是素质、能力、态度和行为的统一体，并在前人对领导

---

①　黄勋敬.领导力模型与领导力开发[M].北京：北京邮电大学出版社,2008：1.

②　黄勋敬.领导力模型与领导力开发[M].北京：北京邮电大学出版社,2008：1

力模型建模的研究上,提出了三种领导力模型构建的方法:①

一是战略导向法,即根据组织的战略进行逐步分解,通过小组讨论或者研讨会的方式得出针对某类领导者的关键素质,并形成每个素质的定义和层级。

二是标杆研究法,即通过收集并分析研究其他同行或同发展阶段的类似组织的领导力模型,通过小组讨论或者研讨会的方式,从中挑选适用于本组织的素质,形成领导力模型。

三是行为事件访谈法,即根据以往的成功经验和事例预测将来能否胜任工作。这种方法通过对大批人员进行行为事件访谈,收集不同类人员的行为数据,进行统计分析后得出关键素质,并形成领导力模型。这种方法的优点是:有充足的行为数据来支撑领导力模型的有效性,非常客观。根据领导力的建模实践,很多学者认为,以行为事件访谈法为基础开发领导力模型是相对有效的模式。以行为事件访谈法为基础开发领导力模型使数据搜集的过程更加全面和准确,从而保证领导力结构的有效、合理并且是针对工作环境和职位特点的。这种领导力模型的构建方法在国内外都得到了认同,很多研究都以此为基础开发领导力模型。

三、基于韦伯理想型式的模型构建

马克斯·韦伯是德国著名的社会学家,他提出的"理想型式"的研究方法影响至今,韦伯提出:理想型式是通过着重强调一种或数种观点,通过综合许多混乱的、分散的或多或少出现而又不时消失的具体个别现象而构成的,它是根据那些着重强调的观点化为统一的分析结构而加以分类整理的。② 韦伯同时还区分了三种不同的"理想型式",一是根植于历史的特殊性上的;二是涉及社会现实的抽象要素的;三是某种特定行为的理性重建的。笔者在尝试构建二级学院院长教育领导力模型时就是基于韦伯的"理想型式"去考虑的。

作为二级学院院长来说,如何承担起大学治理重心下移带来的挑战是必须面对的现实。决胜在中层,这是不容置疑的命题。那么中层到底应该

① 黄勋敬.领导力模型与领导力开发[M].北京:北京邮电大学出版社,2008:11-14
② 郑晨.韦伯的理想型式及其方法论意义[J].社会,1987(4):6-8.

是什么样的？他们的领导能力和素质如何培养提升？他们领导水平、执行能力如何提升，都是在建构院长教育领导力模型过程中必须思考的。当然，二级学院院长在二级学院发展过程中，不同的阶段有不同的使命和要求，相应的领导力水平应该也有不同的要求，每个学院也有各自不同的特点，人文社科类学院与理工农医类学院应该也有不同的要求，包括一名领导干部的领导能力素质也不可能在模型建构中达到尽善尽美，因此，在院长教育领导力模型建构的过程中，可以把一些具有高等教育领域普遍性的东西，根据高等教育发展领域对二级学院院长的特殊要求提取概括出来，构成模型的维度和要素，这样的模型可以完全针对高等教育领域的特点以及二级学院的特殊性，体现其与其他领域的不同，这也是笔者在建构模型过程中必须要注意的问题。

四、院长教育领导力模型构建的现实性分析

在大学治理重心下移的背景下，二级学院院长要承担好点燃二级学院内涵发展的引擎，提高二级学院发展的核心竞争力的使命，必须要有较好的教育领导力水平去面对学院的行政治理和学术治理问题。而在现实的领导工作中，院长必须处理好四个方面的实际问题，第一就是学院发展规划问题，第二就是学院发展资源筹集问题，第三则是教师梯队建设问题，第四则是日常教学科研管理问题。

从理论上讲，如果学院没有发展规划，就等于没有发展目标，就等于在维持现状，只能做一些简单的重复性工作，这种简单的重复性工作一般就是根据上级指示要求来做，而不是根据自己的发展计划来做。可以说，有没有发展规划，是一个学院有无发展活力的根本依据。当然，不少学院制订了一些假的发展规划，之所以是假的，是因为这种规划制订不是出于学院自身发展需要，从而不是学院的主动行为，而是为了完成上级部门布置的一项任务。如果一个学院没有自己的发展规划设计，基本上是不可能开展什么创造性的工作，也不可能有什么办学特色和发展前景。

很难设想，一个学院在没有发展目标的情况下会去主动争取什么发展资源，可以说，没有发展规划就相当于没有发展需求。所以，当一个学院确定了自己的发展规划之后，它就会面临着发展资源的制约。一般而言，一个学院之所以要制订发展规划，就是因为已经觉察到自身发展所面临的制约，

发现了发展中存在着困难,希望通过改革来突破困难束缚,使学院发展更进一步。一般而言,学院发展规划制订建立在对自身发展困境的分析基础之上,所以学院发展规划的针对性是非常强的。因此,发展规划中就已经确定了需要什么样的发展资源,因为没有发展资源满足的话,发展规划就是在发表胡话。

很显然,能否争取到发展资源,是对院长个人能力的最大考验。因为没有发展资源支撑,发展规划就是在纸上谈兵。评价一个学院的院长是否具有闯劲,也就是看他能否争取到发展所需要的资源。因为资源不可能是现成的,必须从外部争取。争取发展资源是对一个人综合实力的考验,特别是人脉关系的考验。只有具有很强交际能力、活动能力和社会声望的人才能在这方面占据优势,不然就无法争取到各种资源的支持。

教师梯队问题在任何学院发展中都是最为重要的事情,因为一切工作都需要人去做。问题是如何把人的积极性调动起来,把有限的资源激活,让每个人找到用武之地。要做到这一点,就必须使学院有一个美好的发展愿景,使每个教师主动为实现这个愿景贡献力量。这就是学院制订科学的发展规划的意义所在。一旦建立了美好发展愿景,将教师们的积极性能动性充分调动起来,他们就是学院发展的最大资源,他们可以再生出更多的资源,从而成为学院腾飞的基础。可以说,没有合理的教师队伍,学院发展任务基本上就很难完成。

但教师梯队建设的难度也最大。如果说争取各种资源主要靠院长个人的能动性发挥的话,而教师发展梯队问题往往不是领导个体能力所能够解决的,因为这牵涉到历史遗留问题,牵涉到前任的用人理念和影响问题,牵涉到学院目前发展空间问题。毋庸赘言,一切发展问题最终还是人的问题。作为院长如何把教师资源盘活,很大程度上考验他的发展理念,他的人格魅力,他的管理能力。往往是有什么样的管理就有什么样的老师,低水平的管理造就低水平的教师。所以在管理方式上是能够反映出发展理念高低的。

日常教学科研管理水平,是一个学院综合发展水平的展现,因为它是一个学院文化氛围的折射,是一个学院是否具有良性发展机制的反映。长期以来,由于学院缺乏自主性,主要按照学校要求进行管理,很难体现自身的创造性,从而经常陷入一种命令执行式的管理状态中,这种管理很难体现出学科特色和学院传统,当然对教师个性特长也没有什么考虑,从而在这种管理模式下,教师们慢慢地就出现一种被动应付的状态。所以对日常管理最大的考验是如何让教师们热心于教学科研工作,而非应付性地从事教学科研工作。很显然,如果学术评价标准不合理,不能反映教师真正的科研付出和教学付出,就自然会形成一种教师消极怠工现象。所以,学院日常管理水平实际上反映的是教师评价机制问题,如果教师们创造性劳动得不到承认,那么教师们教学与科研付出的积极性就会降低。正如人们普遍感受到的那样,如果评价指标设计不合理,人们就会只从事对自己有利的或比较容易出成绩的工作,对于不易出成绩的工作则比较轻慢。大学中普遍的重科研、轻教学的现象就是这样产生的。从科学管理角度而言,学院管理必须使人们教学付出与科研付出之间达成一个平衡状态,而不能出现厚此薄彼的状况。

因此,院长教育领导力维度的构成必须在院长对高等教育本质属性深刻领会,并对"培养什么样的人"有全面透彻理解的基础上,围绕学院发展应有的内涵,以及如何行使好行政权力和学术权力的领导过程中,如何集聚学院师生的教育行动合力从应有的领导理念、领导素质、领导能力去构建。

五、教育领导力模型构建的误区

通常而言,教育领导力应该表现在对教育方针的理解力和执行力,对教育规律的把握力和运用力,对教育目标的制订力与贯彻力,对教育活动的组织力与评价力,对社会要求的接受力与回应力。如此,就构成了一个教育活动的流程。如图 3-1 所示:

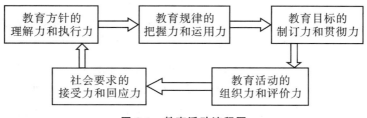

图 3-1 教育活动流程图

如此的理解是教育领导力模型构建的误区,因为这无法运用于对教育领导力的判断。因为如果运用考试的手段来评价一个领导人或干部对教育方针的理解力的话就可能遇到一个人理论水平很高,但实践能力很差的情况。如赵括能够把兵书背得滚瓜烂熟,而在实际指挥作战时却一塌糊涂。对教育规律的把握和运用就更容易出现言人人殊的情况。再如教育目标制订力和贯彻力也存在同样的问题。相对而言,教育目标制订力与贯彻力、教育活动组织力和评价力是容易测量的点,对社会要求的接受力与回应力比较难的点,对教育方针的理解力和执行力则是更难的点,而对教育规律的把握力与运用力最难。之所以说教育目标制订与贯彻相对容易一点,是因为可以通过目标本身的清晰程度、是否可以贯彻来检验,对教育活动的组织力与评价力可以通过实际组织效果和群众反馈来评判,而对社会要求的接受与回应就涉及接受渠道和回应方式问题,很难建立统一标准。如果仅仅从用户反映来看,可能比较间接一点,周期也长一点。对教育方针的理解与执行容易形成一些基本的共识,而对教育规律的把握和运用可能分歧非常大。何况,我们在选拔干部时一般也采用这些标准来评价候选人。因此通常的理解是无法判断教育领导力的。

从实际情况看,国内在选拔干部时一般考虑的因素是:(1)一个人的群众关系状况或群众基础(往往通过民主测评来了解);(2)业务能力如何(主要看个人专业技能水平和具体贡献);(3)是否具有组织能力和领导能力(主要看有无行政工作经验和评价);(4)作风是否正派等(主要看是否有什么不良评价)。这其中直接涉及领导力的是组织能力和领导能力。组织能力一般表现为谋划能力,即往往表现在规划设计、制度建设方面;领导能力则往往是指讲演能力,即能够发表主张影响他人决定的能力。业务能力是一种潜在的领导力,可以说是一种硬实力。因为它代表了一个人的工作能力或威望。群众关系状况,反映了一个人的社会形象,很大程度上反映了一个人的德性,这是一种软实力。这对于领导力而言看似没有什么影响,实际上也具有很大的潜在影响力。作风问题是否应作为一个独立的项目值得思考,因为它与群众关系状况具有密切的联系。一个人作风不好,很难具有很好的群众基础,也即群众关系就不会好。但作风主要涉及的是一些公共关系,如民主作风、严谨作风等,与群众关系等私人关系是有很大差别的。这些都属于一般领导力范畴,很难说是教育领导力范畴。如果找不到教育领导力的独特内涵,则提出教育领导力概念就很难成立。

从事实的角度看,管理大学与管理企业是存在着很大不同的,换言之,一个人能够领导好一个企业未必能够领导好一所大学,反之亦然。这其中不仅反映的是文化的不同,而且是专业的不同,也可以说是行业的不同,俗话说"隔行如隔山"就是这个道理。而且管理好一个系科未必能够管理好一所大学。但往往只有管理好一个系科才能管理好一所大学,因为许多大学校长都是从院系领导人提拔上去的。这说明,管理大学与管理学科或学院之间存在着很大差别。进行高等教育管理与一般教育管理也是不同的,故而不能说做好小学校长就能够做好中学校长,做好中学校长就能够做好大学校长。显然,管理难度存在巨大差别,对领导者素质要求也存在很大的差别。管理好企业与管理好学校之间的差别属于行业性差别,管理好中学与管理好大学的差别不仅属于专业上的差别,而且是一种层级上的差别。管理好一个学院与管理好一所大学之间的差别就不是专业上的差别了,而是在复杂性上的差别,不能说是层级上的差别。从教育活动的专门性上讲,教育领导力概念存在是有必要的,但要科学地揭示出来还真不容易。

如此就出现了一个问题:教育领导力是在教育活动内部自己生长出来的一种能力,是在教育系统内部磨炼出来的一种能力,即在长期的熏陶中,使一个人比较熟悉教育事务,懂得教育活动基本规律,对教育方针有一个比较正确的理解,从而能够在不违反教育规律的基本要求下发挥领导作用。如此而言,这是一种默会的能力,而非专门训练出来的能力。换言之,如果没有教育环境氛围的长期熏陶,就不可能具备这种能力。这也意味着,具备这种领导力需要具有一定的教育工作经历。这是否意味着,教育领导力需要对教育事务进行长期的研究呢?也即具备一定的教育专长呢?实事求是地说,这个假设是成立的,但这种研究不是那种学理上的研究,即在具体的教育活动中对教育规律的领悟,比如在教学过程中、在与教师的互动中、在参与学校发展规划的讨论中以及在他人进行教育问题的论辩中所形成的关于教育的认识。这种理解不一定具有系统性。

教育领导力与一定的专业背景是否具有直接的联系呢?比如,是否学习教育专业的人就必然教育领导力强呢?事实未必如此。如在大学校长职业中,真正具有教育学背景的人是非常少的。也就是说,相对于教育学专业知识而言,实际的领导力可能更重要。如果一个人的领导力强,再具有教育学背景,那样的话就会如虎添翼。如果一个人不具有领导力,那么再具有教育学专业背景也是无济于事的。教育理论家未必能够成为教育领导人,但教育领导人需要具备一定的理论素养,这种理论素养往往是从实践中摸索出来的,反映了个人对教育的独特的理解。

是否一个人的专业水平越高,教育领导力越强?事实也不然。学术界普遍认为,一个人学术水平越高,越不适合做领导人。学术水平越高,其个性化程度越高,与领导人所需要的综合素质距离越远。很少有那种学术水平高同时领导才能高的人。这种人才确实存在,但非常少。这种人往往属于全能型的人才。对于领导人才选拔,应该更侧重其领导能力,而非其学术能力,但学术能力是一个基础,也必须非常高,但无须最高。这就是专注性与分布性的关系问题。换言之,不达到一定的学术水平,领导力也发展不起来。但学术水平达到一定程度后会妨碍领导力的提升。学术能力往往是一种独特的观察能力,对事物认识比较深刻,从而行为方式上往往比较专断。领导能力很大程度上是一种协调能力,需要能够平衡各方面的势力,这就需要开阔的视野与宽广的胸怀,需要具备一种包容性的人格。

第四节 院长教育领导力模型构建及要素分析

无论对任何组织中的领导者来说,领导过程都是一个比较复杂的行为过程。因此,如果只关注某项领导力是很难达到成功和有效的领导的。正是基于此基础上的认识,根据黄勋敬提出的:领导力模型是对领导胜任要素的综合,是素质、能力、态度、行为的统一体,领导力模型的构成要素包括领导者的素质、能力及其态度和行为。[1] 在借鉴"领导力五力模型"[2]的基础上,基于对高等教育本质属性的认识,结合大学以及二级学院的特点以及院长领导过程中存在的问题,尝试通过经验层面的分析,提炼出院长教育领导力模型。

二级学院院长在领导二级学院治理过程中主要有两大主要工作,即一是行政治理,一是学术治理。在此表述的行政治理主要是指院长领导工作中的日常管理、事务管理、资源获取等行政管理方面的工作;学术治理主要是指教学、科研、社会服务等学术业务组织管理方面的工作。因此,二级学院院长教育领导力维度的构成必须围绕其应有的内涵,以及如何行使好行政权力和学术权力的领导过程中应有的领导观念、领导素质和领导能力去构建。根据绪论中对二级学院院长教育领导力概念的界定,结合上述分析,

---

① 黄勋敬.领导力模型与领导力开发[M].北京:北京邮电大学出版社,2008:6.
② 中国科学院"科技领导力研究"课题组.领导力五力模型研究[J].领导科学,2006(9):20-23.

院长教育领导力可以进一步理解为是院长基于理想人格的设计,形成学院的共同奋斗目标,并用其统御和指引学院教学、科研、社会服务和行政管理工作。根据高等教育领域的属性以及院长领导工作领域中主要是行政领导和学术领导的特性,院长教育领导力维度理想模型应该包括:一是通过院长对高等教育本质属性认识形成的教育观;二是促进院长更好形成对高等教育本质属性认识而所具有的学术造诣;三是院长对理想人格的设计形成的人才观;四是用于统率学院师生并形成教育行动合力所应有的人格魅力、权力观和领导艺术;五是用于统御和指引教学、科研、社会服务和行政管理工作的关键领导能力,主要包括学院发展谋划力、内外交往讲演力、办学活力激励力和学院治理规范力。经过上述分析,本研究基于访谈过程中了解的情况,本着理论与实践结合的原则和要求,参考国内学者在研究领导力构成模型的基础上,可以把上述五个方面所形成的院长教育领导力 10 个维度要素,从院长的先进领导观念、核心领导素养、关键领导能力[①]三个层面进行归类。即院长的先进领导观念包括教育观、人才观、权力观;核心领导素养包括人格魅力、学术造诣、领导艺术;关键领导能力包括学院发展谋划力、内外交往讲演力、学院治理规范力、办学活力激励力。笔者称之为"院长教育领导力三三四维度模型"。这个模型也是建构在人们比较熟悉且建模常用的冰山模型(Iceberg Competency Model)和洋葱模型(Onion Model)基础上的。如图 3-2 所示,院长教育领导力各种维度要素的特征可以描述成是在水中漂浮的一座冰山,浮在水面上的部分代表的是领导力表层的特征,即关键领导能力;潜在浅表层的代表着核心领导素养;潜在水面下的部分深层面的代表着深层次的领导力,即先进领导观念,它是决定院长领导行为及表现的关键因素。图 3-3 所示,洋葱模型图外层代表的是领导力的表层即关键领导力,也是最容易看到的且容易发展的部分,而最核心的是先进领导观念中的教育观、人才观、权力观,中间层是人格魅力、学术造诣、领导艺术。这些是相对稳定且不容易变化和发展的。

---

① 　杨邦荣.军队政治工作领导干部领导力形成因素探讨[J].南京政治学院学报,2006(4):110-113.

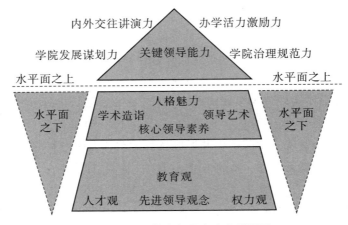

图 3-2　院长教育领导力冰山模型图

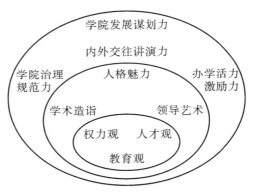

图 3-3　院长教育领导力洋葱模型图

一、先进领导观念

领导观念决定着领导行为。所谓先进领导观念是领导者一切潜行为和和显行为的前导因素。主要包括领导者对政绩、权力的认识,对自身的心理定位,领导者行为的假设前提、价值取向、道德评价、责任意识等。领导观念处于领导力模型的最深层,对领导者的态度、思想、行为发挥潜在的控制作用。①

---

① 　杨邦荣.军队政治工作领导干部领导力形成因素探讨[J].南京政治学院学报,2006(4):110-113.

在教育领域谈到领导观念自然而然就会联想到国际教育管理学界具有一定影响的美国学者托马斯·萨乔万尼的校长学,其中就校长的领导提出了五种领导观:校长的学校共同体观、道德领导观、反思性实践观、"生活世界"观及多系统的变化观。① 其实这五种领导观无论对我国大学校长还是二级学院院长都具有重要的借鉴意义。领导者站在什么立场上做领导工作,用什么样的方式去实现领导,这是领导观念需要回答的问题。换言之,领导观念是领导者开展领导活动的指导思想,包括领导者的立场、思想方法与领导方式三个要素。② 领导观念某种程度上说是无形的,是领导者思想上内在的,潜在的。笔者根据前面分析的大学治理重心下移院长面临的时代使命以及主要行使的行政、学术两方面职权,结合地方本科院校发展实际,院长在教育领导力方面先进领导观念主要体现在教育观、人才观和权力观三个方面。

(一)教育观

教育观是院长在对高等教育本质属性认识的基础上不断形成的,它包括院长的教育理念、教学观、学生观等。一个人的工作理念如何,决定着他的工作思维、工作设想以及工作行为方式甚至是预设的工作目标如何。在平时的学习生活工作过程中,经常听到理念先导、理念先行,为什么这样说呢?因为理念是行动的先导。作为一名领导者,其实在你还没有成为领导者之前,就是因为你的一些理念所表现出的行为,所带出来的业绩得到了组织的认可,群众的赞许,因此你才能够成为一名领导者。当然,理念也不是天生就有的,也并非一成不变的,理念是可以在工作中不断升华的。华中师范大学武汉传媒学院原院长沈振煜教授认为:"教育理念是一种能统摄、指导具体教育行为的、富于理性主义色彩的、能够反映教育深层次本质及内在发展规律的崇高的精神原则。而办学理念,正是特定教育理念指导办学实践的总的准则。教育理念与办学理念紧密相连,不能截然分开。"③那么,作为二级学院的院长应该有什么样的教育观才能够去统摄、指导其教育领导行为呢?根据当前高等教育深层次本质问题以及高等教育内在发展规律,结合二级学院在大学发展中的地位和作用以及二级学院院长行政权力和学

① 徐金海,张新平.萨乔万尼校长学的五种领导观念[J].教育科学研究,2010(6):74-78.

② 李一.浅谈国家治理现代化背景下的领导观[J].领导科学,2015(2):24-26.

③ 戴华盛,郭玉宝.践行教育理念 彰显办学特色:访华中师范大学武汉传媒学院院长沈振煜[J].成功(教育),2008(4):3-5.

术权力的发挥,笔者认为地方高校二级学院院长的教育观主要体现在学院
发展全局观、学科专业优化观、理论教学与实践结合观、应用型科学研究观
四个方面:

1.学院发展全局观

从地方高校的发展历史来看,大部分地方高校的发展均经历过了大专
到本科的升格过程。在这过程中,一些办学历史传统及文化积淀都会影响
着办学的方方面面。可以说,有的影响是起到促进作用,但是有的影响可能
会起到阻碍作用的。如果作为高校的领导者过于顾及传统的做法,是无法
跟上高等教育发展新时代的,而要跟上时代,就必须对标新时代对高等教育
的要求,而不能够只顾埋头办学,不顾抬头看路。另外,在地方高校发展的
过程中,由于从办学层次、办学资源和条件、办学规模、办学水平以及办学质
量等,理所当然比原来专科有很大的提升,而就是因为如此,在地方高校的
领导者以及教师当中非常容易出现满足于现状、小富即安、故步自封的思
想,而要解决这些问题,作为二级学院院长树立学院发展全局观非常重要。
因为唯有如此,才能知道标兵离自己越来越远,追兵离自己越来越近。

学院发展全局观就是要求二级学院院长要注意以下几个问题:

(1)把好学院办学政治方向。首先要坚持社会主义办学方向,认真回答
好"培养什么人? 怎样培养人? 为谁培养人"这一根本性问题。这就要求二
级学院院长要在学校党委的领导下,在师生当中坚定不移地开展理想信念
教育,聚焦立德树人,真正把培育担当民族复兴大任的时代新人这一重任完
成好。把好办学政治方向,就是要求二级学院院长要对标党和国家的教育
方针政策办学,对标新时代全国教育大会精神办学,对标习近平总书记关于
高等教育的重要论述办学,把培养和造就全面发展的社会主义合格建设者
和可靠接班人作为使命和责任,牢牢抓住全面提高人才培养质量这个核心,
统筹推进学院科学发展。

(2)始终坚持高质量发展原则。高等教育改革和发展的核心任务是提
高质量。[①] 抓内涵建设永远是高校发展的主题,内涵建设包含的范围可以
说也是比较广泛的,但是主要的应该是学科专业建设、人才队伍建设、教学
质量建设、制度建设以及文化建设。党的十八大以来,为了让高校更加充分

---

① 刘振天.从外延式发展到内涵式发展:转型时代中国高等教育价值革命[J].高
等教育研究,2014(9):1-7.

有效抓好内涵建设,教育部出台了一系列文件,如《教育部、国家发展改革委、财政部关于引导部分地方普通本科高校向应用型转变的指导意见》《关于加快建设高水平本科教育全面提高人才培养能力的意见》《关于切实加强新时代高等学校美育工作的意见》《高等学校人工智能创新行动计划》《普通高等学校师范类专业认证实施办法(暂行)》等,这些文件的出台需要高校学校一层好好学习消化落实,更加需要二级学院一层好好学习消化落地。特别是教育部主导推行的本科教学工作审核评估,这个评估标准体系科学完善,完全是地方本科院校乃至二级学院开展工作的全方位标准。作为二级学院院长教育领导力效用如何,首先体现在对照文件要求、标准要求抓落实如何。唯有一一落实,才能确保高质量发展。

(3)坚定不移走开放办学之路。地方高校大部分都是分布在首府之外的省级二三线城市,由于受地域差异的影响,地方高校在对外交流合作方面基本没有什么优势。但是,作为二级学院院长更加不能以客观因素为理由而封闭办学,反而要加强与国内外兄弟院校的交流与合作,找到契合自身学科、专业发展的标杆院(系),走好开放办学的路子。

(4)围绕服务地方走特色发展之路。地方高校的生存之道、发展之道都离不开地方性这一固有的特性,地方高校的生存之道、发展之道就在于扎根地方,服务地方。这就要求二级学院院长要坚持以社会需求为导向,立足地方和区域经济社会发展需要,把学科专业链与社会产业链对接,合理规划学科专业,科学定位办学方向,有所为有所不为,坚定不移地走特色发展之路。办学特色是办学质量的重要体现,也是本科教学工作审核评估的重要内容,是地方应用型大学生存和发展的基础。地方高校二级学院立足于服务地方和区域经济社会发展需要,主动对接行业需求,把资源优势转化为特色优势,打造专业特色和学科特色;同时,坚持解放思想、大胆创新,在实践中形成自己的特色发展方式和人才培养模式,以特色发展体现发展的质量和水平。

2.学科专业优化观

学科专业建设是高校发展建设的核心,也是龙头,同时是提高高校人才培养、科学研究、社会服务、文化传承创新、国际交流合作的质量和水平的基础。学科专业特色是大学特色的核心。[①] 世界上许多特色鲜明的大学,它

---

① 张忠家,张相乐.大学特色论[M].北京:高等教育出版社,2015:69.

的特色之处是集中体现在学科专业之上,例如剑桥的物理学世界闻名,哈佛的医学、法学享誉世界,牛津的数学名扬天下,等等,因此,学科专业建设都是大学建设的重点和人们关注的焦点。如何结合社会转型发展趋势调整优化学科专业结构和布局,也成为大学治理中的重中之重。二级学院是学科专业建设的承载者,是学科专业建设的前沿阵地。作为大学各二级学院院长理所当然也成为学科专业建设和优化的第一责任人,院长学科专业建设的观念如何在一定程度上也直接影响到学科专业结构调整和优化,更影响到学院乃至学校发展的战略布局。学科专业结构调整和布局优化,也是院长打造学院发展核心竞争力的重要突破口。国家"双一流"建设为学科专业建设指明了方向。那么,在地方高校学科专业调整和优化过程中,可以通过什么样的举措进行或者应该注意哪些问题呢?笔者认为关键是以下三个方面:

(1)结合地方发展,打造学科专业特色。地方性是地方高校明显又难得的特性。学科专业优化观首先要考验院长对"地方性"的特质理解和接受如何。地方高校如果不依托地方是无法存在的,其存在的基础就是地方。因此,院长在学科专业优化的过程中要有紧扣地方发展的意识,重点学科专业建设考虑如何服务于地方经济社会的转型发展,如何与地方区域经济社会发展互动,真正服务于地方产业需求和人才需求。其实,在我国地方经济社会发展过程中,各个地方都有自己发展的特色,例如改革开放的前沿阵地深圳,无论是南方科技大学、深圳大学、深圳职业技术学院以及清华、北大在深圳创办的研究生院等,都是瞄准深圳经济社会发展定位去谋划学科专业布局的。从某种程度上来说,尽管高校资源都是全国的资源,都可以共享,但对地方的了解,以及对地方发展能够做到全方位、全时空、全领域服务,这是地方高校服务地方比较明显的独特优势,当然学科专业建设必须有支撑地方发展的能力。此外,地方高校完全可以依托地方发展特色,培育学校发展特色,在这方面院长完全可以有所作为,并且可以大有作为。因为充分利用地方特色资源,所在地的高校有着得天独厚的地利和时空优势。

(2)善于集聚资源,推行学科专业建设跨界融合。学科专业建设无论是从人力还是从财力、物力等资源投入上来说,的确是需要投入比较大。在调研访谈二级学院院长时,多数理工类学院的院长谈到,在学科专业建设的过程中,实验仪器设备投入是比较大的,一台仪器设备的投入动则几十万,多则几百万。如何争取更好更大的资源助力学科专业建设,这不仅仅是学校领导考虑的事情,同时更重要的是院长要考虑的事情。因此,如何集聚资源也是当院长要谋划的事情。学科专业建设所需要的资源可以分为校内和校外资源。如何集聚资源？如何用好资源、用活资源？这又是具体要考虑的工作,在这方面推行跨界融合是一条不错的路子。所谓学科专业建设跨界融合,就是要打破学科专业建设中学科专业圈固定领域的思维,采取"不求拥有,但求我用"的理念集聚、盘活资源。例如,从校政合作来说,经济学方面的学科专业建设不仅仅要与政府经济发展主管部门联动,而且要和任何部门联动,例如,与地方党史研究部门共同研究经济史,与卫生保障部门共同研究经济发展的民生等基础保障问题,这是一个简单的跨界。而现在高校跨学术组织的建立,就是学科专业建设中跨界融合的好例证。这些融合非常有利于集聚学科专业优化过程中所要的而自身又缺乏的资源。学科专业建设跨界融合需要院长解放思想,大胆开创的勇气和干劲。

(3)注重培育学术首领,打造学科专业发展的应用型平台。学科专业建设院长是学院中的第一责任人,但未必是带头人。学科专业建设必须要有带头人,甚至可以说是领头羊。因为学科专业建设是要靠团队支撑的,没有团队支撑是不可能成立学科专业的,更谈不上开展学科专业建设的。因此,院长作为学院这一学术组织的负责人要善于培养学科专业带头人,也就是学科专业建设的学术首领。地方高校学科专业在学术首领培养方面至关重要。因为类似"985""211"之类的高校,学术造诣深的教师不少,学科专业带头人相对容易物色。地方高校不同,单从高职称、高学历人员占比来说,远远无法与上述大学相比。更有甚者,有的地方高校有的学科专业在初成立期或建设期高职称、高学历教师可能寥寥无几。作为院长要敢于面对这样的现实,要在培育学术带头人方面下足功夫。一要注意从"矮个子"里面选高个子培养,特别是把一些学科专业建设潜力和潜质较好的老师树为培养标杆,指导帮助他们挑起学科专业建设的担子。二要搭建学科专业建设团队,这不仅仅是专业团队,还有学科专业下属团队,甚至是上述提到的跨学术组织团队。通过这样去形成学科专业建设的力量。三要搭建平台,平台是学科专业建设的基础,也是学科专业骨干、团队发挥作用的舞台。相应的科研、院所、研究中心,根据学科专业规划布局与地方经济社会发展需要去搭建,真正达到"英雄有用武之地",如此做法,学院办学活力也能激发起来。四是争取兄弟院校同学科专业专家学者、团队的支持,多参加或举办与学科专业建设有关的学术会议,缩短学术首领的培养期和成熟期。

3.理论教学与实践结合观

培养应用型人才是地方本科院校人才培养的总方向和总要求。地方本科院校如何培养应用型人才,必须要找到一个突破口,结合地方本科院校教学模式改革的特点,坚持理论教学与实践结合就是一个很好的突破口。当前地方高校要走校企合作产教融合的路子,原因就在于高校教学中注重学生专业理论素养的教,而忽视或者无法进行企业需要的实际动手操作能力的学,最终导致理论教学与企业实操的脱离。校企合作产教融合就是要构建理论教学与企业实操相互联结的人才培养模式,培养企业需要的真正人才。为此,院长唯有树立理论教学与实践相结合的观念,才能大胆开创校企合作产教融合、校企协同育人的新路子,引导学院教师真正把应用型人才培养在教学过程中落地。

4.应用型科学研究观

地方本科院校大多数都是定位为教学型本科院校,在此,一定要清楚教学型本科院校并非就是教师只注重教学而忽视科研,相反应该是如何把教学与科研相互融合,共同促进,共同为培养应用型人才发挥好应用的作用。在地方高校开展科学研究过程中一定要突出地方性和应用性的特点。地方性就是要求地方高校开展的科学研究必须结合地方特点,特别是就资源优势去开展,真正通过科学研究解决地方经济社会发展过程中存在的问题。应用性就是要求地方高校开展的科学研究必须要主动积极地为地方乃至区域经济建设社会和行业发展服务,注重解决发展中的实际问题。这就要求院长在领导学院开展科研工作过程中要注意以下三个方面的问题:

(1)引导教师树立扎根地方开展科学研究的理念。地方本科院校的劣势和优势都是属于地方,并且有的是偏远的地方。正是由于地方高校处于地方,因此,它比其他高校更加了解地方,更加清楚地方的需求。作为院长要带头深入地方经济社会发展的前沿,发现研究的主题,同时引导教师树立科学研究为地方服务的思想。

(2)引导教师通过科研服务地方带动学生应用能力的培养和提升。培养学生的应用能力不仅仅在课堂上、教学中,而应该注重在人才培养的全方位、全过程中,地方高校培养应用型人才要注重在教师开展应用性科学研究过程中,组织发动学生积极参与,通过服务地方行业、企业开展的应用性科学研究,带动学生动手能力、实践分析能力、解决问题能力等应用能力的培养和提升。

（3）明确科学研究内容的地域性和科学研究目标的应用性。地方本科院校开展应用性科学研究就是要求在开展研究的过程中，必须注重以符合地方经济社会发展需要为着眼点，注重深入地方经济社会发展过程中，切实为地方经济社会发展解决急需攻关的科学技术问题。同时，把高新实用技术通过科研在地方推广，达到提升地方企业的科技含量以及提高产品的技术水平，从而进一步提升科技成果的转化能力，最终也达到促进和支撑学校应用型人才培养的目的。

（二）人才观

院长的人才观主要是院长基于理想人格设计形成的。其主要包括两个方面，一是从学院发展支撑的人才队伍建设方面体现的人才观，即教师人才观；二是从培养什么样的人体现的人才观，即学生成才观。

1.教师人才观

从学院发展所需的人才方面来说，就是院长对待教师队伍建设的观念如何，教师人才观如何。习近平总书记在党的十九大报告中指出："人才是实现民族振兴、赢得国际竞争主动的战略资源。要坚持党管人才原则，聚天下英才而用之，加快建设人才强国。实行更加积极、更加开放、更加有效的人才政策，以识才的慧眼、爱才的诚意、用才的胆识、容才的雅量、聚才的良方，把党内和党外、国内和国外各方面优秀人才集聚到党和人民的伟大奋斗中来。"[①]人才是推动高校发展的核心力量。高等教育质量的提升关键在于人才培养质量的提升，而高校人才培养质量的提升关键在于有一支高水平的教师队伍，假如高校教师队伍质量不高提升人才培养质量乃至高等教育质量只能是一句空话。二级学院院长领导观念中人才观显得尤其重要。院长在抓好学院内涵发展过程中一个最根本的问题也是有无高水平的教师队伍支撑，学院要打造核心竞争力也是首先要看有无核心的关键的人才。因此，人才理应成为学院发展过程中的重中之重，有了高水平的人才方能支撑好学科专业建设和人才培养工作。因此，就院长的人才观来说，应该注意以下几个问题：

---

① 习近平.决胜全面建成小康社会 夺取新时代中国特色社会主义伟大胜利：在中国共产党第十九次全国代表大会上的报告（2017 年 10 月 18 日）［M］.北京：人民出版社，2017.

（1）院长要有正确的识才观

院长的识才观首先就是在选拔、培养、使用人才时要能够坚持德才兼备去辨识人才，辩证客观看待人才。德才兼备就是要求院长在人才培养过程中，要注重德的考核，一个人才如果缺乏基本的道德品质是极其危险的，识才的过程中要把德放在首位。辩证客观看待人才就是不要从门缝中看待和评价人才。识才过程中只要不违背原则的，就要大胆举荐。

（2）院长要有无私的爱才观

无私的爱才观首先表现在院长在学院选拔人才时要公开透明地选人才，不能凭感情选人才、用人才。其次表现在院长对待人才、使用人才要宽严相济，即不能无原则地宽待人才，也不能无人性地严管人才。再次表现在院长在保护人才的时候要无私无畏，要一碗水端平，应该表扬的表扬，应该批评的必须批评，甚至有时发现有人违反原则的，必须大胆指出，敢于发声，敢于亮剑。

（3）院长要有开明的用才观

院长的开明用才观也就是院长要有人尽其才的科学用人观，首先是要尊重人才、尊重创造、善待人才、允许人才有超越。其次知道真正用好人才，是把人才放在他最合适的位置。再次用才还应该明白天下无无用之才，既然人才能够相聚来到学院，肯定有其发挥作用的地方，因此要善于安排人才工作任务，有的人才缺乏工作主动性的，更加应该提醒和安排。最后，使用人才的过程中一定要宽容人才，允许适当犯错，不能因一时一事就贬低乃至看不起人才，要真正从内心明白心宽能容天下士。

（4）院长要有积极的育才观

人不是天生下来就是人才的。人才是需要培养的。培养人才是贯穿在人的整个学习生活工作全过程的。其实不论政府机关部门的干部还是高校教师，很大程度上自身工作的能力和水平的提升都是在工作岗位中历练培养出来的。因此，作为院长要有积极的育才观，首先要注重教师良好师德和精湛的业务水平养成。师德易于理解，师德中还有一个关键是注重培养服务社会的责任担当。而精湛业务水平主要是指教师的教学水平和能力，这是高校人才当然是教师最基本的要求。其次要善于为学院各类人才创造和提供成长的机会。例如，有的教师可能就是因为院长安排委派他参加某项活动，就萌发或者坚定了对这方面的研究，就有可能成为这方面的人才。再次要注意培养教师对学术前沿研究的敏锐嗅觉，同时打造人才成长平台，包括科研平台和教学平台。

2.学生成才观

而从培养什么人方面的人才观方面来说,就是院长设计的学生成才观。人才培养质量是立校之本,也是办人民满意大学的核心,质量不牢,地动山摇。作为承担人才培养工作主体任务的二级学院花多大的精力投入人才培养工作都不为过,院长如果在人才培养方面没有科学的人才培养观是无法履行大学人才培养的根本职能的。地方高校由于大部分都是从专科类高校升格的,在具体办学的过程中,在人才培养的模式、规格方面或多或少都存在一些问题。因此,作为院长要在以务实的举措坚持好以教学为中心的教学观的基础上,还要从以下两个方面着手:

一是强化博雅教育理念,筑牢学生的学识基础。"博雅"在《汉语大词典》中的解释是:学识渊博;品行端正。而其作为一个教育理念范畴可以说在世界教育发展史上有着源远流长的历史。例如,自古希腊以来,西方的教育家或者教育研究者就对博雅教育(Liberal education)有着深入的研究,如纽曼的著作《大学的理念》中关于博雅教育的阐述就被公认为博雅教育学说最经典的阐述。从国内外教育发展史上分析,古今中外教育家或者教育研究者对博雅教育的实践与探索对提升现代教育的内涵有着极其重要的影响。结合古今中外教育家或者教育研究者对博雅教育的研究成果做基础,我们有两个方面的认识:一是"博"主要是指学识渊博,这既可以理解表现为一种治学和修养的方法,它可以说是在学的过程中,超越单纯的学科知识的学习和掌握,而是通过自觉而刻苦的追求,在学的过程中融会贯通、举一反三,最终形成某一领域或若干领域的学识整合;二是"雅"主要是指品行端正,可以说是人成长过程中的一种人文境界,文雅大方。这既可以理解为一个人在成长过程中,能够把审美情感与道德情感集一身,并能够发于内心而显于外行。因此,博雅集一身的人才可能是绅士,是君子。为此才会要求教育领导者、教育的掌门人首先要有博雅的教育理念。那么,作为二级学院院长博雅教育的理念究竟如何去考量呢?

(1)正确引导三观。人生观、价值观、世界观对一个人来说是极其重要的,一个人的人生观、价值观、世界观扭曲可以说是一件非常危险的事情。因为"三观"出了问题,就会使人迷失工作方向,背离社会要求,甚至出现伤害自己、伤害他人、伤害集体的事情,从而导致人伦关系的和谐和社会责任的担当丧失,进取的自信心、上进心更加谈不上。中国古代的博雅文人如像杨慎那样,既能够做危难时刻的节义之士,同时也能够在困苦孤独时刻保持开放洒脱的胸怀;像苏轼那样,在任何环境中都能够找到生活的乐趣与人生的意义和价值所在,就是因为有正确的"三观"引领,正是如此,方能体现出中国古代文人的"博雅"。在当前价值取向多元化的状况下,更加需要加强"三观"的引导和教育,从而凝聚各方面力量谋求更加美好的发展。因此,作为二级学院院长要通过正确引导三观,去营造学院崇尚文明、积极进取、奋发向上的氛围,推动良好教风、学风的建设,去把"培养什么样的人"这一根本问题回答好。

(2)抓好专业教育与通识教育。当今时代,世界多极化、经济全球化、社会信息化、文化多样化深入发展,全球治理体系和国际秩序变革加速调整,新一轮科技革命和产业变革蓄势待发,现代技术深刻改变着人类的思维、生产、生活和学习方式。这些变化给高等教育的发展带来了重大的机遇和挑战,对满腹经纶、博学多识、才华横溢人才的需求没有哪个年代像今天这样要求迫切,这些挑战要求我们要改变传统的专业教育与通识教育的理念,把专业教育与社会需求紧密结合,不能闭门造车搞专业教育,要把课堂教学与生产实践结合起来,不能仅仅在教室搞课堂教学,而是要把课堂教学搬到需求一线、生产一线。通识教育是开展博雅教育的直接体现,在开展通识教育的过程中要坚持人文素养与科技素养相统一,注重培养人文情怀和科学精神。通过专业教育与通识教育培养一专多能的好手和家国情怀深厚的时代新人。

(3)坚持"五育并举",促进全面发展。习近平总书记在全国教育大会上明确提出,"培养德智体美劳全面发展的社会主义建设者和接班人"[①]。反思当前的高等教育,在德智体美劳全面发展教育方面,仍有很多地方是需要改进的,例如在五育方面,近年来在德育和智育方面可以说是非常重视的,并且成效也是明显的。但是在体美劳方面的教育,可以说是弱化了的,必须引起重视的。例如,从体育方面来说,不论是教师还是学生,身体素质依然存在不少问题,走出宿舍、走向操场参加体育锻炼的氛围淡薄,大学体育课在增强体魄方面作用不明显。据笔者所调研的一所学校,2019年学生体质测试,当时共15128名同学参加测试,合格以上人数6052人,合格率40%,

---

① 习近平出席全国教育大会并发表重要讲话[EB/OL].(2018-09-10)[2020-09-08]. http://www.gov.cn/xinwen/2018-09/10/content_5320835.htm.

不合格人数是9076,不合格率59.99％。而在美育方面,在艺术鉴赏和欣赏方面,也非常值得反思,高雅的艺术无人问津,庸俗的艺术反而被热捧,完全可以说,大学生当中了解世界名曲、国内名曲的甚少,更说不上弹奏民乐。而在劳动教育方面,大学的劳动课不是形同虚设,而是课程表里面完全找不到劳动教育课的安排,部分大学生不说会劳动,就是珍惜别人的劳动成果方面都值得好好反思。因此,作为二级学院的院长应该注重加强"五育"并举的教育,培养真正全面发展的人才,这也是博雅的体现。

二是强化创新型人才培养理念,培养好应用创新型人才。创新是引领发展的不竭动力。当前高等教育综合改革面临着如何不断推进的问题,这些问题牵涉到二级学院内部治理体系的改革等,改革不仅仅要打破不适宜新时代发展的条条框框,还要二级学院适应放管服改革的新常态,而这个过程中,作为二级学院的院长唯有发挥不断进取的创新精神,才能卓有成效地开展好内部治理体系的改革。二级学院院长创新的教育理念就是要不断探求学院工作中的新目标,勇于开拓创新,大胆摒弃陈规陋习,打破原有的不适应新时代发展的条条框框,围绕学术治理与行政治理,不断开拓改革发展的新路子。

(1)确立创新型人才的培养目标。随着经济社会的发展,以数字化、网络化、智能化为核心的智能时代正在到来,智能时代的到来将引领新一轮科技革命、产业变革和教育革命,引发链式突破,推动人类社会向智能化加速跃升。智能化的发展态势下,培养创新型人才势在必行。因此,作为二级学院院长一定要让人才培养的目标与时代同行。

(2)创新人才培养机制。人才培养是一个系统工程,如何培养创新型人才呢？这首先需要从创新人才培养机制入手。一是从培养模式改革方面来说,要更加注重博雅通识教育,更加注重与经济社会推进协同创新、协同育人,更加注重能力素质培养,通专融合、通跨融合要成为培养模式的主流;二是从教学方法创新方面来说,师生成为学习和探究的共同体,更加偏爱开放式、个性化的在线教育和体验教学;三是从资源体系开放方面来说,教育教学资源由封闭使用转向开放共享,形成全球流动、互联互通的新格局;四是从办学空间拓展方面来说,教育教学活动场所加速全球移动,并通过信息网络的放大作用及认知技术的增强作用,构建线上线下融合的新型学习空间,实现多频次、多地点学习和不同群体的共同学习。

(3)注重培养批判性思维。创新可以说离不开批判性思维。批判性思维有的也称审慎性思维,一个人的创新能力如何,首先看其批判性思维如何。因为批判性思维是一种有目的、有规则地对事物或者发展势态做出判断的过程,也是一个人在判断事物或者活动过程中决定相信什么或采取做什么行动或者措施而进行的合理的、反省的思维。培养创新型人才,就是要在人才培养过程中注重激发学生的创新潜能,注重培养大学生在学习生活过程中学会大胆质疑、小心求证、思想开放、公正理性、审慎反思的创新精神,学会理性批判;同时,也要注重培养大学生在创新过程中发现新问题、分析新问题、提出新方案的创新能力,学会从多方位、多角度看待问题。

(三)权力观

权力观是人们对权力的总的看法,包括对权力的来源、掌握权力的目的、行使权力的方式、为谁掌权、为谁服务等问题的认识和态度。[①] 在大学的组织工作中,常听到地方高校二级学院院长说:自己一无钱二无权三无势,自己戏称"三无产品"。其实,有时细想这种现象确实存在过。但随着现代大学制度的建立和不断完善,但目前,不论是重点高校还是地方高校,二级学院院长手中或多或少拥有一些权力和资源,这是作为院长思想上一定要清醒的。有职位有权力就意味着有担当、有责任。因此,在院长教育领导力中自身领导观念中的权力观如何,直接关系到自身的影响力如何。习近平总书记在党的十九大报告中指出:"要加强对权力运行的制约和监督,让人民监督权力,让权力在阳光下运行,把权力关进制度的笼子。"[②]因此,作为院长要有权力意识,知道自己不是一名普通的老师。院长的权力观就是院长要有用手中的权力为学院发展、为教师发展、学生成长用好权、把好舵,担起权力赋予的更大责任和使命,科学行使好行政治理权和学术治理权的观念和行动。

1.院长要有权力权衡观

权力是一把"双刃剑",用得好可以引领和推动事业的发展,用得不好就会出问题甚至违法。高校的领导干部在领导意识和权力意识方面是要加强学习的。如有的院长在领导岗位上因担心自己的领导责任缩手缩脚,应该

①　刘馨瑜.领导干部权力观教育研究[M].北京:中国社会科学出版社,2016:1.

②　习近平.决胜全面建成小康社会 夺取新时代中国特色社会主义伟大胜利:在中国共产党第十九次全国代表大会上的报告(2017 年 10 月 18 日)[M].北京:人民出版社,2017.

担当的不敢担当,更有甚者还想尽办法推卸责任;有的院长又借用手中权力为私人、为小团体谋取私利,公权私用。究其原因,主要是院长在运用权力时权力权衡观念缺失。权力权衡观要求院长一要明了手中的权力来源于什么,用于什么,应该发挥什么样的作用,这是根本。二要明了权力必须在监督中使用,而不是自己随心所欲。三要注意发挥班子成员以及学院其他学术组织和党群组织的作用,使权力在点燃学院内涵发展引擎,打造学院核心竞争力上充分发挥各方面作用。最后就是不论行政治理权还是学术治理权一定要注意行使权力时不能选择性执行。

2.院长要有担当责任观

拥有权力意味着担当的责任更大,付出也必须更多。在大学治理过程中,师生最担心的就是不敢负责任、不敢担当的领导,在学习生活工作上遇到困难或者问题去找院长帮助解决,院长置之不理或者应付了事。有时做工作需要院长拍板决定,院长犹豫不决,弄得师生无可奈何,不知所措。在大学治理重心下移的过程中,学院办学自主权的扩大,肯定需要院长敢于承担起二级学院应有的责任,完成组织、师生赋予的时代使命,否则就失去重心下移的意义。

3.院长要有服务师生观

领导就是服务,权力就是为了更好地服务。因此,院长权力观必须要有用权力更好服务师生的理念。服务师生观就是要坚持以师生为本,践行全心全意为教师发展、学生成长的服务理念。习近平总书记在党的十九大报告中明确指出要"坚持以人民为中心"①。这就要求我们党的一切工作中都要围绕人民去考虑、去开展,充分体现以人为本,服务于民。因此,二级学院院长的服务师生观就是要求二级学院院长要以学生为本,以教师发展为先,以服务至上为要,处处服务学生成长成才,处处服务教师发展,为办好人民满意的高等教育出力。

(1)以学生为本。俗话说:顾客就是上帝。如果把这一理念用到我们的高等教育,完全可以说:学生就是上帝。因为办大学、办高等教育的根本目的就是培养人。那如何培养人呢?有一个非常根本的问题就是作为教育领

---

① 习近平.决胜全面建成小康社会 夺取新时代中国特色社会主义伟大胜利:在中国共产党第十九次全国代表大会上的报告(2017 年 10 月 18 日)[M].北京:人民出版社,2017.

导者、作为教育工作者,你心中是否时时、处处装有学生。是否时时、处处从学生成长成才考虑着手。更何况,作为高校中的二级学院完全可以说是学生成长成才的土壤,学生成长成才的温床,土壤需要何时浇水、何时施肥都需要科学地把握了解。温床需要何时清理、何时更换被褥也需要科学地把握和了解。为此,作为二级学院院长务必要在"以学生为本"的理念指引下,好好设计有利于学生成长成才的路径,为学生成长成才提供优质的教育、管理与服务。

(2)以教师发展为先。正如前面已经谈到的:教师是学校的第一资源,教师是教育工作的母机。曾经有专家学者提出:一流的教育必须有一流的教师作为基础的支撑。作为大学办学主体的二级学院,它是一线教师的摇篮,二级学院无论从学科专业建设、人才培养还是科学研究等,均离不开教师的积极参与。那么,作为二级学院的院长如何才能调动学院教师的工作积极性、主动性呢? 树立以教师发展为先的理念是非常重要的。因为二级学院的发展首先必须建立在教师发展的基础之上。教师发展为先,要求二级学院院长首先要有容才的雅量和聚才的良方。容才的雅量就是要求二级学院院长要注重培养各级各类人才,关心重视各级各类人才,而不是打压人才的成长和作用的发挥。聚才的良方就是要求二级学院院长要有求贤若渴的热情和稳定人才的创举。例如,把学院教师队伍的建设摆上重要的议事议程,加强有利于教师发展的平台和基础建设,让每一位教师都有用武之地,使待遇留人,感情留人,环境留人,事业留人在学院表现得淋漓尽致。此外,要把教师的发展当作组织的事和教师本人的事相结合。因为在地方高校最缺乏的资源就是人才资源,在教师发展的过程中,作为二级学院院长要注重帮助教师搭建发展平台以外,教师职称、学历的发展也是地方高校教师发展中的瓶颈,如何解决这个问题,作为二级学院院长要善于发挥组织的力量助力教师职称、学历的提升。

(3)以服务至上为要。笔者在平时工作中一直在思考一个问题,并且也一直很纳闷,这个问题是什么呢? 就是在高校工作中,教师对机关、教辅以及二级学院负责人的工作满意度非常低。如果说得严重一点,称得上是牢骚满腹。究其原因,主要是这些单位的负责人在领导工作中,注重让教师开展工作,而没有注重了解或解决教师工作前、工作中、工作后的困难与忧虑,服务意识缺失。当然,不论是学校层面还是二级院系层面,作为领导者一定要强化服务理念,全心全意服务于学生成长成才,服务于教师的发展。此外,服务至上还要求二级学院院长要有大局意识,服务校内兄弟单位的发展,服务于地方政府、企事业单位的发展,千万不能守着自己的一亩三分地,耕好自己的责任田,而不管其他人的发展和感受。

二、核心领导素养

核心领导素养,它是基于领导者个体心理特质,并经后天习得的与领导行为紧密相关的各种素养。核心领导素养处于领导力模型的浅表层,广泛、持续而间接地影响着领导者的行为方式和工作业绩。[①] 对二级学院院长来说,核心领导素养也是围绕行政治理与学术治理的要求去构建,它主要包括院长的人格魅力、学术造诣和领导艺术。人格魅力是院长领导力中的无形力量,是领导者必需的内在的素养综合体;学术造诣是院长在行使学术权力进行学术治理过程中的专业要求;而领导艺术是院长在领导过程中,通过高超的领导方式和方法,最大程度地激发、挖掘师生的兴趣与潜能形成教育行动合力。

(一)人格魅力

一般来说,人格魅力是指一个人在性格、气质、能力、文化道德修养及权利义务等内在和外在的特征对他人所具有的吸引力。从领导者视角来说,它是领导者在性格、气质、能力、道德品质等方面具有的很能吸引被领导者的力量。人格魅力是非权力性影响力中最持久、境界最高的一种,[②]它具有强大的感召力、吸引力和影响力。[③] 高校是人才集聚的高地,特别是从高校的教师这个群体来看,每一位老师能够在一所高校的教学科研平台上立足,均有其优秀的一面。因此,在各类学者、各类人才汇聚的地方,如果你只想通过权力去把组织带领好、领导好是不现实的。在平时的工作过程中,经常听到有些人这样称赞领导者:我佩服他、信任他,甚至说铁定和他并肩作战,是因为他的人格魅力折服了我。因此,从某种程度上来说,一个领导者的人格魅力如何,完全会影响到他的一些理念、愿景甚至举措的实现或实施。领

[①] 杨邦荣.军队政治工作领导干部领导力形成因素探讨[J].南京政治学院学报,2006(4):110-113.

[②] 胡国铭.大学校长的人格魅力与大学发展[J].高等教育研究,2002(5):57-60.

[③] 柳礼泉,张红明.导师人格魅力:研究生教育不可或缺的因素[J].中国高教研究,2008(7):23-25.

导者的人格魅力在领导工作中是一种无形的力量,人格魅力好,能够得到被领导者信赖,会具有很强的正向的作用。如果领导者的人格魅力不好,没有得到被领导者的赞赏,甚至是引起被领导者反感,这样的境况是十分不可取的,在领导工作中会起到很大的阻碍作用。因此,作为二级学院的院长可以说完全直接和师生打交道,其身上的人格魅力如何,师生随时可以感受得到,感受后所产生的影响力也是不可估量的。为此,二级学院的院长在人格魅力方面应该特别注意以下几个方面。

1.院长要有教育情怀

院长要有教育情怀,就是要求院长要有大爱之心。有大爱之心即二级学院的院长要有对师生、对学院、对学校、对人民、对社会的爱。没有爱就没有教育,这早已经是公认的。爱对教育工作者来说,是一项基本的要求,而对教育领导者来说,是凝聚领导工作中强大力量的动力。教师从教要有爱,教育领导者领导教育工作更加要有爱,并且这种爱要求更加高、更加细腻。如对师生的爱,作为二级学院院长来说就是要做到无微不至,能够时时处处为师生着想,师生学习生活过程中有什么困难和问题,院长的爱都能够到位。对人民的爱,体现在如何带领师生办好人民满意的教育,能够让人民享受到对美好教育的需求,当家长把子女送到学院学习深造,能够千万个放心。而对学院、对学校的爱就体现在要有家的感觉,二级学院的院长就是二级学院的家长,如何把这个家建设好,让师生随时能够体会到家的祥和、家的温暖,从而让师生能够集中精力学习和工作,真正体现环境留人和环境育人。对社会的爱,主要体现在二级学院对社会的责任感和使命感,如何调动教师的力量服务社会发展,如何培养好学生服务社会发展。

2.院长要有教育担当

院长要有教育担当,就是要求院长要有责任心和事业心,即要有管理和服务学院发展、师生发展的强烈责任心和事业心。责任心和事业心任何人都知道重要,这点应该是毫无疑问的。但是责任心和事业心应该如何体现,如何做到这个是必须反思和领悟的。首先,对二级学院院长来说,当院长首先就是服务。因此,其一,要明白组织和老师们选你当院长,就是希望你能够更好地为学院发展、为师生发展服务。其二,要知道有一官半职意味着你的责任是越来越大的,使命是越来越艰巨的。在困难和问题面前必须是勇于带头挑战的。其三,就是要求身先士卒、亲力亲为,一心扑在工作上,在学院发展工作中不当甩手掌柜。

3.院长要有宽广胸怀

有宽广的胸怀就是要求二级学院的院长要有宽广的胸怀和科学道德，在领导工作中能够为人表率、实事求是、秉公办事、不谋私利、作风正派、坚持原则。二级学院院长有宽广的胸怀首先表现在能容人和能容言。我经常和一些同事交流时说，在非大是大非面前，当领导就要能够容人和容言。容人，就是说心里以及平时领导工作中要容得下各种各样性格、各种各样气质类型的人，甚至是和你抵触或者对抗的人。而容言，就是要容得下对你的表扬之言和批评、讽刺之言甚至辱骂之言。俗话说，宰相肚里能撑船，应该就是这个道理。我们认为能容人和容言更加能营造大学"百家争鸣，百花齐放"的氛围，否则会抑制这种氛围的生长。其次，表现在领导工作中能够为人表率。为人表率就是要求二级学院院长要勇于争当模范，起示范表率作用。孔子说：其身正，不令而行；其身不正，虽令不从。可见为人表率的重要性。其三，表现在领导工作中要秉持实事求是、秉公办事、不谋私利、作风正派的工作作风。实事求是、秉公办事就是要求二级学院院长对待人或事都要客观公正、不偏不倚。不能因为自己的喜好或者情感或者需要而偏袒任何人或任何事。如有的院长因为一个学院有多个学科或者多个专业，而出现什么都偏袒自己所在学科或者专业的情况。而不谋私利方面主要是记住：作为领导者，作为院长千万不要出现与民争利的情况。最后，关于坚持原则，还是前面所阐述的，作为领导者在领导工作中要既有原则性，也要有灵活性，既能方也要圆，要方圆结合。当然在原则性和灵活性、方与圆方面，一定要清楚，在是非方面、政治规矩、政治纪律面前是不能通融的，必须好好地守住底线，不越红线。

4.院长要有充沛的精力

院长要有充沛的精力，即要有充沛的精神和体力，就是要求二级学院院长对待工作要有热情，对待师生要有温情，对待工作要有足够的体力，即体力充沛。平时人们常说：做人要有点精神。笔者认为这里的精神，首先是在精神风貌上表现出精神抖擞，工作充满热情，精力充沛。一个无精打采的领导是不可能领导一个积极向上的集体或者带领出一个积极向上的团队的。俗话说，"兵熊熊一个，将熊熊一窝。"这也是值得领导者深思的、借鉴的。二级学院院长精神抖擞表现在对待什么人、对待什么事都能够积极响应，对待什么困难和问题都能够乐观向上。可以想象，有满腔热情的院长，难道会被困难或者问题吓倒？而有充沛的体力就是要求二级学院的院长要有好的身

145

体素质。身体是革命的本钱,没有好的身体完全可以说就没有好的一切。因此,院长们在领导工作中要注意劳逸结合,并且不仅仅自己自体要好,还要能够关心师生的身体健康。院长身体素质好,再加上有一两种体育爱好项目或者锻炼身体项目,如果还能够亲自率队参加体育比赛或者锻炼,对团队意识的培养,集体荣誉感的激发是能够起到很好的作用的。

5.院长要有领导智慧

有领导智慧就是要求二级学院院长要领导有方,特别是对学院的发展规划、发展战略能够紧跟时代步伐,发展的策略好。一个人的人格魅力还包括其智慧水平如何。笔者认为领导者有智慧,主要是指领导者审视、观照和洞察事物发展的能力强,面对事物发展的多种可能性能够进行明智、果断、勇敢的判断和选择,真正解决实际问题和困难的本领高。作为二级学院院长的领导智慧,主要体现在:一是领导工作中能够把握全局并作系统的分析思考,有战略智慧。也就是说,对学院的发展问题、发展态势能够运筹帷幄,做出科学的预判;二是领导工作中能够有效运用制度设计,有治理智慧。用制度管人,用制度管事是领导工作中必须思考的问题。在知识分子聚集的地方,学校办学重心下移的二级学院,院长如何通过制度设计,去开展有效的治理,这也是考察院长智慧的方面;三是领导工作中能够成就教师发展之美、学生成才之美,有凝聚人心的智慧。学院的发展必须依靠老师,作为二级学院的院长一定要树立每一位教师都重要的思想,学会用人,让每一位教师都有发展的路子和发展的平台,充分感受到学院的温暖,这样师生的心就能够凝聚在一起,心齐泰山移。

(二)学术造诣

通常地说,学术造诣是指在某一学科或者专业领域达到了较高的水平,具有一定影响力的学术成就。二级学院是高校学科发展与学术研究的基本组织,二级学院行政与学术同构的组织特性,使得院长兼具行政与学术的双重角色。[①] 对二级学院院长来说,不论是从学术还是行政角度看,其学术造诣如何,不仅会对学院的学术治理产生重要影响,而且也会对学院的行政管理产生影响。因此,有学者提出,作为二级学院的院长应该是相应专业、相应学科的专家,在所在的学科领域应该具有一定造诣和丰富的教学经历,同

---

① 余利川,段鑫星.行政与学术:"双肩挑"院长角色冲突的扎根研究[J].复旦教育论坛,2018(16):72-78.

时也具有较宽广的知识面、学科专业视野。完全可以想象,如果一位院长学识渊博,学术水平高,学科视野宽广,其领导工作中的影响力肯定是大的。具体来说,学术造诣主要体现在如下几个方面:

1.具有严谨的治学态度和追求科学的精神

学术造诣首先取决于是否具有严谨的治学态度和追求科学的精神,这也是开展科学研究的基础,假如一个人的治学态度有问题,缺乏追求科学的执着精神,以这样的状态去开展科学研究肯定是有问题的。而如果一个人他治学严谨,追求科学精神执着,首先从态度上、精神上就非常感染人、感动人。作为二级学院院长本身具有严谨的治学态度和追求科学的执着精神,就是一种很大的正能量,这种精神会激励着学院的老师奋发有为,在科学研究的道路上创造佳绩。

2.具有某一学科领域较高的学术成就和学术地位

作为一名二级学院院长在平时自己的领导工作中,一定要清楚你本身代表着的不仅仅是自己,更加代表着一个学院甚至是一所学校,这也意味着你所承担的任务和使命更重。在校际交往的活动中,特别是学术交流活动中,你的学术水平如何、学术地位如何、学术声誉如何,影响着学院甚至学校的学术地位。此外,从另一个角度来说,院长的科研水平、学术水平如何,也会影响着学院教学、科研工作的开展。这是因为如果没有学术水平,学术造诣不深,在教学、科研工作,乃至其他方面的工作也是很难提出一些远见卓识的。

3.具有多方面的学术兴趣和宽广的学科视野

学术造诣的确要讲究精湛,突出专一。但是作为二级学院院长来说,由于你是一个二级学院这一学术组织中的领导,可以说也是核心,也是老师们的一个依靠。因此,作为二级学院的院长,不能和其他一般教师、学者和科研人员一样,仅仅局限于属于自己研究范围中的某门学科的某个领域里面,而应该有更多方面的学术兴趣和更广阔的学科或专业视野。一般来说,院长也好甚至专业的研究者也好,都不可能在每个学科领域都有比较系统的知识以及对学科了解的深度和广度,但是,院长应该要对学院内各门主要学科的一些最基本的、常规的理论以及学科今后主要的发展动向有所了解,特别是对学科之间、专业之间的相互联系,应当要比其他人员有更清晰更深刻的认识和了解。如此,才能发挥好院长的组织协调指导作用。只有这样,院长在学院领导工作过程中,特别是涉及有关学科、专业建设的讨论中,不会当局外人,更不会置身在外行看热闹的角色。相反,应该是既能提出一些原则性的指导意见,同时也能参与对某些实质性问题的探讨,这样才能真正成为老师们可信赖的依靠。这样无形中在教师当中树立起更好的形象。

4.对科学前沿和现代科技具有敏锐的洞察力

现代科学技术的发展是迅猛异常的,这一迅捷的发展给社会生活的各方面都带来了新的挑战。在这样的形势下,一个二级学院的院长,绝不能对科学技术的新发展熟视无睹,绝不能满足于在科学发展的新天地里那种走马看花、浮光掠影的悠闲漫步,他应当善于抓紧学习,不断吸取新的知识信息,充分了解信息科学、材料科学、能源科学、生命科学等中心学科和各种新兴学科、边缘学科的发展前景;并善于在纷纭繁复的变化中辨清本质和主流的东西;同时,善于适应这种新变化和新潮流,提出新的措施,以使学院工作始终紧跟时代的步伐。

总之,优秀的二级学院院长应该是一个出色的学者、教授,他对本专业领域的研究前沿了如指掌,对专业问题有自己独特的见解,在学科专业领域始终是一位引领者,并时时刻刻为专业和学科的健康发展创造良好的政策环境,保证学术标准得以贯彻,学术人员得以发展,学术人员的权力得到保证。当然,我们也要说明的是,二级学院的管理是一项非常复杂的工程,因此不能够说有学术造诣、有学术地位就可以胜任二级学院的管理工作。有学术造诣并不等于有管理水平,学术造诣只能说有利于管理工作的提升和开展,要把二级学院治理好,还需要系统的管理理论和知识作指导,还需要院长综合的领导能力作支撑。

(三)领导艺术

"领导艺术是领导者在一定的经验、学识、智慧、能力的基础上,在领导活动中熟练运用的富有创造性的领导手段和独特、灵活、恰当、美妙的领导思维、行为方式。"[①]领导艺术在领导工作中有着非常重要的作用,它不仅仅关系到能否更好地调动被领导者参与工作的积极性和主动性,还关系到在领导工作中能否更好地集中和发挥被领导者的智慧,能否把组织既定政策以及措施付诸实践,以及能否顺利地完成工作任务。二级学院院长在大学治理中直接面对师生群体,直接负责且创造性地落实学校制订的办学方略

---

① 张德泉.领导艺术本质论[J].桂海论丛,1993(4):48-51.

和办学目标,这更加要求院长在领导工作中要讲究领导艺术,以更好地率领学院师生在学院发展过程中形成教育行动合力。从某种程度上来说,院长是否具有较好的领导艺术,直接关系到学院办学生机和办学活力的体现,同时最终影响到学院办学的效益和学院内涵式发展。为此,院长在领导艺术的掌握和运用方面,在灵活把握领导情境理论相关启发中谈到的,领导工作中"变与不变"以及"方和圆"的基础上,还应该在领导决策艺术、领导沟通艺术、领导团队艺术、领导协调艺术、危机处置艺术等方面,更好地充分展现院长高超的领导艺术和领导水平。

1.注重修炼领导决策艺术

决策是院长领导过程中的重要工作,是体现院长领导能力和领导水平的重要内容,也是院长是否具有战略眼光的体现。院长在领导工作过程中,要在把握科学决策的程序基础上,处理好决策中的当机立断、优柔寡断、议而不决等问题。同时,在决策中还要注重结合学院发展特点,突出学院办学特色,科学把握学院发展方向。特别是对于地方本科院校来说,在决策学院发展上要善于走"差异化"的发展道路,千万不能贪大求全,面面俱到,好高骛远,不切实际;在领导学院发展的工作过程中,要善于寻求工作突破口,注重找到学院发展的突破点和切入口,善于从小切口去做大文章。当然,院长在领导决策的过程中,也要敢于展现出勇于担当,敢于负责的品格。

2.注重修炼领导沟通艺术

沟通是领导过程中的基本手段,也是领导管理与服务中是否注重人性化的重要体现。院长在领导工作中注重沟通艺术,首先体现在与学院师生的沟通上,目的是更好地调动师生工作的积极性和主动性,能够得到师生对学院发展的理解和支持,以便更好地集聚师生智慧。为此,院长在与师生沟通的过程中要善于倾听师生的意见,尊重师生合理化的要求,想师生之所想,急师生之所急,让师生能够感受到自身在学院发展中的价值,从而体会在学院发展中的存在感和获得感。其次,要注重与学校领导以及学校机关教辅部门、兄弟学院的沟通交流,目的是争取学校内部的广泛支持。为此,院长要善于虚心学习,虚心请教,同时及时把领导学院发展过程中发现的问题,取得的成绩主动报告,以争取校内更大的支持和帮助。再次,要注重与校外的沟通交流,目的是争取校外的资源,获得更加广泛的支持和帮助,推动协同育人,协同发展。为此,院长要有开放办学的战略眼光,要放得下学者的身份,主动融入社会各行各业,善于向校外以及社会各界推介学院发展特色以及学院发展过程中取得的成绩,让社会各界更好地了解学院,关心和支持学院发展。特别是在地方本科院校开展横向科研项目攻关过程中,院长主动与校外各界的沟通交流中具有的艺术,显得更加重要。

3.注重修炼领导团队艺术

院长在领导学院发展过程中,师生非常期望院长是一个全能手或者多面手,希望每当遇到困难和问题时,院长都能够指导甚至帮忙。其实,这是不现实的。作为院长不论领导能力和水平多么高,也不可能包揽一切。因此,作为院长在推动学院教学、科学研究、社会服务以及行政管理工作中,要注重打造服务于学院发展的各方面团队。例如,教学有教学工作方面的团队,科研有科研方面的团队,管理有管理方面的团队,社会服务有社会服务方面的团队,学生发展有学生发展方面的团队,当然也包括学院下属各学术组织或者行政组织机构。在这些团队建立完善后,院长要注意培养负责人,通过团队负责人凝聚各方面的力量,这非常有利于激发师生的工作积极性和工作潜能。在领导团队艺术方面,院长要注意避免走形式主义,要真正发挥好每一个团队的力量。

4.注重修炼领导协调艺术

协调是院长领导学院发展过程中的一项基本功。大学治理重心下移学院后,由于二级学院办学自主权不断扩大,学院发展过程中不论是教学、科研、社会服务以及行政管理等方面,单独涉及的部门(单位)以及业务范围也越来越广,矛盾产生也在所难免,因此院长领导工作中的协调尤为重要。为此,院长在领导工作中要注意统筹安排学院发展过程中的各项工作,做到"忙而不乱";同时善于通过协调把有利于学院发展的各类资源集聚好、整合好,并充分利用好;同时把有利于学院发展的各种关系妥善处理好,从而形成学院发展的强大动力,而不是阻力。

5.科学把握危机处置艺术

随着经济社会发展,新的社会矛盾和问题随之而来,高校的突发事件有的难以避免,防不胜防,如何处置突发事件考验着院长的危机处置能力和水平。每当遇到突发事件时,院长一定要沉着冷静应对,真正做到临危不乱。当前高校发生的公共危机主要有安全事故类危机、群体性事件、舆情危机、心理危机等。在应对和处置危机方面,首先院长一定要把好学院各类危机突发处置预案关,方可在危机突发时阵脚不乱,甚至有的还要进行演练。其次,要注意掌握危机发生前后的信息,避免信息不对称导致的危机问题扩大化。而关键的点在于要增强应对危机风险的意识,并经常对师生进行正确的引导和教育,防患于未然,这是应对风险危机,对师生进行安全教育的最高境界。

三、关键领导能力

关键领导能力是领导者在具体领导活动与行为中表现出的思维水平和实际能力,主要包括决策、指挥、组织、指导、创新、结合、激励、协调、监控、支持等能力。关键领导能力处于领导力模型的表层,是领导力的具体作用、影响和体现,是形成领导工作绩效的直接原因。[①] 关键领导能力是院长统御和指引学院教学、科研、社会服务和行政管理工作的能力,是院长教育领导力中外显性比较强的领导能力,其在领导过程中产生的作用和影响力是比较明显的。根据地方高校二级学院发展实际,从二级学院院长岗位职能的特点以及行政和学术治理角度,结合院长领导工作中容易出现的问题来看,笔者研究认为院长教育领导力中关键领导力主要体现在如下方面,即学院发展谋划力、内外交往讲演力、办学活力激励力、学院治理规范力。

(一)学院发展谋划力

具体来说,谋划力就是领导者为了实现组织既定目标或者完成组织部署的任务而提出解决思路和采取解决办法的能力。人们经常说:"不谋万世者,不足谋一时;不谋全局者,不足谋一域。"善于研判和善于谋划的谋划力是领导者必须具备的基本素质和能力,也是领导者领导力如何的重要体现之一。对院长来说,谋划力即是院长对学院发展的谋划能力。学校一层校长谋划工作的谋划力,也就是平常所说的学校的顶层设计,这固然重要。但是,学校的顶层设计再好,有很多方面是需要看二级学院如何贯彻落实的,因为学校一层的谋划,很多是建立在二级学院的基础之上的。例如,目前高校轰轰烈烈在推动的"双一流"建设,关键还是落实到二级学院如何制订学科、课程及教学设施的发展建设规划、科研及学生培养规划、师资合理结构和师资培养规划等。如果二级学院工作被动甚至不动,"双一流"建设规划只能是一句空话,或者一纸空文。因此,从某种程度上来说,二级学院院长

---

① 杨邦荣.军队政治工作领导干部领导力形成因素探讨[J].南京政治学院学报,2006(4):110-113.

对学院发展的谋划力不仅能反映院长是否具有责任心、事业心和创新精神，同时也可以反映院长的工作作风以及思考问题、解决问题的系统性及创造能力。有的二级学院院长不重视谋划工作或不认真研制发展规划，或者说谋划力不强，这是导致有的二级学院工作出现被动，甚至毫无章法的原因之一。其实，从某种程度上说，谋划力也是二级学院院长教育理念的体现，那么二级学院院长对学院发展的谋划力应该如何去体现呢？

1. 谋划落实举措

谋划落实举措，即谋划学校的办学愿景、培养目标在院系落地的举措。学校的办学愿景、培养目标以及学校的发展战略最终落地主要是在各二级学院体现。如果二级学院在实现学校办学愿景、培养目标、发展战略等方面缺乏思路、没有想法，再好的愿景和规划都是空中楼阁。平时说的，学校上面一层有想法，院系下面一层要有做法，说的就是要有谋划力的问题。当然，在落实学校办学愿景、培养目标等方面，作为二级学院来说，必须注重结合自身实际，在学校的办学思想指导下，一方面把愿景和目标具体化，另一方面要谋划好实现的路径。使办学愿景、培养目标、发展战略等更加精准实施。而要做到精准实施，作为二级学院院长来说，必须紧跟学校发展形势，在大势下谋划。什么是大势？加强内涵建设、提高教育教学质量就是高等教育的时代大势，转型发展就是地方高校的发展大势。因此，要积极借鉴国内外兄弟院校办学的好经验、好办法，强优势、补短板、释潜能。按照学校的总体部署和要求，围绕办学愿景、培养目标、发展战略把学校办学思想如何落地在院系的各项工作谋划好。

2. 谋划学院发展

谋划学院发展，即谋划院系的发展蓝图，研究制定院系发展的战略规划。研究大学战略规划方面的专家别敦荣教授认为：战略规划是对大学发展进行的整体性、系统性设计，是基于大学现实状态而进行的面向未来一定时期的发展状态的设想；制订和实施战略规划是大学发展的内在需要，有助于大学实现自主发展。[①] 别老师的这个分析十分深刻，十分到位，对二级学院院长来说，为何要谋划、如何去谋划启迪很深。学院的办学愿景研究后，必须通过发展战略规划的制订加以落实。因为，二级学院院长的谋划，就是要说明一个问题，并且这个问题说明清楚是非常鼓舞人心的，谋划最终要解

---

① 别敦荣. 论大学发展战略规划[J]. 教育研究，2010(8)：36-39.

决的是向师生展示：作为院长如何带领师生去创办一个什么样的二级学院？如何去培养什么样的人才？如何去展示一个什么样的工作群体？以及如何去形成学院特有的文化。当然，院系发展的蓝图一定要切合实际，并且紧跟时代步伐，抓住院系发展的根本，体现院系发展的时代潮流和时代价值，真正通过规划把办学愿景变成现实。

3.谋划资源集聚

谋划资源集聚，即谋划院系发展的条件保障，提升办学实力。院系的发展必须有办学条件支撑，从院系发展来说，这方面的条件和实力，有的是硬条件、硬实力，而有的是软条件和软实力。办学条件的保障是离不开人、财、物这样的硬条件、硬实力。因此作为二级学院院长要善于借助校内外资源，争取人、财、物方面的硬条件、硬实力，同时也要善于借助校内外资源提升学院的软实力。在办学过程中，经常听到一些二级学院院长说："会哭的孩子有奶吃"，其实这主要是说明"有奶吃"的学院的院长善于谋划办学条件的改善和办学资源的获取。相反，"没有奶吃"的学院是要反思这方面的谋划力的。因为，作为二级学院不论是否纳入"双一流"建设的建设单位，唯有办学资源、办学条件源源不断改进和提升，才能更好地发展学科和专业，创造更好的条件去培养好人才，提升人才培养的质量。

4.谋划服务地方发展

服务社会是大学的基本职能。地方高校不论是从学校一层还是到二级学院都要主动融入并服务于地方经济社会发展。地方高校的地方性首先就是服务地方。为此，作为二级学院院长要主动结合地方发展，走好校政、校企、校校合作路子，大胆开创产教融合，校政企合作的新路子。特别是要组织发挥好学院人才聚集优势，鼓励学院教师结合自身专业特长沉下身子，了解地方需求，扎根地方，为地方经济社会发展提供智力支撑。特别是在学科专业建设方面，要结合服务地方发展，优化专业设置，主动与地方需求对接，量身打造专业特色和品牌，为地方培养下得去、留得住、干得好的应用型人才。地方文化是地方经济社会发展的名片。作为院长要发挥学院优势支持地方培育和打造地方各类文化品牌。大学服务地方发展最终通过二级学院注入力量。

（二）内外交往讲演力

《现代汉语词典》中对讲演的解释是：对听众讲述有关某一事物的知识

或对某一问题的见解。① 深究其主旨应该是,通过讲演,让听众知晓事物或者问题的来龙去脉,甚至能够接受或者化之为行动,可见讲演作用之大。作为一名领导者,如何把组织拟定的意图、制订的目标或者举措,以及自己所做的各种决策与决定传达给他人让所有人领会、理解和接受,并且采取实际行动付诸实施,这是一个非常关键的问题。而解决这个问题的主要方法就是对被领导者进行讲演。平时说的施政演说、竞选演说,就是领导者讲演力的体现。事物的发展都有一个过程,是分阶段、分步骤去实施的,其中宣传发动阶段的效果如何,也是检验组织者的讲演力如何。在地方高校工作的过程中,经常会出现这样的情况,同样是学校布置的一项工作,有的院系师生参与的积极性非常高,完成得比较好;有的院系师生参与的积极性不高,甚至反感抵触,完成得不理想。分析其原因,也是与院系的负责人是否把此项工作讲述得让师生接受、深得人心有关的。因此,作为二级学院的院长在讲演力方面,可以从以下几个方面着手:

1.讲好办学理念

讲好办学理念,即通过讲演把学院的办学理念变成师生的价值追求。人们的行动力量大多数来源于内心的价值取向和价值追求,并且如果一个人的内心价值取向和价值追求越明显、越强烈,其行动会越坚定,越有力。因此,作为一个组织能否设计提炼出鼓舞人心、催人奋进的组织发展理念或者工作精神,这也是一个非常关键的问题。但是,理念和精神提炼出来以后,如何使其入脑、入心?首先离不开组织中领导者对理念与精神的解读。作为二级学院院长把学院的办学愿景、办学理念设计好后,接下来关键一步就是要考虑如何在准确把握学校以及学院综合改革发展形势的基础上,把学院的办学理念、人才培养的目标定位、校园文化、大学精神等,通过自身在各种场合的讲演等领导工作,向全院师生宣传贯彻党的教育方针和政策,传达和部署学校以及学院改革发展的目标、规划、思路和举措,使学校以及学院的办学、育人理念成为师生共同的精神文化价值目标和追求,从而凝心聚力、携手同行、推动工作,让师生形成强大的动力,促进学院各方面的发展。

2.讲好组织文化

讲好组织文化,即通过讲演把学院的组织文化变成师生的自觉行动。

---

① 中国社会科学院语言研究所词典编辑室.现代汉语词典[M].北京:商务印书馆,2018:646.

北京师范大学原校长钟秉林教授认为：文化是大学的灵魂。大学的文化包括：大学物质文化、大学制度文化、大学行为文化、大学精神文化。我们认为，大学的文化有学校层面的，理应也有二级学院层面的，特别是在大学办学重心下移的过程中，作为大学下设的二级学院应该要注重二级学院文化的培育。当前，不论是政府机关部门还是企事业单位，都极其重视部门或单位的文化培育。究其原因，主要是因为文化也是一种强大的力量。例如，我们在访谈中了解到一个学院在打造组织文化中很好的做法。为了加强教风学院建设，这个学院提炼出学院的工作作风——"讲实话、办实事、求实效"的工作精神，"着眼大局、善谋敢为、团结合作"的工作文化，"工作不断线、任务不拖延、问题不推诿"的工作常态，最终达到通过工作作风建设去全面带动教风学风建设。而如何把学院的组织文化变成师生的自觉行为，院长领导工作过程中对组织文化的讲解、解释、解读，然后让师生全面了解，方能最终达到内化于心、外化于行的目的。

3.讲好学院发展故事

讲好学院发展，即通过讲演向校内外展示学院形象争取更大的支持。如何把学院的良好形象在院内树立起来，同时在校内和校外展示，也是院长要考虑的重要工作之一。良好的形象既是有形的力量更是无形的力量。在一所大学，如果人们一谈到这个学院就竖起大拇指，说明这个学院的形象不仅深得人心，而当学院需要解决什么问题，得到什么帮助时，人们很多时候会情不自禁地去关心这个学院、帮助这个学院。因此，作为院长在树立好学院良好形象后，要带头向校内外展示学院的良好形象，争取更大的支持和帮助。在争取校内支持方面，院长主要是面向校内广大师生进行学院良好形象的宣传和展示，而在争取校外支持方面，院长要大胆面向社会公众进行学院良好形象的展示和宣传。平时，人们经常说：要内强素质，外塑形象。所谓外塑形象，就是善于通过各种场合宣讲学院的形象，让人们充分了解学院办学的情况，特别是办学过程中取得的成绩。如果能够做好了外塑形象的工作，学院的很多工作都能更加顺利有效地推进。

4.争取办学机遇

地方高校的发展，无论是学校还是二级学院面临的一大挑战就是如何争取办学机遇。办学机遇的争取既要依靠大学校长的努力，也要依靠二级学院院长的努力。当前，高校发展的过程中竞争越来越激烈，再加上总体上的办学资源不足，政策倾斜的面、顾及的面都非常之广。而在如何争取到办学机遇方面,不论在校内还是校外都离不开院长的讲演力。在学院发展的过程中,有的时候的确是"说得好"和"做得好"同样重要。

(三)办学活力激励力

激励即激发和鼓励,就是激发人们去从事或者完成某项工作、任务、目标的内心需求动力。从马斯洛的需要层次论分析,人的需要的五个层次不论是从低级的、基本的生理上的需要开始,还是到高级的自我实现的需要,都离不开一个非常关键的东西,那就是激励。作为领导者要善于运用激励的手段和方法去解决或尽力满足被领导者的符合原则性要求的需要,从而调动被领导者工作的积极性、主动性,为实现组织目标而努力。所以在管理过程中激励也成为其必不可少的手段之一。如何运用激励手段?如何把握激励的时机?如何把握激励的度?如何客观公平地使用激励?这些都考验着领导者运用激励的智慧。而这个智慧就是领导者的激励力。因此,笔者认为:激励力就是领导者在领导工作过程中运用激励手段去调动被领导者工作积极性、主动性、创造性的方法和能力。正如上一部分分析的它是所有领导力不可缺乏的一个支撑性因素。作为二级学院院长,面对高级知识分子聚集、渴求知识的大学生聚集的群体,如何从马斯洛的需要层次论出发,科学运用激励方法调动师生学习、工作、生活中的内生力和外生力,是院长教育领导力要考虑的重要问题之一。那么,二级学院院长教育领导力中的激励力应该如何去体现呢?通过对专家、校院领导的访谈,结合高校的特点和工作中的总结分析,笔者认为应该从以下几方面着手:

1.注重物质和精神激励相结合

物质和精神激励,即注重创新物质激励和精神激励的方式方法。物质激励和精神激励是激励当中经常用到的两种方法。或许对领导者来说是司空见惯的方法。但是,如何用好这两种方法呢?这是非常值得斟酌的问题。无论是高校还是中小学,期末考试结束或者学年结束后,都要开展评优工作,并对成绩优秀、表现较好的学生予以奖励,这是非常正常的事情。可是奖励什么好呢?据广西的媒体报道,[①]近年来,在广西的一所小学的做法非常值得学习和思考。这所小学像许多学校一样,学期期末、学年结束后都要

---

① 龚普康.发猪肉奖励学生 柳州这所小学又走红啦[EB/OL].(2019-01-19)[2020-06-01]. http://www.gxnews.com.cn/staticpages/20190119/newgx5c42a574-17978579.shtml.

开展评优,可是奖励什么呢? 这所小学除了奖励荣誉证书、奖状以外,物质奖励不是奖励多少奖金,因为奖励现金最多也是几十元,而是奖励新鲜的猪肉,一斤、两斤、三斤猪肉不等,这可是挺有意思的。因为奖励现金,不多不少,并且有的学生也许领奖后,不告诉父母,把奖金拿去打游戏去了。而奖励新鲜的猪肉,学生带着这样的奖品——自己认真学习、表现优秀获得的劳动果实,回去和父母、爷爷奶奶分享,其教育意义可想而知。为此,这一做法当时还上了热搜。其实,细想这一做法,如何运用好物质激励的确是非常值得借鉴参考的。再有一个例子是发生在高校的,笔者在访谈中了解到:有一所高校为了激励学生积极参加体育锻炼活动,出台每天步行达到一定的步数,就可以凭手机上的计步数免费在学校食堂用早餐。类似这样的物质奖励的办法是非常适合当前形势的。而从精神激励方面来说,作为二级学院的院长也要学会表扬与鼓励。也就是说,在师生学习工作过程中,发现好的现象要及时表扬和肯定;发现不好的现象,不能睁只眼闭只眼,甚至当作没有看到,而是该指出的及时指出,该批评的及时批评教育。

2.注重时机和场合激励

注重时机和场合激励,即科学把握激励的适度性和时机性。激励对调动人们工作的积极性、主动性、创造性的确是非常有效的方法和手段。但是,作为领导者在运用激励方法或者说是激励手段时要把握一个度。这个度包括激励的范围度、激励的时间跨度、激励的程度。首先从激励的范围度来说,激励的面不能太广、太泛。例如,一个二级学院年度评优如果个个都评上优秀,会让人感觉意义不大。如果范围过小,也许会让人感觉反正做好了也得不到激励,工作就会出现缺乏动力的情况。因此,激励的范围度的确定要根据人员多少、工作性质、激励的效用去考虑。其次,从激励的时间跨度来说,有的时候激励必须及时,否则会失去时效。当然,也不能像幼儿园的小朋友一样,天天都评小红花,天天激励。因此,要根据工作的情境,以及师生的需要去把握时间跨度。再次,从激励的程度来说,激励不可过度,也不可不及。激励过度容易引起骄傲自满,激励过于肤浅或者说勉强,则达不到预想的效果。而把握激励的时机,就像我们平时所说的"雪中送炭"和"雨后送伞",两者所起到的作用或者效果是完全不一样的。在领导工作过程中,如果发现被领导者工作表现好,应该激励时及时激励,这样更有利于将被领导者的工作热情、工作激情充分调动起来,从而使其创造力也能连续充分地、有效地施展出来,进而更加有效地提升工作效能。

3.注重公平和公正激励

注重公平和公正激励,即激励要讲究公平和体现领导者的率先垂范。在我们访谈高校校级领导时,多位校领导谈到二级学院的激励机制时反复谈到两个问题:一是激励中要注意"不患寡而患不均"的问题。其实我国伟大的先贤孔子的治国理念中就揭示了"不患寡而患不均,不患贫而患不安"。这就要求二级学院院长在领导过程中处理问题,特别是与激励有关的如资源分配、评优评先,甚至是表扬和批评都要注意讲究公平,一视同仁,不能出现偏向的问题。因为如果出现不均或者不公平的倾向,这是领导工作的导向性问题,其负面影响可想而知。二是激励当中不能出现与民争利的问题。在访谈中,曾经某所学校一名因身体原因退居二线的学校领导谈到激励时举了两个例子,其一是他们学校领导班子每年的年度考核,优秀的均是两位正职校领导,即书记、校长,并且年年如此,其他副职年度考核基本没有评上过优秀。其二是二级学院院长在分配工作时,把一些利益所得均加诸自己身上考虑,如与老师争课时等。作为一名领导干部如此的做法如何取信于民,如何激励师生把工作做好呢?平时人们经常说:榜样的力量是强大的。这告诉二级学院院长要身先士卒,亲力亲为,率先垂范,学会做好榜样,这是激励力的起源。

4.注重知人和善任

注重知人和善任,即激励要精准把握知人善任。正如前面我们分析到的:用人是领导干部的一项重要工作,而学会用人是领导干部一项基本的能力,也是领导力高低或者强弱的一个根本体现。领导干部学会用人就是要做到知人善任,就是要知道"好钢"要用在刀刃上。人岗相适,人尽其才,才尽其用,这是选人用人的基本要求。一个二级学院如果院长用人时任人唯亲,搞小圈子,这无形中是破坏激励机制。因此,我们认为:用好人本身就是一种激励。作为二级学院院长要想用好人,就必须深入教师当中了解教师的特点,了解教师的想法或需求,同时也要了解岗位要求的特殊性,方能做到精准把握,知人善任。在某所高校,我们找其某个二级学院的院长访谈如何用人时,该院长讲了这么一个例子:他们学院有一位女博士,性格相对内向,并且非常有个性,平时工作只知道完成自己分内的教学科研工作,而其他分配给她的工作基本不管,平时学院的活动也从来不参加,更不用说主动承担其他工作。后来,这位院长和女博士交流,发现其对学科专业建设很有见解、很有思路,于是女博士增选到学院学术委员会,这样一来,女博士的积极性调动起来了，而其他老师看到这位女博士新的工作面貌，无不竖起大拇指点赞，全院教师的工作风貌有了很大改变。

（四）学院治理规范力

"规范是调控人们行为的、由某种精神力量或物质力量来支持的、具有不同程度之普适性的指示或指示系统。"[1]通俗地说，就是指导人们应该怎么做或不应该怎么做。规范力就是领导者在领导工作中对制度建设和良好风气维护的能力。也就是二级学院院长在领导二级学院发展过程中，制定和完善二级学院治理的规章制度和建立长效管理机制以及构建良好学风教风、营造风清气正等良好风气和学术氛围的能力，即院长的学院治理规范力。俗话说：无规矩不成方圆。组织之所以为组织，除了组织中的成员有共同的目标追求之外，还有一个共同应允的约束，而这个约束必须通过制度进行规范。大学治理过程中，除了依法治校外，还要依规办学。大学的学术管理与行政管理都必须在遵守国家法律法规以及相关规章制度下进行，而作为二级学院院长要根据学院的实际制定切实可行的管理机制，让师生教有可循，学有可依。同时，通过约定规矩，把形成营造良好的学习风气、学术氛围变成师生行动自觉。为此，可以从以下几个方面着手：

1.注重树立规范意识

注重树立规范意识，即要注重牢固树立学术治理和行政管理中的规矩意识。领导者是否具有规范力的首要体现就是看其是否有规矩意识，按章办事。平时经常听到一些师生议论，说某某院长工作很随心所欲，说变就变，本来决定通过了的事，改变得比翻书还要快；还有的说，某某院长工作经常不按程序、不按流程办。出现这样的问题，原因是缺乏规矩意识。二级学院院长如果自身规矩意识强，无形中也是一种强大的力量；而如果二级学院院长自己不带头讲规矩、守规矩，又如何要求师生遵规守矩？当然，除了二级学院院长自己要牢固树立规矩意识外，领导工作中还要注意培养师生的规矩意识，并敢于指出和批评不守规矩、违反规矩的行为或现象，在师生讲规矩、守规矩面前千万不能睁只眼闭只眼。二级学院领导者和师生都有规矩意识，二级学院治理才不会沦为一句空话。

2.注重培育制度文化

注重培育制度文化，即注重积极构建学术治理和行政管理的制度文化。

---

[1]　徐梦秋.规范何以可能[J].学术月刊,2002(7):56-60.

制度建设是我们党的建设重要内容之一,也是我们党的各项事业取得长足发展的重要保障。制度文化包括对制度体系的构建以及遵守制度、执行制度的自觉和氛围。在大学办学自主权不断下放二级学院的趋势下,二级学院如何规范地把学校赋予二级学院的权力用好,特别是如何通过制度体系构建去激活二级学院的办学活力,也考验着二级学院院长的领导能力。作为二级学院的院长,要紧紧围绕二级学院的中心工作如学科专业建设、科学研究、人才培养体系、教学监控与管理、学生工作以及日常公共管理等,结合学院情况建立和完善制度体系,以规范的制度体系推动学术治理和行政管理。而在制度体系构建后,仍然有关键一环即制度执行、遵守的情况,这也是制度文化的重要内容。如果制度制定了,无人去执行和遵守,那可谓真正的形同虚设。因此,在制度体系构建完善后,作为二级学院院长要想办法让制度深入人心,使各类制度成为师生们学习工作中的内心准则和法则,使师生学习工作均能够自觉按照制度规范去行使。

3.注重营造遵规风气

注重营造遵规风气,即注重积极营造健康向上的学术氛围和学习风气。俗话说:"近朱者赤,近墨者黑"。其实就是说一个人处在什么样的环境或者氛围中,或多或少都会受到影响,耳濡目染。在一个二级学院,如果形成了良好的学术氛围和学习风气,将促使师生向优秀者学习、向先进看齐。相反,如果师生平时学习、生活懒散,不求上进,是很难形成积极向上动力的。良好的学术氛围和学习风气是科学规范管理起长期作用的结果。例如学校或者二级学院制定的校训、校风、院训、院风无形中影响着师生的行为,也慢慢形成一种氛围和风气。二级学院院长教育领导力中的规范力就是要通过制度、通过规范管理去营造好的氛围,形成好的风气。

4.注重管理服务统一

注重管理服务统一,即注重有效管理与贴心服务的统一。二级学院院长教育领导力中的规范力最终的体现是对学院的有效管理,达到善治。但是,管理本身就是和服务是统一的,离开了服务的管理是缺乏人本的管理。因此,谈到二级学院院长的规范力必须把管理与服务融入领导行为过程中,不能把院长对师生的管理与引导变成是生硬的,甚至是隔阂的。平时工作过程中,有的老师埋怨院领导死板、官僚等,主要是因为这样的院长在管理中没有深入师生中去倾听意见建议,没有真正为师生解决实际困难和问题,只是凭着自己的感觉,甚至凭着自己手中的权力去开展工作。在我们谈到领导行为理论时,我们分析此理论的借鉴意义时就谈到:领导就是服务。这也是我们分析提出规范力是管理与服务统一的依据。有效管理要求二级学院院长采取何种领导行为方式时一定要从师生实际、解决师生需求、解决办学实际问题去考虑。贴心服务,就是要求二级学院院长首先要善于把师生当成自己的亲朋好友,能够处处为师生着想,切实解决师生学习生活工作中的实际困难和问题,这样才能赢得师生的信赖、尊重和支持,才能形成推动学院办学愿景生根落地的强大力量。

诚然,院长教育领导力中关键的领导能力也许有的还认为应包括教育政策领悟力、校院工作执行力、团队建设协调力、集聚资源服务力等。由于领悟力、执行力、协调力、服务力是属于基本领导力范围,也就是作为领导者是必须有的,因此,在此不再赘述。同时,笔者认为教育领导力是开展教育工作,发展教育事业的一种无形的影响力,让人不自觉地心向往之。它的寓意是:领导好教育必须需要具备一些特别的影响力,没有这种影响带动能力,教育就搞不好。

本章小结

本章节是本研究的重点也是难点。从重点方面来说,本章节既是对第二章"大学治理新趋势呼唤新型领导力的院长"的进一步回应,也是解决"二级学院院长具有什么样的领导力才能胜任大学治理重心下移的时代使命"这一核心命题的关键。从难点方面来说,重点突破领导力到教育领导力的辨析、院长教育领导力维度理想模型构建的现实性和科学性等研究难点。为此,本章首先分析了教育领导力模型构建的理论与现实要求,接着探讨了教育领导到教育领导力的实然与应然,在理清院长教育领导力模型构建的方法论问题后,参考已有研究的基础上,结合高等教育领域的特点以及二级学院行政治理和学术治理的要求,遵循教育规律,从院长先进领导观念、核心领导素养和关键领导能力三个层面进行了相应的归类,构建了"院长教育领导力三三四维度模型",突显二级学院院长教育领导力在教育领域的属性和院长岗位领导力的专业性。本章节研究设计的内容有如下亮点:

一是理论分析契合实际。在梳理教育领导力模型构建的理论时,既注重把理论观点讲明白，又注重理论对院长领导工作的实际要求，真正理解教育领导力构建理论对现实领导工作的启发。改变常规单纯梳理理论的写作风格，达到了了解理论不枯燥，掌握理论受启发的目的。二是在突破领导力到教育领导力辨析的难点上，根据教育领导学的原理和要求，从教育领导的本义理应对应着教育领导力、教育领导的教育性和专业性必然对应着教育领导力、教育领导的功能实现需要教育领导力、深化高等教育综合改革需要教育领导更加需要教育领导力等四个方面做了论述，有利于帮助和提高对教育领导力的认识。三是在理清院长教育领导力模型构建的方法论问题上，首先，从对二级学院院长领导职位的认识、对领导力的再认识、领导力与执行力的区别与联系以及院长教育领导力与院长的履职能力、管理能力和办院能力等四个与领导力模型构建中容易混淆的基础性认识进行深入浅出的分析，为院长教育领导力模型构建打下坚实基础。在此当中提出的领导力可以分为核心领导力和基本领导力，这更加容易区别于领导者和非领导者应有的领导力问题。而归纳总结提出的领导力具有内生性、方向性、专业性、层次性、动态性等五大基本属性，对理解和把握院长教育领导力又迈进了一步。最后，参照专家学者对领导力模型构建方法中提出的行为事件访谈法，基于韦伯理想型式的模型构建认识、院长教育领导力模型构建的现实性分析以及避免教育领导力模型构建的误区，借鉴我国研究领导力专家学者提出的领导力模型是对领导胜任要素的综合，是素质、能力、态度和行为的统一体。结合大学和二级学院的特点以及院长领导过程中存在的问题，通过经验层面的分析，从院长的先进领导观念、核心领导素养、关键领导能力三个层面提炼出"院长教育领导力三三四维度模型"。为下一章节通过院长教育领导力典型案例分析论证院长教育领导力维度模型的现实性和科学性做好铺垫。

第四章

院长教育领导力案例分析

　　案例分析一般是指广泛搜集个例的资料,彻底了解个例现状及发展历程,对单一研究对象的典型特征进行深入而细致的全面研究分析,确定问题症结,进而提出建议的研究方法。[①] 有的也称为个案法、案例研究法。案例研究一直是社会科学研究的一种重要形式。[②] 从实际应用的角度来说,案例一般分为行为事件案例和典型经验案例;根据案例的结果属性分为成功型案例和失败型案例。[③] 笔者在尝试构建院长教育领导力模型之后,试图利用访谈或从各方面渠道了解有关二级学院院长领导工作中的行为事件案例和典型经验案例,并对成功型案例和失败型案例进行分析,尝试找到为什么有的二级学院院长当得好、学院办得好,有的二级学院院长当不好、学院办不好的现实问题,旨在进一步分析和验证院长教育领导力模型这个综合体的科学性和可行性,同时为院长教育领导力强与弱的考核评价打下基础。当然,在此要说明的是,院长教育领导力成败案例的标准主要是围绕院长在教学、科研、社会服务以及行政管理等方面工作中所表现的结果进行评判的,且院长教育领导力所引发领导工作中的成功与失败仅是从工作典型个案中去考虑的,而并非对院长全面且综合的评判。

---

　　① 金昌榕,尹俊峰.关于领导力开发的案例分类研究[J].企业改革与管理,2015(11):36.

　　② 罗伯特·K.殷.案例研究方法的应用[M].周海涛,译.重庆:重庆大学出版社,2004:3.

　　③ 金昌榕,尹俊峰.关于领导力开发的案例分类研究[J].企业改革与管理,2015(11):36.

第一节 研究目标与研究设计

一、研究目标

从二级学院发展来说,大学治理重心下移后,如何面对学院内外部环境的变化? 如何应对大学的改革和转型? 如何建立现代大学制度? 如何提升学院治理能力? 这对学院治理主体——院长的领导能力提出了更高要求。美国密歇根大学前校长杜德施塔特指出:大学如要取得成功,必须要有富有远见卓识的领导。[①] 领导力是大学组织在面对未来不确定性、在组织变革中取胜的主要砝码。[②]由此可见,培养提升院长教育领导力是当务之急。院长教育领导力包括先进领导观念、核心领导素养和关键领导能力。而从院长先进领导观念来说,院长的教育观、权力观、人才观如何? 从院长核心领导素养来说,院长的人格魅力、学术造诣、领导艺术如何? 从院长关键领导能力来说,院长的谋划力、规范力、讲演力、激励力如何? 这些都是院长治理学院过程中实现有效治理的关键因素,也是影响院长领导行为和领导效能的关键。从大学治理能力和治理体系现代化来说,笔者认为领导力也是治理能力现代化的核心体现。那么,院长教育领导力构成维度科学性如何? 院长教育领导力对学院治理成效有何影响? 院长教育领导力作用的发挥可能受到什么因素的限制? 能否从院长治理学院成功或者失败的案例中得到一些启发? 这些都是案例分析过程中想要得到解决的问题和达到的目标。

二、研究设计

(一)研究对象选取

本研究的核心对象是大学二级学院院长,即二级学院的行政"一把手",

---

① 詹姆斯·J.杜德施塔特.舵手的视界:在变革时代领导美国大学[M].郑旭东,译.北京:教育科学出版社,2010:121.

② 赵聪环.论大学治理的领导力基础[J].中国高教研究,2017(12):49-55.

包括院长以及主持工作的副院长,不包括其他副院长。因研究时间、收集资料以及自身研究条件等方面因素的限制,本案例分析选取了西部地区广西地方性本科院校 A 和 B 两所高校中共 23 名院长作为研究对象,其中 A 校共 14 名院长,B 校 9 名院长,并把院长在学院治理中的个案分成功型案例和失败型案例进行分析。两所高校均是 2000 年以后由原来的普通高等专科学校升格为地方普通本科高校的,并且均为当地唯一的一所本科院校,这在一定程度上也代表着大多数新建地方本科院校发展的路径,因此具有一定的代表性和普遍性。在调查对象选取过程中,由于两所高校的继续教育学院因尚无专职教师和全日制学生,因此继续教育学院院长没有列入研究案例当中。为了进一步了解院长教育领导力的构成维度,笔者还趁赴外学习培训过程中专门访谈了同是地方性本科高校党委书记 1 名,党委副书记 1 名,副校长 2 名,并且在选取的样本高校 A 校中,专门访谈了校级领导 3 名,以及与二级学院院长工作关联比较大的高校党委组织部、教务处、科研处等职能处室负责人 4 名。调查访谈对象的具体数据统计如下表(见表 4-1):

表 4-1　选取样本所在高校分布及数据统计表

领导者　学校	选取院长人数	选取校领导人数	选取职能部门负责人	总计
A 校	14	3	4	21
B 校	9	1	0	10
其他高校	0	3	0	3
总计	23	7	4	34
累计百分比/%	67.6	20.6	11.8	100

从调查所抽取的 34 名对象分析,二级学院院长抽取对象共 23 名,占总调查人员的 67.6%,这主要是基于院长教育领导力维度构成以及作用发挥,院长本身最有亲身体会,也最具有说服力考虑;校级领导抽取对象共 7 名,占总调查人员的 20.6%,这主要是考虑校领导对院长的领导能力要求可以从顶层以及总体水平上去考虑和设计,甚至培养和选拔,特别是二级学院治理效果如何学校领导的评判也是比较关键的;选取职能部门负责人 4 名,占总调查人员的 11.8%,主要来自专门管理干部的组织部门以及教学科研主管部门等,这些部门与院长工作直接联系比较多,对院长具体管理工作如何也比较清楚,这些部门负责人对院长的领导能力要求也具有直接的感受。因

此,从选取对象总体看是具有典型的代表性,各组成比例也是比较合理的。

而访谈对象中为什么不选取部分师生代表,主要是考虑突显访谈对象的针对性,对于院长教育领导力维度要素构建是否科学可靠,上述选取对象相对比较有直接的感受和更加具有代表性。因为对师生而言,其关注点主要在院长领导学院发展过程中的成效上,同时平时到学院进行干部考察,教师的评价相对比较笼统,因此没有师生代表作为调查访谈对象。

(二)数据收集途径

数据收集是做好调查研究的关键,为了更好地收集有效可行的案例数据和资料,笔者对案例资料的数据收集主要是通过以下途径进行的。

1.查阅文献资料。所选取的 A、B 两所高校均是 2013 年接受教育部本科教学工作合格评估,且都在 2019 年接受教育部本科教学工作审核评估。为了做好这次研究,笔者从 2016 年起开始收集和关注两所高校学院的发展情况,因此,主要查阅 2016—2019 年学校评估期间的数据资料。当然,此期间 A、B 两所学校均有院(系)的调整,有的是学院合并,有的是学院拆分,对数据先后也进行过三次调整,最后选取的数据是截至 2019 年 12 月份的数据统计结果。

2.网络检索。主要是通过 A、B 两所学校官网以及相应学院网站检索,全面了解相应学院工作动态。网络检索的数据依然是 2016—2019 年的数据资料。重点是收集相应学院院长的工作动态以及在教学、科研、服务地方、师资队伍建设、学院改革、日常管理、学生工作等方面的数据资料。同时还收集了 A、B 两所学校宣传部门专门采访院长的新闻报道材料,从中提取对研究有用的数据资料。

3.访谈调查。本次调查主要是通过采用深度访谈法或会议方式集体座谈进行,访谈院长主要围绕以下 7 个方面的内容进行:(1)二级学院在学校发展中的地位和作用;(2)当院长期间对学院发展目标或发展定位以及办学愿景的思考;(3)院长为实现任期既定发展目标或学院办学愿景的着力点;(4)大学治理重心下移二级学院给院长带来的挑战;(5)院长领导学院发展过程中面临的困难和问题,以及解决困难和问题的方法与对策;(6)领导学院发展的过程中,所经历的成功或失败的案例及其原因分析;(7)培养和提升二级学院院长教育领导力的意见和建议。

访谈学校领导主要围绕以下 5 个方面的内容进行:(1)二级学院院长的领导角色以及在学校发展中的地位和作用;(2)影响二级学院院长内部治理

水平提升的因素；(3)二级学院院长应该具有什么样的教育领导力才能有效推进高校内部治理现代化，确保大学治理重心下移工作落到实处；(4)容易引起二级学院院长领导工作师生满意度不高的原因；(5)培养和提升二级学院院长教育领导力的意见和建议。

访谈职能部门负责人主要围绕以下 4 个方面的内容进行：(1)影响二级学院内部治理因素；(2)二级学院院长应该具有什么样的领导能力才能有效治理好学院；(3)从职能部门工作开展的视角，对二级学院院长教育领导力的期待；(4)二级学院院长的领导水平是衡量其胜任力的关键，培养和提升二级学院院长教育领导力水平的办法和举措。

(三)研究过程

为了做好案例分析研究，笔者主要分了四个阶段去开展。第一阶段为访谈调研准备阶段，时间从 2018 年 7 月—12 月，这一阶段主要是设计访谈提纲，拟定访谈方案，并向专家、学者以及校级、学院级领导征求意见建议，同时，进行初步的测试访谈，并反复修改访谈提纲和方案。第二阶段是访谈实施阶段，时间从 2019 年 1 月—6 月，联系确定访谈人选并开展访谈。第三阶段为数据录入以及相关数据收集阶段，时间从 2019 年 7 月—9 月。第四阶段为资料整理分析汇总与写作阶段，时间从 2019 年 10 月—2020 年 7月。具体过程阐述如下：

第一阶段访谈调研准备阶段：笔者针对"高校二级学院院长具有什么样的教育领导力才能胜任大学治理重心下移的时代使命"这一核心命题，根据领导力相关理论，设计了初步的访谈提纲，并虚心听取导师组以及相关专家、学者以及校级领导和二级学院院长的意见建议，同时，邀请了 2 名院长做测试访谈，最后，根据导师组以及上述专家、学者以及校、院两级领导和受访院长的反馈意见和建议，修改完善了访谈提纲，分别确定了访谈方案(见附录)。

第二阶段访谈实施阶段：访谈实施阶段是真正考验人的阶段，除了院长要接受访谈外，如何根据问题得到真实的数据这是极其关键的，特别是访谈过程中谈到领导工作中的成败问题，谦虚的人说没有什么工作是谈得上成功的，都是按照既定目标去做的，感觉教育本身就是极其平常的事情，在学院把学科专业、人才培养做好就是成功了，这是不少院长访谈时谈到的。在此情况下如何引导是关键。这除了自身要虚心请教外，也要对二级学院的工作有所了解方可。而访谈中要院长谈失败的案例这更加是难上加难，因为人都有这样的特点,谈成绩相对好谈,谈失败有时候是痛苦的事情,因为有的事情的确不想去回忆。遇到这样的情况之后,笔者改变了访谈策略,原来是当面访谈的,后来采取电话访谈以及邮件访谈。通过改变方式,效果出乎意料,成功和失败的案例都相对容易收集了,并且收集了不少。在历时半年的访谈中,笔者共访谈了 34 位地方本科高校校、院、职能部门的领导。其中二级学院院长 23 名,校级领导 7 名,其他职能部门负责人 4 名。其中当面访谈 29 名,访谈时间均在 90 分钟左右;电话访谈 3 名,访谈时间大约为 35~45 分钟,其他 7 名通过电子邮件访谈。无论是当面访谈、电话访谈还是通过邮件访谈,访谈开始前或者在邮件中笔者都对访谈的目的以及访谈的内容做了明确说明,并且承诺对受访的单位或者个人信息都做匿名处理。所有访谈都按照预先设计的访谈提纲来进行。具体数据统计如下表(表 4-2)、(表 4-3):

表 4-2　院长教育领导力研究深度访谈信息汇总

访谈编号	访谈时间	访谈方式	访谈对象	访谈时长(分钟)
A01	2019.1.15	当面访谈	二级学院院长	95
A02	2019.1.18	当面访谈	二级学院院长	140
A03	2019.1.20	当面访谈	二级学院院长	105
A04	2019.1.22	当面访谈	二级学院院长	85
A05	2019.1.25	当面访谈	二级学院院长	75
A06	2019.5.17	当面访谈	二级学院院长	80
A07	2019.5.19	当面访谈	二级学院院长	85
A08	2019.2.20	当面访谈	二级学院院长	105
A09	2019.3.11	当面访谈	二级学院院长	95
A10	2019.3.15	当面、邮件访谈	二级学院院长	70
A11	2019.3.15	当面、邮件访谈	二级学院院长	85
A12	2019.3.28	当面、邮件访谈	二级学院院长	95
A13	2019.4.05	当面、邮件访谈	二级学院院长	85
A14	2019.4.10	当面、邮件访谈	二级学院院长	100
B01	2019.2.23	当面访谈	二级学院院长	85
B02	2019.2.23	当面访谈	二级学院院长	95

续表

访谈编号	访谈时间	访谈方式	访谈对象	访谈时长（分钟）
B03	2019.2.24	当面访谈	二级学院院长	100
B04	2019.2.24	当面访谈	二级学院院长	80
B05	2019.2.24	电话访谈	二级学院院长	45
B06	2019.2.24	电话访谈	二级学院院长	50
B07	2019.2.24	电话访谈	二级学院院长	45
B08	2019.3.15	当面、邮件访谈	二级学院院长	95
B09	2019.3.18	邮件访谈	二级学院院长	/
C01	2019.3.15	当面访谈	校领导	95
C02	2019.3.18	当面访谈	校领导	105
C03	2019.3.21	当面访谈	校领导	100
C04	2019.6.25	当面访谈	校领导	85
C05	2019.5.15	当面访谈	校领导	105
C06	2019.5.21	当面访谈	校领导	95
C07	2019.5.23	当面访谈	校领导	100
D01	2019.4.18	当面访谈	职能部门负责人	65
D02	2019.4.19	当面访谈	职能部门负责人	85
D03	2019.4.20	当面访谈	职能部门负责人	95
D04	2019.4.23	当面访谈	职能部门负责人	100
总计访谈	45 次	访谈人数	34 人	访谈时长 2 925

表 4-3 院长教育领导力研究深度访谈各类人员及访谈方式占比统计表

访谈对象类别	当面访谈人数	当面访谈人数占比/%	电话访谈人数	电话访谈人数占比	邮件访谈人数	邮件访谈人数占比/%
二级学院院长	19	82.6	3	13	7	30.5
校领导	7	100	0	0	0	0
职能部门负责人	4	100	0	0	0	0
总计	30	88.24	3	8	7	21

第三阶段数据录入以及相关数据收集阶段：这一阶段主要是将当面访谈以及电话访谈录音材料原汁原味地整理成文字材料，当面访谈的 19 名院长、7 名校领导、4 名职能部门负责人以及电话访谈的 3 名院长均同意录音，总录音时长近 40 小时，整理出文字材料近 9 万余字，邮件访谈的 7 名院长文字材料汇总整理近 3 万字。为了更加全面了解 A、B 两所学校院长教育领导力的情况，根据研究的需要，在数据录入的同时还专门登录 A、B 两所学校网站以及相应学院网站，对有关学校以及相应学院和院长的报道以及教学科研等方面的资料进行分类采集，共整理出可参考文字材料近 10 万字。此外，还对 23 名院长的性别、年龄、学科、学历、职称、海外经历、行业背景等 7 个方面进行了数据统计。为了进一步从结构上了解地方本科院校二级学院院长的结构情况，在 A、B 两所学校的基础上，此阶段还专门增加了 3 所同类院校在任二级学院院长（包括主持工作的副院长）的结构调查。

第四阶段资料整理分析汇总与写作阶段：本课题研究采用质性研究中的样板组织法[①]对原始资料进行整理和分析。样板组织类型类似于内容分析方法[②]。根据研究的需要，依据访谈提纲界定的类别，设计编码表。通常，编码表的设计依据为相关文献分析、课题组的讨论以及先前的研究结果。该方法具有易于理解和操作、易于对原始资料进行聚集分析的特点。[③]为此，在院长这一类根据两所学校分 A、B 两类编码，A 校院长访谈材料编码 A1－A14，B 校院长访谈材料编码 B1－B9；访谈的 7 名校领导全部统一编码为 C1－C7；访谈的 4 名职能部门负责人编码为 D1－D4。网络收集的资料根据来自 A、B 两所学校相应院长进行了编码 NET·A1——NET·A14，NET·B1——NET·B9。其他文献中收集到的综合性资料，依然根据 A、B 两所学校相应院长编码，Z·A1——Z·A14，Z·B1——Z·B9。具体见如下编码表（见表4-4）。在一边进行对访谈及收集资料整理归纳分析的过程中，一边启动了论文写作。

---

① 黄英霞.国际化进程中高校院长角色研究[M].广州:世界图书出版公司,2019:89.
② 黄英霞.国际化进程中高校院长角色研究[M].广州:世界图书出版公司,2019:89.
③ 论调查中定性研究访谈资料的整理和分析方法[EB/OL].(2006-04-24)[2020-09-08].http://www.docin.com/p-7435984.html.

表 4-4　院长教育领导力研究访谈材料以及相关资料收集编码汇总表

资料类别	资料编码
A 校院长访谈材料	A1－A14
B 校院长访谈材料	B1－B9
校领导访谈材料	C1－C7
职能部门负责人访谈材料	D1－D4
A 校网络收集相应材料	NET・A1——NET・A14
B 校网络收集相应材料	NET・B1——NET・B9
A 校综合文献收集相应材料	Z・A1——Z・A14
B 校综合文献收集相应材料	Z・B1——Z・B9

三、调查中的主要发现

在调研访谈中,在聚焦院长教育领导力案例收集的基础上,笔者在收集 A、B 两校院长基本信息时,发现了一个基本性的问题:地方本科院校二级学院院长群体结构特征问题。为了从结构上进一步了解到底谁在地方本科院校任二级学院院长,笔者从院长的性别、年龄、学科、学历、职称、海外经历、行业背景等 7 个方面进行了数据统计分析。为了使结构分析结果更加具有代表性,笔者在 A、B 两所高校共 23 名院长的基础上,增加了 3 所同类院校共 43 名院长(均不含继续教育学院)就上述 7 个方面的情况进行调查,并把学校编码为:H.G.K 分别代表增加的 3 所高校,尝试通过院长群体结构性特征分析找到对院长的领导力影响以及对学院治理的影响。

(一)关于地方本科院校二级学院院长性别结构特征

从调查的 5 所地方本科院校来看,尽管 5 所高校都有女性担任二级学院院长,但仍然以男性院长居多。共 67 名院长中,男性 50 名,占 74.6%;女性 17 名,占 25.4%,具体见如下表(表 4-5);说明在地方本科院校二级学院中院长大多数由男性担任。刘香菊博士研究谁在一流大学任院长时也发现了这一特征,说明这是我国高校二级学院院长的共同特征。[①]

---

① 刘香菊.谁在我国一流大学任院长?:我国一流大学院长基本特征研究[J].高等工程教育研究,2014(4):94-99.

表 4-5 二级学院院长调查样本性别结构数据统计表

学校编码	男性院长	女性院长	男性院长比例/%	女性院长比例/%
A 校	11	3	78.57	21.4
B 校	6	3	66.7	33.3
H 校	13	5	72	28
G 校	10	4	71.4	28.6
K 校	10	2	83.3	16.7
总计	50	17	74.6	25.4

（二）关于地方本科院校二级学院院长年龄结构特征

关于年龄结构统计，笔者从 35 岁以下开始统计，往后以 5 岁为一个年龄段进行统计，5 所高校二级学院院长的年龄结构总体上在 55 岁以下。46～55 岁的比例相对又居多，共有 37 名，所占比例为 55.2%。这一特征与我国一流大学二级学院院长是相近的。[①] 无样本学校 35 岁以下以及 60 岁以上人员担任院长，见下表（表 4-6）。

表 4-6 二级学院院长调查样本年龄结构数据统计表*

学校编码	35～40 岁		41～45 岁		46～50 岁		51～55 岁		56～60 岁		总计人数
	人数	百分比/%	人数	百分比/%	人数	百分比/%	人数	百分比/%	人数	百分比/%	
A 校	2	14.3%	3	21.4%	5	35.7%	3	21.4%	1	7.2%	14
B 校	1	11.1%	2	22.2%	3	33.4%	2	22.2%	1	11.1%	9
H 校	6	33.3%	2	11.1%	5	27.8%	4	22.2%	1	5.6%	18
G 校	2	14.3%	3	21.3%	4	28.6%	3	21.4%	2	14.3%	14
K 校	1	8.3%	2	16.7%	5	41.7%	3	25%	1	8.3%	12
总计	12	17.9%	12	17.9%	22	32.8%	15	22.4%	6	9%	67

*35 岁以下与 60 岁以上人数为 0。

（三）关于地方本科院校二级学院院长学科结构特征

由于地方本科院校大多数是从原来普通师范高等专科学校升格而来，

---

① 刘香菊.谁在我国一流大学任院长?:我国一流大学院长基本特征研究[J].高等工程教育研究,2014(4):94-99.

专科升格为本科以后,学校的学科门类由单一的培养师范类人才转型为多科性的本科院校,在此过程中,学科门类发生了不小的变化,笔者从自然学科和人文学科两大门类来进行调查统计,发现由专科升格为本科院校后,大多数院校二级学院的设置以人文学科类的学院为主,5 所高校共 67 个二级学院,有 37 位院长分属于人文学科类专业学院,占 55.22%,自然学科类 30位,占 44.78%。除 A 校外,其余 4 所院校二级学院设置均为人文学科类专业的学院居多,有 3 所高校占比超过 60%。具体见下表(表 4-7):

表 4-7 二级学院院长调查样本学科结构数据统计表

学校编码	自然学科		人文学科		总计
	人数	百分比/%	人数	百分比/%	
A 校	10	71.4	4	28.6	14
B 校	3	33.33	6	66.67	9
H 校	8	44.44	10	55.6	18
G 校	5	35.7	9	64.3	14
K 校	4	33.33	8	66.67	12
总计	30	44.78	37	55.22	67

(四)关于地方本科院校二级学院院长学历结构特征

从学历结构的调查统计分析,地方本科院校二级学院院长具有博士学位的人数占比不高,所调查的 5 所样本院校 67 位院长中,具有博士学位的院长只有 26 名,占 39%,这与一流大学具有博士学位的院长比例相距甚远,具体统计见下表(表 4-8)。一流大学具有博士学位的院长比例为 89.63%[①],相差超过 50 个点。这也说明在地方本科院校引进博士之难,想在科学研究方面做出很大的成绩也是比较困难的。因为受过博士教育的历练,其学术能力、学术视野、学术造诣跟没有受过博士教育的还是有一定区别的。在地方本科院校中,院长的学历情况在老师当中是有一定影响的,也就是说,具有博士学位的院长与没有博士学位的院长影响力大小是有区别的。院长教育领导力核心素养中的学术造诣正好说明了这个方面。笔者在访谈中还发现具有博士学位的院长,其所在学院的科研氛围比较浓厚,科研成绩也比较突出。

---

① 刘香菊.谁在我国一流大学任院长?:我国一流大学院长基本特征研究[J].高等工程教育研究,2014(4):94-99.

表 4-8　二级学院院长调查样本学历结构数据统计表

学校编码	博士学位		硕士学位		学士学位		其他		总计
	人数	百分比/%	人数	百分比/%	人数	百分比/%	人数	百分比/%	
A 校	8	57	5	36	1	7	0	0	14
B 校	4	45	3	33	2	22	0	0	9
H 校	3	17	8	44	5	28	2	11	18
G 校	6	43	5	36	3	21	0	0	14
K 校	5	42	4	33	3	25	0	0	12
总计	26	39	25	37	14	21	2	3	67

(五)关于地方本科院校二级学院院长职称结构特征

从职称结构分析来看,地方本科院校院长职称结构具有教授职称的院长总体上看比例仍然不高,5 所院校 67 名样本院长中具有教授职称的 31 名,占比 46%,具有副教授职称的 32 名,占 48%,同时有 3 所学校的院长中拥有讲师职称的人选,具体见下表(表 4-9)。在这方面与一流大学中的院长职称结构相距也是比较大的,刘香菊博士调查的 7 所一流大学中 166 名二级学院院长(包括副院长)全部具有教授职称,[①]具有教授职称的比例为100%。这也说明地方本科院校师资队伍建设任重道远。

表 4-9　二级学院院长调查样本职称结构数据统计表

学校编码	教授职称		副教授		讲师		助教		总计
	人数	百分比/%	人数	百分比/%	人数	百分比/%	人数	百分比/%	
A 校	10	71	4	29	0	0	0	0	14
B 校	6	67	3	33	0	0	0	0	9
H 校	5	28	11	61	2	11	0	0	18
G 校	5	36	8	57	1	7	0	0	14
K 校	5	42	6	33	1	25	0	0	12
总计	31	46	32	48	4	6	0	0	67

---

① 刘香菊.谁在我国一流大学任院长?:我国一流大学院长基本特征研究[J].高等工程教育研究,2014(4):94-99.

（六）关于地方本科院校二级学院院长海外经历结构特征

关于地方本科院校二级学院院长海外经历的调查，笔者事先做了界定，即海外经历是指有海外留学接受学历教育或者海外访学经历的人员，因工作考察交流或者赴海外进行学术交流的不计入范围之内。通过调查发现，地方本科院校二级学院院长中有海外经历的少之又少，调查的67名样本院长中有海外经历的只有7名，且均为海外访学1年。近90%的院长无海外经历，具体见下表（表4-10）。这个数据提醒相应高校以及教育主管部门，要加大院长海外学习培训经历，以更好拓宽教育视野，了解国外高校以及二级学院发展情况，以便更好地推进高校国际交流合作的职能，拓展院长的国际视野，同时也更加有利于院长教育领导力水平的提升。

表 4-10　二级学院院长调查样本海外经历结构数据统计表

学校编码	有海外经历	无海外经历	有海外经历比例/%	无海外经历比例/%
A 校	2	12	14	86
B 校	1	8	13	87
H 校	2	16	11	89
G 校	1	13	7	93
K 校	1	11	8	92
总计	7	60	10	90

（七）关于地方本科院校二级学院院长行业背景结构特征

向应用型高校转型是地方性本科院校转型发展的目标和朝向。当前地方本科院校转型发展过程中遇到的问题和瓶颈不少，首先一个关键的问题在于二级学院的推力问题，学校层面已经明确转向了，关键的问题还是在二级学院如何突显应用，如何让专业与行业对接形成专业链对接产业链，专业群对接产业集群。在推进的过程中院长依然是一个很关键的角色，院长对应用型转型的理念如何，决定着学院朝向应用型办学的真正效果。有行业背景的院长对应用型理解比较到位，并且谋划的措施也比较可行。为此在调查中笔者专门了解了样本院校院长的行业背景情况。所谓行业背景是指有行业工作经历或者到行业挂职、跟班学习培训经历者。经调查统计，5所院校67名院长中有行业背景的只有3名，占比4%，具体统计数据见下表（表4-11）。这个数据也是值得笔者研究思考的。因为，这可以说直接与应用型关联。

表 4-11　二级学院院长调查样本行业背景结构数据统计表

学校编码	有行业背景	无行业背景	有行业背景比例/%	无行业背景比例/%
A 校	1	13	7	93
B 校	1	8	11	89
H 校	1	17	6	94
G 校	0	14	0	100
K 校	0	12	0	100
总计	3	64	4	96

以上七个方面的结构分析,都是研究高校二级学院院长时必须要观照的内容,对院长教育领导力的培养与提升是很有借鉴意义的。最后要说明的是,上述 5 所调查院校院长的样本数据均截至 2019 年 9 月份。

第二节　院长教育领导力成功型案例的解读与分析

院长教育领导力成功型案例,主要是指院长教育领导力比较强所带来的领导学院发展工作中的成功事例。不论是领导者还是一般的群众都希望有一分付出就有一分收获,都希望自己从事事业的道路上少些曲折多些如意,做每一件事都希望获得成功。就高校来说,学生如此,教师如此,校级领导如此,二级学院院长也希望如此。习近平总书记在全国教育大会上指出:"教育是民族振兴、社会进步的重要基石,是功在当代、利在千秋的德政工程,对提高人民综合素质、促进人的全面发展、增强中华民族创新创造活力、实现中华民族伟大复兴具有决定性意义。"①作为二级学院的院长,无不希望在高等教育发展中贡献自己的一份力量,在学院治理中发挥好自己的聪明才智,使自己的教育领导力水平在学院治理中淋漓尽致展现,真正承担起大学治理重心下移的时代使命。根据前面笔者的分析,院长教育领导力可以从院长的先进领导观念、核心领导素养和关键领导能力三个层面进行归

---

① 习近平出席全国教育大会并发表重要讲话[EB/OL].(2018-09-10)[2020-09-08]. http://www.gov.cn/xinwen/2018-09/10/content_5320835.htm.

类。领导力是胜任力的核心,执行力的基础和保障,院长在治理二级学院过程中都是在充分发挥自身教育领导力去点燃学院治理的引擎,推动学院内涵发展的。既然组织和学院师生已经把学院治理的重任交付给院长,那么院长如何才能不辜负组织和师生的期待呢？院长教育领导力作用的发挥首先直接体现在院长的领导行为中,最后体现在领导效能上。判断院长教育领导力的成败主要也是分析院长教育领导力在学院治理过程中的作用发挥如何,体现的领导效能如何。

一、院长的领导观念决定着学院改革与发展的思路和举措

大学治理重心下移之前,二级学院的管理完全是听从于学校一层的指挥甚至指令,学院单独想做的事情基本上是难以开展的。大学治理重心下移后,学院院长不再是学生寝室的管理与服务者了,而是学院整个发展的主要设计师,学校办学方略的主要执行者,身份角色发生了改变,责任和所承担的使命更加艰巨。此时,假如院长的领导观念不能与时俱进,是难以适应当前高等教育发展面临的困难和挑战的。

(一)院长的教育观对学院发展有着潜在的导向作用

院长的教育观是其在对高等教育本质属性深刻领会的基础上不断形成的,它是院长领导学院发展,实现教育理想的指南。院长有什么样的教育观,就有什么样的教育行动。院长有没有先进的教育观念是学院能否获得发展,能否取得成功的主要因素之一。

在笔者调研访谈到的 A 校 A13 院长,这位院长已经有 16 年的任职经历(包括原来学校还没有升格为本科院校之前的任职时间),学院由刚刚升格为本科院校时的一个教师教育类专业,发展到既保留传统又开拓新型专业的学院,是笔者所访谈学校中学院发展较为全面、转型发展成效十分突出的院长。究其原因,主要是这位院长在领导学院发展的过程中,注重从学院发展全局去考虑问题,特别是注重了地方本科院校如何转型方面的思考,对于学院的发展能够把握高等教育发展的本质属性,抓住内涵式发展的关键,如学科专业的调整,应用型人才的培养等。突显出该院长具有良好的教育观。

我做院长已经 16 年了,当然包括原来学校还没有升格为本科院校之

前。但是，升格为本科院校后也已经担任了 14 年的二级学院院长，十几年的院长经历，我的一个体会就是要有自己的教育观念，并且要与时俱进。学院从原来专科时期的一个系且只有一个专业发展到一个二级学院，并且现在有三个本科专业，由原来单独培养教师教育类专业人才到现在培养工科类应用型人才，学生规模由原来不足 200 学生，发展到现在将近 2000 学生，由原来单一的人才培养模式到现在校企、校政合作协同育人，从原来教师只有教学到现在教育教学、科研和服务社会融为一体，从原来办学定位只局限当地到现在主动融入粤港澳大湾区。这些都得益于自己教育观念的转变，如果没有观念的转变，因循守旧，学院是不可能有这样的改变的。（A 校 A13 院长）

地方本科院校发展过程中，二级学院发展不平衡是非常突出的问题，而发展得好的学院，主要是因为院长有思想、有想法，其领导观念、教育观念认识到位。在学院发展的过程中，作为二级学院院长，如果缺乏一定的教育观，出现观念上的滞后，思想上的短路，是很难适应当前高等教育改革发展新趋势的。

二级学院的发展一定要结合地方特点，发挥地方办学方面的资源优势以及需要高校弥补地方发展中的一些不足。正是基于这样的考虑，我们学院的专业由原来只有汉语言文学专业，发展到秘书学、广播电视编导、数字媒体艺术、网络与新媒体及播音与主持艺术等六个本科专业。同时，我们在汉语言文学专业基础上，结合地方方言丰富的特点，成立了全国首家语言博物馆，专门组织原来钻研汉语言文学专业的教师研究地方方言，并且获得了一项国家社科重点项目。（A 校 A1 院长）

A 校 A1 院长所谈到的也是如此。大学的发展不能闭门办学，二级学院的发展更加是要紧跟地方发展实际，一个学院的学科专业发展，当然离不开学校的顶层设计，但是主要的还是取决于二级学院院长如何带动老师去谋划，去思考并开创。院长没有一定的教育观，就不会有办学的思想和发展的办法。

党的十九届四中全会明确提出要"推进国家治理体系和治理能力现代化"，同时提出领导干部要增强学习本领、政治领导本领、改革创新本领、科学发展本领、依法执政本领、群众工作本领、狠抓落实本领、驾驭风险本领，发扬斗争精神,增强斗争本领。[①] 这是新时代党中央对领导干部提出的新要求,也是领导干部必须牢固树立的领导观念。唯有如此方能真正发挥好领导干部把方向、谋大局、定政策、促改革的作用。那么,高等教育应该如何推进治理体系和治理能力现代化,作为二级学院院长来说,首先是要从思想上和行动上回答好"怎么治理学院、为谁治理学院、达到什么样的治理成效"等这三方面的关键性和根本性问题。而要回答好这些问题,院长必须有科学的教育观念、正确的执权理念和开放的人才观念。

在访谈过程中,学校领导对院长是否有先进的领导观念,特别是教育观念反应十分急迫,校领导 C1 在访谈过程中特别强调了如下感想:

目前对二级学院发展来说,院长的作用是非常关键的,从某种程度上说他是二级学院的首领,有很多工作需要他去谋划部署和落实。学校一层应该主要是把好方向,二级学院只要办学方向正确,可以大胆地在人才培养模式、学科专业建设、服务地方发展、开拓协同育人路径等方面去发力。当然,这也考验着院长的教育理念如何,教育思想如何,管理理念如何,管理方略如何。因为院长的理念影响着教师如何去教,教师如何去研,教师如何深入社会服务社会发展等方面的问题,甚至也影响着学生如何去学,学生成长为什么样的人才等方面的问题。(校领导 C1)

上述访谈中的案例证明,院长的教育观对学院的发展有着潜在而重要的导向作用。

(二)院长的人才观事关学院教师工作积极性发挥和人才培养规格的设计

院长的人才观首先表现在师资队伍建设观,师资队伍建设关系到学院办学潜力的挖掘,院长对师资队伍建设的观念如何,直接影响着学院教师工作者的积极性。学院的发展靠人才。如何打造专业水平过硬的师资队伍是院长治理学院的关键。好的院长就是善于让学院拥有各方面的人才,领导好学院各方面的人才,善于发挥各方面人才的作用,使学院能够人才辈出,才尽其用。因此,院长的人才观念如何完全可以说对学院发展的影响是深远的。

对二级学院如何才能稳定人才、用好人才,让教师自己在所在的学院中

---

① 中共中央关于坚持和完善中国特色社会主义制度 推进国家治理体系和治理能力现代化若干重大问题的决定[N].人民日报,2019-11-06(001).

能够得到充分发展,是学院发展的基础。为此,作为二级学院院长要关心、关注教师的发展,甚至要引导好教师发展。访谈中校领导 C2 谈到的问题,是非常值得院长思考的。

二级学院是汇聚人才的洼地,也是各类人才成长和发挥作用的温床。人才政策主要依靠学校层面来出台。但是除了人才政策的出台以外,洼地和温床的环境如何也是非常非常关键的,因为洼地的水分如何,土壤如何,温床的温度如何,有的时候学校层面是难以掌控的或者难以了解的。因为有的知识分子遇到困难或问题不一定直接反映到学校层面。因此,关键还是要看二级学院的领导使用人才的观念,对待人才的观念如何。学校一层要考虑待遇留人、环境留人、事业留人、感情留人,作为二级学院院长来说,无论在哪种留人方面都有很多文章可以做,依然是要看院长的人才观念如何。(校领导 C2)

无论是政府机关、企业还是高校,"人才大战"是摆在各行各业、各个领域的客观事实。在我国高等院校,"人才争夺战"已是"白热化"的问题,特别是在一些地方本科院校出现了个别高层次人才通过更换工作单位获取人才引进费用的现象,即此类人才只要服务期满就立马更换单位,从而再次得到人才引进费用。当然,从常理上说,这样的现象也是正常且可以理解的。这也是人才价值的体现。但是,我们从另一个角度分析,是否可以反思:人才大战关键是在"引"还是在"培""稳"和"留"。这是值得高校校级领导和二级学院领导思考的问题。笔者始终认为:高校人才队伍建设是高校战略性的工程,是高校发展的关键。人才队伍建设学校层面有很多地方要进行改革,如人才建设规划、人才考核与评价体系、人才激励和保障机制等,而从学院层面来说,如何营造良好的人才引进、使用、培养、服务的环境这是学院必须要面对和思考的。因为,学院院长可以说无时不在面对各类人才。笔者访谈 A 校 A14 院长,这个学院成立不到 5 年,总共有 27 位教师,并且有 17 位是博士,可以说,这在欠发达后发展地区的地方本科院校中是少见的。那么,这个学院为什么能够在短短不到 5 年的时间,就在人才工作方面取得这么好的成效?主要是因为 A14 院长有先进的人才观,并且主要是在引进、使用、培养、服务这四个方面做了努力。

从人才引进上来说,通过学院班子的引领,全院老师形成了一个共同的认识:引进人才特别是高层次人才是学院的福,是学院发展的强大动力,引进人才不是抢老师们的饭碗,而是带领老师们一起打造金饭碗,这个认识看似浅显,但是能够从内心认识到位是难能可贵的。为此,我经常与老师进行深入的沟通和交流,让每一位老师都能为引进人才出力、展热情,而不是在后面泼冷水。这一点很难得,每次有博士来应聘面试,老师们的真心实意、热切期望打动了应聘者。而从使用上来说,就是要为引进的人才发挥作用,搭建教学科研发展的平台,注重充分用好每一位老师的专长,使每一位老师在学院发展过程中都有存在感、幸福感。(A 校 A14 院长)

人才工作不论对学校还是二级学院发展来说其重要性、战略性是不言而喻的。在知识分子聚集的地方,院长要树立科学的人才观可以说比任何领导岗位都重要。正如在领导观念维度分析中所谈到的,院长唯有牢固树立正确的识才观、无私的爱才观、开明的用才观、积极的育才观才能把引进人才、培养人才、使用人才、稳定人才的工作做好,真正达到英雄有用武之地。

院长的人才观同时也指院长的人才培养观,具体表现在人才培养的能力观和质量观上,即人才培养的规格上。院长的人才培养观念如何,直接影响着学院人才培养特色的打造。"培养什么人,怎样培养人,为谁培养人"是院长必须全面透彻理解的根本问题,因为这直接关系到人才培养目标的实现。"无论何时,高等教育都必须担负传承文化、培育高级专门人才的使命。"[1]质量是高校和二级学院发展的生命线,质量也是高校和学院内涵发展的核心本质。在学院治理的过程中,高校内外都极其强调内涵发展与质量提升。这是因为在高等教育规模扩大的同时,人们对高等教育质量的担心与日俱增。人们在怀疑以牺牲质量为代价的发展是否真正值得。[2]在如此背景下,如果院长不带头审视人才培养观念,对内涵发展缺乏正确的理解和认识,我们就无法把好学院发展的时代脉搏,人才培养质量的提升就无法落实。A 校 A8 院长提出的人才培养思路,就是对接了应用型人才培养规格的新趋势而着手改革的。

在我做院长期间,对如何培养应用型人才,提出了"三个坚持"的人才培养工作者思路。即始终坚持走深化产教融合、校企合作的内涵式发展道路,以培养应用型人才为目标;始终坚持"以学生为中心、以产出为导向、以能力为核心"的教育教学理念,充分调动学生参与创新创业的热情,将学生学科

---

①　王洪才.论高等教育的本质属性及其使命[J].高等教育研究,2014(6):1.

②　王洪才.论高等教育内涵发展[J].教育发展研究,2006(13):14-17.

竞赛和创新创业能力提高到一个新的水平;始终坚持落实教师主体地位,增强教师获得感和荣誉感,全面提升教师创新创业能力和教学科研水平。目前,我们已按照"八个共同"标准初步形成了产教研融合、校政企合作的应用型人才培养模式,创新创业教育和学科竞赛水平不断增强,学生就业质量明显提升,服务区域经济社会发展能力显著提高。(A 校 A8 院长,NET·A8)

而在 B 校 B7 院长所在的学院,在其领导下,在如何培养好教师教育类的学生,提高师范生技能方面,其突出的应用性特点也是十分明显的。

我们学院是教师教育学院,主要是要培养好地方中小学教师,这就是我们的办学目标和办学定位。作为院长我提出了"铸师魂,练师功,磨师艺"的人才培养理念。这个理念一提出来,教师的教学观念和学生的学习观念都有了很大转变。例如,学院所采取的第一课堂与第二课堂的协同育人机制,师生共同参与的积极性都非常高。在第二课堂中打造的"师范之光"品牌系列活动,使学生师范生技能和今后从事教育事业的思想境界都得到了提升。通过第一课堂与第二课堂的协同,学生的师范生素养不断提升。每年参加各类师范生技能大赛均获得了很好的成绩,特别是我们的毕业生深受中小学的欢迎。(B 校 B7 院长,NET·B7)

作为地方院校来说,无论是在学科专业建设方面还是人才培养工作方面,和老牌知名本科院校甚至和研究型重点大学比,都具有自身的优势和特色,这是院长必须要有信心的。而从人才培养方面来说,院长一定要对理想人格设计有全面透彻的理解,并且形成学院人才培养的理念,作为学院办学的指导思想。并善于把人才培养理念渗透到学院教育教学、科学研究、社会服务以及行政管理工作中的各个环节,使诸如此类工作的组织与实施都适应人才培养观念的要求。院长办学思想中有了先进人才观念的指导,就会结合地方人才需求,根据学院的实际,设计学院人才培养的规格,形成学院人才培养特色,把培养应用型人才作为自己的目标,使人才培养真正服务于地方经济社会发展。

(三)院长的权力观关系到学院民主办学的落实和办学活力的激发

从管理到治理不仅仅是一字之差的问题,更重要的是管理理念要更新,管理手段和方法要更科学,管理的目标和关注度更加体现注重人们的利益诉求、内在的和谐和个体的创造性的激发。这些都要求院长要好好地反思如何运用好手中的权力,如何发挥好手中的权力以及自身无形的影响力。

一个二级学院院长领导是关键，但是绝非否认其他班子成员的作用，绝非学院发展就是院长一个人拥有决定权。这要求院长要善于发挥好班子成员的作用，班子集体的智慧以及学院各学术组织的作用，真正体现教授治学；同时还要求院长要善于运用好二级学院的决策机制，充分发挥好二级学院党组织委员会议事规则以及党政联席会议决策机制。这是院长的领导观念中的权力观念体现，也是院长大局意识的体现。

在二级学院院长行使手中权力的过程中，要有大局意识，知道如何用好手中的权力为学院的发展、教师的发展、学生的成长助力。为此，应该具备较高的独立思考和创新思维能力，不能事事依赖上级，不能做传声筒，应该在把握上级决策的基础上，结合本学院的实际情况，创造性地开展工作；对工作中出现的新问题，对学院发展过程中出现的分散的、众说纷纭的观点，对团队分管成员工作中遇到的难题，要独立思考，能够起到正职领导的作用；对以往的决策，发现与现实情况有偏差时，要及时修正，防止失策造成损失。这就是要提醒院长在领导学院发展工作中既要民主又要集中。B校B5院长在发挥好院长应有的权威，运用好院长手中的权力方面，是做得比较好的。

作为院长在学院发展决策的过程中，我非常注意一个问题，就是坚持末位表态。这看似一个形式，其实是院长是否民主运用权力的表现，同时更加能发挥集体智慧，也是民主的表现。（B校B5院长）

院长在治理学院的过程中自己手上或多或少都掌握一些办学资源，办学资源的分配与使用是院长权力运用的直接体现。为此，院长在行使手中权力进行资源分配时必须要注意用一把尺子来衡量，做到一碗水端平。如此方能用手中的权力凝聚更大的发展力量。院长在教师中的威信和威望不完全是利用职位和职权树立的，而更多的是看院长如何规范、如何公平公正运用权力树立的。在学院中无论温雅的老师还是有个性的老师都是学院的老师，无论好的学生还是有问题的学生都是学院的学生，当院长运用手中权力处理师生当中的问题甚至矛盾时，如果自己心中有老师和学生，处理这些问题和矛盾相对来说是比较容易的，不然的话会导致问题更加扩大化，矛盾更加激化。A校A13院长担任院长十几年，一直能够得到老师们的支持和肯定，主要该院长能够秉公办事，有宽广的胸怀，处处能从大局着手，处处能为师生着想，真正把手中的权力用在为学院发展、教师发展、学生发展做一些实事上。这是其能够得到师生鼎力支持的关键。

我领导学院十几年,师生在学院的幸福感和获得感都比较强,学院每年都能够得到学校绩效考核一等奖,并且是自从设立奖项以来年年如此。我什么时候都为老师考虑,为老师着想,无论校内校外有什么资源利于学院教师发展的,我都会积极为老师争取,哪怕只有一个老师能获得。例如老师要在地方争取项目支持,只要用得上我和老师一起去跑项目的,从来没有推辞过。诸如此类,学院老师对我非常放心,无论是工作上还是生活上,有什么都愿意和我沟通交流。我们班子沟通也非常好,从来不会当面是一套,背面是一套,因为班子成员之间善于沟通交流,有的时候我与学院书记意见不一致的,我们就先放放,大家都想好了再交流,交流好了意见统一了才决定,老师非常肯定我们这一点。(A 校 A13 院长)

转变观念是历史发展的必然,观念的转变必须顺应时代发展的需要。大学治理重心下移二级学院的趋势下,院长顺应高等教育发展的趋势,善于转变观念,是学院治理、内涵发展和转型成功的关键。唯有如此,学院发展方能更好行稳致远。因此,院长的领导观念是院长治理好学院的压舱石,院长的领导观念科学才能把好学院治理的航向,才能确保解决大学管理重心下移带来的各种新问题和新挑战,真正有效推进学院的改革与发展。

二、院长的领导素养影响其领导观念的展现

院长教育领导力维度要素构建中的第二个类别是核心领导素养,包括院长的人格魅力、学术造诣和领导艺术三大维度要素。这三大要素的提出也是基于高等教育的特点以及院长拥有的行政权力和学术权力去考虑的。作为院长来说,在治理二级学院中所体现出来的主要是行政治理和学术治理。要达到学院治理的良好效果,除了院长的领导观念外,就是看院长领导素养如何。因为大学以及学院组织的学术特性,意味着院长除必须具有领导人应有的人格魅力外,还要看其学术水平如何。院长的学术水平无形地在治理过程中产生重要影响。如果院长对本学院的学科专业不熟悉、不专业,在大学二级学院来说很难做到外行领导好内行的。而院长的领导艺术可以更好助力院长领导效能的实现。厦门大学王洪才教授在研究大学治理时指出:管理比较注重垂直权威的运用,强调正式权力,强调任务职责的分配,而治理则强调每个成员的共同参与精神,强调非正式权威,强调文化的

引导力量。大学管理注重正式权威,而大学治理则注重无形权威。[①] 那么,院长的无形权威是什么呢? 笔者认为:院长的人格魅力、学术造诣和领导艺术就是无形的权威,它影响着院长领导行为和领导效能。

管理心理学一般将权力分为合法权力和由影响力产生的权力两大类。[②] 笔者认为合法权力一般是指与职位相对应的权力,如院长这一领导职位相应的权力;而由影响力产生的权力一般是指由个人的专长或特长以及自身人格魅力这些影响力产生的权力,这也是一种无形的力量。二级学院治理的过程中院长既要用好院长职位相应的领导权力,同时更加要注重培养提升自己学术专长以及人格魅力所带来的影响力,因为这无形中影响着教师,影响着学院的治理。

(一)院长的人格魅力是统率学院师生形成教育行动合力的强大精神动力

院长的影响力来自两个方面,一是来自院长职位对应的权力,权力性的影响力具有强制性、直接性以及阶段性的特点;二是来自院长自身努力形成的人格魅力,也就是非权力性影响力,它具有自愿性、间接性以及长远性的特点。对院长的人格魅力来说,这直接关系到院长本身的价值观问题,人格魅力好的,按理其价值观应该是符合实际发展要求的,也是被人们所认可的。俗话说,"近朱者赤,近墨者黑",这是很有道理的。在一个学院,院长的人格魅力会无形地影响着师生,也直接影响着学院师生教育行动合力的形成。院长的人格魅力除具有良好的品德外,直接体现在面对工作及其困难敢于担当,甘于奉献上。在访谈的过程中,职能部门负责人 D1 不愧是做组织工作的,并且平时对院长的了解也比较全面,其对院长人格魅力的理解可以说是十分全面且深刻的,在此,笔者引用这位负责人的认识来证明,人格魅力在院长教育领导力中的重要位置。

没有完美的个人,只有完美的团队。一个二级学院就是一个大的团队,学院院长就是团队负责人,应该具备团队精神和团队负责人的人格魅力,团结全体成员,凝聚人心。团队带好了,工作成效就有了,反之一盘散沙,学院的工作无法顺利开展。一个二级学院的院长,即使具备各种优秀的素质能力,如果没有敢于担当的精神,在难题面前,不敢为,不敢试,那么难题解决

---

① 王洪才.大学治理的内在逻辑与模式选择[J].高等教育研究,2012(9):24-29.

② 谢新观.远距离开放教育词典[M].北京:中央广播电视大学出版社,1999:565.

不了,问题只会越来越多。如果在矛盾面前,敢抓敢管,勇于担当,在化解矛盾、解决问题中抓落实、促发展,开拓创新,抓铁有痕,那么一个学院的各项工作就可以顺利开展,学院的建设水平才能提高。组织部门在选人用人的过程中也是非常注重这方面表现的。(D1 职能部门负责人)

此外,在访谈中了解到 A 校 A11 院长,其所在的学院为什么有发展,主要是院长不仅当领导,而且事必躬亲,身先士卒。院长本身的人格魅力影响了学院教师参与学院发展的积极性、主动性、创造性。

我刚刚接手学院管理的时候学院只有一个属于建筑类方向的工程管理本科专业,老师也只有二十来位,学院就只有一间实验室,学生不到 500。这一年刚好市里面提出要发展装配式建筑,目标是要成为一个千亿元产业。这激发了我对学院发展的思考:到底是等到条件成熟再拓展专业,还是一边拓展专业,一边改善办学条件?我广泛征求学院老师的意见,支持的有,反对的也不少。最后,和学院班子商量,最后决定还是要一边拓展专业,一边改善办学条件,有条件要上,没有条件也要创造条件上。正是基于这样的考虑,在学校的大力支持下,学院三年内申报了土木工程、工程造价两个本科专业,同时引进了 7 名高职称、高学历教师。新建设了两个工程实验室和一个装配式建筑实验室,同时还成功申报省级装配式建筑工程实验中心。为了学院的发展,我在自己办公室搭了一张简易床,晚上写材料写到很晚就在办公室睡觉,免得回家太晚打扰家人。正是因为这样,学院老师齐心协力,不论工作多么辛苦,毫无怨言。(A 校 A11 院长)

人心齐,泰山移。在二级学院如何才能做到人心齐,如何才能形成师生良好的团队意识、集体观念,同时让每一位师生都能感受到学院的温暖,这关键是要看院长如何带头关心师生,团结师生,是否对师生有感情,有人文关怀。如果院长只关心师生工作、学习是否认真,对工作、学习之外的如师生的思想、生活以及工作学习中遇到的困难或者问题漠不关心,那是很难做到"人心齐,泰山移"的。

作为院长要有宽广的胸怀,不要担心老师超过自己,而是要多关心青年教师的成长,让老师们能够感受到你的为人如何,做事如何。让师生感受到院长到底是想干事,还是怕干事,会干事还是乱作为,这样才能汇聚学院各方面的力量。(A 校 A12 院长,Z·A12)

此外,院长的人格魅力要体现在对教师的"培养"和"服务"上,体现在日常与师生工作或者交流的一点一滴上,A 校 A14 院长在平时的工作生活过程中,非常注意关心老师的状况,并且真正体现到实际行动上,得到了师生们的一致好评。

　　作为院长关键是要用真情实感对待人才,在学院里不论是博士教授还是一般的老师,只要身体不舒服住院了,或者在医院打点滴,我只要知道都会亲自去看望,这一点老师们很为我点赞,有的老师经常说:"学院有这样的院长,我们不努力工作,怎么好意思呢?"(A 校 A14 院长)

　　因此,作为院长就是要学会关心人,自己心胸要宽广,在学院里面能够做到把适合的人用到合适的岗位上,或者能够发挥他应有的作用,再加上自己用真心真情真意去对待、尊重每一位教师,真正体现感情上的温暖,真正营造适合人才发展的温床,让每一位老师随时随地都能感受到自身存在的价值,这就是院长教育领导力中人格魅力的真正体现。

(二)院长的学术造诣有利于打造学院核心竞争力

　　大学和二级学院本身就是一个学术组织。大学里从教师到学生每一个人都与学术有关。作为领导一个学术组织的学院院长,不能没有学术背景和学术经验。可以说,由有学术影响力的专家、学者出任二级学院院长或者是学校校长,是大学这种特殊组织的要求和需要。因为,只有懂得大学或者学院内涵发展的领导人才能更好领导大学和学院发展。大学和学院的内涵发展主要是学科专业的发展和人才培养质量的提升,而这两个方面都直接与学术密切相关。院长在学院所属学科专业上有学术造诣,可以更好地引领学科专业的发展,带动和营造学院良好的学术氛围,同时也有利于打造学院核心竞争力。

　　在访谈中,了解到的 A 校 A12 院长,就是由于其本身学术水平高而带动了学院学科专业发展。这位院长是 2015 年 5 月从某省某"211"大学引进到 A 校并担任二级学院院长的。来之前 5 年,A12 院长已经在国内外专业刊物发表论文、获国家发明专利授权、主持完成国家自然科学基金以及国家科技支撑计划课题等方面均取得了不少成果。引进到 A 校后,2016 年又成功申报获得了国家自然科学基金、省自然科学基金项目。作为教育部高等学校食品科学与工程类专业教学指导委员会委员、省本科高校食品科学与工程类专业教学指导委员会委员,同时又受聘为××学者、省级特聘专家以及省级果蔬保鲜和深加工研究人才小高地负责人。在 A12 院长带领下,短短 5 年,学院拥有食品科学与工程学科省级一流学科(培育)、省级果蔬保鲜和深加工研究人才小高地、省级果蔬保鲜和深加工院士工作站、省级水生蔬菜保鲜与加工工程技术研究中心、省级马蹄加工工程技术研究中心、现代食品加工新技术研究省级特聘专家岗、省级农业硕士（食品加工与安全）专业学位培育点、省级农产品加工及贮藏工程重点学科、省级高校食品农产品质量安全重点实验室、省级高校特色资源开发与利用研究实验室等 13 个学科平台。省级马蹄加工工程技术研究中心通过验收，省级果蔬保鲜和深加工院士工作站绩效评估被评为优秀。近 5 年学院承担省部级以上科研项目 27 项，其中国家自然科学基金项目 10 项。获省级科技进步奖二等奖 1 项，省级科技进步奖三等奖 1 项，累计共发表学术论文 300 多篇，其中 SCI 论文 50 多篇，获授权国家专利 20 多项，学院不论是在教学还是科研乃至服务地方工作等方面都有了很大的跨越。

近 5 年觉得自己作为院长比较成功的是通过自己学术上的成绩，影响并带动了整个学院教师参与科研的学术氛围，推动了学院科研服务地方工作的开展。在担任院长的过程中，我结合学院新进博士、硕士较多的实际，根据老师们的研究兴趣和研究专长分别组建了 6 个科研团队，并经常通过定期组会、个人交流、企业调研、学术交流等多种方式，从学术、科研、人生等方面，分别对 6 名博士、2 名硕士等年轻科研人员进行指导，分享个人的经验，以便他们少走弯路，尽快适应环境，进入角色，找准定位。能够取得这些成绩，我认为主要是自己作为学术带头人，注意充分发挥自己在学术上的优势带动影响教师。在这方面自己感受很深，每当科研项目申报，每当开展学术交流，同事们那种对自己肯定赞许的目光十分令我感动。因此，院长的学术造诣不仅影响着老师的发展，也影响着学院的发展。（A 校 A12 院长，Z·A12）

从 A12 院长身上可以看到院长的学术造诣对一个学院发展是具有重要影响的，示范带动作用极其明显。这一方面是院长的学术造诣直接关系到学院内涵发展中的真正内涵问题，如果一个院长对所在学院的学科专业不是很了解，没有一定成就是很难在老师中树立威信的。在学院的学科专业上具有一定的学术造诣方能更好引领学院发展，当然也可以为师生集聚更多的资源。院长的学术造诣也影响着一个学院的学术形象。因此，现在不论重点大学还是地方本科院校选任院长都相当看重职称和学历。前面调查数据统计，在地方本科院校中具有教授或副教授职称担任二级学院院长的比例也占到 95% 以上。

院长具备足够的学识，也就是学术水平，才能够看清办学与学科建设的

发展方向,把握并抓住二级学院发展的机遇。(B校 B3 院长)

　　二级学院是高校的一个基层学术组织,这决定了二级学院院长应该具备较高的学术水平。学术水平高,其影响力就大。实际工作中,有的领导班子之所以对正确的意见集中不了,对讨论过程中出现的分歧意见统一不了,错误认识纠正不了,并非都是领导水平低,在很大程度上是因为二级学院的院长的学术水平不突出,在领导集体、教师心中的威望不高。(D3 职能部门负责人)

　　具有一定学术造诣的院长的确是有着无形的领导力量,因为他可以把握学科专业发展前沿,了解学科专业发展动态和发展方向,更加有可能找到学科专业的突破点,从而更好地领导学院,打造好学院发展的特色。

(三)院长的领导艺术有利于营造良好的领导环境和学院发展环境

　　领导本身就是一门艺术。院长领导二级学院的发展要有科学的领导方法和高超的领导艺术。院长的领导艺术首先有利于营造良好的领导环境。领导首先是做人的思想和心理工作,对被领导者产生影响力,而如何更好地产生影响力,把被领导者的人心凝聚在一起,从一定程度上来说,有赖于院长领导的方法和艺术。如在领导的过程中,经常会出现一些尴尬的局面,有的院长处理起来游刃有余,而有的院长处理得不如人意。处理得好的可以营造一种融洽的氛围,让被领导者更加信服院长的领导;处理不好的可能陷入被动甚至矛盾的状态,可能引起被领导者对院长的反感。可见,领导艺术对良好领导氛围的营造有着重要的影响。正因为如此,在领导情境理论中特别强调要通过创新领导行为方式和方法去营造更好的领导情境,而创新领导行为方式方法就是指领导艺术。

　　院长与学校机关、教辅部门的处长之间的不同,突出表现在院长要直接面对师生,如何面对师生,特别是当师生对院长提出的意见建议不采纳,甚至反对时,如何处理此类问题,这考验着院长的领导艺术。A校 A7 院长在处理一些矛盾或者不解过程中,沉着冷静应对不同意见,这就是很好的领导艺术的表现。

　　记得有一次,学院开着教职工会议讨论教学常规管理与改革方案,突然一位中年老师怒气冲冲地站起来,指着分管教学工作的副院长大声叫嚷(笔者注:后面了解到这位老师本身一直都对分管领导有意见),说坚决反对学院准备推行的改革,因为学院从来不站在老师的角度考虑问题,如经常发生上交的材料布置太突然,并且上交材料后还要改来改去,很多工作都是在浪费老师的时间,白费功夫,等等。面对这样的情况,千万不要老师急躁,院长也跟着急躁,也不能草率结束会议。而此时,我心平气和地站起来,讲了三个问题,一是对老师敢于大胆提出意见建议和分管领导敢于进行大胆改革都给予肯定;二是对提出意见建议的方式方法提出了批评;三是表明以后学院制定和出台各种措施和方案要广泛征求意见。类似这样的处置方式和方法赢得了老师(包括有意见的老师)的好评。(A 校 A7 院长)

从上述例子可以得知,院长在领导过程中,不论是对师生还是对工作,一定要有领导智慧,遇到问题和困难不能简单行事,要理智处置,这既体现院长的领导智慧和领导艺术,也体现了院长的人格魅力。

其次,院长的领导艺术也有利于营造好的发展环境。营造好的发展环境首先又表现在院长的决策艺术上。同是在二级学院,有的学院院长领导有方,学院发展比较好,而有的院长尽管工作非常尽力,但是领导效果不能令人满意,这也是可以从领导方法和领导艺术上找原因的。例如,在领导工作中通常有重点与非重点工作之分,有取和舍的矛盾选择,这就牵涉到领导艺术的问题,到底是眉毛胡子一把抓,还是分清主次、轻重缓急,有重点、有步骤地去落实;在取舍方面应该如何做出科学的判断和抉择。这些就是院长领导学院发展决策中要注意的决策艺术问题。

我们学院的法学专业目前已经成为省级的特色专业,其实这个专业的发展经历了非常曲折的道路,此专业是当时学校升格为本科院校 8 个本科专业中仅有的两个非教师教育类专业。起初生源还是不错的,可是到了2010 年学校提出优化专业设置:一是裁减专业,想把这个专业纳入优化专业之一,即不再招生了;二是改造专业。作为院长心里急啊,想的肯定是怎么能保住专业并且要办出特色,让学校领导、教务部门负责人以及其他学院支持。当时在学院学术委员会和教学指导委员会上讨论,大概有一半的老师提出既然学校有意裁减就让它裁减吧,省事! 有一半的老师坚持不能随意裁减专业,而应该好好改造专业。如此状况下,作为院长既不能直接批评赞成裁减专业的老师,同时也要想办法肯定支持改造专业的老师,更不能责怪学校把皮球踢给学院。其实对地方本科院校来说,申办一个本科专业极其不容易。为此,我从三个层面做了分析,最后阐明各方面的考量。大家同意选择保留法学专业,改造发展。后来,在实施课程建设工程的基础上,提出了"卓越法律人才培养计划",并按照"行业指导、校企合作、分类实施、形式多样"的原则,建立和形成与基层司法、执法机关以及中小企业等法律事务部门信息交流和人才培养的合作与联动机制,不断进行课程体系和教学内容、教学方式与方法等方面的改革创新,优化具有自身优势和特色的法学专业人才培养模式。正是基于这样的决策,才有了现在的省级特色专业。(B校B9院长)

院长领导艺术中能够有利于营造好的发展环境,其次表现在院长的领导沟通和协调艺术上。其实,院长在领导工作中经常担心的一个问题是学院的发展别人不理解甚至被误解,从而得不到应有的支持和帮助。这恰恰又考验着院长的沟通和协调能力。

作为院长要善于与师生沟通,才能够得到师生对学院发展的鼎力支持,而与师生的沟通不能只为一时一事而进行,而应该要常态化,有时哪怕就是利用午餐时间和师生沟通都能够获得意外收获。我们学院近年来很多横向科研项目,就是和老师沟通获取信息后,一起去争取得到的,横向科研项目的获得不仅为教师发展提供了平台,也推动了教学、科研工作的提升,并且更好地体现了社会服务的职能。(B校B1院长)

而院长领导团队艺术和危机处置艺术对学院良好发展环境的营造更加毋庸置疑,在此不再列举。

诚然,院长的人格魅力、学术造诣和领导艺术也是院长在领导学院教学科研、社会服务以及行政管理工作中不断历练,不断培养提升的。教育是"传道、授业、解惑"的工作,如何带领好学院的教师做好"传道、授业、解惑"的工作是院长职责所在。院长具有良好的人格魅力、深厚的学术造诣以及高超的领导艺术可以为学院发展、教师发展以及学生成长带来深远的影响,是率领师生形成教育行动合力的重要推动力量,也是院长行使好职权必需的素质要求。

三、院长的领导能力是院长统御和指引学院发展的关键

说院长的领导观念如何,领导素养如何,有时未必能及时感受得到。但是,当院长面临具体工作部署和落实时,其领导能力如何,执行能力如何,工作思路和举措如何,这些是可以直接感受到的。院长的领导观念和领导素养直接体现在院长的领导能力上和领导工作中。例如,无论新上任的院长还是在任的院长,一般经常会表明近三五年,或者在位期间要把学院引向何

方,要把学院建成什么样的学院,这些都是院长要直接面对和回答的问题。特别是大学管理重心下移后,作为二级学院院长是主动地去担当还是被动地去接受? 在承担新使命展现新画像时应该用何种领导能力去挑起学院发展的担子? 正如前面笔者分析到的管理重心下移后院长的岗位职能发生重要变化,无论从下放的权力、相应的职责和学校以及学院师生们的期待都发生了转变。因此,院长除了拥有常规领导能力以外,笔者特别提出还要有关键领导能力,即学院发展谋划力、内外交往讲演力、办学活力激励力、学院治理规范力。因为只有具备这些关键领导能力,院长才能统御和指引好学院的教学、科研、社会服务和行政管理工作。

(一)学院发展谋划力是院长发挥主观能动性的重要表现

"战略问题是一个政党、一个国家的根本性问题。战略上判断得准确,战略上谋划得科学,战略上赢得主动,党和人民事业就大有希望。"①大学治理重心下移二级学院考验着院长的谋划力如何,作为院长可以结合学校发展定位、学院发展实际,根据高等教育发展趋势和学院内涵发展要求,集学院集体智慧,谋划好学院的发展,充分发挥好院长领导学院发展的主观能动性,把自己的办学思想和教育理念落到实处。通过谋划更好引领和服务于教师发展和学生成长,更好地提升学院办学实力和水平,充分展示院长的专业能力和专业精神乃至教育领导力水平,谋划好学院的发展。

笔者了解到,A 校 A9 院长在学院发展的谋划方面,可以说是既考虑了当下,也考虑了长远。该学院在 A9 院长的谋划下,牢牢把握应用型的本质特征,以社会需求为导向,把办学思路真正转到服务地方经济社会发展上来,转到产教融合、校企合作上来,转到增强学生就业创业能力上来。紧扣打基础、强内涵、促转型、不断凸显"应用＋创新"的办学特色,重点围绕职业素养、专业能力、创新意识,以实践实训为导向、以能力培养为核心、以课程改革为载体、以学生个性发展为目标,不断促进应用型、创新型人才培养。通过 5 年的努力,学院师资队伍结构日趋优化,应用型人才培养质量不断提高,服务地方经济社会发展能力显著增强,应用型、创新型人才培养特色逐步形成。正是由于该学院谋划好了办学的思路和举措,学院培养的人才得

---

① 习近平.在纪念邓小平同志诞辰 110 周年座谈会上的讲话[EB/OL].(2014-08-20)[2020-09-08]. http://www.xinhuanet.com//politics/2014-08/20/c_1112160001_3.htm.

到社会广泛认可,美的、格力、南方电网集团等国内知名企业近 5 年均争相到该学院招录毕业生。

今后 5 年,我们将紧紧围绕学校办学定位和人才培养目标,结合"中国制造 2025"对人才技能的需求,抢抓机遇,深化改革,不断彰显理工特色,推动"新工科"人才培养,力争做学校建设特色鲜明的高水平地方应用型大学的排头兵。为此,我们将根据新工科人才培养目标,广泛开展"智能制造""智能电网"等人才培养方案调研,不断完善人才培养体系。在原有机械设计和机械制造基础上,增加机电、数控、机器人选修模块。在原有电力系统等课程设置上,增加新能源电气、智能电网、建筑电气等方面的课程,使学生通过学习具备智能制造、机器人应用方面的基础知识,以更好地适应企业行业需求。(A 校 A9 院长,NET·A9)

院长的领导观念和领导素养不是虚无缥缈的,院长贯彻落实学院顶层设计更不是停留在思想上和口头上的。院长如何把自己的领导观念、领导素养体现在实际的领导工作中和学院发展愿景上? 首先是看院长对学院发展谋划力如何。也就是说,院长是否有自己的办学思想、办院思路和办学方略。A9 院长在谈到学院发展时,提出的办学思路是非常明确且结合实际的,在办学思路明确后提出的学院人才培养的举措也是十分可行的。该院长结合应用型、创新型人才培养定位和新工科人才培养要求,提出围绕职业素养、专业能力、创新意识,以实践实训为导向、以能力培养为核心、以课程改革为载体、以学生个性发展为目标,在机械设计与机械制造专业的课程模块上增加机电、数控、机器人选修模块。在电气工程及其自动化专业中电力系统课程模块上增加新能源电气、智能电网、建筑电气等方面的课程,使学生通过学习掌握智能制造、机器人应用方面的知识和技能,真正落实了新工科的人才培养要求。A9 院长对学院人才培养的谋划和举措所取得的成效是显而易见的。这也直接显现了该院长在学院发展谋划力方面的能力和水平。

(二)内外交流讲演力是院长扩大学院影响赢得广泛支持的关键

内外交流讲演力既指院长在学院内要善于向广大老师宣传学校以及学院办学理念、办学举措,又要善于向社会推介学校和学院发展情况。如何扩大大学乃至学院的影响力,二级学院如何争取校内校外的广泛支持,这既是学校领导需要考虑的问题,也是二级学院院长需要考虑的问题。地方高校生在地方,可大多数高校当地人们偏偏很难爱上它,这可以从当地高中毕业生报考,以及当地政府机关利用高校资源的情况就可以知道。为了改变此类状况,高校和二级学院在竭力提升办学质量和水平,培育办学特色的同时,一定要注意主动向当地政府机关、企事业单位以及社会各界好好宣传推介学校和学院的办学情况。

当院长后感到最成功的是师生对学院发展更加理解更加配合了,学院在同类院校以及区域范围内的影响力扩大了,学院的办学特色更加突显了。我所在的学院是学校办学历史最悠久的文化与传媒学院,上任之初近一半教师是原来师专时期的教师,他们资历不浅,个性突出。在学院转型过程中,如何让这批有资历、有个性又具有一定教学科研能力和水平的教师转变观念是一个非常关键的问题。为此,作为院长首先提出了"守正创新"的办院理念,也就是一方面要把学院传统的优势"文学底蕴"守护好、继承好、发扬好,另一方面要做好"文学+"的文章,走"文学+新闻传媒""文学+方言"的新路。这就真正考验院长的讲演力。讲演力关系到能否说服教师、说服学校、说服外界(主要是新闻传媒业界)从而得到他们的支持。成立新学院之初,我一有机会就推介我们学院的发展思路和理念,包括参加一些学术会议和项目洽谈活动。也正因为如此,我们得到了全院师生、新闻业界人的支持,得到了凤凰卫视·凤凰教育集团的合作,成为凤凰卫视·凤凰教育集团在内地 5 所合作高校之一,并合作共建全国首家"凤凰数字媒体学院"和"凤凰东盟传媒学院"。(A 校 A1 院长)

院长领导学院的发展关键是如何带动师生同心共谋发展。从 A1 院长的身上我们不仅看到了院长谋划力方面的能力和水平,也看到了院长讲演力方面的重要性。假如院长没有一定的讲演力,应该很难打动教师、学校和业界人士。同时,院长的讲演能力对扩大校内外对学院的了解和认识也是直接起重要作用的。从此看得出院长具有较好的讲演力也是很关键的。可想而知,如果院长只是有思想、有理念、有谋略,但是无法向人们解释说明其来源及其重要性和必要性,人们是很难接受的,更谈不上努力去实现。

我们学院成立之初,整个学院可以说谈不上科研方面的平台,学院分家的时候仅有两间实验室。但是,作为院长可不能指望两间实验室就能让博士教授最大程度发挥作用!没有教学科研平台怎么办?我采取了推介的方式,向当地的政府机关部门、企事业单位宣传学院是结合当地千亿元产业兴办的学院,就是为了做好当地产业的文章。为此,我们把博士送到与学科专业建设相关的政府机关部门、科研机构或企业挂职,找资源,这个效果不错,我们送出去挂职的博士,充分利用机会,努力为挂职单位做些实事,感动了挂职单位的领导,学院的发展因此得到了政府机关部门和企业的大力支持。两三年时间,我们的科研实验平台一下上马了五六个,有的在同类高校里面是首屈一指的,并且还获批了省级实验平台,这就是善于推介学院发展的结果。(A校A14院长)

从A14院长领导学院发展的经历可以看出,"做得"是关键,能够讲得好同样也是重要的。在地方高校发展的过程中,如何提升学校以及各二级学院的知名度,首先要校长和院长都充分运用好自己的讲学能力,在适当的场合、适当的时候推介好办学的成绩和特点。

(三)办学活力激励力是影响学院师生发挥学习工作潜能的重要因素

大学治理重心下移二级学院就是希望能够充分展现学院在教学、科研、社会服务方面的生机活力,使二级学院的办学自主权高效运转好,充分体现二级学院的办学活力。而二级学院的办学活力主要是看学院师生学习工作的积极性、主动性、创造性。有人说院长的领导能力如何,从学院师生的精神风貌就可以推断,这并非无道理。院长领导能力强的,学院各项工作运转有序,工作成效好,师生团队意识强,师生参与学院治理的积极性高,真正能够把自己当作学院的主人;假如一个学院犹如一盘散沙,师生凝聚力差,集体观念不强,参与各项积极性不高,说明院长的领导力有问题。而师生精神风貌、学习工作热情、学习工作态度等教风学风的表现,直接反映出院长领导能力中的激励力如何。一个人的工作热情、工作潜能、工作动机的充分发挥和维持,既有自身主观因素,也有外界客观的环境因素。院长教育领导力中的办学活力激励力就是要求院长善于在适当的时机和环境下,激发、鼓励、调动学院师生参与学院发展的热情和动机,使师生潜在的工作动机能够充分发挥出来。为此,有的学者还提出要善于从行为激励到智能激励,即要善于激发下属的智能,在挖掘下属的潜能和开发其创造性上下功夫。[1]

我所在的学院是艺术类专业的学院,大家都知道艺术类人才是很有个性的,从某种程度上来说,他们的思想觉悟大多数是很难与学校或学院的工作合拍的。有的老师为了自己的专业发展经常是封闭自己,"两耳不闻窗外事,一心只顾自个活"。刚刚当院长的一两年,学院老师对学院、学校的事一点都不感兴趣,有的只顾个人创作,有的只顾搞中小学艺术辅导培训。虽然

---

① 阿荣高娃.领导激励理念创新[J].领导科学,2006(21):40-41.

有三五个教研室,但是每学期基本处于休眠状态。学院中青年教师占80%以上,但是每年学校举办的中青年教师教学竞赛、教职工体育类方面的比赛等基本是弃权。如此状况对院长来说是极大的挑战。可能有的人会说:"面对这样的情况就是要敢于管理,想办法激励。"的确思路是对的。但是仔细想想,大学教师欠管吗?艺术类教师欠激励奖励吗?我认为对大学教师管理和激励必须要"有道"和"有术",要用道和术去激励。为此,在激励方面融合了艺术专业的特点,想办法在激励过程中让广大老师看到自身的价值。于是,分别成立了应用威客教学团队、古建筑保护与研究团队、瑶族服饰文化传承团队等三个团队,老师们结合自己的特点选择加入团队,找到自己在学院的另一个家,学院中自身价值能够体现的家找到了,在这样的家中得到有效激励就好做了。通过3年努力,学院先后荣获国家艺术基金项目4项,省级教学成果一等奖1项,二等奖1项,省级教改项目立项3项,专门成立了瑶族服饰传承与保护陈列馆和师生教学成果展览馆。(A校A10院长)

A10院长的做法,就是善于结合老师的专业特点,通过打造平台激励教师潜能的发挥,从而达到提高教师参与学院工作的积极性、主动性、创造性的目的。当然,院长领导能力中的办学活力激励力在领导工作中的运用一定要讲原则和方法,特别要结合学院的特点与工作的实际,同时也要结合学院与师生群体和个体利益相关的融合点去考虑和设计,这样才能达到激励效果的最大化,否则也有可能不会起到作用甚至是起到相反的作用。

(四)学院治理规范力是提高学院工作效率以及学院走内涵式发展道路行稳致远的关键

地方本科院校大多数是由师范高等专科学校升格而来,教学、科研以及行政管理等方面均一定程度上存在师专时期传统的办学模式和管理方式。具体的突出表现就是:主动担当作为、开放办学的思想、规范管理的意识严重缺乏,在管理中形成了"只要按照上级以及学校的指示去办即可,没有必要去考虑工作创新",导致教学、科研、社会服务以及行政管理等方面的管理工作缺乏预见性、规范性、时效性,这与大学治理重心下移二级学院的要求截然不同。为此,从学校到二级学院都要找到改变现状的突破口,即要从学校以及二级学院规范治理入手。因此,只有学校和学院管理规范且高效,教学、科研、社会服务工作才有可能达到师生和社会的期待,高等教育内涵式发展方能真正落实,学院发展才能行稳致远。

作为院长除了自己在学术方面要有一定的专长,能够引领学院以及师生发展以外,要想在领导学院发展上取得成功,院长本身要有规范意识,以身作则。同时,必须具有一定的规范管理能力,特别是要善于从制定科学的管理制度、明确行政管理工作流程、发挥师生工作协作、营造学院积极向上的治理文化等方面去努力。

A 校 A8 院长在谈到师生对院长领导工作的不满时提及:反观二级学院教师当中对院长领导过程中的不满,大都是因为管理过程中不规范,甚至无序所导致。例如,在教学、科研管理等日常工作中瞎折腾,有时工作变来变去,流程改来改去,反反复复。究其原因,就是管理流程不科学、不规范。因此,作为院长要在规范学院管理工作流程上把好关,这样才能提高工作效率和管理效能。

在 B 校调研访谈中,其学校 B5 院长由于在领导学院发展过程中,根据教师结构特点,再结合工作实际,科学采取管理方法、手段和措施,采取为教师发展着想的管理举措,处处能为教师着想,管理中体现以服务教师教育教学为中心,发挥好各年龄结构教师的优势,营造积极向上的管理文化,收效就非常明显。

我们学院在学校属于办学历史比较悠久的学院,我当院长之初,学院教师中老、中、青三个梯队非常明显。三个年龄段的老师均各有各的特点。如在中年教师中有近一半的教师不仅职称学历较低(学历是本科,职称是中级),平时工作也比较有个性,有的对自己要求也不够严格,学院布置的工作经常拖后腿。后来,经过努力,从坚持以教师发展为着眼点,通过建立和完善学院管理规章制度、规范学院教育教学科研管理工作流程、实行"老中青教师传帮带",同时要求每个教研室或者学院二级组织都营造积极上进的文化(如明确自己组织发展目标,提出相互激励的口号并上墙)等规范管理的举措。效果还真的不错,学院的教风明显改善,学校组织的各项考核,特别是教学常规检查,连续 5 年得到学校的嘉奖,学生参加省级、国家级的各类学科专业技能竞赛都取得了很好的成绩。由大多数中青年教师集体申报的6 项省级一流课程有 3 项获批。我想,假如当初没有实施规范管理,不可能有今天的成效。(B 校 B5 院长)

当前,我国高等教育内涵式发展不断推进,作为承载内涵式发展的二级学院,院长只有在坚持以师生为中心的理念,不断提高学院治理中的规范能力,方能真正做好规范管理,提高管理效能,为教育教学质量的不断提升奠定坚实基础。

以上成功的典型案例告诉我们:在院长教育领导力的十个维度要素中,院长的教育观是影响二级学院内涵式发展的根本因素。教育观、人才观、权力观水平共同决定了院长的领导观念的先进性,进而决定了二级学院发展的思路和举措。良好的人格魅力、学术造诣和领导艺术构成领导素养核心,并成为先进领导观念的依托。院长只有具备学院发展谋划力、内外交往讲演力、办学活力激励力和学院治理规范力等关键领导能力才能领导好学院。

第三节　院长教育领导力失败型案例的解读与分析

正如上一节分析院长教育领导力成功型案例时提到的:院长教育领导力作用的发挥直接体现在院长的领导行为中,最后体现在领导效能上。判断院长教育领导力的成败主要是以分析院长教育领导力在学院治理过程中的作用发挥如何,领导效能体现如何去判断的。一名教师能够从普通的学者走上院长领导岗位一般来说都具有相应的教育领导力,并且其在领导学院发展的过程中表现出来的领导行为以及最后达到的领导效能是经受过组织和学院教师考验的。按照干部选拔任用相关规定,能够选任为二级学院院长肯定是具备当院长的基本条件,且具有一定教育领导力水平的。但是,在具体的工作过程中,有的担任院长后由于教育领导力缺位导致学院治理出现过失的,甚至存在有的院长走上领导岗位后无法胜任的。这表明院长教育领导力构成维度作用的发挥也是有一个过程的,受到一些因素影响。院长教育领导力失败型案例,主要是指院长教育领导力缺失所导致领导工作中的不足的案例。本节将围绕院长教育领导力构成的三个层面,结合访谈调研了解到的院长领导工作中效果不好的案例,对院长教育领导力缺失导致领导工作中存在不足的案例进行解释分析。

一、院长的领导观念模糊将导致学院治理乏力

二级学院的发展肯定受院长领导行为的影响,而院长的领导行为首先受院长教育领导力中领导观念的影响。当前,随着我国经济社会的发展,高等教育普及化以及高等教育内涵式发展不断拓展和深化,谋求综合实力的

提高以增强核心竞争能力成了二级学院院长不得不考虑的重要问题,而要解决这一问题当务之急是转变观念。社会各领域的发展充分证明,转变观念是历史的必然。高等教育领域亦如此,没有观念的转变就不会有今天高等教育的新发展,朝着实现高等教育强国目标迈进可能也要落空。而在院长教育领导力影响院长领导行为方面,最容易出现的是:院长教育领导力作用发挥的过程中容易出现领导观念模糊而导致影响院长领导行为,即教育领导力作用发挥时在院长的领导行为过程中出现一些不好的偏向,从而影响学院治理的效果。经过访谈调研,对于类似这方面的情形笔者归纳总结主要体现在以下六个方面:

(一)说与做不一导致院长教育领导力失灵

说与做不一的院长主要是因为领导观念方面出现了偏差。如有的不仅缺乏教育观念,甚至权力观也出现问题,没有意识到组织和师生出于信任,把学院的领导权交付到自己的手中,是为了让自己更好地领导学院发展,服务好师生,发挥好学院应有的职能。曾经在一次干部培训会上,一位在组织部门专门负责高校干部管理工作的领导同志特别指出,高校中层干部有三个方面的突出特点,也是非常突出的问题:一是理论强于实践;二是问题多于建议;三是质疑胜于协作。其实笔者回想起来,这三个问题归结起来就是在高校的中层领导干部中存在"空谈阔论,不重实干"的现象。其实,这并非说中层干部的教育领导力不行,而关键是其所体现出来的领导行为出现了偏差。把说和做割裂开来,甚至只懂说不去做。在调研访谈中,职能部门负责人 D1 围绕"说做不一"把院长当中存在的情况分成了三个类别,非常值得院长对照。

在大学治理重心下移的背景下,如果说二级学院院长的不足或者失败,我认为可以分为三类:一是只会说不去干的一类;二是既会说也去干的一类;三是不会说但去干的一类。组织部门选拔二级学院院长时最担心的是选到只会说而不去干的院长(笔者注:因为不会说也不去干的人是无法选拔到院长领导岗位的)。只会说不去干的院长即是夸夸其谈型的,这类院长久而久之会得不到群众的支持和信任。(D1 职能部门负责人)

此外,在平时的领导工作中的确经常碰到有的领导干部非常善于表达。从关键领导能力方面来说,其讲演力表现超群。但是,我们也要清楚,讲演力不仅是用在推介你的领导理念和战略思考上,还要注意用在领导力去推进执行力上,用到实际行动中。否则只顾说,不顾做的领导人就是不务实的领导人。时间长了，人们看清了会导致领导者领导力失灵，最终没有人愿意听从你的领导。在B校访谈B3院长时，其与笔者谈到这么一个问题。

作为院长一定要经常听听老师们的意见建议，经常学会反省领导工作中的得失、成败。在院长领导岗位六七年，给我印象最深的是刚刚走上院长领导岗位的头两年。说实话，从普通教师身份走上领导岗位，自己的心里还是挺欣慰、挺满足的，因为自己工作的努力付出以及领导能力得到组织和老师们的肯定。但是也一定要清醒，职位意味着责任更加重大，使命更加艰巨，师生对你的期盼和要求更高了。这个时候，自己一方面不要忘记教师的身份，同时也不要忘记自己的领导身份。因为作为院长你必须带好学院这个团队，这个时候院长说话前必须要做分析，谈出来的东西是可行还是不可行，都要在说之前反复思考和论证。刚刚当上院长时老师们都很支持我，积极性都被我调动起来了。可是，到了一年后，感觉老师对我的眼光有变化了，每当我谈及工作设想，谈及工作思路，老师们的反应都很平淡。后来，我分别找班子成员、教研室主任和教师代表了解情况，原来他们觉得我作为院长谈的基本都是不切合实际的，是无法做到无法兑现的，甚至有的说出来以后就画上句号了。也就是我后来反思的：千万不要出现"说了就等于做了，做了就等于做好了"的情况。不然，久而久之老师们乃至上级组织会对你失去信心和失去期望，你说什么老师都会笑笑而过。（B校B3院长）

没有一定的思想觉悟和领导力水平是不可能走上院长领导岗位的。但是，上任后如何更好发挥自身领导力的作用，必须"知行合一""说做合一"，真正拿出说干就干，干就干好的勇气和担当，切忌空谈、不顾实际，方能更好履行好院长的职责和使命，否则教育领导力所要达到的领导效能无法实现。

（二）工作过于依赖导致学校和学院对院长教育领导力的怀疑

工作依赖其实就是平时说的"等靠要"思想，从院长教育领导力维度要素分析，出现这种情况主要是教育领导力中院长领导观念出现问题，导致学院发展谋划力方面出了问题。有的二级学院院长领导工作过程中就如一个"传声筒"，学校层面不下达指令，就盲盲目目，糊里糊涂，不知所措，工作不积极主动。其实，大学管理重心下移二级学院的一个重要目的就是让二级学院更好地实现自主管理、自主创新和自主发展。作为院长如果领导工作中缺乏积极主动谋划、大胆开拓的思想，缺乏积极主动作为的干劲，只能回到被动发展的老路，无法落实学院自主发展。

二级学院是学校内涵发展的前沿阵地，人才培养、科学研究、社会服务、文化传承创新、国际交流合作都要二级学院去承载和落实。无论是哪个方面的职能都离不开二级学院,作为院长要善于更新先进的领导观念,积极主动谋划,不能被动等待落实。因为各自学院有各自的学科特点、各自的发展实际,学校对学院的发展要营造宽松发展的良好环境,鼓励院长围绕大学职能的发挥大胆开创。作为地方本科院校来说,人才培养要结合应用型人才需求主动谋划学院与用人单位的合作,创新协同育人的新路子;科学研究要主动结合地方经济社会发展的需求主动为经济社会发展中遇到的困难和问题攻关以及总结提炼发展成果;社会服务更加需要院长积极发动教师主动融入社会,切实帮助社会解决难题和提供帮助;文化传承创新要主动承担起当地传统文化的挖掘、传承和保护。在访谈中一位学校领导 C6 谈道:

院长每一项工作都要等待学校层面部署后才去谋划和落实,大学治理重心下移就只能停留在口头上。如果院长一味地依赖就会失去学校以及学院老师的充分信任,他们对院长是否具有对自己学院发展及学校发展的强烈责任感和管理好学院的水平和能力均可能产生怀疑。(学校领导 C6)

随着我国现代大学制度的不断建立,大学治理重心下移二级学院是院长必须主动接受的责任和义务。院长唯有按照大学应有的职能主动谋划,而不是消极被动依赖,才能真正发挥二级学院在大学办学中的主体作用。因此,作为院长要增强学院治理的行动自觉,紧紧围绕学院内涵发展和学院核心竞争力打造,从学院治理组织架构设置、治理机制完善、师资队伍建设、基本条件改善以及师生利益维护等方面结合学院实际主动统筹谋划,真正激发学院办学活力。

(三)决策专制不利集聚学院治理的智慧

在院长领导过程中,领导行为方式主要是民主还是专制,从院长教育领导力方面来说,主要是受先进领导观念中的权力观以及关键领导能力中的办学活力激励力的影响。我国高等教育法第十一条明确规定:高等学校应当面向社会,依法自主办学,实行民主管理。同时第四十三条规定:依法保障教职工参与民主管理和监督。这不仅仅是对学校办学层面的要求,也是对学院治理层面的要求。实行民主管理的目的不仅仅在于规范管理和监督管理,而且在于通过民主管理汇聚学校以及学院上下的智慧,形成民主办学的体系和发挥民主办学的作用。为了实施民主管理,高等教育法在集体领导如实行党委领导下的校长负责制,学术领导如设立学术委员会,群众监督如发挥教职工代表大会作用等方面都作了明文规定。院长在领导学院治理过程中必须好好遵循,才能更好地把准学院办学方向,落实学院办学愿景。恰恰相反,有的院长由于其权力观出现问题,导致在领导学院过程中容易出现专横。在访谈中,学校领导 C7 所谈到的无不对院长如何充分发挥好自身教育领导力具有很好的借鉴作用。

二级学院治理要充分发挥三个方面的作用:一是学院党政领导班子的领导和引领的作用,特别是书记和院长两位主要领导人的作用都要充分发挥好。二是要真正发挥好"教授治学"的作用,确保大学治理中"教授治学"的落地。院长要想办学通过成立学院相应的学术组织,扩大学院教授主动参与学院治理的积极性和创造性。三是充分调动学院教职工和学生等学院内部成员主动参与学院的重大事项决策和学院治理的积极性和主动性。这就要求院长要有民主办学的理念,有广泛听取学院内部各类成员对学院治理的意见和建议的胸怀和格局。否则学院治理将失去应有的智慧。(学校领导 C7)

学院治理不仅仅依靠院长的领导智慧,同时还要依靠师生参与学院治理的智慧。学院治理的主体单独从学院一层来看,二级学院的治理主体是学院党政领导班子,其次是体现"教授治学"的由学院教授支撑的各类学术组织,再次是学院教师和学生等学院内部成员。院长在学院治理过程中要善于发挥学院治理主体的作用是理所当然的事情。但是,在现实的领导工作中,由于院长领导观念等方面的原因,经常看到院长治理学院的过程中,独断专行,不善于也不愿意听取各方面意见和建议,致使"教授治学"在学院治理中作用无法发挥,学院治理的智慧无法充分利用。

(四)思想保守容易导致失去学院发展的良机

一谈到保守首先想到的是院长办学理念上因循守旧、固步自封;其次是工作上按部就班,不敢开创。从院长教育领导力方面来说,"思想保守"主要是由于教育观念跟不上形势。我国高等教育能够取得如此辉煌的成就,其实就是办学理念不断更新,办学中敢于改革创新的结果。今天中国高等教育规模已经成为世界第一了,正面临向高等教育强国转变的历史机遇和挑战,要实现这一转变,首先必须把大学管理者的创造性激发出来。没有大学领导人的大胆创新、敢作敢为,无论下属如何努力都可能是无济于事的。[①]因为"先进的教育思想观念不仅是教育改革发展的先决条件和根本保证,而

---

①　王洪才.大学治理:理想·现实·未来[J].高等教育研究,2016(9):1-7.

且是高等教育内涵式发展道路中的行动指南"①。因循守旧只能带来学院发展的"一潭死水",开拓创新才能激发学院内涵发展的内生动力,抓住学院发展的良机。在 B 校 B5 院长谈及其学院近几年专业调整方面,对自己思想保守,导致专业调整与优化出现了问题,无不感到不满。

回想这几年学院的发展,感觉自己思想太保守了,不敢大胆创新,错失了学院发展的良机。最大的一个问题就是在学院专业设置、改革调整的过程中,对传统专业没有实行改造更新。例如,本身我们是以应用电子技术专业起家的学院,并且这个专业是学校较成熟的传统专业,可是后来由于课程模块没有跟上,特别是没有大胆地与现代电子技术行业融合,没有从现代电子产品开发、生产管理、设备维护、产品销售及售后服务等方面改革创新,最后导致这个传统专业停招。原因就在于专业建设过程中思想保守,导致师资转型和储备、人才培养方案、课程设置都跟不上形势。(B 校 B5 院长)

因此,作为院长一定要有先进的领导观念,特别是教育观念,能够根据社会经济发展趋势,不断优化学科专业设置、课程模块设置以及人才培养模式,使人才培养方案能够紧跟时代的步伐。否则,一方面培养出来的人才不能适应社会发展的需要,另一方面,学科专业也不能满足现实的需求。

在调研过程中,笔者还了解到 B 校 B1 院长对 A 校的称赞。A 校是在 2013 年接受教育部本科教学工作合格评估的,当年学校也开始启动向应用型大学转型,大力推进学院产教融合、校企合作、协同育人。学校有很多个学院的院长敢于大胆开创,走出了一条校企合作、产教融合的新路子,如文化与传媒学院与凤凰卫视·凤凰教育集团的合作,信息通讯工程学院与中兴通讯的合作,经济管理学院与用友新道的合作,数学与计算机学院与华为 ICT 的合作,设计学院与培娜服装设计的合作。并且这些合作带来的效果非常明显,不仅仅学生受益,真正突出了应用型人才培养,学生动手实践能力不断增强;而且老师也受益,有了理念与实践结合的平台和载体。

我们学院本来校企合作的前景非常好的,但是由于自己思想过于保守,考虑太多,不敢上马,瞻前顾后,导致至今没有形成协同育人的新路子。可以说,我们学院在第一阶段校企合作已经错失了良好的发展机遇。(B 校 B1 院长)

---

① 王华,刘淑梅.教育观念与地方教学型大学内涵发展[J].中国成人教育,2009(22):11-12.

在大学治理重心下移的过程中，不论是办学思想上的保守，还是办学举措上的保守，都极其不利于学院的发展，都会错失许多良好的发展机遇。在学院内涵发展的过程中，院长必须敢于改革，勇于创新，才能获取更多更好的办学资源，形成自己的办学特色。

(五)工作教条导致失去学院治理的活力

工作教条主要是受院长教育领导力中先进领导观念的影响，是思想观念不解放导致的。在上一章谈到领导情境理论时，笔者专门谈到领导工作中的"方与圆"的问题，即领导工作中的是否教条、死板、固执的问题。据笔者从事高校组织工作多年发现，这是高校中层干部中很容易发生的问题。可能这与知识分子善于思辨有关，有的事情尽管存在一些明显的不足也据理力争，或许是碍于面子，或许是对原则性和灵活性实际把握不够精准。

作为院长感觉自己平时领导工作中过于固执、教条，有时在一些非原则性问题上也不分青红皂白地执行制度，没有体现制度执行中应有的人性化管理问题和灵活性管理问题，因此导致老师们在教育教学工作过程中顾虑很多，忧虑很多。例如，有一次学院有一位老师因为上课迟到15分钟，发生了教学事故，在处理的过程中只出于对制度严肃性的考虑对这位老师进行了处罚，并且认为违反规定处罚是合情合理的事情。后来才得知老师迟到是事出有因，这是教条执行规章制度的典型表现。此外，还有对平时教学日常管理中出现的一些问题，如对学生考勤、考试的方式方法、准时上下课等一些形的管理过于死板，从某种程度上说，反而限制了教师在教学改革中活力的体现。（B校B11院长）

其实，作为院长来说，院长的权力权威是显而易见的，但是在实际工作过程中，如何发挥好权力、权威的作用，这就要求院长领导工作中要处理好原则性和灵活性方面的问题，才能避免教条、固执、死板领导行为的出现。一是在大是大非面前要始终坚持原则性，不能有灵活性。例如，作为院长，在办学方向上一定要牢牢把握坚持好社会主义办学方向，认真贯彻执行落实党和国家的教育方针，在重大问题上要始终与党中央保持高度一致。再如，在高校抓意识形态工作中，要旗帜鲜明教育引导好老师认真落实好"学术研究无禁区，课堂讲授有纪律"的要求。二是在领导工作中面对小的问题、非大是大非的问题，要适度地把握退让、妥协以及变通，适时适地把握好灵活性。此时不应该教条、固执、死板。三是在思想上、信仰上要始终坚持原则性。例如，院长不论是党员还是非党员都是一名党的领导干部，因此必须始终讲党性，要坚持立德树人，为社会主义现代化建设培养建设者和接班人，这是原则不能有灵活性。再有，院长在办学治院过程中，一定要坚持依法办学、民主治学，一定要坚持教育规律，不能违背教育规律，这也是原则性。四是院长在领导工作中的领导行为要适应环境和工作条件，要善于从角色转换的角度考虑问题，适应领导工作中的对象。这又是灵活性的体现。

院长在坚持"原则性和灵活性"过程中，必须注意先把原则性的东西告诉学院师生，让学院师生知道学习工作中的原则性所体现的要求。此外，在原则性和灵活性上，院长要率先垂范，自己要带头坚持原则性，不能出现对自己要求讲灵活性，对他人要求讲原则性的情况。这样才能更好激发学院师生在学院发展过程中的活力和生机。

（六）高傲自大导致失去学院治理的合力

自大即自以为是，是自我意识不足的表现。院长从教育领导力角度来说，不论领导观念、领导素养、领导能力上一般都是学院中的佼佼者，是比较优秀的。由于院长本身综合素质和综合能力都比较好，再加上当上院长后手中也掌握一定的资源，特别是获取各方面信息也比较快，同时也具有一定的优越感，因此很容易导致院长产生自以为是的思想，认为自己是最能干的，各方面的思考、观点和意见都是对的，进而听不进不同的意见，也不容易接受他人的意见和建议，妄自尊大，目中无人。这也是高校领导干部中经常出现的问题之一。

高校知识分子当中很容易出现自以为是的老师，包括二级学院院长。每当深入二级学院了解领导干部的基本情况，反映比较多的都是说院长或副院长领导工作中自以为是的思想观念太强，听不进老师们的意见和建议，有的班子成员不团结，也都是各自自以为是的思想作怪，都认为自己了不起。这非常不利于凝聚人心，凝聚力量。职能部门负责人 D1 谈到的一个例子，非常值得院长们借鉴与思考。

我们有一个学院因为种种原因一直没有办法产生正职的院长，而是由一位副院长主持工作，学院班子五位，党组织书记、副书记各一位，一位主持行政工作的副院长，两位副院长。按照常理，这个学院的班子配备从地方本科院校二级学院班子领导职数上来说已经标准配备，应该很好开展工作了。但是，开展工作的过程中，主持工作的副院长和另一位副院长经常闹矛盾，原因就是两个人都是专业骨干，但是没有形成合力，自以为是，自命不凡，片面地以为自己的能耐了得，相互之间看不起，最后导致学院教师无所适从。

（D1 职能部门负责人）

形成"自以为是"的思想，既有领导观念方面的原因，如权力观没有正确的认识和处理；也有领导素养方面的原因，如个人魅力中价值观和自我意识不足方面的问题；当然也有领导能力方面的原因，如当领导过程中遇到自以为是的领导人或教师应该如何处理的问题。但是，总的来说是政治觉悟和群众观点不牢，相互沟通和相互理解不足所导致。这也是教育领导力失败的常见例子。

二、院长的领导素养欠缺将无法统筹推进学院
内涵式发展

习近平总书记在 2020 年中央政治局第二十一次集体学习时强调指出："选干部、用人才既要重品德，也不能忽视才干。"①这进一步明确要求领导干部要德才兼备，有才无德不行，有德无才也不行，领导干部在德才方面都应该是人民群众中的佼佼者。而才方面既包括领导干部的专业能力和水平，同样也包括领导干部的领导力水平。二级学院院长除了是所属学院学科专业领域的行家里手，单就领导力水平来说，他也应该是学院领导力水平较好的甚至是最好的人选。只有这样学院师生才会信任他，才愿意跟着他去把学院治理好、发展好。大学治理重心下移，给院长带来的挑战是巨大的，不具备一定的教育领导力水平，特别是核心领导素养欠缺是无法胜任院长应负的职责使命的。因此，有的院长走上领导岗位后感觉自身教育领导力水平极其不足，必须培养提升。有的甚至感到无法胜任，无法回应大家的期待而提出辞去职务。

院长这一岗位是一个综合性非常强的领导岗位，它一方面要求院长在学科专业上拔尖，具有较好的学术造诣，这样才能真正领导好学院内涵发展。假如院长在学科专业上不懂行，学术方面欠缺，是很难取信于学院教师的。另一方面，要求院长要具有良好的人格魅力和高超的领导艺术。假如院长没有良好的人格魅力，也没有一定的领导艺术，同样也无法胜任院长这

---

① 习近平在中央政治局第二十一次集体学习时强调 贯彻落实好新时代党的组织路线 不断把党建设得更加坚强有力［EB/OL］.（2020-06-30）［2020-09-08］. http://www.xinhuanet.com/politics/leaders/2020-06/30/c_1126177453.htm.

一领导岗位。因为院长在领导过程中不仅仅要做好学术领导，还要做好行政领导。笔者从调研访谈中校领导 C5 谈到院长教育领导力时总结出，在二级学院的治理过程中，院长如何能够适应二级学院的职能转变，如何能够加强学院治理过程中的监督管理，如何在学院治理中获取学院发展所需的资源，如何充分发挥学院社会服务的职能，如何才能充分调动学院教师教育教学以及科研方面的积极性，这考验着院长的领导智慧，更考验着院长领导力作用的发挥。

我们学校刚刚升格为本科院校的前两年，曾经有一位院长，这位院长首先从德方面说是没有问题的。但是，把他从原来专科时的系副主任，选拔任用到院长岗位，上任后第一年试用期考核为合格。第二年学年结束，群众意见大，后来只好辞去院长职务。原因主要是：一是其本科教育教学理念缺乏，导致工作无思路，无举措。对学科专业建设停留在专科时代。甚至每年学校划拨到学院的财政专项预算均不知道用于做什么。二是学院工作缺乏规划，其他学院教学科研、专业申报建设、办学条件改善等开展得轰轰烈烈，该学院没有一点动静。升格为本科院校后学院老师反而看不到发展的希望。三是因为领导力问题导致执行力差，连续两年学院年度绩效考评均排在最后一名。四是学院管理松散，凡是学校举办活动基本是应付了事，甚至无法参加。五是对人才工作不重视、无章法。连续两年无法完成学院人才引进任务，是全校唯一一个无法完成人才引进任务的学院。（校领导 C5）

从校领导 C5 所举的院长案例可以清楚地看到，原来是系副主任提拔为正职的院长，无论从领导观念、领导素养以及领导能力上分析，均不具备院长应有的教育领导力水平。在二级学院领导中确实存在有的只能胜任副职的工作，因为作为正职不仅仅要能够独当一面工作，而且还要统筹全局，谋划全局，全面负责学院应有的职责，这确实是考验人的。大学治理重心下移，作为一院之长一定要有自己的办学思想和工作思路，具有从战略角度了解学院学科专业发展的前景和趋势，并据此明确学院的定位和办学目标，同时根据社会对人才的需求明确人才培养目标，在人才培养目标实现的过程中又要能够谋划课程设置与改革，并且要能够把工作思路变成工作举措，方可调动教师去落实和推进。这些均为教育领导力所反映出来的具体表现，如果院长核心领导素养缺失是无法统筹推进学院内涵式发展的。

三、院长的领导能力局限将无法营造良好的学院发展环境

院长教育领导力作用发挥的成效如何有其自身原因的影响,同时也受治理环境的影响,而二级学院治理环境主要依靠院长教育领导力中的关键领导能力。院长对学院发展的谋划力强,学院发展的远景目标明确,发展举措可行,实现学院发展目标方可期待;而这过程中又离不开院长的讲演力、激励力和规范力。只有院长在教育领导力中关键领导能力较强,学院才有好的发展环境。师生对院长领导学院工作的理解支持和重视程度,首先依赖于院长通过关键领导能力去营造好的学院治理环境。有学者在研究领导力的表现时,提出将领导主体对领导客体施加的影响分为正、负两极。如下图(图 4-1)所示[①]:

	主体与客体	领导主体对客体施加的影响	
客体与主体	影响倾向	正	负
客体对主体影响的接受度	正	(正、正)	(负、正)
	负	(正、负)	(负、负)

图 4-1　领导主体和领导客体相互影响示意图

从图中可以看得出:领导主体与客体之间影响与接受度会产生四种情况:一是正影响正接受(正、正);二是正影响负接受(正、负);三是负影响正接受(负、正);四是负影响负接受(负、负)。表明院长教育领导力的表现是受被领导者师生所影响的,当然院长本身是肯定影响着师生。在访谈过程中,很多院长都谈到师生对自己领导学院工作的理解支持和重视问题,一致认为院长教育领导力的成败首先是要争取师生的理解与支持。院长在领导学院发展的过程中能够科学谋划学院发展的愿景,正确分析学院发展所面临的现实,同时准确把握师生在学院发展过程中特别是在参与学院发展过程中的需求和愿望,并通过采取恰当的方式方法将学院的发展争取到师生共同的认同,院长对学院师生的影响就能够带来正影响,能够得到师生的理

---

①　苏茂林.领导力的界定及表现形式[J].当代社科视野,2012(9):23-26.

解和支持,院长教育领导力成功的可能性就高。而从师生对学院发展的角度来说,师生对院长领导学院发展的认可,对院长所描绘的发展愿景的领会,同时对院长领导方式方法的接受,师生参与学院发展的活力就能激发,力量也会凝聚,从而就会接受院长的领导而为学院发展贡献力量。因此,可以说师生对院长领导的理解支持和重视程度是影响院长教育领导力成败的首要影响因素。笔者在访谈 B9 院长时,谈到其刚刚上任院长的一两年,由于在关键领导能力方面存在局限,导致学院发展的活力激发不出来,学院发展环境不尽人意。

　　早些年不论是学校还是校外,对我们学院关注度不高,支持力度不大,主要原因是作为学院院长对学院发展的谋划不够,学院发展基本是按部就班,学院发展的着力点、着眼点不明确;在学院发展过程中不善于去争取学校内外的支持,同时,在如何调动学院师生的办学积极性方面也欠缺,学院没有形成规范的治理环境,学院办学活力激发不出来。(B 校 B9 院长)

　　其次,学校领导及学校其他机构组织对院长的支持也是影响院长教育领导力成败的重要因素之一。院长在二级学院的领导工作除了师生的理解支持以外,还有一个关键的因素就是学校领导以及学校机关和其他兄弟学院或学术组织的支持。这就考验着院长的内外交往讲演力,即能否通过学校领导以及其他组织机构负责人对学院的了解而进一步关心支持学院发展。大学治理重心下移,尽管二级学院办学自主权已经扩大,但是并非所有的决定权都由学院自主决定,有的最终还要提交学校层面如校长办公会或者党委常委会研究决定。院长在领导学院发展过程中或多或少会遇到一些需要学校领导层面解决的问题,如跨部门甚至和校外联络协调等方面的一些重要问题,例如一些与校外的重大合作项目,具体执行是以二级学院为主,但是合作协议可能是由学校来签订,这就需要学校领导的支持。还有的需要学校其他机关教辅部门和兄弟学院的支持,如与机关教辅部门协调对接学校层的管理机制与学院层自主制定的管理机制衔接的问题,与兄弟学院组建跨学科学术组织方面的问题等,这些哪怕在学院层面得到师生的理解支持,但若没有学校层面以及学院以外的相关层面的支持,院长领导工作也是难以开展和发挥作用的。

　　最后是学校的制度文化也会影响院长教育领导力作用的发挥。坚持用制度管人、用制度管事、用制度管权,才可能做到客观、公正,才能确保大学治理朝着既定方向发展。无规矩不成方圆。邓小平同志曾经说过:"好的制度,坏人也可以做好事,不好的制度,好人也能做坏事。"①大学治理过程中不断完善治理体系是十分重要的,大学无论从学校层面还是学院层面制定一系列规章制度也是十分必要的。因为制度能够告知哪些应该做,哪些不应该做,应该做的如何去做。对学校、学院的领导者甚至师生来说,都能够起到引领、规范的作用,确保各项工作有效开展。但是在制度制定的过程中应该要理清哪些是学校层面制定的,哪些是学院层面制定的;在制度执行的过程中,哪些是可以灵活把握的,哪些是必须坚持原则毫不走样的。对大学内部制度的制定和执行来说,"法无授权不可为""法无禁止即可为"应该是大学制度文化构建的氛围。

第四节　院长领导风格与反思

按照常理来说,在其位就要谋其政,大多数院长都希望在岗位上干出一番事业,可是有的院长是成功的,有的院长是不成功的,甚至是导致暂时失败的,从领导力角度来说,这完全是可以从主观和客观原因进行分析的。从主观原因以及领导力视角上说,可能院长恰好是教育领导力不强必须要培养提升;而从客观原因上来说,有的可能是在领导工作中受到外界影响导致领导力的发挥不够完美,毕竟领导力作用的发挥是受外界因素影响的,这些因素中如何营造好的领导环境是很关键的。因此,从上述案例分析中,笔者推断出以下几点认识。

一、二级学院治理成败的关键在于院长教育领导力水平的高低

在大学治理重心下移的过程中,二级学院的角色越来越走进大学舞台的中间,院长作为二级学院的行政负责人,扮演着价值领导、行政领导和学

• ① 邓小平.邓小平文选:第 3 卷[M].北京:人民出版社,1993:141.

术领导等多重角色,[①]承担的职责和使命更加重大,从学院组织面临的挑战到院长个体面临的考验、从学院治理生态的变化到与学院有关的利益共同体的要求,无一不考验着院长教育领导力水平,以及通过院长教育领导力去健全和完善学院治理结构。面对学院复杂的治理环境,大学要有效进行二级学院治理,提升大学乃至学院治理水平,关键在于培养和提升院长教育领导力水平。从某种程度上说,院长教育领导力水平的高低,决定着二级学院治理的成败。为了做好研究,充分了解大学二级学院院长在学院治理过程中要肩负的职责,并证明二级学院治理成败的关键在于院长教育领导力水平的高低,笔者收集了广西 8 所地方本科院校二级学院院长职责文本,并对照教育领导力维度相应的工作职责进行了数据分析。具体分析步骤如下:

1.数据分析过程中先把所收集的 8 所学校进行编码

即:第一所高校编码为 SD01;第二所高校编码为 GG02;第三所高校编码为 GH03;第四所高校编码为 GK04;第五所高校编码为 BY05;第六所高校编码为 BD06;第七所高校编码为 ND07;第八所高校编码为 HY08。

2.统计职责条款数并提取每所高校院长职责中的核心关键句或词(见表 4-12)

表 4-12 样本高校院长职责中的核心关键句或词摘录表

学校编码	职责条款数量	院长职责条款中的核心关键句或词
SD01	17	全院工作、学校任务、全面责任、发展规划、年度计划、改革措施、教学工作、科研工作、学科和专业建设、师资队伍、实验室建设、经费使用、财产管理、重大问题、协调和督促、监督和检查、教职工业务培训、教职工考核、教职工聘任、教职工晋级、教职工奖励、学术交流、审定重点科研项目、鉴定重点科研成果、学术论著、审核重点课程教材、国际学术交流活动、外事工作、经费审批、招生工作、就业工作、计划生育、保密工作、档案管理、校园综合治理、信息工作、离退休工作、思想建设、作风建设、反腐倡廉建设、教书育人、管理育人、服务育人、师德师风建设、学风建设、工会工作、共青团工作、学生会工作、二级学院章程

---

① 郭赟嘉,闫建璋.学术领导:大学二级学院院长角色的本真定位[J].现代教育科学,2014(1):41-45.

续表

学校 编码	职责条 款数量	院长职责条款中的核心关键句或词
GG02	13	教学工作、科研工作、行政管理工作、党风廉政建设、意识形态、安全稳定工作、学院发展规划、管理制度、重大教学科研改革、重要办学资源配置、年度工作计划、教职工聘任、教职工培训、教职工考勤、教职工考核、教职工奖惩、职称、绩效分配、学科专业建设发展规划、学科专业资源分配、学科专业检查、评估工作、重点学科、博硕士学位授权点申报、学科专业人才（学生）培养规划、教学管理、教学建设、教学改革、质量监控、师资队伍建设、科研工作规划、科研平台建设、科研机构管理、科研成果（项目）申报、科研成果认定、学生思想教育、管理和服务制度、招生宣传、学生学籍管理、学生奖惩、学生资助、学生心理健康教育、创新实践、毕业生就业、档案管理、内部财务管理、资产管理、实验室规划建设管理、资产管理工作、外交流与合作、校友联络工作
GH03	10	行政工作、发展建设规划、年度工作计划、管理制度、管理办法、应用型人才培养工作、产教融合、校企合作、协同育人、凝练办学特色、学科专业建设、教学条件建设、教学改革实践、人才培养方案、教学大纲、合格评估、审核评估、教学评估、教学质量保障体系、教研科研管理、教研科研任务、师资队伍建设、高层次人才队伍建设、教学机构建设、教学工作委员会、专业建设指导委员会、教学督导组、教职工培养培训、职称评聘、评优奖惩、图书资料室建设、档案文件管理、国有资产管理、经费使用和管理、师生突发紧急群体性事件、议事决策工作规程、讨论和决定重要事项、党的建设、群团组织建设、精神文明建设、师德师风建设、安全稳定工作、学生管理、思想政治教育、学风建设、毕业生就业指导
GK04	12	行政全面工作、行政、科研、人事、财务、师资队伍建设、学科建设、对外交流、班子建设、民主集中制、党政关系、联系群众、党群关系、干群关系、学院建设发展规划、学科专业建设规划、师资队伍建设规划、人事管理、师资队伍建设规划、师资定编计划、引进计划、培训计划、内部组织机构负责人的任免、财务管理、校内津贴的发放、科研工作、学术委员会、对外学术交流与合作、联系兄弟院校、联系地方政府、联系企业、经济效益、社会影响力

续表

学校编码	职责条款数量	院长职责条款中的核心关键句或词
BY05	15	领导与管理责任、学院发展规划、专项规划、学科专业建设、课程建设、教材建设、实验室和实习基地建设、专业人才培养方案、新专业申报与论证、精品课程建设、教研室建设、师资队伍建设、提名系(副)主任、办公室主任、教研室主任、实验室主任、聘任(解聘)兼课教师、教职工奖惩、学院奖励性绩效工资分配办法、编制教师年度需求计划、招聘工作、教职工培训进修计划、教职工专业技术资格申报审核与推荐、引进和外聘教师考核与管理、教职工思想工作、职工劳动争议、教职工考勤管理、教学管理、编制各专业教学运行计划、教学质量及教学运行质量监控、科研管理、科研工作规划、课题申报、学术活动、学生与实习就业管理、对外交流与合作、经费管理、资产管理、环境卫生工作
BD06	14	行政全面工作、发展规划、年度工作计划、学年学期总结、师资队伍建设、学科专业建设、科研管理工作、申报新专业、审核专业人才培养方案、审批教学大纲、招生工作、学术研究、交流活动、社会服务、经费管理、指导学生会分团委工作、质量管理、人才引进、职务评聘、师资培训
ND07	9	教学科研、行政工作、实训建设、中长期发展规划、年度工作计划、实施方案、专业建设、课程建设、师资队伍建设、人事管理、经费预算与使用、实验室建设规划、重大设备购置计划、规章制度、师生思想政治工作、意识形态工作、党建工作、反腐倡廉、安全稳定工作、毕业生就业工作、校友工作
HY08	8	行政工作、发展规划、学期或学年工作计划、重大问题、审定专业教学计划、审定各课程教学大纲、指导督促教研室建设、教学科研规章制度、师资队伍建设、院内各项评估、评议工作、确保教学科研正常进行、经费使用预算和审批

从选取的 8 所高校院长职责文本看,院长的职责多的有 17 项条款,少的也有 8 项条款,从职责的工作内容分析,各高校院长职责包括大学政治组织、行政组织、学术组织中应有的工作内容,说明院长的工作职责范围内容广泛,有的高校院长还明确要求负责经济效益、计划生育、档案管理、环境卫生等方面的职责,院长如果不是一位多面手的领导人,领导力特别是教育领导力不强,是很难完成任务的,学院有效治理几乎难以实现。例如,院长职责中均明确规定负责学院行政和学术的全面工作,完成学校下达的各项工作任务。这要求院长必须结合高等教育的规律和特点树立科学的领导观念,方能统筹学院全面性的工作,同时必须有较好的关键领导能力,如战略

规划能力、管理规范能力、交流讲演能力、工作激励能力方能更好推进各项工作。再如,院长职责中一个核心的学术治理工作职责就是关于学科专业建设、人才培养以及科学研究,在学院学术治理方面,院长没有一定水平和层次上的学术造诣,也是寸步难行的。而从人格魅力方面来说,如何在领导工作中执行好职责规定中的民主集中制原则、党政联席会议决策机制、充分调动副职以及广大师生工作的积极性和主动性,院长人格魅力中所体现出来的价值观念影响也是极其重要的。

3.院长教育领导力维度与院长工作职责关联度对比

根据院长教育领导力维度模型,笔者选取 SD01、GG02、GH03、GK04 四所高校院长职责关键句和词中聚焦到职责的关键词,建立了"院长教育领导力维度与院长工作职责表述关键词关联度信息统计表",如下表 4-13:

表 4-13 院长教育领导力维度与院长工作职责表述关键词关联度信息统计表

学校编码	院长教育领导力维度与院长工作职责表述关键词关联度信息
SD01	**教育观**:领导和主持全院工作;教书育人、管理育人、服务育人活动; **人才观**:聘任、晋级、奖励等向学校提出意见和建议;负责组织学院招生和就业工作; **权力观**:主持讨论院内重大问题,听取各方面意见,保证学院工作顺利开展; **人格魅力**:配合学院党委加强领导班子成员自身思想建设和作风建设,抓好反腐倡廉建设; **学术造诣**:主持全院性学术交流活动,组织审定重点科研项目,鉴定重点科研成果和学术论著,审核重点课程教材,负责国际学术交流活动; **领导艺术**:协调和督促各分管副院长工作,定期对学院工作监督和检查,了解教学、科研任务执行情况; **学院发展谋划力**:组织拟定学院中长期发展规划和年度工作计划;就全院教学和科研工作、专业和学科建设、师资队伍、实验室建设、经费使用、财产管理等提出方案; **内外交往讲演力**:学院党政联席会议;外事工作; **办学活力激励力**:及时采取措施,保证各项任务完成,组织对全院人员进行业务培训、考核; **学院治理规范力**:负责学院各项经费审批;落实学院计划生育、保密、档案、校园综合治理、信息、离退休等工作;做好师德师风建设和学风建设;支持工会、共青团、学生会等按照各自章程开展工作;

续表

学校编码	院长教育领导力维度与院长工作职责表述关键词关联度信息
GG02	**教育观**：全面负责学院教学、科研、行政管理工作； **人才观**：组织拟订和实施学院学科专业人才（学生）培养规划；开展教学管理、教学建设、教学改革和质量监控等工作；开展招生宣传和学生学籍管理、奖惩、资助、心理健康教育、创新实践、就业等工作； **权力观**：统筹协调学科专业资源分配； **人格魅力**：配合抓好党风廉政建设； **学术造诣**：组织拟订和实施学院学科专业建设发展规划；开展学科专业检查、评估工作；组织、协调学院重点学科和博、硕士学位授权点申报和推荐工作；组织拟订和实施学院科研工作规划，开展科研平台建设、所辖科研机构管理和科研成果（项目）申报、认定工作； **领导艺术**：师资队伍建设；意识形态和安全稳定工作； **学院发展谋划力**：组织拟订和实施本学院发展规划、主要管理制度、重大教学科研改革措施、重要办学资源配置方案以及年度工作计划； **内外交往讲演力**：组织开展对外交流与合作、校友联络工作； **办学活力激励力**：组织实施本学院内部教职工聘任、培训、考勤、考核、奖惩、职称、绩效分配等工作； **学院治理规范力**：组织拟订和实施学院学生思想教育、管理和服务制度；组织拟订和实施学院内部财务管理制度，组织拟订和实施学院资产管理制度，做好实验室规划、建设、管理以及本院和所用学校资产管理工作、档案管理；
GH03	**教育观**：主持本学院行政工作，贯彻落实党和国家方针政策及校党委、行政各项议议决策；凝练学院办学特色； **人才观**：负责本学院应用型人才培养工作，推进产教融合、校企合作协同育人工作；制订、完善本学院的人才培养方案和教学大纲；负责本学院教学质量保障体系的建设工作；负责本学院师资队伍建设工作、做好高层次人才队伍的建设工作； **权力观**：负责本学院所属教学机构的建设工作，负责本学院教学工作委员会、专业建设指导委员会、教学督导组等机构的工作； **人格魅力**：遵守教学单位议事决策工作规程、通过党政联席会议讨论和决定本学院重要事项，保证党和国家的方针、政策及学校各项决定的贯彻执行； **学术造诣**：负责本学院的学科专业建设、教学条件建设、教学改革实践等工作； **领导艺术**：与党总支书记共同负责本学院师生突发、紧急、群体性事件的处置和善后工作；协助学校党政管理职能部门做好相关工作； **学院发展谋划力**：制订本学院的发展建设规划和年度工作计划； **内外交往讲演力**：配合党总支书记共同做好本学院党的建设、群团组织建设、精神文明建设、师德师风建设、安全稳定等工作； **办学活力激励力**：完成学校下达的教研科研任务；负责本学院教职工培养培训、职称评聘、评优奖惩等管理工作； **学院治理规范力**：制定并实施本学院的行政相关工作管理制度和办法；负责组织、落实本学院合格评估和审核评估等教学评估工作；负责本学院的教研科研管理工作；负责本学院图书资料室建设、档案文件管理、国有资产管理等工作，负责本学院行政经费的使用和管理；配合党总支书记共同做好本学院的学生管理、思想政治教育、学风建设、毕业生就业指导等工作；

续表

学校编码	院长教育领导力维度与院长工作职责表述关键词关联度信息
GK04	**教育观**:主持学院行政全面工作,负责行政、科研、人事、财务、师资队伍建设、学科建设、对外交流等; **人才观**:负责组织好教学工作、人才培养工作;师资队伍建设; **权力观**:搞好班子建设,坚持民主集中制;召集并主持学院学术委员会等会议; **人格魅力**:处理好党政关系,密切联系群众,协调好党群关系、干群关系; **学术造诣**:抓好科研工作,负责组织对外学术交流与合作; **领导艺术**:协调好党群关系、干群关系; **学院发展谋划力**:主持制订学院建设发展规划、学科专业建设规划和师资队伍建设规划;制订师资队伍建设规划、师资定编计划、引进计划、培训计划等; **内外交往讲演力**:及时传达、贯彻学校党委、行政的指示、决议;代表学院负责学院与其他兄弟院校的联系,积极拓展与地方政府和企业的联系; **办学活力激励力**:抓好人事管理;主持学院校内津贴的发放工作; **学院治理规范力**:做好内部组织机构负责人的任免工作,抓好财务管理;

　　从上述信息统计表可以得知,院长教育领导力维度与院长领导工作是极具对应性的。大学治理重心下移,人、财、物以及学院重大事项的决定权、日常管理工作权下移二级学院的趋势也是比较明显的。同时,一个比较突出的特点是二级学院院长从原来的战略规划执行层面走到了战略规划制定层面,这更加考验着院长教育领导力的强弱和高低,因为院长教育领导力水平如何影响着职责工作的开展以及师生工作的积极性、主动性、创造性。

二、院长教育领导力的强弱决定院长的领导行为方式

　　人们对领导力的总体看法一般偏向于用强弱来衡量,即在领导工作中结果是成功的、符合客观发展的并具有一定开创性的院长,其教育领导力就强,反之则弱。院长在二级学院治理过程中所体现的领导风格和领导行为是受其教育领导力所影响。由于院长教育领导力水平的不同,从领导行为方式上看,其一,有的院长存在用老方子治新病,凭老经验办新事的情形,其相应表现出来的领导行为方式是:教条型;其二,有的院长开展工作常处于被动状态,没有对工作进行各种研究分析,工作无计划性,习惯于按照学校一级布置安排工作,其相应表现出来的领导行为方式是:依赖型;其三,工作中有的二级学院院长工作表面上确实很投入,但是只知道埋头盲干,缺乏工

作的预见性,苦干有余,巧干不足,其相应表现出来的领导行为方式是:盲从型;其四,有的院长工作采用机械的管理方法、责任心不强,其相应表现出来的领导行为方式是:应付型;其五是有的二级学院院长工作中只知道靠权力、靠权威,鲁莽行事,其相应表现出来的领导行为方式是:专制型。而通过院长教育领导力案例分析,我们要达到的是教育领导力强型的二级学院院长,其领导行为方式相应包括:开拓型、主动型、审慎型、进取型、民主型。

(一)主动型院长和依赖型院长

院长因教育领导力水平的不同,首先表现出来的是在领导行为中面对治理重心下移过程中领导行为的主动性还是被动性甚至依赖性方面。从这个角度上来说,可以把院长分为主动型院长和依赖型院长。主动型院长面对治理重心下移表现出的是胸有成竹、积极思考、主动应对。此类型的院长能够主动去谋划学院各项工作,健全各项制度,而不是被动地等待学校一层发号施令;也不是只知道执行,不知道谋划,而是做到主动谋划和遵照执行的高度统一。而依赖型院长可以说对治理重心下移没有心理准备,仍然习惯于上层的工作指挥和布置,领导工作中完全等待和依赖,有的学者把政府机关有类似现象的领导人或一般公务员称为患有"行政依赖症",即对行政权力、行政机构、行政公务人员及行政行为的过度的和非分的依赖感,以及与之相应的对自身独立的自我意志、自我组织和自我活动能力等的严重缺乏和极度不自信。①

(二)开拓型院长和教条型院长

大学治理中心下移就是为了激发二级学院办学活力,使学院充满生机。院长因教育领导力水平的不同,第二种类型所表现出来的是在领导行为中面对治理重心下移过程中领导行为是否能不违背原则的基础上打破条条框框、与时俱进、锐意进取,还是因循守旧、按部就班、提心吊胆、不敢开创。二级学院的治理不论是从哪个视角来分析,都需要院长有勇于开拓的精神,做开拓型院长。开拓型院长从领导观念上来,在具有较好的教育理念的基础上,大局意识较强,站位意识较高,具有克服困难的勇气和解决问题的智慧。王洪才教授在谈到开拓创新型校长时提出:勇于开拓的创新型校长的典型特质是善于把困难当成机遇,迎着困难上,通过创造性的工作,成功地接受

---

① 姜继为,朱英群.论"行政依赖症"[J].中国行政管理,2006(7):45-47.

了困难的挑战,最终克服了困难,创造了新的发展机遇。① 这对要成为开拓型院长是非常有借鉴意义的。相反,教条型院长由于教育领导力方面的原因,他们习惯用传统的眼光和行为方式去看待学院或者学校发展面临的新形势和新问题,领导行为中存在照抄照搬上级或学校的现象,治理学院工作中只图简单,甚至有的院长抱着"多一事不如少一事"的原则对待治理重心下移,对待学院治理,明哲保身但求无过的思想严重,所以不论在领导观念、领导素养、领导能力上均有问题。

(三)进取型院长和应付型院长

或许有人会说领导干部属于进取型或者应付型应该属于领导干部的态度问题,这的确也是有道理的,但是其本源是什么?这是十分关键的,为什么有的院长工作干劲十足,积极进取?为什么有的院长工作应付了事,只图工作完成,不求上进,这也是在院长中存在的"不想为,不会为,不真为"的突出表现,究其原因依然是教育领导力方面出了问题。一般来说,进取型的院长工作上是积极主动作为,并且工作不仅仅从完成角度出发,而是以领导工作质量取胜来衡量。这在当前狠抓人才培养质量提升的治理目标中是十分重要的。而缺乏进取精神的院长,即应付型院长,工作是满足于现状,有的取得一点成绩就沾沾自喜,不论对待学院工作还是学校工作,不求有功,但求无过。当前,无论从我国高等教育发展的大目标——建设高等教育强国,还是从学院内涵发展来看,没有进取精神,学院治理以应付的态度面对,可以说是极其危险的。

(四)审慎型院长和盲从型院长

院长教育领导力当中的先进领导观念和核心领导素养从某种程度上决定着院长领导行为是审慎型还是盲从型。十年树木,百年树人,说明人才培养工作千万不能急于求成,拔苗助长,必须遵循教育规律。审慎型院长在领导过程中,面对学院的治理会进行全面而深入的思考,始终坚持问题导向,善于周密思考工作中可能出现的各种问题和困难,并且做好应对准备;无论面对什么困难和问题都能多思善想,都能通过全面分析选择最好方案,对待学校以及学校领导布置下达的工作和任务服从而不盲从,有敢于坚持真理的勇气和担当。相反,盲从型院长领导工作中缺乏主见,人云亦云,盲目行

---

① 王洪才.开拓型校长,行动研究典范:对杨德广校长的叙事研究[J].湖南师范大学教育科学学报,2016(2):87-94.

事;不考虑客观实际,唯他人马首是瞻。在治理重心下移后,作为二级学院院长在思考谋划学院改革发展过程中更加需要审慎的领导行为。

(五)民主型院长和专制型院长

在二级学院治理过程中,院长如何对待学院发展规划和工作计划目标的制定,如何在治理过程中进行组织运作,在行政治理和学术治理中如何进行决策,学院治理过程中如何与上下沟通,等等,都是关系到院长领导行为中的民主行事还是专制行事的问题。从师生角度而言,应该大部分师生都希望自己的院长是一位民主型院长,领导工作中善于倾听民意,集广大师生的智慧,善于真正发挥好学院各学术组织的作用,而不是把学术组织乃至教授治学当作摆设,当成形式。民主型院长更加能够调动师生参与学院治理的力量。相反,专制型院长在学院治理来说,肯定是要遭到师生坚决反对的,因为这样的院长会目中无人,不把师生放在眼里和心上,不善于听取意见建议,不善于发挥学术组织的作用,导致治理效果会大打折扣。

三、院长教育领导力作用发挥的内在要求

(一)发挥院长教育领导力作用必须遵循教育规律

按照规律办事这既是哲学问题,也是现实问题。无论是自然界还是社会界,违背规律是要受到规律惩罚的。因此,在教育领导力研究的过程中,以及教育领导者在领导工作中,都要遵循教育规律,不能违背教育规律,必须以教育规律为遵循。高等教育的研究和发展一定要符合教育内外部关系规律。[①] 院长教育领导力必须遵行教育规律,既是突显教育领导力的教育属性以及高等教育领域的独特性,也是突显教育领导力的专业性,充分体现高校领导干部应有的领导力。为此,院长教育领导力的作用发挥过程中要注意以下几个问题:

1.院长教育领导力应该突显的时代性

根据教育发展的内在必然性,在遵循教育规律方面首先体现在院长拥有的教育领导力必须符合时代要求,作用发挥要突显时代性。

一是教育理念要与时俱进。一个人的教育理念如何,直接影响着他的教育行为,甚至决定着他的教育行为。俗话说:"观念决定一切",这并非没

---

① 吴雪.潘懋元:谈中国高等教育管理思想[J].高校教育管理,2008(4):1-5.

有道理。如果把这个观点运用到教育工作中,完全可以理解为有什么样的教育理念,就有什么样的教育实践。教育从古代教育、近代教育发展到现代教育,可以说,也是教育工作者教育理念不断更新,教育实践不断发展的过程和结果。作为教育领导者,其在领导教育实践的过程中,教育领导者的教育理念如何,决定着其教育实践如何。教育发展是否能够跟上时代步伐,适应社会发展以及人的发展要求,首先要求教育领导者和教育工作者的教育理念必须与时俱进。不然,谈不上教育发展,更会遭到时代抛弃。例如,现在作为二级学院的院长已经面临新工科、新文科、新农科、新医科、新师范以及专业认证的挑战,如果教育理念守旧,忽视这些学科专业内涵建设的新要求,既不能适应时代发展,更不能应对高等教育国际化的大趋势。

二是教育实践要切合实际。习近平总书记担任国家主要领导人首次出访俄罗斯时讲过一句话:"鞋子合不合脚,自己穿着才知道"。[①] 这句话富有深刻的内涵和哲理。其实,这也告诉我们在平时工作过程中一定要结合实际,不能脱离实际。如有的东西他适合,可你不一定适合,有的味道你喜欢,别人不一定喜欢,等等。这些都说明一个道理:做什么事、解决什么问题甚至想获得什么东西,一定要切合实际。领导干部在领导工作过程中,面对任何问题和挑战都要切合实际去考虑,不能有头脑发热的思想。平时,经常有人对领导行为发牢骚:说这个领导简直是乱来,甚至胡来。出现这些问题大多数是因为领导考虑问题没有切合实际。说到底,也是领导者领导力水平出了问题。教育对社会、对民族、对个人的发展都有着举足轻重的地位,更加经不起折腾,经不起不切实际的改革。因此,作为领导者在领导教育实践过程中,一定要实事求是,要联系实际,结合实际去开展。例如,院长在治理二级学院的过程中,肯定要面临学科专业优化调整的问题,学科专业的优化调整既离不开社会发展的现实,也离不开学院自身办学条件的问题,如果社会发展如人才需求已经发生了改变,相应的调整必须跟上,如果要创办一个新的专业,首先也要结合实际审视专业申报的条件是否具备,如果一点条件都不具备,像这样创办一个新专业,可以说是对学生不负责的。

三是满足人民对优质教育的需求。社会发展规律表明:人类社会的发展都是从低级向高级阶段发展的,发展的总趋势肯定是向好的。教育事关

---

① 习近平在莫斯科演讲:鞋子会不会合脚穿着才知道[EB/OL].(2013-03-24)[2020-01-11].http://news.cctv.com/2013/03/24/VIDE1364079474546231.shtml.

千家万户，是最大的民生。随着我国经济社会不断发展，人们对教育美好的要求越来越高、越来越迫切，如何满足人民对优质教育的需求是教育发展过程中不得不面对的现实问题。不论是幼儿教育、基础教育还是高等教育，人们对上好幼儿园、上好小学、上好中学、上好大学的期望越来越高，这是教育领域各级领导必须面对的迫切问题。作为教育领域的领导者既要考虑如何满足人民对优质教育的需求，也要引领好人民如何科学地应对教育消费，从而推动教育科学发展。如果作为教育领域的领导者不思考这些问题，可以说是对教育不负责，对人民不负责。二级学院作为人才培养的重要场所，院长对教育教学质量的提升必须从思想上、行动上予以高度重视并付诸实践。

2.教育领导力要服从和服务于社会发展的要求

教育与社会关系的规律表明：教育要服从和服务于社会发展，当然社会发展也将助推教育发展。不论是历史还是当下，高等教育的改革与发展都要服从和服务于政治、经济与社会的需要，这可以说是高等教育改革与发展的逻辑起点。作为高校的领导者，不论是学校一级的领导者还是二级院（系）的领导者都要思考一个问题：那就是随着时代和经济社会的发展，高校如何才能走出"象牙塔"这一道关口，积极主动地服务于经济社会发展的"主战场"这一广阔天地。这既是教育外部关系规律的要求，也是教育内涵发展的需要。

一是把好为党育人、为国育才关。社会的发展离不开人才。高等学校作为培养各级各类人才的摇篮，一定要思考好"培养什么人，为谁培养人，如何培养人"这一基本问题。不同的社会、不同的社会发展阶段人才培养的规格有所不同。作为中国共产党领导下的社会主义性质国家的高等学校，培养的人才必须坚决拥护中国共产党的领导，并服从和服务于社会主义建设。因此，作为高等学校的领导，在领导力方面的体现，首先要体现在把好为党育人，为国育才这一道关。这既关系到办学方向，也关系到办学质量。这既是社会发展规律的要求，也是办学根本的要求。

二是服务国家新兴战略的要求。教育兴则国家兴，教育强则国家强。从高等教育人才培养、科学研究、社会服务与文化传承与创新等四大职能来看，都要求高等教育的发展必须瞄准国家的发展战略，服务于国家发展战略。《中国教育现代化 2035》围绕高等教育应有的职能，从人才培养、地方本科高校转型发展、加强应用基础研究以及产学研用深度融合等方面部署了高等教育现代化建设，对高等教育如何服务国家新兴战略提出了更高的要求,这都是遵循教育外部关系规律的生动体现。随着科学技术革命不断深化和拓展,人工智能、大数据分析的出现,高等教育更加应该回应新一轮科技革命与产业变革。假如作为高校的领导者面对这些新科技的出现、新产业的变革麻木不仁,甚至视而不见,肯定会遭到淘汰和抛弃。这也是新的社会发展趋势对教育领导力提出的新要求。

三是服务区域经济社会发展。不论是"985"高校、"211"大学还是地方性高校,都脱不了属地干系,都必须把服务区域经济社会发展扛在肩上,决不能与区域经济社会发展格格不入。这是高校存在的必然,也是高校生存之道。俗话说:"远亲不如近邻"。高校与地方关系搞好了,把服务地方的工作做好了,将大大提升高校的存在感,甚至获得更加宽广的发展空间。因此,作为高校的各级领导者,必须善于融入地方、融入区域,结合地方、区域经济社会发展把学科专业建设布局好、调整好、落实好。通过服务区域经济社会发展体现更好的教育领导力水平。

3.教育领导力要有利于激活教育内部诸要素和谐发展

教育要素是指构成教育活动的基本成分,是决定教育发展的内在条件,主要由三大要素构成:教育者、受教育者和教育影响(包括教育媒体、教育内容、教育手段、教育活动方式、教育环境等成分),各种教育要素在活动状态下,都有着实际的地位、作用与互动关系。改变大学教育要素的原组织状态,是 21 世纪大学地位与职能变化所引发的学校内部组织结构的变革。①教育内部诸要素相互关系的规律表明:教育首先必须通过德育、智育、体育、美育、劳动技术教育等五育去促进人的全面发展,而教育过程中还要调动教师、学生、教育影响三大基本要素的关系去实现教育目标,达到教育目的。因此,院长教育领导力作用的发挥必须围绕教育内部诸要素关系和谐发展,最终达到教育目的,去发挥领导效能,同时影响被领导者即师生。根据教育内部关系规律的要求,院长教育领导力作用的发挥重点应该考虑如下:

一是突出立德树人的根本任务。坚持立德树人是高等教育的根本任务,也是我国高等院校的使命。潘懋元先生在谈到教育内部关系规律时,明确提出内部关系的主要内容就是:"教育必须协调德育、智育、体育、美育,使

---

① 傅道春.大学教育要素的重新确认与组合[J].北方论丛,1999(3):33-36.

学生全面发展"或"教育必须通过德育、智育、体育、美育,使受教育者全面发展"。① 这与新时期高等教育要实现"立德树人"根本任务是完全一致的。而要达到这一目的和任务,作为院长首先要确立以学生为本的价值取向,并且把"立德树人"的根本任务贯穿于教育教学乃至管理与服务全过程。如果院长教育领导力离开了"立德树人"这一根本任务,就相当于无本之木。

二是着力加强师资队伍建设。国强必强教,强教必强师。教师是立教之本、兴教之源,教师始终是教育工作的母机。习近平总书记明确指出:"一个人遇到好老师是人生的幸运,一个学校拥有好老师是学校的光荣,一个民族源源不断涌现出一批又一批好老师则是民族的希望。"②人才的培养、学校的发展都离不开优秀的教师队伍。我们国家要从高等教育大国走向高等教育强国,必须建立一支强大的师资队伍。而在师资队伍建设的过程中,除了把师资队伍建设作为战略问题加以重视外,考验院长的是在师资队伍的引进、培养、使用、稳定这四个环节上如何做文章,在为教师想办法、做实事、办好事上如何想路子,如何出举措,把为教师谋发展的工作做到极致,真正把教师的创新动力、工作活力激发出来。为此,可以通过针对各类教师的特点和优势特设教师职能岗位,把教师岗位任务完成情况与工作业绩相结合,教师二次收入分配与工作责任和贡献相匹配,去调动教师队伍参与学院发展工作的主动性、积极性和创造性,最终实现学院发展和职能的转变。

三是抓住学科专业建设的工作重点。学科专业建设是教育内部要素中的重中之重。因为人才培养、科学研究、社会服务乃至文化传承与创新都需要学科专业支撑。在高等学校工作过程中,对"以教学为中心,以学科专业建设为龙头"一点都不陌生。因为学科专业建设是学校办学水平以及综合实力的集中体现。因此说,抓好了学科专业建设,就等于抓住了推进学校各项事业发展的"牛鼻子"。当前,"双一流"建设已经深入人心,在学科专业建设过程中,作为院长一定要把握学科专业建设的时代性和规律性,并结合实际去做好顶层设计,打造适合产业发展的学科专业集群,才能为学科专业发展提供全面有力的支撑,催生学科专业新的生长点。

---

① 潘懋元.教育基本规律及其在高等教育研究与实践中的运用[J].上海高教研究,1997(2):1-7.

② 教育部课题组.深入学习习近平关于教育的重要论述[M].北京:人民出版社,2019:129.

四是推动大学治理现代化。教育事业的发展不仅要遵循教育外部关系规律,更要充分调动教育内部诸要素之间的关系。教育内部诸要素之间的关系调动是一个系统工程,推动大学治理现代化从大学内部治理体系来说,就是要更好地、更加充分地调动大学内部诸要素之间的关系,特别是要通过高校内部综合改革重构高校内部治理体系,使高校内部诸要素关系间均能充分发挥好作用。这要求高校各级领导者要注重从观念、体制、平台、管理及氛围等方面进行创新思考,切实提升高校内部治理水平。而从外部关系来说,推动大学治理现代化必须扩大高校办学自主权,同时寻找高校发展的合力,真正构建"依法办学、自主管理、民主监督、社会参与"的现代大学制度,积极探索高校一政府一社会等各方面的协同治理的模式,强化高等教育内涵发展,协同办好人民满意的高等教育。

(二)院长教育领导力的发挥需要处理好学院内部的四大关系

1.院长与书记的关系

正确处理好院长与书记的关系是有效发挥院长教育领导力在学院治理过程中的作用的关键所在。学院领导人肯定不是一个人,而是一个集体。但这里我们说的是主要领导人,应该是一把手,即学院院长和学院党委(党总支)书记。而二级学院院长和书记关系如何直接影响到院长教育领导力作用的发挥。院长和书记的关系处理是好是坏,关键是要理顺两者的工作职责与工作关系。按照高校基层党组织工作条例规定,二级学院党组织的主要职责是把好方向、抓好大事、出好思路、管好干部、研究决定重大事项。而学院行政的主要职责是研究处理学院行政日常工作,向学院主要决策机制即党政联席会议研究决定的有关教学、科研和其他行政工作等重大事项提出研究方案或主导意见,党政联席会议做出决策后予以组织实施,并与学院党组织共同抓好监督落实,不断完善决策、执行、监督体系和机制。这就要求院长和书记按照职责要求摆正自己的角色,属于党务范畴的由学院党组织书记负责推进,属于行政范畴的由院长负责落实。书记要善于用党建工作引领学院的发展,院长要善于把业务工作与建设工作相融合,并积极主动支持或参与学院党的建设工作。院长和书记千万不能把党建工作与行政业务工作扯成两张皮,而是要织成"党建+业务工作"的网。

在地方本科院校,如果院长是党员的,有的是院长和书记一肩挑,或者院长兼任副书记,但大部分都是院长和书记分设的。如果书记是专职的书记,则其业务应该是党务和党委工作,如果一定要署理行政事务,则需要真正懂业务。如果不太懂业务,则领导全院开展工作就成为一个难题。人们最怕的是不懂业务,却又偏偏喜欢干涉业务的领导,这样的话就变成了学院发展的灾难。如果不懂业务,而懂得尊重专家,完全是可以的,即运用平衡之道,发挥专家学者的作用。这个时候就是要更多地发挥学术委员会的作用。如果这样做,就与西方大学设置行政专职院长同一道理。当然,这个时候必须有一个行政的院长协理专业事务,当然这个院长也是负责行政而不负责业务。不过,这种体制怎么运行,国内至今尚无先例。

比较科学的体制仍然是书记、院长并驾齐驱,二级学院也实行党组织领导下的院长负责制。这样以制度的方式规范院长和书记的关系,促使院长支持书记抓好党的建设,书记支持院长履行好学术权力和行政权力,更好地推动学院发展。这实际上与大学运行并无二致。

2.院长与副手的关系

在一个学院,单纯靠院长一个人肯定无法胜任各项工作,他必须有一批人帮助他。这就需要一批行政助手。除了办公室的秘书人员之外,需要懂业务懂管理的人帮他分挑重担。在二级学院,教学业务是日常性的,也是事务比较杂的,同时也是最不能出乱子的。为此,设置专职负责教学的副院长在所难免。另一个岗位就是科研副院长,这往往是能够显示办学实力,容易为学院增光添彩的,为此必须有人专门负责。因为科研指标是最为显性的指标,是最能够反映教师实力的部分,是教师们的自觉性比较强的领域。还有一个是行政岗位,负责与外部进行联系,管理办公室各种杂务。如果说前两者需要的专业性比较强,这个岗位则需要社会能力比较强,善于与各方面打交道。

一般学院都是一正三副的结构,基本上能够覆盖学院工作的各个方面。三个副职能否各负其责是院长领导能力水平的体现。如果院长本人太过揽权,大权独揽,把副手作为自己的下级看待,可能下级真的就没有积极性了。如果把他们当成同事看待,就需要具有民主作风,这要求院长本人必须有气量,有远见,能够带领好这个团队。如果院长嫉贤妒能,很可能造成矛盾重重。可以说,院长如果没有远见,没有才干,没有气量,都容易被副手看不起。院长与副手的关系不是一种单纯的上下级关系,更多是一种合作关系。

3.院长与教授会关系

在国内,教授委员会与学术委员会有时是同义词,有时是分开的。所以,对学术委员会必须有一个准确的定义,即它是什么意义上的学术委员会,不然就容易引起混乱。对于教授会而言,定义一般比较明确,即它是一个纯粹教授的组织,是一种纯粹的学术权力,它是由教授们组成,讨论纯粹的学术事务,一般是发挥学术审议和学术咨询的功能。学术委员会一般是发挥学术决策的功能,也即带有学术管理的性质。院长一般不参与教授会活动,而参与并主持学术委员会工作。不然的话,就很难对学院事务进行真正的领导管理。教授会作为一个学术性的民主审议和咨询机构,一般负责重要学术议题的审议和建议,在教师职称晋升、课题评审、课程设置、人才招聘等事项上具有审议和建议权,它的建议会受到学术委员会的重视和尊重。

学术委员会一般由学院专业性领导人与资深教授们组成,其规模远远小于教授会。其职能一般是对教授会建议的事项进行讨论并表决,所以扮演的是学术决策功能角色。之所以由资深教授参与,是希望在决策过程中能够反映教授会的意见。这也决定了教授会主席一般由教授会成员推荐产生,具有资历威望高的特点,也即能够代表教授们的意见,他的意见或建议能够受到教授们重视和尊重。如此,学术委员会实际上是综合学术权力与行政权力两方面的意见,就不再是纯粹的学术代表或行政代表。不难看出,学术委员会仍然是以行政权力为代表,这与学术委员会意见的实践性有关,因为学术委员会的意见是决定性的,要推行,如果不能获得行政部门支持,就无法具体执行。换言之,在学院一级,行政权力仍然是主导性的,学术权力仍然是辅助性的。

4.院长与教师的关系

院长必然要与各个教师发生联系,影响教师们的发展。很显然,院长对每个教师发展提供的帮助越大就越具有威信,反之威信就越小。当然,如果院长对教师们发展的限制越多,则越遭到反感。这意味着,如果院长能够开辟更多的发展空间则越能够得到教师们的拥护。如果院长给教师们布置的任务越多或不合理的要求越多,就会遭到教师们的反对。

除了创造专业发展的空间外,还有和谐的氛围的构建。这可能是院长作为领导最需要做的工作。因为人人都希望生活在一个和谐的环境中,这样才能心情好,才能有归属感。如果学院的人际关系非常复杂,就会让人觉得没有安全感,如此也不可能产生归属感。这也说明,院长的一个重要职责就是健全的规章制度建设,让每个人能够感受到自己的利益受到保护,感受到公平公正,感受到自己受到尊重。中国文化有一个显著特征是不患寡而患不均。尽管人人对特权非常反感,但每个人其实都希望获得特权。为此,院长需要做好工会的工作,为职工谋好福利,共同创造一个良好的氛围。

综上,从院长教育领导力成功型和失败型典型案例分析,一方面证明了院长教育领导力维度模型具有较强的解释力;另一方面也证明了院长具有较强的教育领导力方能取得成功,而院长教育领导力弱是导致院长领导工作失败的关键。那么,院长教育领导力强弱应该如何考核评价呢? 这又是研究院长教育领导力中的另一个重要内容。

本章小结

院长教育领导力是由院长的先进领导观念即教育观、人才观、权力观,应该拥有的核心领导素养即人格魅力、学术造诣和领导艺术,以及为更好统御教学、科研、社会服务以及行政管理工作而应有的关键领导能力即学院发展谋划力、内外交往讲演力、办学活力激励力、学院治理规范力构成的一个影响力综合体,旨在提高领导效能,实现领导学院发展的目标。本章通过选取两所样本学校共 23 名院长以及 7 名校领导和 4 名平时与二级学院院长工作联系比较紧密的高校职能部门负责人,围绕院长教育领导力进行深度访谈,在查阅相关文献的基础上,结合工作观察,对院长教育领导力作用发挥的成败案例进行了分析,通过案例分析进一步验证了院长教育领导力维度的解释力。同时,通过院长教育领导力成败案例分析,得出了三个方面的启示,并从中归纳出院长对应的 5 种领导行为方式类型。此外,在深度访谈调查中还专门发现了地方本科院校二级学院院长在性别、年龄、学科、学历、职称、海外经历、行业背景等 7 个方面的特征,从结构上探讨了谁在地方本科院校二级学院当院长的问题。

第五章

院长教育领导力的考核评价

为什么同样一项工作有的院长完成得比较好,而有的院长完成得没有那么好？如果从院长方面来说,肯定是因为教育领导力水平方面的差异问题。那么如何去考核评价院长教育领导力水平呢？首先笔者认为:考核评价教育领导力水平是一个实践性应用性非常强的问题。在上一章节笔者对院长教育领导力成败进行了案例分析,而关于教育领导力水平高低的衡量是一个更具体的课题。显然,首先需要知道教育领导力指什么,然后才能进行具体的考核评价。如果不知道教育领导力指什么,就去谈教育领导力的考核评价,这是不可想象的事情。当然,对教育领导力的考核评价也不能用传统的面面俱到的方式去进行。如果要面面俱到,就可以用高校开展的教学工作合格评估或者审核评估中的考核评价指标体系,以及干部考核评价体系去取代,去进行考核评价了。笔者认为对教育领导力的考核评价要打破常规、打破传统,可以根据教育领导力构成的维度要素,并结合教育领导力效用的表现形式,以及抓住教育领导力强弱所带来的教育工作的根本性改变这一关键去进行考虑。为此,笔者在研究教育领导力表现形式的基础上,结合院长教育领导力构成的维度要素,进一步对教育领导力的强弱的考核评价进行更深层次的探讨,力求在把握教育领导力表现形式的基础上,从教育的本质进一步探讨教育领导力强弱的实质内涵。

第一节　教育领导力考核评价的理解

关于领导力水平如何,国内外主要以建立领导力考核评价考核指标体系的方式进行评价。目前来说,关于领导力的考核评价众说纷纭,基本上是属于各有各的侧重点,没有一个统一的类似于普遍性的、广泛性的、通用性的观点。笔者分析现有文献认为对领导力的考核评价大多数是从模糊性、定性视角进行,并且大多数是对企业管理领域的领导者领导力考核评价居多,这可以说是比较笼统的,针对性、适用性不强。在访谈中,大多数校级领导,与院长工作关系特别密切的职能部门负责人,以及二级学院院长都认为要建立教育领导力的考核评价指标体系并非易事。如果能够在对教育领导力考核评价过程中,通过科学简便的方式去考核评价院长教育领导力的强弱,对院长教育领导力的培养或者提升将有极大帮助,同时对如何选拔培养院长也有直接的指导意义。

一、教育领导力考核评价的内涵

教育领导力是教育领导者在领导教育工作过程中所表现出来的影响力。这种影响力最终有利于教育方针政策的贯彻执行,有利于教育工作的开展,有利于既定教育目标的实现,最终达到为党育人,为国育才的目标。特别是作为教育领导者来说,在其领导过程中,所采取的领导举措、领导行为是可以感知的,成效也是显而易见的;而从被领导者来说,也能够积极参与其中,为实现既定目标而贡献力量的。因此,对教育领导力的考核评价,就是对教育领导者教育领导力强弱的考核评价,主要是指教育领导者对被领导者影响力的强弱以及最终领导效能的高低。教育领导力强,对被领导者影响力就大,其所体现出来的领导效能就高;反之,教育领导力弱,对被领导者影响力就小,其所体现出来的领导效能就低。因此,院长教育领导力的考核评价既是对院长教育领导力构成维度要素的考核评价,也是对院长教育领导力的领导效能即院长教育领导力的表现形式上的考核评价。

二、教育领导力考核评价的原则和方法

对领导干部的考核评价是一项严肃的工作,教育领导力强弱的考核评价是对教育领导者考核评价工作中的重要视角之一,它既是一项应用性强的工作,也是一项可操作性强、关注度高的工作。为科学做好教育领导者的考核评价,客观地、实事求是地考核评价好一位干部,在对二级学院院长教

育领导力强弱的考核评价过程中,在坚持严管和厚爱相结合的原则基础上,对教育领导力强弱的考核评价应该遵循以下原则和方法。

(一)教育领导力考核评价的原则

1.方向性原则。方向性原则就是要求在教育领导力强弱考核评价的过程中,要求讲政治,必须严格按照党管干部的原则,以及党中央有关干部管理的法律、法规为遵循,突出教育领导者在从事教育领导工作过程中的政治要求,如坚定不移地坚持社会主义办学方向,始终牢记和践行为党育人、为国育才的使命担当。在领导工作中不能触碰底线和红线,始终坚持好民主办学,依法治校。

2.目标性原则。目标性原则就是要求在教育领导力强弱考核评价的过程中,必须以教育领导实践中对既定目标实现与否,任务完成与否作为考核评价的基本要求。研究教育领导力目的是要解决教育领导者在领导实践中领导效能提升的问题,如果教育领导力脱离组织既定目标的实现这一基本准绳,就会失去应有的意义,甚至会由于教育领导力强而起到负面的影响,甚至破坏的作用。作为二级学院院长在领导二级学院工作的过程中,有的出现不想为、不敢为、不会为甚至不真为的问题,主要的原因是对学校下达的目标任务没有完全理解和接受,甚至对学校下达的目标任务起怀疑甚至抵触的态度。

3.点面结合原则。点面结合原则也就是全面与重点相结合原则,全面与重点相结合就是要求在教育领导力强弱考核评价的过程中,对教育领导者的领导工作既要从多角度、多方面、客观地把握,也要从关键要害去分析考核评价。特别是应该从教育领导力效能表现全景式、全方面进行分析考核评价。要在坚持全面性的基础上,突出重点,把握要义。在掌握全面的基础上,把握教育领导实践中领导效能的提高这一关键之关键。

4.定性与定量相结合原则。定性与定量相结合原则就是要求在教育领导力强弱考核评价的过程中,既要有定性的考核评价,也要有定量的考核评价。在教育领导者的领导工作中,领导效能的体现有的是质性体现,有的是质性与量化相结合的体现。因此,对教育领导力强弱的考核评价必须坚持质性与量化相结合的原则去进行。特别是不能一味地追求量化指标去进行。

5.行为导向与结果导向相结合原则。行为导向与结果导向相结合原则就是要求在教育领导力考核评价的过程中,既要注重教育领导者通过教育领导力领导下属、影响下属的领导行为方式方法,也就是领导过程,同时更要注重领导行为结果的目标追求和目标的达成。作为领导者的领导力来说,其具体的效用首先体现在领导工作过程中,最终的效用又是体现在组织目标实现与完成上。因此,行为与结果两者必须相统一,不能分离,不能割裂。

(二)教育领导力考核评价的方法

教育领导力的考核评价也必须遵寻科学的方法,根据笔者访谈了解,结合平时工作的总结与反思,教育领导力的考核评价是区别于平时对干部的年度考核评价或者期中考核评价的,一般干部的年度考核包括德、能、勤、绩、廉五个方面的综合考核评价,而教育领导者教育领导力的考核评价注重的是领导工作过程中的影响力以及领导效能的考核评价,是对领导干部的专项考核评价。因此,教育领导力考核评价的方法也应该区别于对干部的综合考核评价的方法,当然也可以参考借鉴干部考核评价的方法,具体可以遵循以下方法:

1.日常观察与重要工作考验相结合法。平时对领导干部的考核大多数是通过年终的述职述廉来进行,其实仅有年终的一次性考核这是不够严谨的,因为到年终才考核,而对平时工作状态如不了解,或者没有及时了解、没有及时发现,就会缺少对干部日常的激励与监督。领导力是主要表现在日常领导工作过程中的。因此,对教育领导力的考核评价,负责干部管理与服务的组织人事部门应该从领导干部的日常工作抓起,特别是要定期不定期地、常态化地了解教育领导者平时的工作状态,工作开展情况,以便及时把握领导者教育领导力的发挥,发现好的及时表扬,不足的及时指出甚至批评,这也是非常有利于教育领导者领导力提升的。除了平时观察以外,对领导干部领导力的考核评价,还可以从一些重要工作的推进过程进行观察。也就是平时我们说的,要考验领导干部在关键时候、关键工作是否掉链子,如果在重要工作推进的过程中出现了掉链子的情况,说明这样的领导干部其领导力是值得反思的。

2.个人自述与实际考核相结合法。领导者在领导工作中既要遵循客观要求,也要善于充分发挥主观能动性。在教育领导力考核评价的过程中,也要充分发挥教育领导者的主观能动性,即要引导领导者感受自己在领导工作中的幸福感、满足感、荣誉感。这就要求组织人事部门应该考虑为领导者领导工作过程中提供让其谈感受的机会,说出领导工作过程中的酸甜苦辣。

在这样的机会或者场合中,可以让领导者用口头方式说出来,或者用书面的方式表述出来,这就是个人自述。自述是了解教育领导力如何的一种有效方式方法。当前,在对领导干部管理与服务的过程中,尽管说组织人事部门是干部之家,但是除非领导干部有什么大的怨言或者苦恼,否则很少到"家中"叙旧的。而实际考核就是在对领导者的教育领导力考核评价过程中,要深入实际进行考察,特别是领导者个人自述的一些工作案例,不论是问题案例还是成功案例,可以深入学院进行更加全面的了解,这也是科学考核评价教育领导力强弱的有效方法。

3.民主测评与深度访谈考核相结合法。对领导干部进行考核评价时,经常用民主测评和深度访谈的方法进行。民主测评与深度访谈相结合的方法,在对教育领导力强弱考核评价中也是可以参考借鉴的。只不过其测评的指标体系以及深度访谈的内容提纲要按照教育领导力强弱考核评价的维度去设置。

第二节　教育领导力考核评价的两个假设

在开展人文社科研究的过程中,人们通常也通过假设的方式进行推导。从教育学对教育的普遍性定义来说,教育是培养人的一切社会实践活动,这是无可争辩的事实。从高等学校的四大基本职能来说,人才培养是高等学校四大基本职能的核心,离开了人才培养,可以说很难谈得上是高等学校了,因为学校就是要培养人的。当然培养人也有一个根本性的问题,就是教师。没有教师,培养人也是一句空话。为此,我们先可进行两大基本的假设。

一、教育领导力强则办学效果好

高等学校是人才培养的重要场所,高等学校必须坚持人才培养为核心。因此,作为二级学院院长的领导工作,首先要放在人才培养工作上。我们可否这样思考:如果教育领导力强,则办学效果好;反之则效果不好。如果基本假设成立的话,那么我们可以探讨办学效果好坏指什么了。对于办学效果好还是比较容易理解的,如培养人才质量高,社会口碑好。这是一个最终的测量,是衡量办学好坏的根本维度。因为谁都不能说培养人才质量不过关,它的办学效果还是好的。但因为办学效果好坏的显示需要一个周期,怎么避免这个周期影响呢?那么就可以从影响办学好坏的因素上来寻找了。如作为教育领导者是否注重师德提升,注重教师业务水平提升,注重教学过程管理,注重教学内容更新,注重教学与实践实际联系,注重教学方法改革,注重考试环节改革,注重毕业生就业环节管理,等等。显然,这些都与人才培养质量提升有关系。可以说,注重这些方面提高比忽视或轻视这些因素更有助于教育质量提升。因此,这个假设是可以成立的。

但并非所有的重视或注重就一定能够提升教育水平或质量。如果工作没有抓住关键,没有调动教师的积极性,措施不得力,或者说没有引起教师的充分重视,那么,也不可能出现教育质量提升的效果。所以,能够调动教师的积极性,才是考核评价教育领导力的核心要素。那么,哪些工作做了之后才会调动教师的积极性呢?为此,我们可以进行第二个假设。

二、教育领导力强则教师积极性高

领导力最根本的体现在于领导者的影响力。作为教育领域来说,如果教育领导者的教育领导力强,说明对教师的影响力大,教师投入教书育人的工作精力足,效果好。因此可以假设,教师教书育人的积极性高则教育领导力强。而如何才能让教师教书育人的积极性高呢?显然,关心教师成长,能够调动教师积极性。什么是关心教师成长呢?如帮助教师规划职业发展,为教师职业发展提供帮助,为教师职业发展提供机会。如此,教师职业发展或专业发展是衡量对教师是否关心的核心要素。这似乎可以解释为什么教师发展中心建设成为高校发展的一个机构了。当然,关心应该是主动的,而非被动的,是真心的,而非虚情假意的。所以,关心的前提是尊重。如果根本不尊重教师的工作,也就不可能真正关心。

如何体现出对教师的真正关心呢?这就需要结合教师考核来考虑了。如果教师在完成目标任务之后,仍然需要靠排名好坏来决定是否具有升迁机会,这实际上并没有真正尊重教师。排名本身就是不尊重教师的个性,因为它是用统一尺度来衡量所有的教师。如果给教师的任务目标布置得不合理,当然也不是对教师的尊重。真正的尊重就是能够发挥每位教师的特长,给以合理的工作任务,保证教师能够高质高效地完成工作任务目标要求。

那么,教育领导力考核评价的核心是否就表现在能否真正尊重教师,能否给他们确定一个合理的工作目标,能否给他们提供有利的条件保证工作目标实现?因为只有教师的积极性被调动起来,他们才能全身心地投入工作,才能抓好教育质量,努力进行教学改革探索,保证人才培养质量符合社会实践要求,达成学生自我成才意愿。因此,第二个假设也是完全可以成立的。

教育领导力强弱考核评价的两个基本假设是完全成立的。从此可以推导出,办学效果好与差,教师积极性高与低是教育领导力强弱的核心表现形式。因为高等教育内涵发展的核心就是要提升人才培养质量,而人才培养质量的提升关键又是看教师在实施教书育人过程中的积极性如何。

第三节　院长教育领导力效能的表现形式

教育领导力并不是空泛的,虚无缥缈的。教育领导力是强是弱是可以感觉和评判的。教育领导力强弱的评判,或者是说考核评价,可以结合教育领导力的维度要素,并通过教育领导力的效能体现,即院长教育领导力的核心表现形式和基本表现形式进行判定。俗话说:新官上任三把火,从某种意义上来说,是领导力起初表现的情况。因此研究教育领导力除了在理论上理解把握以外,还应该从现实的视角进行摸索和探讨。就教育领导力而言,从一个具体教育单位的教育领导者来说,其教育领导力强不强或者是说好不好,表现形式就是能否处理好教育内部的事务,若能处理好,就意味着具备教育领导力。作为学校的领导者具有良好的教育领导力,意味着学校的办学愿景鼓舞人,能够把握教育发展的规律和趋势,采取科学有效的治理方略,同时也能够按照教育领导者的教育理念去推动教育事业的发展,同时也能依靠自己的人格魅力去团结和凝聚发展的力量,更好更快地带领被领导者把教育工作做好。根据教育原理和教育规律以及教育事业的发展趋向,结合笔者围绕二级学院院长教育领导力的案例分析,二级学院院长教育领导力强的效能核心表现形式主要表现在:办学效果好和教师积极性高两个方面；基本表现形式主要表现在：较好的团队力量、明确的办学愿景、科学的治理策略、果敢的改革举措、高效的内部管理、突出的办学业绩、良好的人格魅力等七个方面，并且院长教育领导力效能的核心表现形式和基本表现形式均为院长教育领导力综合效能的体现。

一、院长教育领导力效能的核心表现形式

由表及里，也是我们分析问题、解决问题的原则和方法，如果把二级学院院长教育领导力效能的基本表现形式看作是表，那么二级学院院长教育领导力强弱考核评价的里是什么呢？也就是说院长教育领导力所带来的绩效是什么呢？这是考核评价院长教育领导力最为关键的。这要从高校的根本任务谈起。习近平总书记在党的十九大报告中明确指出："要全面贯彻党的教育方针，落实立德树人根本任务……加快一流大学和一流学科建设，实现高等教育内涵式发展。"[1]因此，不论从宏观层面还是微观层面来说，这是院长教育领导力必须着力的根本点，也是院长教育领导力强弱考核评价的核心点。围绕高校立德树人的根本任务，二级学院院长教育领导力强弱的核心表现形式主要体现在以下两个方面：

（一）办学效果的好坏

院长教育领导力好不好？其直接导致的领导效能如何？首先表现在院长领导下办学效果如何。办学效果好说明院长教育领导力强，否则是弱的。原教育部陈宝生部长在新时代全国高等学校本科教育工作会议上明确指出：人才培养是大学的本质职能。要把人才培养的质量和效果作为检验一切工作的根本标准。作为高校二级学院承载大学职能和人才培养的主阵地来说，院长教育领导力强弱的考核评价理所当然要与二级学院应承担的主要职能相吻合。因此，院长教育领导力强弱理所当然首先体现在其率领下，学院办学效果的好坏。办学效果好坏首先有院长先进领导观念中教育观、人才观方面的体现，当然也包括院长关键领导能力的体现。而办学效果的好坏主要又表现在以下方面：

---

① 习近平.决胜全面建成小康社会 夺取新时代中国特色社会主义伟大胜利：在中国共产党第十九次全国代表大会上的报告（2017 年 10 月 18 日）[M].北京：人民出版社，2017.

1.人才培养质量高

办学效果好的直接表现首先是人才培养质量高。但是,在高校人才培养过程中,怎么样才算是人才培养质量高呢? 笔者认为:地方性本科院校大多数属于应用型本科院校,因此,人才培养标准不能只从抽象的、模糊的是否达到人才培养目标去考核评价,而应当想办法把在学生身上比较笼统的教育期望和教育愿景,转化成既能够观察得到的,又可以从学生身上看得到具体操作的表现与行为,最终能够建立可观测、可操作、分层次质量标准体系。围绕这个思路,笔者认为地方性本科院校人才培养质量高可以体现在四个方面:一是思想政治素质过硬,表现为政治坚定,有正确的政治追求和理想信念;勇于担当,有强烈的社会责任感和家国情怀。二是专业基础知识扎实,表现为热爱学习专业基础理论知识,专业理论基础知识学习好。三是善于拓展专业能力,表现为善于围绕专业进行辐射性的学习,善于拓展知识面去提升专业核心能力。四是解决实际问题能力强,表现为在实践中善于观察问题,发现问题,分析问题乃至解决问题,在实践中操作能力、应用能力、创新能力强。

2.社会口碑好

办学效果好的另一个直接表现就是学校或者学院的社会口碑好。笔者所调研的一所学校尽管离首府有五百多公里,并且坐落在一个非常不知名的城市,但是这几年越来越多的省外学生报考该校,就此学校艺术类专业来说,每年在外省招生的指标不过一千名,但是近几年报名参加该校艺术类专业招生术科单独考试的人数有四万多人。每每新生入学询问新生和家长,无不异口同声地说,这所学校的社会口碑好,把孩子送到这样的学校放心,并且接连可以说出无数个好,如领导好、同学好、老师好、安全好、管理好等。经过分析,笔者认为:作为二级学院来说,在社会口碑好方面首先表现在专业的认可度高。即在学院的学科专业建设过程中有王牌专业,知名专业,或者是现在公认的一流专业。其次是学院的毕业生容易找到工作,就业率较高,毕业生的社会认可度高,也就是毕业生的工作适应能力强,这与上述的人才培养质量高是吻合的。再次是学院管理与服务到位,能让学生满意,家长放心。

(二)教师积极性的高低

院长教育领导力的本质就是影响力,就是能够影响教师教育教学工作的积极性,激发教师参与学院内涵建设的活力。不论是从学校还是从二级学院来说,教师工作的积极性以及教师的素质水平直接影响着学校或者二级学院办学的好坏。教师教育教学工作的积极性可以说是提高教育教学工作效能的关键,也是衡量一所学校或者一个二级学院领导管理水平高低的重要体现。作为院长在领导工作中要善于调动学院教师在教育教学、科研、社会服务等工作中的积极性和创造性。而教师积极性的高低主要是院长先进领导观念中人才观、权力观以及关键领导能力中办学活力激励力的体现。那么,教师在教育教学工作中积极性高又是如何表现的呢?

1.教师投入教书育人的工作精力足

精力通常是指一个人的精神和体力。一个人在一个工作岗位上能否保持旺盛的工作精力或者其工作精力投入如何,将直接影响其工作成效。一个人的工作精力是否旺盛或者投入工作精力如何,虽然与其身体状况、心理状况有关,但是关键还是与领导者所营造的工作环境有关。身体状况可以说完全是个人的主观因素,而心理状况和工作环境状况则主要与领导者领导工作中的影响力有关。因此,作为院长在领导工作中要善于通过其自身的教育领导力去组织带动师生、影响师生,创造好的条件和环境让师生能够保持旺盛的工作精力和投入足够的工作精力。教书育人是一项系统工程。但是,从教师的角度来说,教书育人也是教师的天职,也是教师的初心和使命。如何保证教师有足够的精力去履行好这一天职? 从二级学院来说,这考验着院长的领导水平。一般来说,教师投入教书育人的工作精力足,首先表现在教师的敬业意识强和工作态度好,即不论是对待具体的教育教学工作,还是对待每一位学生,都能以饱满的热情、满腔热血去对待,而不是不冷不热,甚至麻木不仁。其次是工作积极主动认真负责,对待任何一项工作都不讲价钱,说做就做,做就做好。再次是注重专业发展、发展提升自己的教学科研能力,以便更好地做好工作。最后一个方面是大局观念强、示范作用大,即能够处处从学院大局出发,团队意识、合作共事意识好,能够起到示范表率作用。这些都要院长通过自身教育领导力去影响,去激励。

2.教师教书育人的效果好

教师积极性高,除了工作精力充足外,最终还要落到工作效果上,即教师教书育人的效果好。只有教师教书育人的效果好,才能真正落实立德树人根本任务,才能充分体现大学人才培养的职能。作为一名教师来说,自身职业的幸福感、获得感、满足感主要来源于经过自己辛勤付出后收到好的效果。教师教书育人的效果好如何体现呢? 笔者认为主要体现在四个方面:

一是坚决贯彻落实党和国家的教育方针政策。大学要坚持好社会主义办学的政治方向,关键在于教师在教育教学过程中,能够始终贯彻落实党和国家的教育方针政策,因此,从这个角度来说,教师不仅仅要当好学生发展的促进者,更要当好国家发展的代言人。教师要通过自己的努力真正培养好社会主义的建设者和接班人。二是所承担课程学生成绩的及格率和优秀率高。教师教书育人的效果好一个直接表现就是教学的效果好、质量优。在这方面直接体现在学生学业成绩上。如果一位教师所上专业课程,所有学生的学业成绩一塌糊涂,及格率和优秀率相当的低,这是很难说明其教书育人效果好的。三是注重促进大学生全面发展。大学要培养人才关键是要培养德智体美劳全面发展的人才。培养全面发展人才必须有教育合力,必须通过全员育人、全过程育人、全方位育人去进行。教师不能简单地做传授知识的教书匠,更应该在教书的过程中,把好育人的核心,把教书与育人的文章做实做好。因此,教师在教书育人过程中要注重引导学生专业成长,更要注重引导学生思想成熟,真正培养好德智体美劳全面发展的社会主义建设者和接班人。四是同行以及学生考核评价的满意度高。教师教书育人的效果好与不好,不仅取决于二级学院的院领导的考核评价,而且还要注重听取教师同行以及学生的考核评价,当然这也需要建立科学的考核评价体系。但是,假如一个教师在谈到其教书育人效果时,都得不到同行和学生的认可以及较高满意度的考核评价,也是无法说其效果好的。

二、院长教育领导力效能的基本表现形式

院长教育领导力效能的基本表现形式主要体现在院长领导工作效能的基本面上,具体表现在以下七个方面:

(一)较好的团队力量

作为一名领导者首先是要学会做人的工作,学会做人的工作主要是要善于团结人,善于调动被领导者的积极性、主动性。不论是二级学院内涵发展还是学院核心竞争力的打造都需要院长所率领的团队力量,在大学治理重心下移,学院发展形势严峻,人们对高等教育质量提升期待更高的环境下,院长唯有通过发挥自身教育领导力作用团结带领学院班子,通过自身影响力使学院师生牢固树立命运共同体发展理念,结合学科专业特点注重通过打造教育教学、科研团队,全方位地关心教师发展和学生成长,营造民主

团结、奋发向上的学院治理环境，才能确保学院教育教学质量、科研水平和服务地方的能力稳步提升。较好的团队力量首先是院长先进领导观念中权力观的体现，也是院长核心领导素养中人格魅力以及领导艺术的体现，同时是院长关键领导能力中内外交往讲演力的体现。就院长教育领导力而言，较好的团队力量又主要体现在如下方面：

1.学院领导班子团结

领导班子团结，下属才能齐心。如果领导班子不团结，互相拆台，就会导致队伍人心涣散、内耗严重，从而失去团队战斗力、凝聚力。作为院长要有宽广的胸怀、规矩意识和合作的精神，才能搞好班子的团结。学院班子的团结又表现在学院领导班子之间相互沟通、相互交流、相互信任、相互支持，以及共同遵守学院决策机制上。学院领导班子团结是学院发展坚强的组织保障。

学院领导班子团结，院长和党委书记团结是关键。对于二级学院来说，要明确"党委领导什么，怎么领导"以及"院长负责什么，如何负责"，这有利于书记和院长之间的团结。二级学院党委的领导职责应该是把好方向、抓好大事、出好思路、管好干部、研究决定重大事项；而院长的职责应该是研究处理行政日常工作，提交学院党委会有关教学、科研和其他行政工作等重大事项的研究方案或意见。学院党委会作出决策后予以组织实施，并与党委共同抓好监督落实，不断完善决策、执行、监督体系和机制。书记和院长要处理好"党政分工不分家"的关系。校党委统揽学校改革发展稳定全局，但是不包揽各项决定的落实工作。学校党委的各项决定，属于党务范畴的由校党委书记负责推进，属于行政范畴的由校长负责落实，同理，二级学院党政各司其职，各负其责，相互补位不越位，党委统揽不包揽。遇到特殊情况，突发紧急事件时，党政集体研究对策，共同面对，齐抓共处。同时，要时刻牢记党组织和人民群众赋予我们的不仅仅是职务和权力，更有责任和信任。学院的党委书记和院长各有所长，共同地把握"和而不同、求同存异"。恪尽职守、躬耕为民，真正做到同频共振，这样学院才有发展、才有希望。（C4 学校领导）

2.学院师生齐心

师生齐心主要表现在平时学习工作以及组织各种活动过程中师生参与的积极性高、精神风貌好，学习工作热情高、劲头足，集体观念和集体荣誉感强，师生一道攻坚克难。学院师生齐心首先表现在学院的教风和学风上。

一个学院的教风、学风如何,主要看师生的精神风貌如何。师生精神抖擞,志气昂扬,学院组织的各项工作、各种活动响应度高,为了学院发展乐于奉献。每个人心里都有学院发展意识,时时能为学院发展着想,这些都是学院师生齐心的表现。院长要把学院治理好,首先应该通过自身教育领导力把师生影响好,内心力量凝聚好。这不仅仅考验院长的领导观念、领导素养、领导能力,还考验院长对学院师生的包容性环境构建。院长教育领导力是强还是弱,学院师生的精神风貌是直接的体现。因此,作为院长要注重把学院师生的心凝聚在一起,使学院师生在任何时候任何地方为了学院发展都能心往一处想,劲往一处使。A 校 A13 院长在学院发展工作中善于组织发动师生,成效就非常明显。

我们学院师生总人数 500 多(笔者注:该学院是学校 14 个二级学院师生规模人数最小的学院),但是不论是老师还是学生参与学校组织的各项活动的成绩都是可喜的:校运会连续 3 年比赛成绩总分名列全校首位;连续 3 年参加"互联网＋"大学生创新创业大赛,不论是在校内比赛还是代表学校参加省级比赛,荣获金奖的项目都出自我们学院;参加学校"三下乡"社会实践活动连续 3 年荣获优秀组织奖;基于科学研究和服务地方经济发展需要,全院教师依托由学院申报学校唯一的一个自治区级重点实验室,主动与高新技术企业某石业有限公司建成了省级工程技术研究中心——人造石材工程技术研究中心,与某树脂有限公司共建"高性能合成树脂"协同创新中心等,这些在学校甚至省内同类院校的同类学院中也是少见的。例如,就学生参与学校田径运动会这一事来说,每年运动会期间,全院师生都到现场加油助威,那种感人场景很令人羡慕。(A 校 A13 院长)

这个学院为什么师生的集体观念强,团队意识好?究其原因,主要是学院党政主要负责人注意用"厚基础、强实践、突应用"的人才培养理念凝聚人心,发挥作用。在学院发展过程中形成了"学院有需要,师生当支持;教师有需要,学院当支持;学生有需要,教师当支持"的氛围。

3.学院发展能够得到学校内外的支持

学院的发展必须注重学院内外良好支持氛围的营造。当前不论是哪个领域的发展都不是单打独斗的,协同发展乃至命运共同体的打造是当今社会发展的主要趋势。新时代的教育是开放的教育,新时代的办学也是开放的办学。同时,有了学校内外的支持,学院办学的资源更加能够得到集聚。这要求院长在办学过程中,充分发挥教育领导力的作用,注意整合内外资源优势,助力学院内涵建设工作的开展。

地方高校的发展资源不足是普遍性的问题,不论是学校层面还是二级学院层面,资源短缺是非常严重的问题。而从二级学院方面来说,尽管大学治理重心下移,但是二级学院资源的获取主要还是依赖学校方面的投入和学校外的支持。资源的获取必须依靠团队的力量,展示团队的精神。假如一个学院师生松松懈懈,缺乏一种积极上进的精气神,不论是在校内还是校外都难以得到支持。因此,注重资源获取也是院长主要工作之一。资源的获取有的是有形的,有的是无形的,如政策的支持等。不论是有形的资源获取还是无形的资源获取,关键是看院长在争取校内和校外支持的力度如何,效果如何,这也体现着院长教育领导力作用的发挥。(C5 学校领导)

(二)明确的办学愿景

学院办学愿景都是根据学校办学定位和办学目标要求来设计的。学院办学愿景的制订既是院长领导观念特别是教育观的体现,也是院长在学术造诣方面对学院学科专业发展预见性的体现,同时更加是院长学院发展谋划力的具体体现。所谓的办学愿景就是办学的蓝图,就是希望达到的目标和要求。办学愿景可以说包括了一个学院未来的发展目标、使命担当以及价值取向。办学愿景明确主要表现在如下方面:

1.办学现状明了

一名学院的领导者,自走上领导岗位起,理所当然要规划其办学、办教育的愿景。而教育愿景的确立,需要在充分了解办学现状的基础上,综合考虑影响发展的因素,了解办学的资源和条件去设置。如果对办学现状不了解,对发展中的问题不把握,其所设置的愿景就好像空中楼阁。办学现状看似简单,其实真正精准把握,还得下一番功夫,因为唯有把握了当前,才能放眼未来。对办学现状的了解不能局限于了解家底,还应该要了解其他家家底的情况,特别是发展动态和趋势,同时还要了解世界教育前沿发展动态。对办学现状的把握可以树立发展的信心,增强发展的危机感和紧迫感。

我们学院是学校目前投入资源最大、合作力度最大、融合程度最高的校企合作落地项目学院。拥有教育部中兴通讯 ICT 产教融合创新基地、华晟经世智慧学习工场、省级 ICT 行业创新协同育人基地、学校"互联网+"农业与环保应用重点实验室、"互联网+"生态产业发展研究院等教学科研平台。建成有领先于国内同类院校最前端最先进的教学科研实训平台,包括数据通信、光传输、4G 无线通信、云计算、三网融合、智慧农业等实训开发平台,实现"云""管""端"体系架设,构建有智慧学习工场,包括教育大数据中心、虚拟演播中心、微录播中心、双创中心等,助推传统课程的教与学,改变教师教学、学生学习以及专业管理方式。学院坚持"学生中心、产出导向、持续改进"教育理念,秉承"厚基础、宽口径、强能力、重创新"办学定位,紧密对接产业链、创新链,坚定产教融合协同育人工作方向,抓好新工科研究与实践,坚持走内涵式发展和特色办学之路,努力将学院打造成全国地方应用型本科高校同类二级学院中的转型示范基地。(A校A10院长)

2.发展方向明确

发展方向是什么?办学的指导思想是什么?办什么样的大学或者二级院(系)?这些都是大学或者二级院(系)发展的根本性问题。办好一所大学,办好一个二级院(系),都要从确立办学理念、明确办学定位和办学目标,设立科学明晰的发展定位、发展目标开始。因为发展方向明确了,办学的合力才能形成,学院领导者和师生的心才能凝聚在一起,并朝着发展方向去努力。

我们学院是属于建筑类方面的学院,学院的发展方向是以"立足当地、服务区域,面向基层、强化应用,开放合作、突出特色"的办学指导思想,坚持创新发展、协同发展、内涵发展和特色发展的整体发展思想,瞄准当地市委、市政府提出的重点发展三个"千亿元产业"中的装配式建筑新材料千亿元产业,加强学科专业建设,培育教学科研创新团队,重点打造对接装配式建筑新材料千亿元产业的装配式建筑,整合土木工程、工程管理和工程造价三个专业,联合打造土木类专业群,在装配式建筑与 BIM 技术融合等方面寻求特色发展,真正培养好适应新型装配式建筑的应用型人才。(A校A11院长)

3.办学思路清晰

从西方大学的发展历史,以及我国高等教育的发展历史,我们可以得知:大学的功能与任务在历史的发展过程中不会是一成不变的,而是随着经济社会、政治文化的发展而持续变化,这样的变化可以说给大学校长或者二级学院院长都带来一定的挑战:如何通过改革让教育适应历史的发展、社会的需求、人民的期盼?这就要求院长要有敏锐的嗅觉,能够把准社会发展脉搏,把握教育发展趋势,并做出前瞻性、战略性反应,去调整办学的思路和发展规划。

我们学院原来是艺术学院,后来根据当地发展宝石加工产业而改为宝石与艺术设计学院(笔者注:该校所在地市是"世界人工宝石之都")。基于此,近年来,我们提出了专业一体化建设思路,即"宝石＋"艺术设计专业群一体化建设方案。专业建设以"群"为主全产业链服务地方行业的教改实践,主要解决因专业建设中资源浪费和资源分散而导致缺乏竞争力的问题、相同学科师资队伍分散在不同专业不能共享的问题以及专业设置与产业发展需要脱节,与行业人才需求匹配度低的问题。为此,我们主要是采取了两大措施:一是规划专业群、对应产业链、形成人才培养集群优势。基于当地是世界人工宝石之都,人工宝石产业是当地经济支柱特色产业之一,结合学院产品设计专业(首饰设计方向)是自治区级一流专业、优势特色专业优势,确定产品设计专业(首饰设计方向)为核心专业,对人工宝石产业链需要的人才培养进行全产业链对接,在首饰设计方面对接产品设计专业、服装服饰设计专业,在首饰空间展示、首饰包装方面对接环境设计专业、视觉传达专业,材料和销售等方面结合电子商务专业和宝石文化博物馆,形成了"宝石＋专业群一体化"建设模式,体现了专业建设集零为整,由分散到集中,将损耗、干扰降低到最低程度,且对人工宝石产业链构成了优势互补、协调发展的全产业链服务行业的专业群优势。二是通过校企共建共享、构建专业群课程体系,实现师资队伍和资源共享。依托教学资源平台,与当地知名首饰公司校企共建共享教学资源库、教学奖学金。围绕当地宝石产业,以核心专业为依托,以服务共性需求、遵循同一认知规律为原则开发课程平台,统筹公共类平台课程、协调多专业共享课程、优化专业课程、开发创新课程,建立各专业课程有机结合的专业群课程体系。同时将行业标准、职业标准转换为教学标准,将技术资源转换为课程内容。并在此基础上开发人工宝石琢型技术虚拟仿真实验课程,完善了"宝石＋专业群一体化"实验实训配套实训体系,并通过实训服务平台实现共享,解决了师资队伍紧缺、没有实战经验的问题。(B校 B1 院长,NET·B1)

(三)科学的治理策略

学院的治理最终必须落在行动上,有再好的领导观念和领导素养,如果不通过领导能力去抓落实,那就不能说明领导力的强弱。院长对学院的办学愿景明确以后,离不开用科学的治理策略去支撑。有了好的科学治理策略,办学蓝图才能绘就。科学的治理策略首先是院长核心领导素养中学术造诣的体现,也是院长关键领导能力中学院发展谋划力的体现。作为院长,如何在自己的任职期间绘制其所描绘的办学愿景和落实其办学思路,这也是其教育领导力水平的重要体现。

1. 坚持民主办学

大学治理首先就是要体现民主管理、民主办学，这也是教育引领教师发展、学生成长的关键。坚持民主办学必须用制度作保障，学校最常见的如教职工代表大会制度、党政联席会议制度、学术委员会制度、教学指导委员会制度等，用这些制度作保障方能畅通民主办学的渠道，广泛征求办学发展过程中的意见和建议。由于二级学院是直接面对师生员工的一个办学主体，学院师生员工是一个充满智慧的群体，他们不仅有强烈的参与意识和主人翁意识，同时还积蓄着强烈为学院发展出谋献策的积极性和主动性。并且教师本身就是学院教育教学改革的实践者，他们处于学院教育教学、科研、社会服务等方面工作的第一线，对学院管理的各个环节有着最直接、最深切的理解和体会。"高等学校是一种以学科、专业为基础的'底部沉重'的学术组织，教育教学、科学研究和为社会服务等职能活动都是由广大教职员工在学校基层组织中进行的，基层的自主权是职能活动健康发展、兴旺发达的重要前提"。① 这既要求学校要下放权力给二级学院，二级学院也要用好这个权力充分调动师生们的积极性和主动性，院长在学院治理过程中要善于充分利用好这一股庞大的力量。

学院这几年能够取得长足发展，离不开学院师生的共同努力，得益于学院实施民主办学，共同治院的治理方略。特别是作为院长在学院治理的过程中，必须坚持民主集中制原则，按照"集体领导、民主集中、个别酝酿、会议决定"的方式，实行集体议事，每一项重要决策，都要经过"民主—集中—民主"，坚持决策前在一定范围以多种方式广泛听取各方意见建议，确保师生广泛参与。其二，建立健全沟通机制。班子注重团结，首先党委书记和院长要经常通气、沟通思想、统一认识，特别是对重大问题都能做到相互沟通形成共识。领导班子成员沟通惯例化，自觉维护集体领导，按照分管的工作范围，抓好落实，成员之间密切配合、团结协作、共同协商，为积极组织和发动全院师生参与学院内涵发展工作打下了良好基础，带了一个非常好的头。其三，就是充分发挥学院各学术组织的作用，真正让学术组织在学院发展过程中也能够发挥把关定向的作用。学院治理过程中是否有凝聚力关键是看民主办学落实如何。（A 校 A2 院长）

---

① 潘懋元.多学科观点的高等教育研究[M].上海:上海教育出版社,2001:342.

2.营造学术氛围

何谓学术？对于大学来说学术就是包括科学研究和人才培养的所有活动。大学本来就是研究高深学问的学府。因此,大学组织首先是学术性的组织,学术氛围如何在某种程度上也是大学校园氛围的主要标志之一。浓厚的学术氛围不仅对教师发展有利,更有利于学生的成长,因为研究学术也是师生的共同天职。作为院长,如何营造学术氛围,也是考验其教育领导力的主要体现之一。例如,北京大学首任校长蔡元培就倡导"思想自由,兼容并包",并且成立各种类型的社团以及创办各种刊物,丰富学生的学习生活,以期保持学生专注研究学问,保持研究学问之兴趣,这可以说是大学倡导学术之典范。有学者在研究世界一流学科的发展经验时提出"自由而富有创造性的学术氛围"①是其中四大经验之一。作为二级学院来说,不论从科学研究角度来说,还是从人才培养角度来看,都是大学承载科学研究和人才培养的主要阵地,因此二级学院的学术氛围如何直接关系到大学科学研究与人才培养的成效。有学者研究西南联大办学历史时发现:西南联大育人的内部环境有多种,其中浓厚的学术气氛是人才辈出的先决条件。②

良好的学术氛围有利于促进教师发展和学生成长,也是学院内涵发展的直接体现。作为院长在抓学院学术氛围的营造方面,主要是结合学院特点,采取了"教授博士引领,学术团队率领,项目平台驱动,学术交流常态,课堂内外互补,师生共同参与"的工作思路,学院以教授、博士牵头组建了5个教学科研团队,其中有1个是省级教学团队,4个是校级教学科研团队,这些团队融教学科研为一体,而非教学和科研分离,同时结合地域文化,聚焦育人为中心,师生共同参与开展学术探讨,促进人才培养,取得了明显效果:学院现有省级协同育人平台1个、省级优势特色专业1个、省级特色专业及实验实训教学基地(中心)一体化建设项目1个、省级专业群建设项目1个、省级教学团队1个、省级网络开放课程2门、校级规划建设的硕士专业学位授权点学科1个、校级研究机构2个。全院教师共承担5项国家社会科学基金项目(其中重点项目1项)、教育部人文社科项目4项。人才培养质量稳步提升,历届毕业生总体就业率均在90%以上,同时毕业生攻读硕士研

---

① 洪成文.世界一流学科发展有哪些国际经验[J].中国高等教育,2018(5):1.
② 李光荣.论西南联大育人的内部环境[J].西南民族大学学报(人文社会科学版),2013(2):213.

究生的积极性大大提高,学生获得包括中国"互联网＋"创新创业大赛、"挑战杯"中国大学生创业计划竞赛、全国大学生广告艺术大赛一等奖在内的国家级、省级奖项 100 多项。(A 校 A1 院长,Z·A1)

3.明确培养目标

习近平总书记在全国高校思想政治工作会议上发表重要讲话时强调:"只有培养出一流人才的高校,才能够成为世界一流大学。"①大学的本职是培养人。大学如果离开了人才培养,可以说完全称不上大学。无论国外还是国内的大学都把人才培养作为首要的任务去完成。但是人才培养的目标,各个层次、各个类型的大学并不相同,特别是人才培养的服务面向也完全不同。例如,地方性本科院校肯定是以培养应用型人才为主,服务面向方面肯定是以服务地方为主。地方性高校如果脱离地方去办学,简直是无源之水,无本之木。因此,作为领导者一定要坚持好以人才培养为核心的思想。因此,作为院长要认真思考"培养什么人""如何培养人""为谁培养人"的问题。

作为院长一定要清楚培养目标是要依据办学定位和办学思路来确定。为此,我们学院按照建设一所省内办学一流、"创意—制作—传播"一体化、人才培养特色鲜明、服务地方经济建设能力较强的应用型品牌学院的办学定位,以及"涂厚文化底色,凸显传媒亮色",围绕立德树人根本任务,以应用型本科教育为主体,以文化创意为内核、数字化制作为手段,各专业协同发展。立足当地,服务全省,主动融入区域经济发展的办学思路,确定了培养"文化底蕴厚、创意能力强、专业技能实、发展空间大"的德智体美劳全面发展的高素质应用型人才的培养目标。同时,通过突出"文化""传媒"两个关键词,以数字创意专业群建设为抓手,以应用型本科教育为主体,以培养具有"沟通、写作、策划、创意"等专业技能为切入点,各专业协同发展,把广播电视编导建设成省内一流、全国领先专业,汉语言文学建设成省级优质专业,数字媒体艺术建设成省级特色专业,秘书学和网络与新媒体建设成省级品牌专业,形成文学与艺术学双翼齐飞的格局。(A 校 A1 院长,Z·A1)

4.注重学科发展

学科建设是地方大学核心竞争力的主要标志,具有引领科研、凝聚人

---

① 习近平:把思想政治工作贯穿教育教学全过程 开创我国高等教育事业发展新局面[N].人民日报,2016-12-09.

才、支撑未来的重要作用。① 现代大学治理的过程中越来越注重强化学科驱动。学科专业建设水平的高低对提升学校办学层次，增强核心竞争力，促进学校又好又快发展起着举足轻重的作用。学科专业规划是学校学科专业建设的依据，坚持以学科建设为龙头，以学科建设为引领，充分发挥学科带动的关键作用，带动专业发展，推动教学改革，强化办学特色，提升办学水平是大学治理要思考的关键问题。学院是学科建设的具体支撑单位，学院学科建设水平直接关系到学校学科结构的优化和调整。院长抓学院内涵发展建设首先要抓好学科建设。作为地方高校二级学院来说，学科专业建设必须结合学院实际，结合地方文化和经济发展特色去建设方可有更好的学科支撑平台。而在此过程中，结合地方资源优势，以项目建设推动学科发展是地方高校二级学院学科建设的不二法门。

　　我们学院成立于 2016 年 12 月，其前身是化学与生物工程学院，是在学校建"特色鲜明高水平地方应用型大学"办学定位和全省重点打造碳酸钙、高性能新材料等千亿元产业的大背景下成立的。学院坚持专业聚焦产业的应用型人才培养导向，在原有"应用化学"本科专业基础上，相继于 2017 年获批"粉体材料科学与工程"、2019 年获批"高分子材料与工程"两个本科专业。从而实现了以"化学"为基础，以"粉体"和"高分子"为应用的专业布局，与全省重点打造碳酸钙、高性能新材料等千亿元产业对人才的需求相适应。学院围绕服务全省特别是当地碳酸钙千亿元产业的重要使命，聚焦学校建设特色鲜明高水平地方应用型大学的办学目标，借当地全力东融之机遇，努力把学院建设成为省内材料学科（非金属材料和聚合物基复合材料等方向）专业优势突出、人才培养特色鲜明、服务地方经济建设能力较强的特色学院。为此，我们主要启动了项目建设带动学科专业建设的做法，成立不到五年，建立省级重点实验室 1 个，与企业共建了省级工程技术研究中心（人造石材工程技术研究中心）1 个，与企业共建了省级"高性能合成树脂"协同创新中心 1 个。并成功筹办了"中国绿色建材产业发展联盟全国碳酸钙产业专业委员会成立大会"，并成为该专委会秘书处永久所在地；以牵头单位承担省级科技创新重大专项项目 1 项，以合作单位参与省级科技创新重大专项项目 3 项。（A 校 A13 院长，Z·A13）

---

① 冯志敏，单佳平.地方大学特色学科的发展策略[J].中国高教研究，2010(2)：53.

(四)果敢的改革举措

改革才有出路,改革才有发展,这是我国实行改革开放四十多年来的经验总结。高等教育综合改革在我国已经开展得如火如荼。回顾欧美国家的高等教育发展,如在美国,不论是其常青藤大学,还是一般的社区大学,办学特色突出就是一大亮点。究其原因,基本上都是通过改革建立和完善现代大学制度而得。当前我国高校肩负着建设好高等教育强国的神圣使命,高等教育强国不是一校两校之强,高等教育强国要求高校要好好推进"双一流"建设,加强内涵建设,办出自己的特色。那么举措是什么呢?必须结合二级学院组织结构的特点,特别是如何激发学院办学活力,充分调动学院发展中的一切积极因素,使学院的组织运行和发展更加高效有力,为教学、科研、服务社会注入更加强劲的动力,进而对整个学校的治理及其发展产生更大的影响。特别是要通过果敢的改革举措切实解决学院治理过程中师生参与乏力、学科专业间壁垒森严、多方协同育人机制缺失、人才培养实践应用能力偏弱、办学资源短缺等突出问题。果敢的改革举措主要是院长先进领导观念中权力观和院长核心领导素养中学术造诣方面的体现。

1.大胆完善学院权力配置和运行机制

不论是学校层面还是学院层面,往往在治理的过程中存在一个非常突出的矛盾问题,那就是行政权力与学术权力之间的矛盾,由于师生主要集聚在二级学院,因此这一矛盾在二级学院表现尤其直接和突出。具体来说,学院对师生束缚较多,从师生角度上来说,觉得本身应有的学术权力得不到尊重和自由发挥,原因就在于行政权力在学院治理过程中过于强势,并且在处理师生反映的一些问题上时常显得过于教条和僵化,不能适应师生发展的需求,反而压制了师生学术权力的发挥,导致本来应该通过行政权力为师生发展提供的服务、保障和支持得不到落实。

每当下到二级学院,老师们反映最多的问题是:学院治理过于呆板、僵化,老师们普遍感觉在学院不受信任和尊重,行政命令和所谓的标准化动作过多,老师们参与学院建设和发展的机会不多,教师和学院缺乏有效沟通,从而导致信息不对称。久而久之,教师和学院管理层不仅仅产生矛盾和不解,而且会产生一些隔阂,甚至有的把矛盾的焦点从学院上升到学校层面。这些问题和现象,主要是院长在学院处理行政权力和学术权力时出现了失衡甚至是结构性的矛盾所致。(D3 职能部门负责人)

为了解决这些问题,教育领导力较强的院长会通过改革和完善学院行政权力和学术权力配置和运行机制,在坚持学术权力为核心的基础上,充分发挥行政权力的优势为学术权力的运行提供服务和保障。

2.大胆建立多方协同育人机制

命运共同体可以说是新时代既时髦又常态的一个词,从人类命运共同体的打造,到学校发展共同体、教师发展共同体等,这一切都说明,当今的世界谁都离不开谁。高等教育发展过程中协同育人、科教协同、校校协同、校企合作、校政合作等,都明确需要高等教育的发展必须走协同发展的改革之路。院长在推动多方协同育人机制的过程中,一定要结合地方高校的特点,特别是从内涵发展角度出发,如何通过推进协同发展,带动专业链与产业链的对接,专业群与产业集群的对接。

我们学院是以服务地方生态健康和旅游文化养生产业及体育事业发展为立足点于 2017 年新成立的学院,学院坚持应用型人才培养定位。现有旅游管理、酒店管理、公共事业管理、社会体育指导与管理、体育教育、运动康复 6 个专业。近几年为了加快应用型本科教学的建设,学院大力推进产教融合、校企合作,目前学院与各类旅游企业、康养企业、体育机构、地方政府、中小学校建立良好的校政、校企和校校合作关系,在人才培养、教育教学、师资培训、实习就业、项目开发等多层面开展了深入合作。学院坚持"旅体融合"的办学思路,发挥六大专业优势,推进人才培养模式改革与探索,着力打造水生态、水休闲、水健康"三水"合一的专业融合模式,优化健康养生与旅游产业类专业群。学院着力创新健康养生与旅游产业类专业群人才培养模式,通过挖掘各个专业特长,形成优势互补,积极推进现有专业融合。根据学校全面加快建设特色鲜明的高水平地方应用型大学和地方经济社会创新发展需要,努力构建富有特色的应用导向的专业体系。坚持以特色专业群建设为着力点,以课程建设和教学改革为突破口,努力打造主动适应区域经济结构调整和产业转型升级需要的新型产业特色专业群。坚持贯彻旅体融合、学科交叉、内涵发展的宗旨,围绕健康养老、健康旅游、休闲运动等产业发展,建设旅游与体育、健康紧密融合的健康养生与旅游产业类专业群。（A 校 A9 院长,Z・A9）

3.大力推进学院内部教育教学评估

教育教学评估是推动教育发展的有效手段,但是教育教学评估如何开展,特别是评估的科学性、可行性、客观性、公正性如何体现,这是高等教育评估中要思考的问题。当前,为了提升教学质量,确保教学质量有基本的保障,教育部本科教学工作合格评估和审核评估在质量保障中发挥了重要作用。为此,各省教育行政主管部门以及高校内部都纷纷开展了相应评估,有力地推动了教学工作和教学质量的提升。但是,从高校教育教学质量的保证看,高校还应该鼓励、激发和保护全体内部利益相关者主动参与质量保障和质量改进的意识和行为,在高校内部形成致力于学生全面发展的质量文化。[①] 使评估工作常态化这是根本,而这过程中,承担教育教学工作具体任务的二级学院是大学质量提升的主体,如何使日常评估工作内化为教师和学生的自觉行为这才是关键之关键。在大学治理重心下移后,院长完全可以结合学院实际,推动学院内部教育教学评估工作常态化、精准化。

学院这几年教育教学工作的规范性和教育教学质量不断提升,得益于开展学院内部的教育教学评估。为此,我们在确定培养目标、优化教学大纲、明确课程标准的基础上,建立完善了课堂教学体系、实践教学体系、第二课堂体系、学生发展体系、质量保障体系、质量监控体系等六大体系,并通过将六大体系融合在日常教育教学工作中去组织教育教学和定期不定期的评估,如此做法使教师对做好教育教学工作成为行动自觉,学生通过六大体系获得了专业成长和思想成熟。(A校A8院长)

4.大胆创建赋能平台和新型科研组织[②]

院长教育领导力的目的之一就是要激活师生向上的能量,使每位师生都能成为充满正能量的个体,同时也要考虑为师生搭建能量释放和能量刺激的平台。为此,这些平台可以是学术研讨平台、教育教学研讨平台、教学实践平台以及学生个性发展平台,目的是通过这些组织能够让师生施展自己的才华,为师生发展、学院发展提供助推器。平台的搭建突显了地方高校教学型的特点,结合师生实际需求,避免陷入传统要么不建或者不切实际的误区。

重点实验室作为新型科研组织,打破地方院校发展受过多体制和机制束缚的现状。[③] 而在新型科研组织创建方面,二级学院要结合学科专业特点根据地方经济发展产业需要方面去打造。此前谈到的A13院长,能够引

---

① 苏永建.高等教育强国建设需要什么样的高等教育质量[J].高等教育研究,2019(5):25.

② 宋彩萍,张新培.走向赋能管理:创新院系治理模式的战略设计:基于上海对外经贸大学A学院院系治理的案例分析[J].高等教育评论,2017(2):154.

③ 宋彩萍,张新培.走向赋能管理:创新院系治理模式的战略设计:基于上海对外经贸大学A学院院系治理的案例分析[J].高等教育评论,2017(2):158.

领学院在成立不到五年就建立省级重点实验室、与企业共建省级工程技术研究中心和协同创新中心，并成功筹办全国性的产业发展联盟同时成为该专委会秘书处永久所在地，就是因为院长敢于结合地方产业需求，勇于为地方产业服务而创新新型科研组织。新型科研组织的创建首先着眼点在于更好地实现地方高校普遍的人才培养定位即应用型人才培养，努力方向在于为地方经济社会发展服务解决一些实际问题，解决的实际问题是为师生发展提供空间和平台，而并非把新型科研组织的定位于开展高深的科研攻关。

（五）高效的内部管理

何谓高效管理？为了弄清这个概念，笔者以关键词查阅了中国知网，但没有找到对这个概念解释的论文，后来也查阅了一些专著，如荣获 AXIOM 年度领导力图书大奖的《高效管理》①，以及由我国学者陈瑶编著的《高效管理》②等著作，均找不到类似的解释。从查阅的文献资料和著作中看，基本上是介绍如何才能做到高效管理，而对何为高效管理，可以从哪些层面体现高效管理均未谈到。高效从字面的理解来说，主要是指效能高或者效率高，所以笔者认为：高效管理就是管理者在管理工作中效能高和效率高，即高效管理必须体现在管理的高效能和管理的高效率上，直接体现在行政效率高和管理中的服务效果好上。经常有人调笑说："当领导就是当管家。"从某种意义上来说，作为一名领导者的确首要任务是要把"家"管好。而管"家"其实就是要开展好内部管理，管好内部事务，让"家"和。因此，可以说高效的内部管理是领导者领导力强的一个重要体现。高校二级学院事务管理工作异常繁重，对二级学院来说，内部事务管理主要包括教师事务管理、学生事务管理、教学事务管理、科研事务管理、综合事务管理五个方面。院长领导下的高效内部管理就是要使这五个方面的事务行政效率高，服务师生的效果好，师生满意度高。通过高效内部管理能够激发师生发展的内部动力，最终达到促进学院发展、师生发展以及服务社会的目标。为此，院长在行政管理层面，要优化自上而下的制度流程，搭建好内部管理的平台，确保内部管理走向制度化、规范化和流程化。此外，在制度与流程改革方面，要对照学校的要求并结合学院实际对各项制度和流程进行盘点，并广泛听取师生的意见和建议，优化规章制度，使各项规章制度均能体现以人为本，真正使各

---

①　乔纳森·莱蒙德.高效管理[M].何正云,译.北京:北京联合出版公司,2018.

②　陈瑶.高效管理[M].北京:煤炭工业出版社,2018.

项规章制度和规范流程成为学院内涵发展的生产力,而不是阻力。高效的内部管理主要是院长关键领导能力中学院治理规范力的体现。而具体来说,高效内部事务管理主要体现在以下几个方面:

1.教师事务管理高效

教师是强教之基,教师也是教育工作的母机,没有教师,教育工作是无法开展的。教师是高等教育发展的关键力量。《中共中央国务院关于全面深化新时代教师队伍建设改革的意见》明确提出要努力"形成优秀人才争相从教、教师人人尽展其才、好教师不断涌现的良好局面",这一局面的形成首先需要在学校营造良好的教师工作氛围,而良好的教师工作氛围离不开对教师事务的科学高效管理。没有一流的教师就没有一流的教育。作为院长,首先是要善于吸引优秀人才加入学院发展团队,把师资队伍建设好,而优秀的师资首先要求领导者要学会用感情留人,当然也要注意用待遇留人和环境留人。一所学校,一个办教育的主体,没有优秀的师资队伍是很难提升人才培养质量的,优秀师资的聘请就是要求领导者要想尽办法在引进、培养、任用、服务上下足功夫。而这过程中教师许多事务性的工作均考验着院长的管理智慧。

二级学院有许多事务性的工作,学校治理重心下移一些事务性工作的处置权已经被下放二级学院,院长要针对师生的需求做好调研,做好梳理,如在教师事务管理方面,从人才引进、培养、使用、管理都有很多事务性工作缠在教师身上,如果这些工作中的哪个环节、流程有脱节,没有形成科学的闭环,肯定会引起教师的意见甚至不满。作为院长要带头把这些工作中的事务好好梳理,把流程规范,把服务贯穿每一项工作中。老师们才会减少怨言,才能全身心地投入工作。(C6学校领导)

2.学生事务管理高效

学校和学院坚持学生为本,坚持以学生为中心既是教育理念,也是教育的基本要求。在学生的成长成才过程中,如何坚持立德树人实施好"三全"育人,是学生事务管理与服务过程中要解决的根本性问题。学生事务的管理包括学生在学校的"衣、食、住、行、学"等,都要求教育工作者用心对待。这要求院长带领和指导学生工作时,要像对待自己的子女或者兄弟姐妹一样对待学生的成长成才,引导和服务好学生在学校的学习生活,注重用思想引导和心理辅导去帮助他们解决学习生活中遇到的各种问题,特别是学业指导和职业生涯规划等。

做好学生工作是坚持立德树人的重要体现之一。我院现有专职辅导员4人,每位专职辅导员负责一个年级,内部结构较为清晰,辅导员工作责任心强,同时,每个专业学生均配备班主任对学生的专业知识和思想教育进行指导和引导,保证学生管理工作扎实有效开展。在学生日常管理和服务过程中,我们按照终端化、精细化管理的要求,坚持不懈抓请销假制度、坚持不懈抓课堂考勤、坚持不懈抓寝室建设、坚持不懈抓安全教育。宿舍及课堂文明检查工作常态化,辅导员、班主任和学生干部定期不定期地深入学生课堂、宿舍,了解第一手情况,进行通报、分析和督促,突出过程管理。同时,结合艺术类专业学生特点,开展"导学,助学,督学,创学"四学活动和设计作品展等活动,培育活动亮点和特色。为方便学生办理日常事务、党务、就业、奖助学金、团建等工作,学院开设了一个专门为学生服务的场所——学院学生事务中心,为学生的学习生活搭建了一站式的服务平台,取得较好效果。（A校A9院长,Z·A9）

3.教学事务管理高效

教学是学校的中心工作,教学事务的规范、有效管理是提升教学质量的关键。教学事务的管理看似简单,其实也是专业性极强的一项工作,如果没有教学经历、没有教学经验的人是难以胜任的。因为教学事务管理既有排课的安排,更有学籍管理、学分管理甚至教学质量监控等工作。院长的行政权力和学术权力都要施展于教学事务管理的统筹和指挥当中,院长的学术造诣不仅仅在学术研究上是领先的,而且在教学工作中也应该是一流的,如果院长在教学工作中不具备一定的能力和水平,要管理和指导好教学事务也是极其困难的。当然作为院长如果有教学经历,真正懂得教学事务的内行,遵循教学规律和原则,善于倾听老师们教学工作中的意见和建议,领导好教育教学改革,提高教学事务管理工作的效率,服务于教师教学具体事务需求,方能提高教师对教学事务管理的满意度,使广大教师能全身心地投入教学工作,真正落实好"四个回归"。

在教学事务管理中,我们注重实行清单式管理。例如,教师课堂教学明确要求教师具备教学6要件:教材、教学大纲、教学日历、教案、课件、学生考勤表。期末考试试卷袋明确要求放入12要件:学生试卷(按小号在上大号在下)装订成册、学生考试签到表、考场记录表、学生考试违纪记录表、手写成绩册、机打成绩(教务管理系统导出的)、试卷分析、命题计划、参考答案及评分标准、备用卷(B卷)、命题计划、参考答案及评分标准。在抓牢抓实教学常规管理的基础上,明确"五个严把关口":严把备课关,加强对教师备课的定期与不定期抽查,突出抓好备课环节问题的跟踪整改;严把教学关,强化以学生为主体的课堂教学,建立课堂教学的监控机制;严把作业关,作业选择要精选,批改要细致,讲评解要到位;严把实习关,切实提高学生的实践实训能力;严把考试关,从试卷编制、批改分析到反馈讲评等方面要达到实效。(B 校 B6 院长,NET·B6)

4.科研事务管理高效

二级学院的教师除了完成本职教学工作以外,还需要参加多种学术活动,进行各种学术研究。二级学院科研管理工作直接与一线科研老师接触,学院如何把科研管理服务工作做精做深做细做实,直接影响到整个学院乃至整个学校科研管理的效果和效率。二级学院如果能够做到对老师参与科研工作的实时跟踪提醒,实现对科研人员的精准服务,就能有效提升科研的成效,推动和促进教师科研工作的积极性和水平。科研事务工作也是极其烦琐的,科研事务工作一般包括政策传达、信息传递反馈、课题申报、项目申请、专利申请、科研统计、科研评价、科研经费管理使用、成果转化、科研成果奖项申报等,科学事务工作也是专业性极强的工作。在现实工作中,科研事务管理方面的问题给科研老师带来了不少麻烦,甚至引起怨言,最终导致科研人员分散科研精力,严重影响科研成效。因此,作为院长需要在坚持"放管服"原则的基础上,明确科研管理人员的工作职责,科学合理制订科研事务管理工作流程,定期制订和完善学院科研发展规划,明确各个阶段的科研工作重点,才能使科研管理工作更加便捷高效,真正为教师投入科研工作创造良好的环境。

日常科研事务的管理要做到高效,对管理人员的要求我觉得是第一位的。做管理工作,不能理解为简单的上传下达工作,管理不仅仅是服务,更要专业,就是做专家型的管理者。不论是学校层面还是二级学院层面的科研管理工作人员,都要熟悉政策,熟悉业务,要掌握每一类科研管理工作的要点、方法、技巧,熟悉学校的科研整体情况,有针对性地去指导帮助老师开展具体工作,才能更好地提高科研事务管理效能。同时,一定要落实"放管服",例如,我所在学校将科研项目及经费管理权限下放到二级学院,采用项目负责人负责制,明确了成果转化的分配比例,实行了科研项目间接经费管理使用制度,制定了科研量化和奖励机制,科研老师掌握了更大的主动权。由于科研事务管理中"放管服"的落实,科研人员感觉"松绑了",科研事务管

理高效了,科研人员在科研工作中的创新创造活力就被充分激发出来了。（B 校 B1 院长）

5.综合事务管理高效

综合事务管理,主要是指除了教师事务管理、学生事务管理、教学事务管理以及科研事务管理以外的服务于教学、科研、人才培养和社会服务等方面的工作事务管理。其主要是以二级学院办公室的事务管理为主,在学校一层办公室的工作相对专门性一些,而在二级学院一层的办公室,完全可以说得上是一个学校的小机关,其牵涉到的事务包括办文办会、人员接待、人员来访、财务报账、后勤维修报备、请假考勤、资源整合及调配以及与校内外联络等。综合事务管理是一项系统性强、涵盖范围广、工作内容琐碎复杂的工作,直接体现学院综合管理的水平,作为院长面对繁杂的综合事务更加需要好好统筹指挥协调,做到忙而不乱。综合事务管理高效主要体现在上传下达通畅、组织协调有力、执行效果较好、服务质量较高、资源利用高效等方面。

二级学院院长教育领导力的发挥似乎仅表现在行政权力和学术权力的运用上,但是其应该承担的职责范围非常广泛,既有学院内学院外的工作,也有学校内和学校外的工作;既有行政方面的工作,也有学术方面的工作;既要面对教师和学生,也要面对学校领导和机关教辅部门的同志;既要考虑科学研究,也要考虑社会服务;既有学科专业性方面的工作,也有经费管理使用、资源集聚与配置等方面的工作。这要求院长在学院内部管理方面展示出较强的教育领导力,才能应对如此烦琐、复杂的工作。院长对学院内部综合管理效率高、工作质量好,可以减少师生对学院工作上的不满和怨言,使师生能够更加集中精力、充分发挥工作积极性、主动性和创造性服务于学院发展。否则,会阻碍学院发展。（C5 学校领导）

(六)突出的办学业绩

一位领导者其领导力如何,体现在其工作业绩中。从二级学院院长来说,学院的办学业绩可以反映出其教育领导力的水平。突出的办学业绩是院长教育领导力综合效能发挥的体现,如果从单向维度要素来说,主要是院长关键领导能力中学院发展谋划力方面的体现。从经验和访谈中,笔者归纳认为办学业绩可以从以下三个方面去反映:

1.优良的教风学风

教风学风建设是衡量一所大学办学水平的重要指标,是一所学校治学精神、治学态度和治学原则的综合体现,是提升高校人才培养质量的重要保障。① 一个单位的领导把单位领导得好不好,看看这个单位的工作作风或者说精神风貌就知道。而对于二级学院来说,院长教育领导力如何,可以从学院教风学风中推断。教风学风好,一般是因为有好的领导者去引领,不然的话,估计会是一盘散沙。院长教育领导力影响办学业绩首先体现在优良教风学风的建设上,其集中体现出学院的治学精神、治学态度如何,学院的整体精神风貌如何。学院教师的教风好,说明学院教师的教育和教学价值观好。教师有了正确的教育和教学价值观,就能在教育教学过程中展现出为人师表、精心施教、从严治学、甘于奉献的精神风貌。学生的学风好,说明学院学生的世界观、人生观、价值观好。由此而来,学生表现出思想积极上进、学习态度端正、学习意志坚强、刻苦钻研学问、勇于开拓创新的精神风貌。

大学的教风学风主要是看二级学院的教风学风,二级学院教风学风好,学校的教风学风才好。教风学风建设是一项系统工程,也是一项必须长期坚持的工程。作风建设永远在路上,说明教风学风没有最好只有更好。作为二级学院院长,必须善于抓教风学风建设。为此,我们通过目标导向方法去推动教风学风建设,首先从学院人才培养目标方面明确把"培养品德高尚、具有高度社会责任感、创新精神和实践能力的应用型语言服务专门人才"作为目标。然后,从学院班子作风以"品德高尚、业务精湛、开拓创新、担当实干、团结奋进"为目标、教风以"品德高尚、热爱教育、治学严谨、博学多能、开拓创新"为目标、学风以"凝心聚力、严谨治学、团结向上、乐于奉献"为目标开展全方位的教风学风建设,取得了明显的效果,形成了教师乐于从教,学生乐于学习,师生相互发展的良好局面。(A校A8院长,Z·A8)

2.充足的办学资源

地方高校办学资源缺乏是非常突出的问题,二级学院办学资源缺乏可想而知。办学资源肯定离不开办学经费,但是也不仅仅局限于经费,还有其他因素,如政策性资源。也许有人会说,办学经费怎么能让领导去争取呢?不是有政策、有计划划拨的吗?其实并非完全如此,从学校或学院实际经费运转来看,的确有的办学经费是国家财政按照生均划拨的。但是国家财政

---

① 金文斌.加强教风学风建设 提高人才培养质量[J].中国高等教育,2013(11):59.

的经费除了统一按照生均划拨的外,还有其他专项经费,但需要申报才能获得,不申报就不会获得。而且同样是申报也会有的多,有的少,所以作为院长都要知道如何争取。同时,办学资源除国家政府支持以外,办学离不开各种各样的其他社会办学资源,如企业支持、社会赞助、校友援助、兄弟院校的支持等,有的甚至是共享的资源。

作为二级学院院长首先必须明白在校内也要积极争取学校一层划拨或提供资源。俗话说,"会哭的孩子有奶喝",并非没有道理。如何方能确保所需的办学资源,这是十分考验院长的。大学治理重心下移,当然也包括办学资源下放,院长要善于与学校协商分配争取办学资源扩大化、最优化。在资源争取方面,从学校内部来说,首先要学会争取学校领导的支持,平时除了工作汇报外,还要善于在学校领导面前把学院办学中遇到的困难和问题及时报告,使学校领导在潜意识中知道对学院支持的重要性;其次要争取学校职能部门的支持,一般都是职能部门负责提出资源配置方案,如果作为院长平时对学院所需办学资源不闻不问,是非常容易导致办学资源缺位的。从学校外部争取资源来说,如何拓宽学院办学路子,如何争取学校以外的政府机关部门以及企事业单位支持,这也是要依靠院长去努力,当然在去争取时,首先要把自身内涵条件发展好,否则难以得到校外的支持和信任。(A校 A11 院长)

3.持续的质量提升

"质量是生命线",这已经是深入人心的观点。教学质量是高等教育的生命线,教学质量乃至人才培养质量没有最好只有更好。厦门大学邬大光教授谈到"什么是'好'大学"时首先提出:一所好大学,一定是以培养人为第一位的大学。[①] 学校也好、二级学院也罢,必须持之以恒地抓人才培养质量。这里说的持续的质量提升,除了着力抓好教学质量和人才培养质量这一关键、核心以外,还包括日常的工作质量。例如布置某项工作任务完成的情况如何,质量如何? 也是体现着院长教育领导力水平的。

狠抓人才培养质量提升是院长领导二级学院发展过程中的大事,不论学校还是二级学院对人才培养质量的提升投入多大都不为过,为了提升人才培养质量,真正体现地方高校应用型人才培养特点,我们依托服务地方制造产业,积极承担适应企业需求的研究课题,注重培养数字化设计与制造领

---

① 　邬大光.什么是"好"大学[J].北京大学教育评论,2018(4):169-182.

域学术带头人和创新团队,深化"专业对接企业、团队对接项目、学生对接岗位"的专业人才培养模式改革,以当地有色金属工业、机械工业、食品工业、人工宝石等地方特色产业的人才需求确定专业培养目标,以专业教学、人员培训、技术开发等合作项目为依托,将行业和合作企业的生产、设备、标准直接引入教学过程,将职业岗位的职业道德要求和企业文化引入校园,实现毕业生就业与职业岗位零距离对接,最终达到人才培养质量不断提升以及真正体现应用型的目的。(B 校 B3 院长,NET·B3)

(七)良好的人格魅力

其实即使办学愿景明确,办学思路确定后,要在实际中推行也绝非易事。除了要协调各方面的关系,调动各方面的积极性、主动性,还要建立必要的规章制度和秩序。在这样的过程中,院长的个人魅力也会起着春风化雨般的重要作用。有的院长学院发展愿景设计得好,工作思路也不错,但师生总不配合,总不全心、合力支持,导致工作总推不进,工作效果不如愿。其实还有一个问题,院长的人格魅力是否发挥了正向作用呢? 还是院长人格魅力得不到师生的接纳,而产生阻碍作用呢? 这个是值得院长深思的。从这方面来说,院长教育领导力还表现在具有独特的人格魅力上。关于院长教育领导力在人格魅力上的表现形式,笔者认为主要表现在 5 个方面:即一心为民的群众观,刚柔相济的性格观,宽容民主的处事观,廉洁奉公的道德观,敢于负责的态度观。

1.一心为民的群众观

在干部考察的过程中,"群众基础如何"是必须考察的主要内容之一。群众基础也是院长人格魅力的主要体现。如果院长群众基础不好,人格魅力应该不会得到群众的肯定。因此,良好的人格魅力,首先体现在院长一心为民、心系群众,真心为群众解民忧、解难题、办难事上,这样院长的群众基础才好,群众公认度才高。习近平总书记强调:"热爱人民不是一句口号,要有深刻的理性认识和具体的实践行动。"[①]"各级领导干部要以身作则,从树立群众观点、坚定群众立场、坚持群众路线、增进同群众的感情和创新群众工作方式方法等方面加强修养和锻炼。"[②]"要面对面、心贴心、实打实做好

---

① 习近平.习近平谈治国理政:第 2 卷[M].北京:外文出版社,2017:318.

② 习近平.群众工作是社会管理基础性经常性根本性工作[EB/OL].(2011-02-24)[2020-06-01].http://news.cntv.cn/20110224/116000.shtml.

群众工作,把人民群众安危冷暖放在心上,雪中送炭,纾难解困,扎扎实实解决好群众最关心最直接最现实的利益问题、最困难最忧虑最急迫的实际问题。"①作为院长一心为民的群众观主要体现在对待师生的态度上、情感上和行动上。

从群众观角度分析,有的二级学院院长容易出现的问题就是"目中无人",即心里没有真正装着师生,没有把师生的事放在心上,对师生的情感冷漠。如有时师生登门找院长,院长对待师生不热情,甚至敷衍了事,不是从内心上去主动了解师生登门的原因以及存在的困难和问题。院长有一心为民的群众观就是要牢记自己不仅仅是为了学院发展把统筹指挥放在第一位,也要清楚为了学院发展也要把服务师生放在第一位。要用满腔热情面对学院的师生,真诚服务于社会和人民。特别也要知道尊重老师和同学的个性,能够包容和理解老师和同学的不同意见,甚至在不违背原则的基础上容许师生身上长些刺。这样才能汇聚师生力量,服务学院发展。(D1 职能部门负责人)

2.刚柔相济的性格观

作为院长在领导工作过程中必须讲究方法,前面谈到理论支撑时,也分析了方圆兼顾的领导方法。其实作为高校的领导者由于教育领域的特殊性,在性格方面尽可能不要有太强个性,特别是不要因为陷入某个困惑而不能自拔。这就要求高校领导者的性格要刚柔相济。刚柔相济意思是在领导工作过程中,当遇到性格刚的被领导者,作为领导者应该不要更刚,而是以柔克刚;当遇到性格温柔的被领导者,应该刚的时候必须体现刚的一面。总之,作为院长拥有良好的人格魅力体现在刚柔相济的性格观方面,就是要求院长要有和蔼可亲、平易近人、待人宽厚、有求必应的一面,也要有坚持原则、严肃认真、刚正不阿的一面。

院长和老师都是高校知识分子,都有教师的身份。都需要在学院发展中相互支持、相互配合,都应该要有宽广的胸襟,不能片面地从某一个层面看待问题。作为院长更是如此。院长要发挥好教育领导力影响师生,必须学会处理和对待不同性格的老师和学生。特别是在领导工作中必须正确展现作为领导者在师生中的威严和温柔,能够让师生在威严中感到院长对待

---

① "平语"近人——习近平谈如何做好群众工作[EB/OL].(2011-02-24)[2020-06-01].http://www.xinhuanet.com/politics/2016-04/22/c_128899955.htm.

工作的认真,在温柔中让师生感到院长领导工作中所体现的人文关怀。有时会听到师生在背面议论院长:某某学院院长到底怎么回事呀? 从来都一副严肃的面孔,没有一丝笑容,好像老师和同学欠他什么似的。某某学院院长不论在什么时候都感觉一点不严肃,没有那种威严感,感觉什么都是不重要,无所谓似的。这都是说明院长在师生面前没有很好展现刚柔相济的形象,如此都不利于院长开展好工作。(C3 学校领导)

3.宽容民主的处事观

院长宽容民主的处事观首先表现在身体力行的作风,海纳百川的气度,虚怀若谷的胸襟,民主平等的观念。在领导工作过程中,有的工作是可以按照预设计划开展的,而有的未必,当出现工作与原来设计相左时,作为院长应该宽容的必须宽容,应该鼓励的必须鼓励,应该批评的必须批评。总的来说,就是以宽容的态度设身处地地去考虑问题和结果,千万不要遇到困难或不足就大发雷霆。同时,领导工作过程中要讲究民主,充分听取各方面的意见和建议,善于吸纳众家之所长。这是有助于发挥好院长教育领导力的作用,提高领导效能的。

人贵有自知之明,更何况是高校具有丰厚专业知识的教师。因此,当院长遇到师生在学习工作中发生问题甚至是犯错的时候,如果不违背教师应该遵守的红线或者底线,在不违反原则并且一视同仁的基础上,对待师生要有宽容的一面。特别是第一次犯错并且又不是原则性的错误,这不仅仅能够对犯错的师生起到震慑的作用(笔者注:因为院长亲自出面帮助纠正错误),同时还能无形中感化甚至影响师生。这也体现了院长在领导工作中的人性化管理。而民主就是要求院长领导工作中一定要善于和领导班子成员沟通,善于听取师生的意见建议,千万不能自以为是,独断专行。否则,既影响班子团结,也不利于带好队伍。在平时干部管理工作中,听到比较多的就是因为院长领导呆板、不善解人意、不讲究民主,导致班子不团结,老师怨言多,甚至有的连一些鸡毛蒜皮的事情都会引起误会和误解,甚至激发矛盾。院长其实有时不能不认真,但是有时也不能过于认真。当然院长要宽容必须要有胸怀,要信任和包容他人,正确地看待他人的优缺点,对别人的优点,可以用放大镜去看,对别人的缺点,有时应该用近视眼睛看。对别人的缺点要给人容错和纠错,而不是看到别人的缺点就用放大镜去看。(C1 学校领导)

4.廉洁奉公的道德观

关于领导者的领导力问题,有的专家学者专门提出了道德领导力。笔者认为道德领导力最终源于领导者的人格魅力，人格魅力是道德领导力的基础，也是其核心本质，用人格魅力列为领导力的构成维度，就是从抓住领导力的本质出发提出来的，并且人格魅力包含的内容更为广泛。而廉洁奉公的道德观，是领导者受人敬重的关键。廉洁奉公的道德观就是要求院长要严以律己、廉洁奉公、两袖清风、乐于奉献，不论个人好恶、不计个人得失，全心全意为师生服务。当然，廉洁奉公的道德观也要求院长的道德品质要好，能够以德服人。这样院长才能更加令人信服，影响力也更好，其教育领导力的作用也真正发挥好。廉洁奉公是为官之要。廉洁奉公不仅仅是领导干部的个人道德品行要求，更事关社会的发展环境与社会风气。院长教育领导力要体现出其正能量，院长本身能否牢固树立廉洁奉公的道德观这是根本的保证。

大学治理重心下移，办学自主权力下放，院长手中的权力越来越集中，同时院长本身不论从行政上还是学术上都或多或少地掌握一些资源，如果院长缺乏廉洁奉公的意识，不仅不能取信于师生，还很有可能会在使用手中权力、进行学院资源分配的过程中出问题，甚至违反党纪法规。因此，院长廉洁奉公的道德观就是要求院长要用手中的权力为学院的发展掌好舵，为学院内涵发展大干一番事业，为师生的发展谋利益，而不是用手中的权力谋私利。（D1 职能部门负责人）

5.敢于负责的态度观

敢于负责、勇于担当是对领导干部的基本要求。敢于负责的态度观就是要求院长对待领导工作、对待师生要有高度负责的态度，面对各种矛盾和问题不推诿，不回避，特别是在困难面前勇挑重担，在关键时候、危机时刻敢于挺身而出。

院长在领导学院发展工作过程中都会遇到这样那样的困难和问题。领导工作中遇到困难和问题是极其正常的事情。但是，每当遇到困难和问题时，院长是勇于正视困难和问题、迎难而上还是逃避，这就考验院长是否有敢于负责的态度观。院长敢于负责的态度观还表现在面对荣誉要让给老师，遇到矛盾和问题敢于承担责任，不推卸责任。（D1 职能部门负责人）

第四节　院长教育领导力考核评价的对策

当前,高校对领导干部的考核评价除了选拔任用前的考核评价外,主要是每个年度例行的干部年度考核以及干部换届时的任期届满考核,有的高校也举行任期届中的考核。除此之外,对干部日常考核或者专项考核基本是空缺。对院长教育领导力考核评价可以丰富干部专项考核的内涵,弥补干部专项考核的不足。为此,在探讨院长教育领导力考核评价的对策中可以从以下方面着手。

一、树立正确的考核评价观

不论在高校还是在政府机关等部门,对干部的考核评价大多数人认为是必须的,但是也有的人认为意义不大,是走过场,属于形式主义。究其原因,主要是干部考核评价观出现了问题。因此,要科学有效地对院长教育领导力进行考核评价,首先要自上而下,从考核评价的对象——院长到参加考核评价的各类主体相关人员,都要对院长教育领导力的考核评价有一个科学的认识。

首先,对院长教育领导力的考核评价是选好培养好院长的关键手段,是发挥好院长教育领导力作用的关键。国外对教育领导力考核评价的研究方面成果颇丰,同时国外对教育领导力的研究大部分体现在教育领导力的评估当中。国内关于领导力的考核评价研究还比较少,并且大部分对领导力的评估都是企业领导者对企业领导工作中的领导力评估。对于教育领导者来说,这方面的考核评价主要是对校长一类的胜任力、执行力方面或者学校领导干部的综合评价,因为胜任力、执行力是领导力在领导工作中的体现。而当前通用的领导干部德、能、勤、绩、廉综合评估对教育领导力如何培养与提升,以及领导干部专业成长没有指向性的作用。对院长教育领导力的考核评价,可以更好地发挥院长教育领导力的专业引领作用,使院长更加充分地履行好行政权力和学术权力,发挥好院长在教学、科研、服务地方以及行政管理等方面的领导作用,真正发挥好二级学院承担大学职能的主体作用。

其次,要强化对高校领导干部专项考核评价的认识,消除对院长教育领导力考核评价的抗拒心理。在平时干部工作中,经常听到对考核评价负面的认识,认为当前考核评价多,效果不明显,心里自然而然产生抗拒。其实,当前对干部考核评价不论是哪种类型,其产生的积极作用是不容置疑的。假设缺乏对干部的考核评价,无形中就缺乏对干部的监督与服务。信任不代表监督,对干部的考核评价既是对干部的监督,也是对干部的信任。而院长教育领导力考核评价是为了让院长在领导岗位上更好领导师生,影响师生,发展好学院。因此,从领导干部到普通师生都要对院长教育领导力的考核评价有接纳的心理,而非抗拒心理。当然,具体操作的方式方法可以考虑如何才能更加简捷高效。

再次,要树立发展性的考核评价观。对院长教育领导力考核评价初衷是为了帮助院长更好地实现有效领导,提升领导效能,而不是为了揭院长领导工作中的短,更不是为了找院长的麻烦。为此,在考核评价过程中,发现好的要及时表扬鼓励,发现不足的要及时提醒并通过培养培训加以改进和提高。考核评价的目的是让院长的教育领导力水平不断提升,使院长的领导力更好地发挥。因为,在一所大学,有了好的二级学院,就是为好的大学的出现打下坚实基础。高校对院长教育领导力进行考核评价,目的就是要建立一支领导力强的二级学院院长队伍。

最后,考核评价要公开透明。当前高校领导干部或者院长对干部考核评价有怨言,主要是因为目前的考核评价还存在为了评价而评价的问题。考核评价的公开透明度还要进一步提升。例如,考核评价中发现好的应当树立典型榜样的要及时宣传和树立,考核评价大踏步发现不足或者有苗头性倾向的,应当及时谈话提醒的要及时进行沟通交流,使院长能够随时感受组织的温暖,使师生及时了解到考核评价的结果和情况。考核评价公开透明才能更好地得到师生和院长们的关心支持。

二、科学构建考核评价指标体系

教育评价体系的建立过程中,一般要建立评价指标体系,同时也要建立指标体系的观测点,这才有利于客观全面开展考核评价。对院长教育领导力做出科学的考核评价,同样也必须科学构建考核评价的指标体系,并确定指标体系的主要观测点。由于领导特质与领导绩效大多分离,对领导力评估的研究,都还没有形成一套完整的评价机制。[①] 院长教育领导力的考核评价首先肯定是对其构成维度要素的考核评价,因此,由院长先进领导观念、核心领导素养和关键领导能力构成的"院长教育领导力三三四模型"中的维度要素,理应是院长教育领导力考核评价指标,即院长教育领导力维度要素与院长教育领导力考核评价指标应该具有一致性。

而至于院长教育领导力考核评价指标的观测点,笔者参考美国范德比尔特大学教育领导力评价系统中提出的两个关键维度即学校核心绩效与领导关键职能,[②]根据评估中常用的360度评估体系,以及研究访谈结果分析,结合上述对教育领导力强弱考核评价的两个假设以及院长教育领导力强弱的效能表现形式,提出对院长教育领导力考核评价指标的观测点,可以从院长教育领导力效能的基本表现形式和核心表现形式,即领导绩效方面进行观测。为此,可以考虑构建院长教育领导力维度与院长教育领导力效能表现形式维度两者相结合的考核评价指标体系。

科学的研究告诉我们:必须学会透过现象看本质,这也是我们开展研究的原则和方法。当然,要看清事物的发展,既要看清现象,也要看清本质。在考核评价二级学院院长教育领导力强弱的过程中,现象是什么,本质又是什么,这是我们必须弄清的基本问题。二级学院院长教育领导力维度模型的构建既考虑了现象的实际,即院长教育领导力强与弱首先从院长教育领导力维度要素进行判断,而院长教育领导力的考核评价最终也要体现在领导效能上,即可以从院长教育领导力的效用,也就是院长教育领导力的效能表现形式上进行判断。

因此,可以尝试在院长教育领导力维度要素的基础上,结合院长教育领导力效能的表现形式,构建院长教育领导力的二维考核评价指标体系。

三、合理设置考核评价主体

在干部考核评价过程中,考核评价的对象相对来说是比较容易确定的,

---

① 丁栋虹,朱菲,吴梦娜.领导力评估二维量表:因素及标准分析[J].上海管理科学,2007(6):26.

② 王胜.如何评价校长的有效领导力?:美国范德比尔特大学教育领导力评价系统简介[J].中小学管理,2007(12):10.

而参与考核评价的主体应该由什么样的人组成,这是一个极其关键和重要的问题,也是一个科学性极强的问题。高校在传统的干部考核评价过程中,大多数都是由学校领导、组织部门、中层干部参与考核评价,基本上都忽视师生的参与。在院长教育领导力考核评价中由于是专项评价,特别是院长教育领导力的本质就是对师生以及学院班子成员的影响力,由此可见,有的方面师生对院长的情况更为了解,例如,院长教育领导力维度要素中的先进领导观念中的人才观、权力观,核心领导素养中的人格魅力、学术造诣、领导艺术,关键领导能力中的办学活力激励力等,师生基本上是最有感受的。如院长的人才观,从学生方面来说,可以直接感受到院长是否坚持以学生为中心,教学效果如何,应用型人才培养中的动手能力如何。权力观中,院长是否真正运用手中权力为师生着想,为师生发展服务。而院长的人格魅力如何,师生也是最有发言权的,因为院长可能在学校领导中可以比较注重表现好的一面,而在师生中其原形如何一清二楚,院长是否是一个"两面人"师生是比较有发言权的。因此,在院长教育领导力考核评价中要注重调动师生参与考核评价的积极性,发挥师生参与考核评价的作用。

而在笔者开展访谈过程中,大多数专家学者、组织人事部门负责人、二级学院院长也认为,为对院长教育领导力做出客观评价,院长教育领导力的考核评价应该由二级学院师生、组织人事以及与院长工作关联度比较高的职能部门负责人、学校领导三个层面进行。可以尝试建立院长教育领导力考核评价"四三三"考核评价模式,即在民主测评中,在二级学院师生参与测评的人员所得平均分值占总测评的分值(100 分)的 40%,组织人事以及与院长工作关联度比较高的职能部门负责人参与民主测评所得平均分值占总测评分值的 30%,学校领导参与测评所得平均分值占总测评分值的 30%。这个比重的分配主要体现了院长教育领导力的考核评价主体是二级学院的师生,他们能够更加直接体会和感受到院长教育领导力的强弱;组织人事以及与院长工作关联度比较高的职能部门负责人对院长教育领导力的强弱考核评价主要基于平时工作的交流,相互的了解和支持;校领导的考核评价主要在于考核院长具有教育领导力后的工作统筹和执行力情况,以及工作任务完成情况。

基于如此设置考核评价主体,既体现了考核评价中的民主性,也体现了考核评价中的代表性和科学性问题,一改传统干部考核仅仅限于领导群体作为考核主体的不足,同时更加体现了院长教育领导力的本质是影响力这一根本特点。

四、科学运用考核评价结果

不论是哪个领域的考核评价,其根本的目的是"以评促改""以评促进"。同时,考核评价结果的运用也是考核评价的初衷,其内在的价值在于激励和引导。从干部考核评价来说,一般干部考核评价方案建立后都要经过以下环节实施:一是实施考核评价;二是分析并形成考核评价结果;三是考核评价结果反馈;四是考核评价后的行为调控,即提醒和鼓励;五是培养提升;六是激励运用。由此,干部考核评价要达到"以评促改""以评促进",一定要形成考核评价的闭环。为此,院长教育领导力考核评价的闭环即流程如图 5-1 所示:

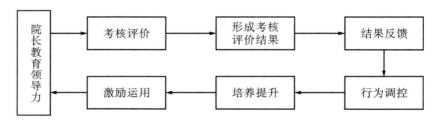

图 5-1　院长教育领导力考核评价流程示意图

那么,在院长教育领导力考核评价的过程中,如何实现其激励和引导的内在价值呢? 笔者结合多年的组织工作实践,认为在科学构建院长教育领导力考核评价指标体系的基础上,在具体实施的过程中主要是把握好以下几个关键:

一是建立考核评价结果反馈机制。院长教育领导力考核评价是培养和任用好院长的关键之举,是确保院长履行好职责的基础性工作。从笔者构建的院长教育领导力维度要素来看,其内容涵盖院长的领导观念、领导素养、领导能力,这些都是院长影响师生教育行动的关键,无论是教育观、人才观、权力观,还是院长的人格魅力、学术造诣、领导艺术,以及关键的领导能力,都有一个培养提升的过程。通过考核评价发现院长教育领导力中的优点或不足,都要及时反馈。好的要表扬鼓励,不足的要提醒改进,并给予一定的指导或者帮助,使院长的领导工作能够得到最大的支持。如果考核评价结果反馈机制缺失,就无法达到考核评价的真正目的。在考核评价结果反馈过程中,特别要注重加强对院长的关心提醒和鼓励。同时,建立考核评价结果反馈机制更加有利于提高二级学院院长选拔、考核的及时性、科学性和全面性。

二是注重考核结果的甄别及运用。正如前面所言,考核评价是干部管理监督的有效手段,考核评价结果科学有效的运用才是考核评价的真正目的。院长教育领导力的考核尽管是属于专项考核,但是领导力是当好院长的根本。因此,院长教育领导力的考核评价结果完全可以与干部岗位聘任、职务晋升、评优表彰等方面挂钩。正如前面笔者所说的,院长教育领导力考核评价既是对教育领导力维度要素的评价,也是对院长教育领导力领导效能的评价。只有注重运用考核评价结果才能体现出院长教育领导力考核评价的重要性和积极作用。目前高校在领导干部考核中大多不太注重考核结果运用。考核结束后将考核结果束之高阁的现象比较普遍。在工作实践中往往重视考核的过程和氛围而忽视对考核结果的运用。[①] 因此,应该通过院长教育领导力考核评价结果的运用去激励院长担当作为,特别是如果能够达到培养重用的可以重点培养,大胆任用。

当然,在院长教育领导力考核评价结果确定的过程中也要注意对考核结果的甄别。防止考核评价中出现片面或者不客观,甚至不负责任的现象。因为,平时在干部考核评价过程中,也会出现个别参加考核评价的人员因个人好恶及平衡照顾等方面因素的影响,在考核评价中有的表现出较大的随意性或不负责任的态度。因此,负责考核评价的部门要注意对考核评价结果进行甄别,防止不客观的、片面的,甚至是不符合实际的情况发生。

三是注重院长教育领导力的培养和提升。院长教育领导力考核评价的目的是找到院长教育领导力构成维度要素中的不足,衡量院长教育领导力在领导效能发挥上的领导绩效,以便在院长教育培养过程中加以指导,帮助院长改进不足。由此,可以根据院长教育领导力考核评价发现的问题,有针对性地加强院长教育领导力的培养和提升。

---

① 马小洁.高校院系领导干部和领导班子考核方法研究[D].武汉:华中科技大学,2009:97.

本章小结

考核评价领导干部是干部选拔任用和管理过程中的关键环节,也是客观公正识别领导干部、科学正确使用领导干部、合理有效激励领导干部的重要手段。平时对领导干部的考核基本上是关于"德、能、勤、绩、廉"五个方面的年度考核,对领导干部专项能力的考核相对比较少。从院长教育领导力成败案例分析得出:院长具有较强的教育领导力方能取得成功,而院长教育领导力弱是导致院长领导工作失败的关键。领导力并非神秘莫测的,它是可以观察的,可以评价的。正是基于此认识,本章节专门围绕"院长教育领导力强弱如何评价",深入探讨了二级学院院长教育领导力考核评价问题,提出了院长教育领导力考核评价对策。为此,借鉴参考领导干部考评理论并遵循领导干部考评规律,依照院长教育领导力的维度模型,探讨了教育领导力考核评价的内涵,提出了教育领导力考核评价的原则和方法。紧接着通过演绎推理论证了教育领导力强弱考核评价的两个假设。并在此基础上,分析了院长教育领导力效能的核心表现形式和基本表现形式,从树立正确的考核评价观、科学构建考核评价体系、合理设置考核评价主体、科学运用考核评价结果等四个方面提出了院长教育领导力考核评价的对策。特别是在院长教育领导力考核评价指标体系建立方面,提出了院长教育领导力维度要素和院长教育领导力效能表现形式的二维考核评价指标体系构建对策。院长教育领导力考核评价为科学评价领导干部提供了另一种视野,开创了专项考核评价领导干部的先河,为更好地培养和提升院长教育领导力水平,提高领导效能提供了参考。

第六章

院长教育领导力的培养和提升

领导和领导力相关理论中的特质论、行为论、情境论、变革论等告诉我们：领导者在领导工作中展现的领导力是其对领导能力、自身基本素养以及工作领域所需专业素养和工作能力的综合体现。作为一名领导干部不仅要注意提升领导工作领域的专业水平，把握工作发展的趋势和前沿；而且必须注重提升领导工作的能力素质，特别是领导力水平。而领导者领导力水平的高低不是天生固有的，而是在平时工作过程中，特别是成为领导者后在领导工作过程中不断历练、不断总结、不断反思中培养与提升的。习近平总书记曾经说："成长为一个好干部，一靠自身努力，二靠组织培养。"①在领导力水平的提升和培养过程中，同样也离不开自身的努力和组织的培养。当然，领导力的培养与提升也与工作环境、领导干部选拔任用以及培养的体制、领导干部管理与考核机制等有关。因此，笔者归结认为，领导者领导力的培养与提升，应该通过领导者本身对领导领域内在认识而产生的内生力和组织培养以及治理文化对领导者的影响而产生的外生力相互作用、相互影响实现，是领导者不断走向成熟和完善的过程。

第一节　培养和提升院长教育领导力必要性分析

二级学院院长在实现学院内涵式发展和可持续发展的过程中担负着管

---

① 习近平.建设宏大高素质干部队伍 确保党始终成为坚强领导核心[N].人民日报，2013-06-30.

理学院与领导学院的重大责任和使命,可以说是任重而道远。大学治理重心下移二级学院,学院办学的发展趋势,需要每一所大学加快建设一个高素质的二级学院院长群体,切实提高院长治理学院发展所需的领导能力和专业化水平。大学二级学院发展水平与院长领导能力专业化水平关系十分密切,培养和提高院长教育领导力水平是新常态下高等教育发展、高等教育职能完善、大学和学院治理的大势所趋,人心所向,更是实现高校立德树人根本任务的重要保障。

一、高等教育内涵式发展要求

当前,我国正处于高等教育大国向高等教育强国迈进的关键时期。面对当今世界百年未有之大变局,实现中华民族伟大复兴的关键时期,高等学校肩负围绕"培养什么人,如何培养人,为谁培养人"的根本性问题,探索出符合我国实际的高等教育发展新路子的重任。习近平总书记在党的十九大报告中给出了明确回答:"加快一流大学和一流学科建设,实现高等教育内涵式发展。"①何谓高等教育内涵式发展?高等教育的内涵式发展应当是以提高质量为核心的规模、质量、结构、效益、公平五个变量协调统一的发展。② 这充分表明高等教育内涵发展必须以提高人才培养质量为核心。而从人才培养视角来看,二级学院是高校人才培养的承载组织,是人才培养的主体,理应担当起人才培养质量提升的主体责任。而从院长教育领导力方面来说,需要院长有先进的教育理念,把握所在学院学科专业发展的趋势,在坚持以学生发展为中心的基础上,大胆谋划人才培养模式改革创新,大力提升师资队伍教育教学水平,激发教师投身教育教学工作的积极性、主动性和创造性,切实增强质量意识,把教育教学工作中的点滴均以高要求高质量高目标完成。

人才培养质量是二级学院的生命线,人才培养质量首先体现在教学质量上,为此,我们学院将主要采取以下几方面措施:一是抓好提升教学质量

---

① 习近平.决胜全面建成小康社会 夺取新时代中国特色社会主义伟大胜利:在中国共产党第十九次全国代表大会上的报告(2017 年 10 月 18 日)[M].北京:人民出版社,2017:46.

② 瞿振元.高等教育内涵式发展的实现途径[J].中国高等教育,2013(2):12.

支撑的资源建设，引进博士和优秀硕士补充到师资队伍，鼓励支持在岗教师攻读博士和到企业挂职锻炼。完成往科技大楼的搬迁，汇聚整合和扩大校内实验实训资源。深化产教融合，加大在当地及周边建设校外实习实训基地的力度，逐步化解本地实训资源不足的问题。二是深化产教融合，修订完善人才培养方案。进一步完善专业委员会，让行业企业中的专家参与人才培养方案的修订。围绕大数据技术链进一步明确各专业目标定位，适当收窄培养口径，培养在大数据产业链中具备优势竞争力的应用型人才。三是逐步完善教学质量保障体系，提高教学质量。抓课程思政，推行导师制，指导学生做好职业生涯规划和就业指导；抓教学监控和反馈，督促教师不断自我提高；抓学风建设，营造浓厚的学习氛围，引导学生把主要精力放到学习中来，提高自主学习意识。（B校B7院长，NET·B7）

从地方本科院校来说，大学治理重心下移，首先体现在教学管理重心下沉二级学院，教学管理重心下沉目的是激发二级学院教学活力，推进二级学院学科专业建设更好体现自主发展。而学院在教学管理以及学科专业的活力如何释放，必须通过院长去影响学院中的各个教学组织负责人和成员，去调动学科专业建设中教师的活力，使每一个教学组织以及每一位老师充分发挥才能和作用。大学治理重心下移后许多工作与权力都下放到了二级学院，院长必须发挥教育领导力充分思考如何管好管活下放的自主权，要想方设法破解教师潜心教学和改革的动力不足，以及教师潜心教学研究、进行教学改革、提高教学质量的积极性不高、被动完成教学任务的问题。（C5学校领导）

二级学院承载着高校各项职能，办大学就是要办好二级学院，治理好一所大学就是要充分调动二级学院发展的积极性和创造性。唯有如此，高等教育内涵式发展才能真正落地。因此，作为二级学院院长要善于发挥自身教育领导力水平去谋划学院如何走内涵式发展的路子，把谋划学院内涵式发展作为学院自主发展和自谋发展的核心要义，作为推进学院治理的重要依据、重要内容和重要抓手，用谋划学院内涵发展引领学院治理改革，而在这过程中自身教育领导力水平的培养和提升势在必行。

近五年来，我们学校以发展应用型学科、培养应用型人才、建设应用型大学为转型发展目标，大力构建校企合作育人平台、推进产教融合，走协同育人、协同创新的转型发展之路，取得了阶段性的成果。我们学院也是学校里步子迈得最快的二级学院之一，通过平台建设、"双创"教育、专业共建三个步骤打造了省内高校以经管类专业群建设带动转型发展的样板。2014年暑期,我院与×××公司开始接触,从初次商谈到项目落地,只用了不到一年的时间。依托该公司支持建立了实验教学中心。资源包括虚拟现实企业管理平台(ARE)、虚拟商业社会环境实训平台(V综)、创新创业虚拟仿真实训平台(V创)、创业心智体验中心、企业经营模拟ERP沙盘、企业信息化中心、营销模拟实训平台等,能同时容纳近600人进行实训和教学。"把企业搬进校园"的实践教育理念完全改变了传统的教学模式,共建的创新创业学院、师资研修院等校企合作平台,在实践教学、师资队伍建设、创新创业教育、专业建设和服务社会等方面起了重要作用,实现了产教融合协同育人,人才培养质量明显提升,这是学院内涵式发展的生动体现。(A校A6院长,NET·A6)

面对高等教育内涵式发展趋势,每一所高校都应该重视院长教育领导力的培养和提升,如此方能使院长更好地运筹帷幄,影响和带动师生去迎接学院发展过程中面临的挑战,才能更好地把握学院发展的未来,真正把提高办学水平和办学质量的学院内涵式发展工作做好,使大学能够满足人民群众期待接受优质高等教育的需要这一愿景逐步变成现实。

二、提升学院治理水平的要求

二级学院治理是现代大学制度建设的重要内容。从某种程度上说二级学院的办学水平和治理水平直接反映出大学的办学水平和治理水平。二级学院在大学治理过程中具有承上启下的作用,在学院发展过程中既要支撑和拓展学校层面的办学思想以及办学定位,同时又要组织实施本身学院的学科专业发展,积聚力量不断提升学院办学水平。在此过程中,院长所要发挥的作用可想而知。

首先,必须通过自身的教育领导力影响和带动师生。二级学院中聚集了一批专注于教学和科研的专家、学者以及学生,其工作的核心内容是进行知识传播、知识发现、知识应用、知识理解等知识生产活动。[①] 院长在领导学院治理的过程中,就是要考虑如何把师生的心凝聚在一起,让他们在学院

---

① 张德祥,李洋帆.二级学院治理:大学治理的重要课题[J].中国高教研究,2017(3):6.

教育教学工作中同向发力。可以试想，如果院长教育领导力出现问题，导致治理无序，治理的状态一团糟，师生肯定不乐意、也不接受这样的院长；相反，如果院长教育领导力发挥的影响作用好，学院治理的状况井然有序，师生在学院的学习生活工作中都能心平气和，齐心协力，平时遇到困难和问题都能得到学院的关心和帮助，师生肯定舍不得离开这样的学院，学院发展过程中无论有什么困难和问题都将能够得到师生的理解和支持。

院长在治理学院的过程中，一定要注意发挥师生的作用，特别是在学院的一些重大事务、重大事项的决策方面，要善于发挥师生的智慧，决策时可以请师生代表参加，这既发扬了民主，又强化了监督，同时决策后还要及时向全体师生通报。当前在二级学院治理乃至学校治理过程中要重视学生参与治理意识的培养，其实学生热切希望参与学院治理的民主意识与参与意识都比较强，作为院长要注重从创新制度设计着手，通过鼓励和激发学生参与学院治理去培养和提升学生自我管理、自我服务的意识和学生独立人格的品质，学生参与学院治理也是治理好学院的有力支撑。（B校B2院长）

其次，必须通过自身的教育领导力优化学院治理结构。随着我国高等教育综合改革的不断深化，大学办学自主权不断下放二级学院，二级学院内部治理结构如何优化是大学治理过程中迟早要面临和解决的问题。二级学院内部治理结构的优化最终目的是：从制度层面和治理文化氛围养成角度，切实有效地调动包括广大一线教职员工和在校学生及行政职能部门人员在内的所有相关人员的参与积极性。[①] 在优化学院治理结构方面，从教师的角度来说，就是通过搭建新型的组织架构，使教师能够在学院学术事务的决策和执行中从专业的角度发挥好参谋作用，同时又能够畅通教师与学院面对面交流的渠道，广泛听取教师对学院发展中的不同意见和建议，甚至诉求，从而减少教师与学院因信息不对称而产生的误解和矛盾，使教师对学院管理层的信任感、支持度不断增强，从而真正达到激发教师参加学院治理活力的目的，形成学院治理的良好文化氛围。而从学生角度来说，学生参与大学治理已成为世界高等教育管理发展的趋势，是完善高校治理的重要方面，更是不断完善现代大学制度和内部治理结构的必然要求。[②] 因此，从学院

---

① 张雷生.高校院系内部治理结构现状调查研究[J].高校教育管理,2017(3):39.
② 董向宇.论现代大学内部"共同治理"中的学生参与[J].全球教育展望,2015(1):76-82.

治理结构优化方面来看,这是院长领导学院治理的明智之举,院长必须敢于通过自身教育领导力去影响学院治理结构的改革。

再次,必须通过自身的教育领导力提升教学效果。从具体学院治理组织来看,教学是学院治理工作中的第一要务,也是提升人才培养质量的核心工作,需要院长具有科学的教育理念去引领教学改革与发展,也需要院长具有良好的学术造诣去权衡人才培养过程中的专业素养和人文素养的架构。从教学的承载主体方面说主要是基层教学组织和教师个体,如何发挥基层教学组织和教师个体的联动作用,是院长治理学院过程中必须考虑的重要工作事项。曾经有学者提出:基层教学组织在建设一流本科教育中具有不可替代的作用,没有基层教学组织的落实,教学改革研究容易流于形式,教学传承与教学学术开展也会缺乏载体,教学活动只能是个人的经验活动乃至随意行为。①

我们学院始终坚持"学科引领发展,特色铸造品牌"的办学理念,重科研、厚基础、强技能,强调科研引领学科发展,特色突显专业张力,科研反哺教学,创新激发活力,科研与教学并重,传承与创新共生的办学原则,为社会培养和输送了大量既有科研精神又有创新能力的应用型高级人才。学院坚持德育优先、以人为本、立足专业、服务社会的基本原则,结合设计类专业特点,走协同育人、协同创新的发展之路,积极推进转型发展,为主干专业搭建产教融合、校企合作育人平台,将创新创业教育与专业课堂紧密结合,构建了"创新创业理论——创新创业训练——创新创业实践"的课程体系。以学术素养和专业实践能力培养为目标,与省内外多家一流行业单位共建了实习实践基地和校外导师合作培养机制。学院主动融入地方,积极开展地方文化传承与创新活动,开设地方特色艺术课程,在充分发挥专业教研室的基础上,建有鲜明地方特色的瑶族服饰展示馆、瑶族服饰技艺传习馆等场馆,将专业建设与服务地方有机结合,逐步形成了应用威客教学、古建筑保护与传承、民族服饰文化传承三支理论功底扎实、实践成果丰富的教学团队,引领教师教学工作的开展,培养提升了学生服务地方和走向社会的思想意识和实践能力。(A校A9院长)

"领导力是大学组织在面对未来不确定性、在组织变革中取胜的主要砝

---

① 洪早清.本科教育新时代下的教学管理变革省思[J].中国大学教学,2019(11):77.

码。在大学治理过程中,领导力是实现大学有效治理的关键因素。"①作为一心想把学院治理好、发展好的院长唯有不断培养和提升自身的领导力水平,才能真正实现学院发展的目标。

三、学院师生的期待

一名普通教师经组织培养走向二级学院的领导岗位后,从身份上来说,所代表的不仅仅是本人,而是要从组织视角去认知自我。这个认识是提升院长自身教育领导力的思想基础。在大学组织架构中,二级学院是具有行政属性和学术属性的组织。从行政属性上来说,院长是学院的行政首脑;从学术属性上来说,院长也是学院的学术首脑。而从学院整体上来说,也是学院的象征和代表。② 正是院长特殊的身份,使得师生对院长的形象,不论从先进领导观念如教育理念、人才观念、权力观念,还是核心领导素养如学术造诣、人格魅力,以及关键领导能力上期望都比较高,甚至期望完美无缺。因为,院长在教师管理和学生需求之间充当学术促进者的角色,③也是引导、鼓励学院教职工生活和工作的外交家。④ 学院师生期待院长有较好的教育领导力,发挥好院长在学院发展过程中的引擎和核心作用。

首先,院长对学院师生的领导表现在价值领导。⑤ 也就是院长在领导学院发展的工作过程中要自觉坚定地把社会主义核心价值观和党的教育方针落实在学院办学的过程中,同时有意识地把学校和学院的办学理念、办学思路灌输给师生,使其成为引领师生发展的精神动力。因此,从某种程度上说院长成为师生的精神领导,甚至是师生的精神寄托。在价值领导的过程中,院长教育领导力中的教育理念、权力观念以及人格魅力尤其重要。

其次,师生期望院长能够成为学科专业发展领域中的权威,引领好学科

---

①　赵聪环等.论大学治理的领导力基础[J].中国高教研究,2017(12):50.

②　刘香菊.谁在我国一流大学任院长?:我国一流大学院长基本特征研究[J].高等工程教育研究,2014(4):97.

③　ASTIN A W,SCHERREI R A.Maximizing leadership effectiveness[M].San Francisco:Jossey-Bass,1980:65.

④　TUCKER A,BRYAN R A.The academic dean:dove,dragon,and diplomat[J].Journal of higher education,1988(5):306-321.

⑤　郑文力,叶先宝.我国大学院长角色演变与冲突调适[J].江苏高教,2017(6):26.

专业发展。院长从某种程度上来说,也是学院学科专业的代言人,在师生心中是学术造诣比较深厚,学识比较渊博,善于把握学科专业发展前沿,对学科专业了如指掌、见解独到,同时有严谨的治学态度和执着的探究精神的学者。师生希望通过院长在学科专业上的权威扩大学院的影响,真正发挥好院长学术治理中的作用,并善于营造学院良好的学术氛围,激励着全院师生在学科专业发展道路上不断学习,不断探索,勇于追求真理,不断提升创新能力,从而提高学院学术水平,培育出更加优秀的人才,充分展现院长学术促进者的角色。

再次,师生期望院长成为师生权益的维护者。师生是学院发展的主人,是推动学院发展的主力军。师生既是学院发展成果的创造者,也是学院发展成果的获得者。人永远是历史的缔造者。随着人类社会的进步,随着经济全球化、信息网络化、社会学习化、文化多元化的时代的到来,人的主观能动性、创造性不断提高,在社会发展中的作用不断增强,以主人翁的意识参与社会治理是大多数人的共识。从高校来说,师生的思想观念随着社会的发展发生了很大变化,他们敢于也善于从多维度、多角度分析和看待问题,为了学校和学院发展敢于提出自己的意见和建议,而不再是过去只是听从和服从的被领导者。师生期待院长能够认识到自己在学院发展过程中的参与意识和参与能力,为他们参与学院乃至学校治理创造平台和条件,提供贡献智慧的机会。

在领导学院发展过程中,师生的力量是强大的,千万别打击师生参与学院治理的积极性、主动性,而是要创造一些机会、一些条件让师生的智慧凝聚到学院发展过程中。如平时多深入师生当中听取意见建议,这不仅体现院长对他们的尊重和关爱,体现院长对师生的亲切感,而且可以从师生当中了解到很多对学院治理有用的意见和建议,发现学院发展过程中存在的真正问题。因为教师得到院长的尊重和爱护,教师工作的积极性、主动性、创造性将更能激发。院长与师生的一次沟通,可能就是给他一股强劲的发展动力,因为院长与师生的沟通也体现院长对师生的关爱和信任,很多问题可以迎刃而解。当然,除了平时沟通以外,也要考虑搭建师生发展的平台,如用好学院各种学术组织以及党组织、教代会、工会等党群组织,也要注意学院财务、教务、政务、党务等方面公开。通过这些可以为学院的发展营造心情舒畅、相互关心、团结向上的良好局面,大大提高师生的工作和学习热情,激发师生的潜能。(A校A3院长)

　　师生期待院长是师生权益维护者还体现在院长在执行学校管理,谋划学院规范治理时,能够始终以维护师生的利益、实现师生的发展为原则,能够充分尊重和维护师生的权益,把教师权益和学生权益同等对待、一视同仁。院长是师生联系学院、连接学校的主要桥梁,师生非常希望院长能够成为他们心中的贴心人、暖心人。为此,院长要树立以师生为主体的服务意识并贯穿到师生工作、学习和生活当中,在师生参与学院发展过程中不断拓宽服务层面,全力做好各方面的引导和服务工作。高等教育治理中的各主体往往期望在服务于高等教育发展的同时,也能实现自身的利益。[①] 因此,院长在率领师生参与学院发展过程中,必须注重维护师生的正当而合理的权益。公平公正的统筹学院发展和师生正当而合理的权益维护工作,特别要把师生权益维护放在心上,避免问题出现和矛盾激化。要善于从师生的角度考虑工作,切实维护师生应有的权益。

　　二级学院治理的主体是师生,他们在参与学院发展过程中经常担心学院的资源被少数人占有,会出现治理不公平的体系,他们希望院长能够秉公办事,合理分配资源,使每一个人都有均衡的发展机会。师生期待院长教育领导力的培养和提升,是希望在学院形成教师乐教,学生乐学的良好氛围,最终达到师生共同进步,共同发展。(C1 学校领导)

四、自身发展的要求

　　一般来说,不论是重点大学还是地方本科院校的二级学院院长基本上都是具有高学历、高职称,领导能力较强,工作经验比较丰富的专家学者。他们的自我意识、自我管理、自主学习的意识也比较强,善于把自己的领导水平和领导能力与学院管理和发展要求,以及学校和师生的期待进行比较和判断,从中找出自己在教育领导力等方面的偏失,并自觉地进行相应的自省、改进和提高。当然,并非每一名院长都能自觉地对自己的领导能力和领导水平进行思考和比较。如果院长对自身领导能力和领导水平发展的意识不强,重视不足,有自以为是的思想,是不可能提升自身的领导水平和领导能力的。院长唯有意识到培养和提高教育领导力水平是加强自身发展的要求,方可意识到自己在领导学院工作中存在的不足,才会有"吾日三省吾身"

---

① 罗建河.论高等教育的元治理[J].高等教育研究,2017(12):18.

的自我剖析、自我反省精神。为什么要从自身发展方面去理解院长教育领导力的培养和提升呢？有三个方面的认识需要院长深入领会和思考。

（一）权力和责任担当驱使

作为院长在领导工作中有一个非常重要事项，就是要正确处理手中的权力问题，这也是笔者在构建院长教育领导力维度中提到的权力观问题。大学治理重心下移，院长手中的权力不断拓展和扩大。此时，院长一定要清楚，院长职位不仅代表权力更代表着责任和担当。院长教育领导力的培养和提升是用好权力和肩负好责任与担当所必需的。从二级学院组织体系来说，一般认为院长手中的权力有行政权力、学术权力。而行政权力是保障，学术权力是核心。行政权力就是要求院长通过此权力管理好学院事务、落实好学校的政策和办学目的、协调好学院内外各方面的利益、充分调配和利用好学院的办学资源等；而学术权力就是要求院长要统筹做好学院学术管理、统筹指导好学院的学科专业建设、抓好学院的教师队伍建设等。而从学院承担学科建设、专业建设和社会服务三大责任方面来说，院长拥有的具体权力又包括自主理财权、自主用人权和自主配置资源的人力物力权。[①] 那么，不论是行政权力还是学术权力，以及具体的自主理财权等权力，院长一定要清楚手中拥有的权力是要用于学院发展和民生改善，要用来更好地点燃学院发展的引擎，凝聚学院发展的力量，解决学院发展和师生发展以及服务好社会的问题。

在学院治理的过程中，的确院长所拥有的权力比以前扩展很多了，以前从学校的财权方面来说，基本上是学校领导甚至是校长"一支笔"，现在只要在预算范围内的开支基本上都是由学院来决定，院长来签字把关，特别是现在学院发展的过程中还有院长专项基金，如此之类的权力下放的确有利于提高资金使用效率，激发二级学院发展的积极性和自主性。但是，院长也要清楚，现在师生的维权意识也比以前增强很多了，这也是进步的一面，特别体现出二级学院要"依法""依规"办学，并非二级学院就是一个"独立王国""真空地带"。因此，院长在行使权力时一定要本着学院更好发展、师生更好发展、学校更好发展、服务社会的贡献率越大去考虑，要增强科学用权、民主用权，用权是为了发展、为了师生的意识，要有正确用好权的观念，也要有用好权的领导能力和水平。（B校B9院长）

---

① 宣勇.论大学的校院关系与二级学院治理[J].现代教育管理,2016(7):8.

笔者在第二章时提出:在大学治理重心下移,二级学院院长的使命是点燃学院内涵发展的引擎,提高学院发展的核心竞争力。从高校二级学院院长的职责来看,基本上每一所学校均赋予院长领导和主持全院的工作,完成学校下达的各项任务,对完成全院教学、科研、行政各项任务负全面责任,根据学校发展规划组织拟定学院的中长期发展规划和年度工作计划,就全院的教学和科研工作、专业和学科建设、师资队伍、实验室建设、经费使用、财产管理等具体负责的职责。这要求院长既要有坚定的政治方向,也要有较强的业务能力和领导能力,同时还是一专多能的"全能型"人才。院长职责范围之广,任务之繁重和艰巨,同样要求院长要敢于担当,勇于负责,必须有较强的教育领导力去领导和统筹学院的发展,肩负起为学院发展指明方向,展示未来宏图的重任。

(二)化解包袱和激发动力所需

笔者在研究的过程中,收集了 8 所地方本科院校二级学院院长职责文本进行了数据统计分析,院长的工作职责范围内容是十分广泛的,既包含学术管理事务也包含行政管理事务,任务是艰巨而烦琐的。再加上平时各种考核、各种项目申报以及处理各种矛盾纠纷等,为此,大多数院长感觉压力很大,包袱很重。在如此情况下,院长更加要思考如何化解包袱和激发自身工作动力。从领导者方面说,领导力是胜任力的核心,执行力的保障。无论从胜任力和执行力角度来看,培养和提升领导力是化解包袱和激发动力的根本。因为领导力就是为了提高领导效能,扩大影响力,凝聚领导工作的力量。既然有学校以及学院一层组织和学院师生的信任,院长应该要有领导好学院发展的志气,通过培养提升教育领导力把学院治理好、发展好。

现在院长每天要处理的工作太多了,压力也大,也许这有客观原因,如学校管理重心下移的现实。但关键还是在院长的领导能力和工作方法上。同是院长,为什么有的做得很好,学院治理井然有序,成绩辉煌;而有的院长工作总无法推进。究其原因在于有的观念跟不上形势,做什么都慢半拍;有的缺乏工作谋划性和预见性;有的工作不分轻重缓急;有的管理环节和程序不规范;有的不善于激励师生的工作动力;有的自身没有做出应有的表率,等等。甚至有的院长产生"不求有功,但求无过"的消极态度,以及不敢有为、不敢作为的思想抵触。既然是院长,要有"舍我其谁"的思想,学会调适和反省自己,职位不应该是包袱而是动力。(D1 职能部门负责人)

(三)实现办学理想和落实办学举措之要

有为才有位,有位必作为,这是作为领导干部必须认识到位的。平时经常说:新官上任三把火。说明一个人组织委任一定领导职务后,必须有所作为。正如前面提到的作为院长不仅仅在学历、职称上是比较高的,按理在领导能力、学术造诣乃至教育情怀等方面都应该是教师中的佼佼者。如果说三尺讲台是教师大有作为的平台,那么二级学院应该是院长展现领导智慧、领导能力,践行办学思想、落实办学举措的大舞台。其一,在贯彻执行好党的教育方针的基础上,完全可以把自己的办学理念和思想融入学校的办学理念和办学目标实现当中。其二,可以在坚持问题导向的基础上,大胆去进行教育教学改革,通过改革把学院治理好,把立德树人的工作做好。武汉大学原校长刘道玉先生曾经提出我国高等教育的本源问题有三个:一是教育理念问题,二是体制问题,三是人才培养模式问题。[①] 别敦荣、王根顺等专家学者指出我国高校教学管理存在以校部集权管理为主,院(系)教学管理活力不足;以控制为中心,教学自由与自主不足;以管理者为中心,制度的平等性和服务性不足三大问题。[②] 不论是宏观上的教育理念问题、体制问题、人才培养模式问题,还是微观上的教学管理中的三大问题,院长都可以结合学院以及学校实际大胆探索,不断提炼形成自己的办学思想,并践行和优化它,为破解问题贡献一份力量。

作为院长肯定有自己的办学思想,或者是说学院发展的想法。把自己的思想或者想法变成现实的确考验着院长。学院是院长展现办学思想和理念的舞台,大学治理重心下移后,从教务部门来说,不仅仅教学事务基本下放二级学院,人才培养方案的制订、实验实训中心的建设、课程考核评价等均由二级学院自主构建,院长可以结合学院专业建设的特点以及发展趋势大胆改革创新,把自己的教师观、教学观、学生观、课程观、质量观、管理观融入学院教学管理监控和质量提升当中。同时,院长在领导学院工作中如果有自己鲜明的办学思想,更容易扩大自己在教师中的影响力,更容易凝聚学院师生的向心力和战斗力,更容易使全院上下统一认识、明确方向、指导教育教学实践。(D2 职能负责人)

---

① 刘道玉.中国教育需要一场真正的变革[N].中国青年报,2008-10-19(002).

② 别敦荣,王根顺.高等学校教学论[M].北京:高等教育出版社,2018:472-473.

"人最高贵之处乃在于其思想。"①教育领导力的培养和提升可以让院长更好地实现办学理想。面对当今世界百年未有之大变局,身处实现中华民族伟大复兴关键时期,高等教育要切实从注重"知识传授"向强调"知识＋能力＋人文素养"的"全人教育"转型。② 需要院长大胆探索人才培养模式改革和大胆实践人才培养路径,在实现院长办学理想和落实办学举措中显现院长教育领导力的效用。

第二节　自身努力:院长教育领导力
培养和提升的基本前提

事物的发展都是内因与外因共同作用的结果,内因是决定因素,外因是促进的动力。一个人自身的成长也如此,个人自身努力是内因,是在成长过程中起决定作用的。因此,一个人不论是走向领导岗位,还是作为普通群众,都要注意自身的发展,特别是注意让自身的成长和发展与社会发展、人们的期望相符。不能让自身成长和发展违背他人、违背集体,甚至背离社会、背离人民。而是要通过自身成长和发展推动事业发展,服务于祖国和人民的需要。笔者提出自身努力是院长教育领导力培养与提升的内生动力,就是希望通过对自身的认知,发现自身在教育领导力维度构成方面的缺陷和不足,并且通过自身努力达到教育领导力的提升,从而更好地服务于高等教育事业的发展,更好地服务于人民对办好满意的高等教育的期盼。为此,必须从以下三个方面去把握:

一、自身努力的内涵

习近平总书记指出:"成长为一个好干部,一靠自身努力,二靠组织培

---

① 帕斯卡尔.思想录[M].何北武,译.西安:陕西师范大学出版社,2009:73.

② 董立平.大疫之下对高等教育改革与发展的新思考[J].大学教育科学,2020(3):117.

养。"①总书记谈到的"自身努力"我们应该如何去理解呢？"自身努力"的真正内涵是什么呢？这是每一名干部都要正确理解，并且用实际行动来回答的问题。《论语》里面说：吾日三省吾身。说明自古以来，有所成就的人都非常重视自身建设。因此，正确理解和践行总书记提出的"自身努力"，不仅仅是对领导干部的要求，也是对普通干部的要求。院长教育领导力维度的构成，不论先进领导观念、核心领导素养还是关键领导能力首先都要依靠自身努力才能获得和拥有，而教育领导力作用的发挥首先也是要依靠自身努力才能实现。作为院长来说，自身努力要从以下四个方面着手：

（一）自身努力要有高的站位

每一个人都有自己的人生追求或者人生目标，如果没有自己的付出，没有自己的努力，人生的追求和人生的目标只能是一句空话。而人生的追求或者人生目标，人们说得比较多的，也是比较朴实的是希望通过自己的努力，各方面能够越来越好，使自己成为更好的自己。因此，自身努力要有高的站位就是要努力成为更好的自己。当然，也要明白，更好的自己是什么样的呢？更好的自己，首先是思想上更加上进，也就是觉悟必须越来越高，胸怀应该越来越宽广，社会责任感应该越来越强，能够时时、处处从集体、国家、人民的利益着想，自己的政治站位越来越高。能够牢牢把握社会主义办学方向，认真贯彻落实党的教育方针和政策，始终把握住学院发展的总趋势，通过教育领导力坚持好为党育人，为国育才，培育好德智体美劳全面发展的社会主义建设者和接班人。其次，更好的自己应该是为社会做贡献、为人民谋利益的能力越来越强。再次是自己能够发挥的作用越来越大，特别是能够自觉带领同事、带领同行、带领团队把各方面的工作做得越来越好，最终使自己能够得到人们、得到单位甚至社会的赞许或公认。在前面论述的教育领导力中的教育理念、人格魅力都必须有高的站位方能真正体现其应有的价值。

作为院长自己内心一定要有自己的办学理念、办学思想，教育理念、教学观念。学生中心理念、人才观念乃至权力观这些都是院长办学过程中不能缺少的理念，有什么样的理念就有什么样的行为，同时也会有什么样的影响力。有了科学的教育理念，才会有明确的教育目标，才能有更好的教育行

---

① 习近平.建设宏大高素质干部队伍 确保党始终成为坚强领导核心[N].人民日报,2013-06-30.

动。因此,院长必须有高的政治站位才能真正把符合我国高等教育发展的理念理解透彻,贯彻落实到位,才能真正把高校教育人、培养人、发展人的工作做好。因此,院长在领导学院实践过程中,要善于学习,善于总结,善于反思,在办学的实践中不断形成科学的办学思想,不断提高自己的政治站位,把为党育人,为国育才教育初心落到实处。(C6 学校领导)

(二)自身努力要有宽广的胸襟

自身努力不是自以为是,不是自暴自弃,而是能够有容纳各种不同意见建议的胸怀,能够时时、处处从别人、从团队、从集体以及从大局着眼。在现实的工作过程中,经常遇到这样的情况,有的人或许通过自身努力的确做出了不凡的业绩,练就了较强的本领,可就是得不到群众的认可和支持,甚至是引起群众极力反对。究其原因,其实多数是因为在自身努力的过程中,只顾自己,不顾别人,更不顾集体,利己思想严重。因此,自身努力其实就是要求自己任劳任怨、埋头苦干;就是要有低调做人,高调做事的风格;就是要有为了他人、为了集体,为了党和国家事业发展艰辛付出的宽广胸襟。这也体现了院长教育领导力中人格魅力的要求。

在二级学院,院长主要是与师生打交道,师生是学院发展的生力军。学院发展好不好,关键是看院长率领师生作用发挥如何。院长在领导学院发展过程中,经常会碰到有的师生持不同意见的情况,也会碰到学校一层对自己领导工作的不解或者因工作上的问题受到批评。如果院长平时不注重历练宽广的胸怀,是难以面对这些问题的。(D1 职能负责人)

(三)自身努力要成为内心需要

一般来说,自身的努力首先不是被外在强迫的,也不能是被动去努力的。自身的努力必须成为自己内心的需要,才能真正激发强劲的动力。因为,一个人的思想也好,学识也好,能力也好都不是自然而然提高的,也不是随着职位的高升提高的,它是必须通过自身的努力,甚至终生努力,不断历练提高的。自身努力只有成为内心的需要,才能在学习生活工作的过程中有毅力、有勇气去克服各种困难,才能经受得住各种挫折和考验。院长教育领导力的培养和提升内化为院长内心实际的需要后,院长方能对照领导力的内涵和要求,不断反省自己,找出差距和不足并加以改进和提升。

院长教育领导力的培养和提升关键首先还是内在要有需求,并且善于发现自己的不足,善于听取师生的意见和建议。内心有要求了,敢于向师生学习了,不论是哪方面的素质和能力都能够提高。有的院长就是经常自我感觉良好,内心缺乏善于学习的动力,甚至有的院长师生对其提出一些意见建议就暴跳如雷,埋怨在心。为什么有的院长开拓进取心比较强,有的院长为什么工作依赖性、盲从性强？究其原因,主要是院长主观方面的问题。(D1 职能负责人)

(四)自身努力的终极目标是实现自我价值

马斯洛的需要层次论告诉我们:人的最高需要是实现自我价值。因此,作为一名老师也好,院长也好,在确立自身努力的目标过程中,一定要明白:自身努力不是去争名夺利,也不是设计自己在领导职务上要得到的职位目标,更不是为了通过自己的努力去当上什么样的官职,而是要明白,通过自身努力去加强政治上的历练,使自己的政治觉悟越来越高,通过自身努力去大胆开创和实践,通过实践去磨炼自己的意志,培养和提高自己的工作能力,通过自身努力为党和人民多做力所能及的事情。最终使自己的思想越来越成熟,专业成长越来越好,发挥教育领导力的作用更好,服务于党和国家发展的能力和水平越来越强,使自己成长为对党、对国家有用的人,无愧于组织和师生的信任,率领师生把学院治理好,把人才培养好。

总之,领导力始终体现在每一个岗位,每一个人当中,是每一个人都要提升的。只有正确把握了自身努力的真正内涵,培养提升领导力的动机才能是端正的,动力才能够更强,领导力偏失的情况就能够避免,通过自身努力培养和提升教育领导力水平,在领导行为中才能朝着开拓型、主动型、审慎型、进取型、民主型的院长去努力。

二、 自身努力中的角色认知

角色认知在我们的学习、生活、工作中是一个非常基本的东西。也是一个人成长、发展过程中必须明白和掌握的。我国有一句经典名言:人贵有自知之明。这主要是告诉我们,一个人要知道自己的实力,知道自己的长短、优劣,知道自己能干什么,不能干什么。其实,这就是基本的角色认知。作为一名领导干部来说,角色认知是领导者做好领导工作过程中必须具备的基本素质和能力。从院长的视角来说,院长唯有在领导工作过程中,有了明确的角色认知才能更好地正确认识自己、把握自己、摆正自己、提高自己,才能更好地领导好学院治理工作,更好地影响和带动广大师生。

（一）角色认知含义及其作用

根据时蓉华主编的《社会心理学词典》中的解释：角色认知是根据社会对角色的要求而做出的一种对角色的认知活动。它包括三方面的内容：（1）对角色规范的认知；（2）对他人所扮演角色的认知；（3）对自己所扮演角色的认知。[①] 陈卫平在其论文《角色认知的概念与功能初探》中提出，个体扮演每一个社会角色都分三个阶段：即角色占有阶段、角色认知阶段和角色实践阶段。角色认知是指个体在角色占有后到角色实践之前，个体按照其独特的社会文化类型对与自己所处地位有关的社会角色规范和角色评价信息进行不断加工和处理，在心理上确定相应的社会反应模式的过程。[②] 根据上述对角色认知两种概念的界定，笔者认为院长自身努力中的角色认知的基本含义是：院长根据自身职位的要求以及领导实践，以及相应的领导规范和他人的评价对自己的思想认识、工作作风、能力水平、工作情怀、工作业绩等方面的全面认识。

角色认知对院长的成长是十分必需的，因为它对树立院长自身的形象、更好地履行职责、更好地完善和提升自己、更好地改进领导方式和方法、提高领导效能、完善教育领导力都具有重要作用。

（二）二级学院院长的角色认知与自我定位

作为院长，唯有正确的角色认知，才能更好地摆正自己的位置，发挥好应有的作用。而在这过程中，必须明白两个基本问题：一是我是谁的问题，二是为了谁的问题。要解决好这两个问题，院长如何通过角色认知对自身有一个正确的自我定位非常关键。围绕"我是谁"和"为了谁"的问题，在大学治理重心下移的背景下，笔者结合学院承担的相应职能，认为院长对自身的角色认知和自我定位应该明白以下几个方面：

1.办学方向的把关者。一般来说，一个二级学院都有党政一把手。在平时的工作中，有的二级学院院长认为学院党组织的书记主要是负责党建与思想政治工作，学院的办学方向把关理所当然是书记的事情。其实，这样的认识是极其错误的，也是相当危险的。把好办学方向是一项极其重要的工作，在二级学院来说，不论是院长还是书记都有义不容辞的责任，并且这个是首要责任。

---

① 时蓉华.社会心理学词典[M].成都：四川人民出版社,1988：325.
② 陈卫平.角色认知的概念与功能初探[J].社会科学研究,1994(1)：108.

院长在领导学院发展过程中首先要把握好学院发展方向,一是学院发展的政治方向,牢牢把握为党育人和为国育才的政治方向;二是要把握学科专业发展方向,要了解学科专业的发展前沿,不断优化课程设置;三是要把握人才培养的质量观,不断改进人才培养模式。这些都需要院长教育领导力来统筹。(B校B5院长)

2.推进改革的研究者。改革是发展的动力,学校一层改革也好,二级学院一层改革也好,都是高校面临的重要问题。如何深化二级学院治理现代化改革,也是院长面临的一大难题,作为院长必须有深化改革的担当,做学院推进改革的研究者、设计师。

院长教育领导力的培养和提升,是为了通过院长高效领导更好地推动学院的改革和发展,特别是通过改革把二级学院的办学活力激发出来。二级学院的改革事关方方面面,既有宏观的改革,也有微观的改革;既有行政领导方面的改革,也有学术领导方面的改革;既有领导层推进的改革,也有师生层面推进的改革;作为院长在学院改革过程中一是设计者,二是推动者,三是引领者。学院的改革依靠院长教育领导力综合体一体推进,改革需要院长的领导观念、领导素养、领导能力。(C4学校领导)

3.事业发展的主导者。二级学院的管理主要是行政事务管理和学术事务管理。因此,作为院长来说也有两大对应的职权:即行政权力和学术权力。正是因为拥有这两大权力,院长才能成为二级学院的管理者。领导本身内在的就是包含权力,如果没有一定的权力也无所谓为领导者,同时也无法领导。但是,作为领导者一定要清楚,权力是用来做什么的? 如果权力不知道用来做什么,就会走上歧途,甚至违纪违法。就会出现人们平时说的:有权不为民作主,不如回去卖红薯。有学者研究认为:我国大学二级学院院长角色"经历由简单到多元化的变化,完成由'教学管理者'到'综合管理者'的演变"①。结合二级学院两方面的事务管理,院长必须明白自身是学院行政和学术事务以及学院事业发展的主导者。从院长的职责方面来说,院长既要对学院工作负全面责任,也要对完成学校工作任务和目标负全面责任。

4.优秀人才的培养者。学院的发展靠各种各类人才的支撑,一个二级学院只有人才层出不穷,学科专业建设才能有队伍支撑。作为院长要善于发现人才,善于培养人才,并通过搭建各种人才成长的平台或者舞台,让各

---

① 郑文力,叶先宝.我国大学院长角色演变与冲突调适[J].江苏高教,2017(6):26.

类人才有用武之地，让各类人才找到自己的归宿，充分发挥好作用。

5.学科专业的引领者。学科专业发展是二级学院发展的支撑和关键。作为负责学术事务管理的院长，不仅要注重学院学科专业的内涵发展，更应该要引领学院学科专业发展，通过自身的学术历练，成为学院学科专业发展的引领者。同时，通过学术造诣来体现自身的教育领导力水平。

6.师生员工的服务者。从领导者的职责来说，领导者本来就是要为人民服务的，是人民和社会的公仆。因此，作为领导者要心系人民，心中有民。习近平总书记2019年出访意大利回答意大利众议长提问时说："我将无我，不负人民。"①可以说，为领导干部如何对待人民群众指明了方向。作为高校中的二级学院，从组织架构来说，部门不多，人员也不多。但是，院长全心全意为师生服务的情怀一点都不能少。一个二级学院的人员组成就是老师和学生。师生在学院的期盼就是希望得到发展，作为院长要好好考虑如何让师生发展得好，为师生发展解难题、办难事，从思想和行动上做师生发展的勤务员，这更加能体现院长的教育领导力。

7.政策法规的宣传者。随着我国国家治理体系现代化的不断推进，依法依规办学越来越深入人心，如何让广大师生掌握和遵守国家的政策法规，院长具有不可推卸的责任。

8.加强党建的组织者。习近平总书记在2018年召开的全国教育大会上明确指出："教育是国之大计，党之大计。"②在高校加强党的建设越来越显得重要，但是，高校党的建设并非就是党务工作者的事，从二级学院来说，也不仅是学院书记的事，党的建设工作是一项系统工程，党建工作抓得好，无形中会起到很好的引领的作用。二级学院院长不一定是党员领导，但至少是党的干部，支持和参与党建工作也是义不容辞的。

9.学校领导的支持者。学校的发展离不开二级学院的发展，作为二级学院院长在学院来说是领导者，在学校一层来说是被领导者。这就要求院长不仅仅要做优秀的领导者，也要做合格的被领导者。因为学校的顶层设计再好，如果没有二级学院去落实，那也只能是镜中花，水中月。因此，作为二级学院院长应该成为学校党政班子的得力助手，成为推动学校顶层设计

---

① 习近平主席访问欧洲微镜头："欢迎你到中国去"[N].人民日报，2019-03-24.

② 习近平在全国教育大会上强调坚持中国特色社会主义教育发展道路培养德智体美劳全面发展的社会主义建设者和接班人[N].人民日报，2018-09-11.

落地的执行者、开创者。

三、自身努力的方向

吃苦耐劳、努力工作是中华民族的传统美德。对于领导干部来说,自身努力主要是通过努力去培养和提高自身领导力水平,以便更好地履行好职责,更好地为人民服务、为集体做贡献。因此,作为一名领导干部必须明白自身努力要做什么,即自身努力的方向。从院长教育领导力培养提升方面来说,自身努力主要在于以下几个方面:

(一)努力锻造过硬的思想

思想是行动的先导,它永远指引着行动的方向。因为一个人的思想事关他的行为方式和情感方式、方法。如果一个人的思想上有偏差,行动上肯定会有更大的偏差。从我们党所走过的历程看,正是因为我们党自从成立那天起,就有了正确的指导思想,并且不断继承与发展,党的事业才不断从胜利走向胜利。作为肩负人才培养重任的二级学院院长来说,要把"如何培养人、培养什么人、为谁培养人"这三个基本问题回答好,必须有旗帜鲜明的过硬的办学思想。这就是要始终坚持社会主义办学方向,始终坚持以习近平新时代中国特色社会主义思想为指导,始终坚守为党育人,为国育才的初心和使命,必须始终坚持以学生为中心,等等。这些思想如果在院长的头脑里面没有筑牢,没有生根,就不可能培养出德智体美劳全面发展的社会主义建设者和接班人。一个人的思想不是一天两天形成的,是必须经过时间、经过实践锻造的。一名领导干部的思想过硬,首先体现在政治素质过硬。

(二)努力锻造过硬的作风

一般来说,工作作风主要是指一个人在工作过程中所体现出来的行为特点,也是一个人工作过程中所表现出来的一贯风格。从某种程度上来说,工作作风也是一个人人生观、价值观、世界观的体现。领导干部的工作作风直接影响到其领导行为、领导方式和方法,乃至领导效能。我们党也是极其重视作风建设的,党的十八大以来,开展的党的群众路线教育实践活动、"三严三实"专题教育、"两学一做"学习教育,到2019年全党开展的"不忘初心、牢记使命"主题教育,既是党性教育,也是作风教育。究其原因,党中央希望通过这些教育,使党员领导干部的作风建设能够上一个更高的台阶,把我党的优良作风继承好发挥好。从平时工作过程中来看,作为知识分子出身的二级学院院长,在作风锻造方面应该注意培养自己求真务实、真抓实干的工作作风。特别是在领导工作中要善于倾听于民,问计于民,从小事做起,一步一个脚印,一项一项工作做好。要脚踏实地,埋头苦干,放下身段,静下心来,把每一项工作抓好、抓实、做精,做出成效,做出特色。在领导学院的改革发展过程中要有敢于担当、大胆开创,以敢闯敢试、敢为人先的闯劲,迎难而上、勇于奋斗的拼劲,说干就干、干就干好的韧劲,切实扛起一院之长的责任。院长的领导作风过硬了,无形中可以起到很好的带动效应。

(三)努力锻造过硬的本领

习近平总书记在党的十九大报告中明确提出,要增强学习本领、政治领导本领、改革创新本领、科学发展本领、依法执政本领、群众工作本领、狠抓落实本领、驾驭风险本领等八大本领。[①] 本领不是自然而然得来的,本领是在学习、实践中练就的。习近平总书记提出要增强的八大本领,不论是对普通群众还是领导干部都有着深刻的指导意义。当前,我国高等教育的发展已经进入从高等教育大国走向高等教育强国的关键期,需要千千万万本领高强的大学校长和二级学院院长,这更加需要二级学院院长提升教育领导力水平,才能更好推进二级学院治理,才能真正让现代大学制度生根发芽,高等教育的职能才能更加有效发挥。

(四)努力锻造为民的情怀

自身努力的出发点和落脚点都要体现在如何服务于民、如何服务于集体上。二级学院院长在领导工作中要面对的是知识分子和求知的学生。教师和学生群体都有其特殊性。一方面,教师基本上是高级知识分子,不论是学历层次还是能力层次甚至是思想层次与政府机关或者企业员工均有所不同,教师思想上的主见、行动上的个性相对来说比较明显,比较固执。另一方面,学生这个群体比较单纯,他们正处于提升明辨是非和真伪能力的关键时期,他们更加渴望得到各方面的关心和关注。在这样的情况下,如果二级学院院长忽视了这两个群体的特性,对师生不关心,甚至冷漠,那是很难调动教师教和学生学的积极性的。对高校领导干部来说,为民情怀不比政府机关或者其他领域的领导要求低,甚至还更高。因为,我们认为领导干部的

① 习近平.决胜全面建成小康社会 夺取新时代中国特色社会主义伟大胜利:在中国共产党第十九次全国代表大会上的报告(2017 年 10 月 18 日)[M].北京:人民出版社,2017.

为民情怀是领导干部干事创业的力量之源,二级学院院长也如此。

(五)努力干出满意的业绩

空谈误国,实干兴邦。自身努力一个直接的体现就是在工作中的成绩如何。按照常规来说,如果在领导工作中努力了却没有一点成效,那是值得反思的。领导力强不强,干出业绩才是王道,自身努力最终要通过业绩来检验。这就要求领导干部要有钉钉子精神,求真务实,善于调动各方面力量,激发干事创业的活力,增强干事创业的动力,挖掘干事创业的潜力,真抓实干,干一件成一件,用实打实的业绩回报人民的信任和期待。

第三节 组织培养:院长教育领导力培养和提升的关键因素

组织培养是干部成长的重要条件,也是关键一环。组织培养就相当于平时说的"千里马常有,而伯乐不常有"中的"伯乐"这个因素。如何避免"伯乐"不常有的情况发生呢?关键就是要看组织培养的工作是否到位,是否抓实。在研究的过程中,笔者查阅了相关文献,从组织工作视角对"组织培养"作一个概念解释的还是比较少,几乎没有。词典上对组织培养概念的理解基本上都是从生物科学的视角去定义的。因此,在这里笔者从组织工作视角首先把"组织培养"作一个概念界定。根据自身多年从事组织工作的经验总结和理解,笔者认为:组织培养是指组织机构或与组织工作有关的个体在干部成长中对干部的发现培养、选拔任用、教育培训、考核评价以及监督服务等工作的总称。对组织工作中"组织培养"这一概念的理解笔者主要是从组织工作视角以及干部成长过程中,除自身努力以外的外在力量去理解的。对领导力培养与提升来说,组织培养是一个根本的保障。组织培养工作是我党的一项政治工作,必须始终坚持党管干部的原则。

一、培养发现是基础

《关于适应新时代要求大力发现培养选拔优秀年轻干部的意见》明确指出:发现培养选拔优秀年轻干部是加强领导班子和干部队伍建设的一项基

础性工程,是关系党的事业后继有人和国家长治久安的重大战略任务。领导干部的成长除了自身努力外,绝对不可能离开组织培养,而组织培养中首先第一个工作便是如何发现培养能够或者符合提拔使用的干部。这就需要组织机构或与组织工作有关的个体提前做好发现培养工作。做任何工作一开始必须有计划、有谋划、有准备。干部工作更是如此。例如,在选拔任用二级学院院长的过程中,假如没有提前的培养和发现工作,是很难选出好的院长的。那么在发现培养过程中应该如何去开展工作呢?

(一)把握干部的基本情况,对干部情况底数要清

要做好发现培养工作,首先要做好一个基础性工作,那就是要精准把握干部的基本情况。如对一个二级学院来说,除了知道张三、李四外,学院教师的年龄结构、性别结构、政治面貌、学历结构、学源结构、职称结构、学科专业结构、地源结构、家庭情况等也要精准把握。

(二)深入了解干部的领导能力和学术研究能力,把握干部的教育领导力水平

这方面可以对照研究设计的教育领导力结构模型进行全面的了解,了解的方式可以通过查看干部的年度考核材料、到干部所在组织进行深入访谈以及找相应干部进行面对面沟通交流,从而获得了解。通过这方面的工作可以初步了解谁能列为组织关注的对象,然后通过访谈过程,把情况反馈给相应的干部。好的要给予肯定,不足的借这个机会通过恰当的方式提出了,以促进干部的成长,以更好地培养和提升培养对象的教育领导力水平。

(三)深入了解干部的群众基础,建立年轻干部成长后备库

在前面两项工作的基础上,也要了解干部的群众基础,群众公认度如何。尽管现在干部工作中中组部明确提出干部"四不唯",即"不唯年龄、不唯分数、不唯 GDP、不唯票数"。但是,在发现培养工作中还是要全面了解干部的群众基础如何。因为如果干部的群众基础不好,公认度不高,这样的干部提拔上来是不利于开展好工作的。群众的公认度从某种程度上至少也能反映出干部教育领导力维度中的教育理念、学术造诣以及人格魅力如何。在做好这些工作的基础上要注意建立干部成长后备库。这样可以更加有针对性地进行培养锻炼。当然年轻干部培养要进行动态管理,要让优者更加受到组织的关心和帮助。

(四)压担子强历练,不断培养和提升年轻干部的教育领导力水平

要结合工作实践,布置一些工作让进入组织视野的干部去承担,去负责,例如挂职锻炼等。这样的做法不仅仅可以锻炼干部的工作能力,还可以锻炼干部的教育领导水平,不断培养和提升年轻干部的教育领导力。当然,在这过程中,也要注意工作反馈,及时给予指导与肯定。通过这样的方式,建立年轻干部培养的梯队。

二、选拔任用是关键

选拔任用干部是我党的一项重要工作,这项工作要求比较高,政治性、程序性和严谨性都比较强,中共中央印发的《党政领导干部选拔任用工作条例》是开展选拔任用工作的根本遵循。但是,就高校来说,在选拔任用干部工作中还要按照中共中央办公厅印发的《事业单位领导人员管理暂行规定》以及中组部等部委联合印发的《高等学校领导人员管理暂行办法》去开展。选拔任用也是组织培养的关键一环,如果不经过选拔任用这一个环节,是不可能成为我党的领导干部的。二级学院的教师要成为院长正是通过选拔任用这一关键环节才走上院长领导岗位的。那么作为高校应该如何去选拔任用好二级学院院长呢?

(一)选拔任用二级学院院长的原则

二级学院院长选拔任用工作是一项非常重要的工作。选拔任用二级学院院长的原则既是基本的要求,也是基本的方法。当然,由于高等教育领域工作的特殊性,在开展选拔任用的过程中,也有其特殊的要求,正如在第二章谈到的,从大学发展实际出发,选择学院院长需要考虑学科性、阶段性、复杂性或特殊性、学术声望、个人品行等五个方面的因素。而从总体上来说还必须遵循以下原则:

一是必须遵循党政领导干部选拔任用的基本原则。《党政领导干部选拔任用工作条例》中明确提出了党政领导干部选拔任用必须坚持的六项原则,即党管干部;德才兼备、以德为先,五湖四海、任人唯贤;事业为上、人岗相适、人事相宜;公道正派、注重实绩、群众公认;民主集中制;依法依规办事。这六项原则在二级学院选拔任用过程中也是要遵循的。

二是坚持社会主义办学的方向性原则。高校是人才培养的摇篮,人才培养的关键首先是方向一定不能走偏,也就是要好好把握好"为谁培养人"的问题,如果人才培养方向出了问题,办学方向出了问题,培养出再好的人才也没有用。作为二级学院的院长坚持社会主义办学方向必须坚定不移。

在选拔任用院长的过程中必须牢牢把握这一原则,并且决不能含糊。

三是坚持高等教育发展的规律性原则。正如前面所论述的,教育理念如何决定着教育行动如何？而教育理念首先包含着对教育规律的认识、把握与遵循。二级学院看似只有行政管理、学术管理以及社会服务三大类别的主要工作,而由于教育的特殊性,其要求的行政管理与其他领域的行政管理也截然不同,而独具的学术管理更有其特殊的内在必然性,学术管理突显的学术性、专业性都有着高等教育发展的规律性要求,这也要求二级学院院长必须要有教育发展中学术和专业上的远见卓识,去认识高等教育发展过程中的必然联系。

四是坚持大学办学的主体性适应性原则。高校办学管理重心下移二级学院,表明二级学院办学过程中自主性要求增加了,二级学院院长在统筹学院发展过程中牵涉的面更加广了,在这样的过程中,如果二级学院院长对二级学院的情况不了解、不熟悉,甚至不专业,是很难去适应二级学院发展中的挑战的。坚持大学办学主体性和适应性原则,就是要求二级学院院长产生的过程中,一定不要脱离相应学院的主体,院长的学科专业背景原则上必须与学院学科专业背景一致,并考虑工作的延续性、适切性问题。

（二）二级学院院长选任工作中存在的问题

党的十八大以来,以习近平同志为核心的党中央极其重视党的干部队伍建设,如何选好人,如何用好人的导向越来越明确,干部工作的科学化、规范化水平不断提高,干部的专业能力和专业精神也不断提升,对干部领导力水平的培养和提升也越来越重视。但是,就高校选拔二级学院院长来说还存在以下问题：

一是精准把握较难。由于高校领导干部所面临的工作面还是相对比较狭窄,干部应对各种艰难险阻的状况相对比较少,基本上应对的事务还是从学院到学院,顶多也是从学校到学院,对高校二级学院如何适应经济社会发展的要求了解相对较少,把握有时也不够精准。此外,干部专业能力和专业精神,特别是教育领导力水平应该如何去衡量,选拔重用的时候应该如何去深入了解还是难以把握,这也是笔者研究过程中要构建院长教育领导力强弱考核评价体系的主要原因。

二是教师参与度不高。当前高校当中,相当一部分教师认为只要把自己的工作做好,其他事情与自己没有关系。因此,每当到二级学院选拔任用干部,教师参与的积极性不高,配合程度也比较随意。有的一填民主推荐表,一谈到谈话考核,心里感到不舒服,应付了事的现象不少。这对深入全面了解院长考察人选的情况极为不利。

三是民主推荐不够广泛。当前,高校中层干部选拔的民主推荐一般集中在干部所在部门或院(系),选拔的面不够广。选拔二级学院院长要做到扩大选拔的范围,如面向全国甚至海内外。

四是考察内容难以精准、全面。由于高校或者二级学院工作面狭窄的局限性以及教师参与度不高,对干部的考核考察内容难以精准、全面。从这方面来说,对院长的选拔培养更加需要注意专项方面的考核。

五是重选、轻培、轻管、轻用的问题普遍。重选即重选拔任用这个环节,轻培即轻选任后的培养,轻管即轻日常的教育监督管理与服务,轻用即轻平时考核结果的运用。就当前大多数高校来说,二级学院院长选拔任用之后,基本要到试用期满一年后才有考察考核,然后就是年度的例行考核了。平时对二级学院院长的培养,如深入了解平时领导工作的情况,在岗位上如何更好地进行锻炼,对其工作中的监督管理与服务,很少进行,每年年度考核结果也是考核结束便画上句号,并没有用于改善实际工作。可以说,任职前的深入全面了解和任职后基本不过问的工作不对称性问题极其普遍。

(三)选拔任用二级学院院长的对策

关于二级学院院长的选任问题,一直以来,不仅仅是组织工作中一个比较关注的话题,也是学界研究方面一个关注度较高的话题。究其原因,主要是高校办学过程中,管理重心下移后,二级学院院长的职责与使命越来越明确,越来越大。因此,选好二级学院院长是高校的一项重要工作。鉴于调研访谈以及在组织工作中的实践思考,笔者认为地方高校在选拔任用二级学院院长的时候应该要有长远规划,具体可以采取以下举措:

一是拓宽渠道。即要拓宽教师的引进渠道,扩大教师队伍中的学源、地源结构。在调研的高校大多数高校的教师来源比较单一,通俗地说,教师中大部分是同学校同学院毕业,都是师兄、师姐、师弟、师妹的关系,从某种程度上来说,这既不利于教师的成长,也不利于干部的培养。这也是从源头上扩大二级学院院长选拔任用面的关键。

二是加大培养。即要加大年轻干部的培养力度,选好种、敦好苗,做好二级学院院长培养的规划。笔者所调研的地方高校,大部分二级学院院长都是从学院副院长产生的,只有极少部分是从机关处室"空降"过去的。无论是哪种方式,一定要有规划、谋划。例如哪些教师可以作为副院长甚至今后院长人选培养,都要提前谋划,提前介入组织培养。千万不要等要选拔的时候才去启动干部工作。

三是分类选任。即要注意分类选任,增强二级学院院长选任的适切性。根据高校教学、科研、行政教辅等部门的工作性质和特点,其实可以把高校的中层干部分为三种类型:强专业型,如二级院(系)、科研、教务、财务等部门负责人;一般专业型,如党务干部、学工、人事、保卫、基建等部门负责人;弱专业型,如工会、后勤等部门负责人。当然,分类不是分等级,也不是分优劣,而是通过分类更好地设置相应条件,也便于干部的培养和交流,使工作组织培养更有针对性。

四是优化条件。即要根据高校有关二级学院院长选任条件,细化要求,特别是把教育领导力水平纳入选拔条件作为参考。充分了解二级学院院长在教育领导力水平即教育理念、人才观、权力观、人格魅力、学术造诣领导艺术、谋划力、讲演力、激励力、规范力等十个维度的表现。能够更加充分、更加客观、更加全面地评价院长人选的综合条件。

五是拓宽视野。即要解放思想,拓宽视野,善于借力,大胆改革选拔任用路子。地方高校特别是处于远离省会城市、经济又欠发达的地方高校,由于受地域以及地方财政投入的影响,人才引进一直是这类学校发展的瓶颈。在这种情况下,如何破解选拔好一名二级学院院长的问题,需要解放思想,拓宽视野,大胆改革干部选拔任用的路子。在这方面,教育部及有些省份高校采取高校与高校"手拉手,结对子"的方式是一种比较好的路子。例如,据笔者了解到的,厦门大学与贵州师范大学结对子帮扶,厦门大学选派一些骨干到贵州师范大学二级学院担任或者挂任二级学院院长职务,就是一个很好的做法。当然,如果能公开向海内外选拔二级学院院长也是拓宽视野的很好做法。

六是健全机制。即要健全和完善二级学院院长选拔任用的制度体系,使选拔任用中的各项工作都能够有制度可循。良性的干部选拔任用运行机制,是制度保障"干部选拔任用工作科学性"的关键。二级学院院长的选拔任用也如此,为此,可以根据院长选拔的特殊性建立和完善工作运行机制。例如:建立民主推荐的机制,动议机制,考察培养的机制、培养锻炼机制等。

三、教育培训是促进

中共中央印发的《2018—2022 年全国干部教育培训规划》(简称《教育培训规划》)明确指出:干部教育培训是干部队伍建设的先导性、基础性、战略性工程。而对事业单位人员来说,《教育培训规划》进一步指出:着眼建设一支符合新时期好干部标准的高素质专业化事业单位领导人员队伍,突出事业单位公益性、服务性、专业性、技术性特点,遵循事业单位领导人员成长规律,以提高政治觉悟、管理能力、专业水平和职业素养为重点,分类开展事业单位领导人员教育培训,探索建立事业单位领导人员教育培训体系,更好地适应新时代中国特色社会主义公益事业发展要求。这充分表明党中央非常重视干部教育培训工作,并把干部教育培训作为干部队伍建设中的先导性、基础性、战略性工程。习近平总书记在党的十九大报告中明确指出:"建设高素质专业化干部队伍"。[1] 注重培养专业能力、专业精神,增强干部队伍适应新时代中国特色社会主义发展要求的能力。如何把高素质专业化干部队伍建设好? 如何培养干部的专业能力、专业精神? 这都是干部教育培训中必须破解的问题。领导特质理论表明:领导力不是天生的,领导力是后天通过教育培训以及实践历练培养提升的。在领导力培养与提升过程中,更要充分发挥教育培训的应有作用,特别要注重教育领导力的专项培训。

(一)干部教育培训的内涵

干部教育培训是提升干部队伍能力素质的主要渠道。查阅了相关文献资料,笔者认为郭静在其论文《处级干部教育培训研究》中总结归纳得出的干部教育培训的含义是比较全面、科学的。因此,在这里引用对这一概念的理解:干部教育培训主要包括干部教育培训的主管部门、教育培训机构、教师等干部教育培训的组织者在遵循干部成长规律基础上,对干部进行系统的理论教育、党性教育、能力教育、知识教育,以提高干部的理论素养、党性修养,以满足组织需求、岗位需求和干部个人需求的教育培训过程。[2] 当

---

[1] 习近平.决胜全面建成小康社会 夺取新时代中国特色社会主义伟大胜利:在中国共产党第十九次全国代表大会上的报告(2017 年 10 月 18 日)[M].北京:人民出版社,2017.

[2] 郭静.处级干部教育培训研究:以内蒙古党校培训班次为例[D].呼和浩特:内蒙古大学,2019:9.

然,在此还特别强调:干部教育培训的主要目的之一就是为了培养和提升干部领导力水平,指导和帮助干部提升专业能力和专业精神,促进高素质专业化干部队伍建设。

(二)二级学院院长教育培训中存在的问题

在高校干部队伍建设中,各级组织部门都非常重视干部教育培训工作,特别是上级组织部门也把高校干部纳入了其组织的教育培训计划,取得的成效是明显的。但是,就地方高校针对二级学院院长的教育培训来说,根据调查了解,还存在以下问题:

一是及时性不够。对二级学院院长的教育培训,大部分地方高校是利用寒暑假中的一个时间段来开展,因此,有的学习内容安排不能及时跟进教育发展的形势要求。教育培训内容滞后现象不少。

二是针对性不强。地方高校干部教育培训基本上是"一锅熟",也就是缺乏分类、分专题培训,同时教育培训过程中问题导向不明显,没有很好体现"缺什么,培训什么",教育培训缺乏针对性。教育培训过程中对岗位需求、个人需求关注较少。

三是实践性不足。对二级学院院长的教育培训基本还是停留在听听报告、学习讨论、网络学习、参观考察上。在校际交流、挂职锻炼、案例分析、专题研讨等切合实践的教育培训方法或手段用得不多。不能有效针对院长教育领导力中的实际问题开展专题培训提升。

四是有效性不高。由于教育培训过程中缺乏针对性、实践性,导致教育培训的有效性大打折扣。

(三)二级学院院长教育培训的策略

顾明远教授在谈到个体领导力及其培养时认为:个体领导力是可以培养的,教育可以促进个体领导力的提升。[①] 作为二级学院院长教育领导力的培养和提升完全也可以通过教育培训的途径去进行,结合访谈调研,针对二级学院院长教育领导力培养和提升的教育培训应该注意以下策略:

一是教育培训要突显时代化。2017 年 7 月 26 日,习近平总书记在省部级主要领导干部专题研讨班发表重要讲话时指出:"时代是思想之母,实践是理论之源。我们要在迅速变化的时代中赢得主动,要在新的伟大斗争

---

① 蔡连玉,刘杨,苏鑫.个体领导力及其培养:顾明远先生访谈录[J].高校教育管理,2016(5):1-5.

中赢得胜利,就要在坚持马克思主义基本原理的基础上,以更宽广的视野、更长远的眼光来思考和把握国家未来发展面临的一系列重大战略问题,在理论上不断拓展新视野、作出新概括。"①总书记的重要讲话告诉我们:教育必须紧跟时代步伐,高等教育的发展如果离开了时代发展的步伐,离开了时代发展的需要就会遭到时代的抛弃。笔者提出院长教育领导力中先进领导观念的核心是教育理念,就是要求教育工作者要有与时俱进的教育理念。因此,教育培训要紧跟时代步伐,把教育发展的最新要求以及未来展望传递到接受教育培训的人员当中。

二是教育培训要突显精准化。教育培训要按照二级学院院长做什么学什么,缺什么教育培训就补什么的工作理念和要求,按需开展教育培训,精准开展教育培训。对二级学院院长的教育培训一定要坚持分类别、分专题进行,这也更加有利于提高教育培训质量和效果。只有通过分类、分专题实施精准化的教育培训,才能更好体现二级学院院长的岗位特点、职责要求和成长目标。

高校二级学院院长的教育培训应该更加有针对性,例如在领导观念方面可以以教育理念、教学质量提升、人才队伍建设、学科专业建设、干部修养、如何谋划工作等专题进行,使培训更加能够与解决领导工作中的实际问题结合起来。(B6)

其实上述院长的建议与教育领导力维度构建是极其相关的。

三是教育培训要突显专业化。习近平总书记在十九大报告中指出:"注重培养专业能力、专业精神,增强干部队伍适应新时代中国特色社会主义发展要求的能力。"②因此,教育培训要结合二级学院院长领导工作的特点,围绕教育领导力的要求设置教育培训内容和方法,以更好提升院长领导工作中的专业思维、专业素养、专业方法。

四是教育培训要突显国际化。这方面主要是在教育培训中要注重培养二级学院院长的国际视野,以便在领导二级学院工作过程中有更高的战略眼光。教育培训中突显国际化,可以通过二级学院院长走出国门到国外参

---

① 习近平.高举中国特色社会主义伟大旗帜、为决胜全面小康社会实现中国梦而奋斗[N].人民日报,2017-07-28.

② 习近平.决胜全面建成小康社会 夺取新时代中国特色社会主义伟大胜利:在中国共产党第十九次全国代表大会上的报告(2017 年 10 月 18 日)[M].北京:人民出版社,2017.

加教育培训,或者邀请国际知名专家进行辅导培训进行,也可以邀请国内知名专家或者到国内知名高校参观考察或者挂职锻炼进行,以开阔院长的视野。我们国家要从高等教育大国走向高等教育强国,必须有国际视野、国际战略眼光的二级学院院长去推动。此方面是地方本科院校院长的一大短板,据前面章节统计分析地方本科院校院长的海外背景比例之低,说明拓宽院长的国际视野迫在眉睫。

四、考核评价是动力

考核评价是组织培养领导干部的有效手段,是激励干部担当作为的有效做法,同时也是激发干部提升能力素质和敬业精神的有效举措。近年来,我国对干部的考核评价体系不断健全和完善,发挥作用也越来越明显。但是,普遍存在的问题也是比较明显的:

一是干部对考核评价的认识仍然存在偏差。目前,在干部考核评价方面,除了选拔任用干部时的考核评价,基本上是每年一度的年度考核工作。从中央组织人事部门的要求来看,考核评价的内容主要是五个方面:德、能、勤、绩、廉。可以说这个评价的体系是十分科学的,囊括的五个面也是比较全面的,但是在具体的要求过程中,很少体现行业、领域或者年度工作特点等,导致领导干部也好,一般干部也好,在认识上对考核评价的认识出现了问题,感觉年年评、年年写总结,基本是炒冷饭,对年度考核评价有应付的情况。其实,在这五个方面的考核是可以做些好文章的,如笔者调研了解中,有的高校实行在撰写述职报告中采用"三三制"做法,即要求考核评价时,围绕德、能、勤、绩、廉五个方面专门讲述自己认为一年来做得比较满意或者成功的 3 件事,以及自己认为做得最不满意或者失败的 3 件事。这样的述职以及考评可以聚焦一些关键工作、关键问题、关键业绩等,值得借鉴和思考。在认识上的偏差还表现在考评结果的运用上,即在运用考核评价结果方面没有很好地发挥考核评价结果应有的作用。基本上是考核评价结束就结束了,缺少结果反馈特别是问题反馈环节,以及相应的激励环节。

二是对考核评价的方法理解与运用上出现偏差。据调研了解,对年度考核评价的理解与运用过于传统、呆板的现象比较普遍。笔者所调研的学校,大部分目前年度考核评价采用以下程序:组织人事部门布置考核评价工作——个人撰写述职报告——召开现场述职(或网上公示述职报告)评议大会——民主测评——确定考核评价等次。本身这个程序是没有问题的,关键是评议会议如何召开,如何确保会议成效,这是非常值得商榷的。就领导干部这一层考核评价来看,有的学校在理解与运用上是费了心思的。如有的学校在考评会议上采用个人述职报告网上公示的方式,而现场采取述部门单位的年度责任目标完成情况报告,这样把传统的述个人变成述个人和述集体相结合。这样可以更加客观全面了解年度工作情况,并做出更加全面客观的考评。

以上是在调研考察中以及结合实际工作中发现的两大普遍性的问题。如何客观全面考评领导干部的确也是一项系统性较强、关注度较高的工作,考核评价工作也是一项不可或缺的工作,是非常必要的工作。从领导干部成长方面来看,从利于教育领导力培养与提升视角来分析,考核评价理应成为领导力培养提升的动力,因为通过考核评价可以发现自己工作中的不足和成绩,知道哪些方面应该发扬,哪些方面应该改进。这本身也是利于大学和二级学院治理的。在此前提下,笔者认为可以通过以下方式对二级学院院长进行考核评价,真正使考核评价成为二级学院院长教育领导力培养和提升的动力。

一是年度全面考核评价与教育领导力强弱专项考核评价相结合。为了使考核评价的作用发挥得更好,使考核评价更加能带动领导干部注重培养和提升领导力水平,笔者认为在二级学院院长的考核评价中,在遵循传统的年度考核评价的基础上,可以采用年度综合考核评价与院长教育领导力强弱考核评价两者有机结合,这既有利于院长做好学院各项工作,又利于院长培养和提升教育领导力。教育领导力强弱专项考核评价可以参考前一部分我们作的分析进行。

二是专项工作考核评价与日常工作考核评价相结合。在学校发展以及二级学院发展过程中,每一年都会有一些重大项目或者重点工作推进,这些重大项目或者重点工作推进是考核评价干部、考验干部担当作为的关键。按照常规来说,二级学院院长在抓重大项目或者重点工作方面做得如何,基本可以体现其领导水平如何,教育领导力强弱如何。因此,在考核评价院长时可以把专项工作考核评价与日常工作考核评价相结合,突出院长在日常管理与重大工作领导过程中的效用。

三是单位工作业绩考核评价与个人工作业绩考核评价相结合。目前高校对二级学院的考核评价主要是上述说的通过年度考核评价进行。并且年度考核评价中主要是通过院长个人述职即院长个人工作业绩述职,然后进行民主测评,最后评定等级进行的。其实在述职的环节,或者整个考核评价过程中完全可以把单位工作业绩考核评价与个人工作业绩考核评价有机结合起来,即可以在述职评议会这个环节由原来院长只述个人工作情况,改为院长个人述职情况在网络平台上公示进行,而在述职评议会上要院长代表学院班子述学院工作开展情况。这也是激励院长要扎扎实实做好每一项工作、扎扎实实做好每一年工作的有效方法之一。

四是平时工作考核评价与年度工作考核评价相结合。在考核评价院长的过程中,要注意平时常态评价与年终考核评价的结合。即平时工作过程中,难免出现这样那样的问题,当问题发生以后,作为考核部门不能置之不理。如果是这样,对院长的工作开展以及院长成长是极为不利的。为了提升院长的教育领导力水平,应该注意院长平时领导工作情况,做得好的及时肯定甚至表扬。做得不好的及时指出甚至批评,以便更好地发挥好领导作用。

五是考核评价结果运用与推动干部成长相结合。考核评价是干部工作中一项极为严谨的工作,并非考核评价结束就等于工作可以画上句号。而是在考核评价中既要注重考评更要合理运用考评结果。首先,把考核结果作为干部提拔任用和调整交流的重要依据。其次,把考评结果作为评优评先的主要依据。最后,利用考评结果,加强对干部的教育与管理。

此外,在考核评价过程中,也要注重多维立体式的评价。如可以把上级评价、相关职能部门评价、本单位评价、基层群众以及社会评价结合起来,避免以偏概全。

五、监督服务是保障

监督也是干部工作中的重要一环。领导干部作用的充分发挥离不开监督,当然也离不开对领导干部的关心、支持和鼓励。对领导干部来说,监督可以更加规范领导干部的领导行为,促使领导工作中少出现问题,尤其是避免不应有的错误,更加有效发挥领导干部的领导力。同时,也能更好地激发领导干部努力地去改善和提升领导力,提升领导效能。而服务可以更好地帮助领导干部解决在领导工作中遇到的困难或者问题,及时消除领导干部在领导工作中思想上或者心理上的烦恼和压力,使领导干部能够更好地全身心投入工作。在组织培养过程中,如何使监督服务常态化是开展组织工作必须思考和面对的现实问题。

(一)监督服务的内涵

从组织工作视角来说,目前实际工作中谈得比较多是的监督,即平时说的干部监督。把监督服务联系在一起提出来,主要基于领导者和组织工作现实的考虑。从领导者来说,有的还存在对监督认识上的偏颇:如有的害怕监督,有的认为监督可有可无,有的埋怨组织人事部门或者纪检监察机关或者被领导者只知道监督领导者,不理解领导者,更不知道对领导者的关心或者关怀。从组织工作来说,的确对领导者选拔任用后,存在干部工作的终结现象。导致当领导者在领导工作中出现一些不良苗头时,没有及时提醒,发生了问题才感到茫然。其实,对领导者的关心和关怀肯定是服务,而监督也是为了让领导者更好地发挥领导效能,理应也是服务。因此,笔者认为把监督服务联系一起更加体现对领导者的人文关怀,更加体现组织工作的人本化。基于此分析,对监督服务的内涵作这样的理解:监督服务是指组织机构或者从事组织工作的个体对领导者领导工作中的领导行为和领导效能的监督以及指导和帮助领导者解决领导工作中的问题,提升领导力水平的过程。

(二)监督服务的目的和内容

监督服务的目的从总体上来说,是为了让领导干部达到习近平总书记提出的"信念坚定、为民服务、勤政务实、敢于担当、清正廉洁"①的新时代好干部标准,使领导者真正做到忠诚、干净、担当。而从具体实践上来说,监督服务也是为了解决领导者在领导工作过程中存在的"不敢为、不愿为、不会为、不真为"的问题,进一步规范领导者的领导行为,提升领导者领导力水平,进一步推动领导者领导工作的开展。

从二级学院院长这一领导职务来说,根据院长所承担的职责和使命,对二级学院院长的监督服务主要应当包括以下内容:

1.办学方向方面的监督服务。即主要是监督二级学院院长在贯彻落实党和国家的教育方针政策,在坚持立德树人根本任务方面工作的执行情况。办学思想和办学理念方面,是否坚定不移地坚持社会主义办学方向,切实解

---

① 习近平.建设宏大高素质干部队伍 确保党始终成为坚强领导核心[N].人民日报,2013-06-30.

决"培养什么样的人、如何培养人、为谁培养人"的问题。避免院长教育领导力维度中先进领导观念上的错误。

2.民主办学方面的监督服务。即在坚持民主集中制原则的基础上,发挥学院党政联席会议制度、学术委员会制度、教学指导委员会制度、教职工代表大会以及师生参与办学积极性等方面落实的情况。避免院长教育领导力中权力观方面的缺失。

3.担当作为方面的监督服务。即主要是院长在领导学院学科专业建设、教育教学改革、人才培养、科学研究、社会服务、文化传承与创新、国际交流、师生发展等方面的担当作为情况。避免院长教育领导力中人格魅力以及关键领导能力方面的缺失。

4.民生工作方面的监督服务。即主要是院长在坚持以师生为中心,为促进师生发展、服务师生发展、改善民生工作方面的情况。避免院长教育领导力中先进领导观念以及关键领导能力方面的缺失。

5.清正廉洁方面的监督服务。即院长自身在党性修养、工作作风、廉洁自律、拒腐防变等方面的情况。避免院长教育领导力中权力观以及人格魅力方面的缺失。

(三)监督服务的原则和方法

党内监督是党的建设工作中的一项重要内容。党的十八届六中全会通过的《中国共产党党内监督条例》是开展党内监督的根本遵循。习近平总书记在党的十九大报告中谈到建设高素质专业化干部队伍时明确指出:"坚持严管和厚爱结合、激励和约束并重,完善干部考核评价机制,建立激励机制和容错纠错机制,旗帜鲜明为那些敢于担当、踏实做事、不谋私利的干部撑腰鼓劲。各级党组织要关心爱护基层干部,主动为他们排忧解难。"①这为我们开展干部工作中的监督服务指明了方向。因此,在组织培养过程中,监督服务必须遵循两大原则:

一是严管与厚爱相结合原则。这就是要求在监督服务中要正确认识和处理严管与厚爱的辩证统一关系、相辅相成关系和缺一不可的关系,确保监督服务中做到约束有硬度、批评教育有力度、组织关怀有温度,从而更好地

---

① 习近平.决胜全面建成小康社会 夺取新时代中国特色社会主义伟大胜利:在中国共产党第十九次全国代表大会上的报告(2017 年 10 月 18 日)[M].北京:人民出版社,2017.

激励领导者担当作为。

二是激励和约束并重的原则。这就是要求在监督服务中要做到刚柔并济、奖罚分明,调动领导者工作积极性。

那么,在监督服务工作中可以采取什么样的方法呢?这也是在具体操作过程中必须要把握的问题。说实在的,做人的思想工作都是要讲究方法,讲究艺术的。有的时候同样是去做一件事,方法正确和方法不当,或者方法灵活和方法呆板,效果是完全不一样的。经过笔者访谈了解,结合工作实践,在监督服务的方法上可以采取以下四种方法:

1.建立和健全监督服务机制

一是要建立健全民主集中制,进一步理顺班子的工作关系,完善工作议事规则;健全民主生活会制度,形成班子内部监督制约机制,营造批评与自我批评的良好氛围。二是要强化诚勉谈话函询制,约束和教育干部,把问题解决在萌芽状态。三是要建立健全能上能下能进能出机制,对干部能"下"做出可操作性规定,使庸者下,平者让,打通干部能进能出的通道。四是建立干部选任后任职期间的跟踪服务机制的,如谈心谈话制度等。五是推行辞职制。制订相关办法和规定,分别对因公辞职、自愿辞职、引咎辞职、责令辞职做出相应的制度化安排。六是建立相关辅助制度,妥善解决干部"下"后的问题。要在干部"下"的工作中体现出"制度无情、操作有情"的态度和原则,要坚持因人而异,根据实际情况,制订转岗办法,在实践中不断丰富和完善转岗制度。

2.打通个人向组织报告路径

一般来说,个人向组织报告可以通过目前组织人事部门执行的个人事项报告、请假请示报告、民主生活会、组织生活会、年度述职报告等方式去进行。但是,除了这些方式外,经常还听到一些二级学院院长说有苦难言。这正好说明院长在遇到问题或者困难时,有孤立无助之感。说明院长随时向组织报告的路径不通畅。因此,作为组织应该想办法打通院长向组织报告的路径,使院长在领导工作中遇到的困难或者问题能够得到及时帮助和解决。

3.定期不定期开展谈心谈话

如果说打通个人向组织报告路径是领导者主动向组织部门诉说领导工作中的酸甜苦辣,那定期不定期开展谈心谈话则是组织人事部门主动找领导者倾听其领导工作中的酸甜苦辣。这个方法相对来说组织人事部门用得比较多,这里不再赘述。

4.畅通群众、社会、舆论监督渠道

开门纳谏、广听民意一直是领导干部应有的作风和胸怀。因此,在监督服务过程中,作为领导者要有这样的风格,作为组织人事部门也要畅通群众、社会、舆论监督渠道,以便领导者更好地做好领导工作。

第四节　治理环境:院长教育领导力培养和提升的根本保障

任何组织或个体都是存在和发展于一定的管理环境之中,都不可能孤立地、自在地存在着,而是和其管理环境共同构成一个有机的整体。"我们是具有组织和管理我们的活动趋向的社会性动物。我们是在一个日益复杂而变幻莫测的环境中生活的。"①同时任何管理也都要在一定的环境中进行的。在推进我国大学治理和现代大学制度构建的过程中,大学治理环境影响着高校的发展,师生的发展,也影响着高校各级领导干部治理能力和水平的提升。大学治理环境有着大的国家发展背景的影响,也有着大学内部治理期盼和发展动态趋势的影响,也受着大学内部体制机制构建与完善的影响,这无形中也推动着院长教育领导力的培养和提升。

一、大学治理体系和治理能力现代化的内在要求

习近平总书记指出:"治理和管理一字之差,体现的是系统治理、依法治理、源头治理、综合施策。"②治理高于管理,治理需要各种各类体系和制度的构建。党的十九届四中全会通过的《中共中央关于坚持和完善中国特色社会主义制度、推进国家治理体系和治理能力现代化若干重大问题的决

---

① 弗莱蒙特・E.卡斯特,詹姆斯・E.罗森茨韦克.组织与管理:系统与权变[M].傅严,李柱流,等译.北京:中国社会科学出版社,2000:2.

② 习近平.推进上海自贸区建设 加强和创新特大城市社会治理[N].人民日报,2014-03-06(01).

定》,是高校推进治理体系和治理能力现代化的方针政策和根本遵循。这也就是要求把高等教育事业发展摆到坚持和完善中国特色社会主义制度、推进国家治理体系和治理能力现代化的大局、全局中去谋划。推进大学治理体系与治理能力现代化,既是我国高等教育由大到强的内在要求,也是完善现代大学制度体系建设的必然路径。因此,大学治理体系和治理能力现代化既是对我国高等教育走向的考量,更是对我国高校各级领导干部教育领导力的考量。在推进大学治理体系和治理能力现代化的过程中,培养和提升院长教育领导力便成为当务之急。

二、学校发展和民生改善的内在需要

在高等教育发展的过程中,无论是过去还是现在,不论是学校还是二级学院都面临着两大问题和挑战:即发展问题和民生问题。如果各级领导干部能够把学校、学院的发展问题解决了,民生问题改善了,肩负的人才培养、科学研究、社会服务、文化传承创新、国际交流合作的重要职能才能更加有效地发挥。因此,从这一个角度来说,高校领导干部教育领导力的培养与提升也是学校发展和民生改善的内在需要。二级学院院长对学校和学院来说,可以起到承上启下的作用。院长的作用如果发挥得好,是学校一层联系院(系)一层的一座坚固的桥梁;如果院长的作用发挥得不好,可以说是横在学校层与院(系)层之间的一堵高墙。正是由于二级学院院长的这种角色,使得他必须既要对学校负责,又要对院(系)负责,院长的领导能力和管理水平时时都展现在上下级面前,处处都在接受着"考验"和"考核"。从这里可以看出院长这一领导职务的重要性。但是,在现实的工作过程中,仍然容易出现以下常见的问题:

(一)官本位思想问题

二级学院院长大多数是从学者、教师身份上来,基本没有经过机关行政部门的锻炼,有的上任后对"我是什么身份"认识不全。有的是角色没有从教师身份转换过来,文人氛围太浓,思考问题、做起工作怕这怕那、优柔寡断;有的是领导身份过于浓厚,容易出现摆官架子,什么事都安排行政秘书或者办公室主任去布置落实,自己只负责下指令,做事不亲力亲为;有的院长自以为是,自我感觉良好,听不见老师们的意见建议,以师生为中心的发展思想极其淡薄。作为二级学院院长应该要做到凡事多听群众意见,解决问题的办法才能集思广益,学院改革发展才能惠及师生员工。

(二)思路不清问题

随着高校办学重心下移,二级学院的治理难度也越来越大,面临的问题和困难也不断增多,院长的管理压力也不断增强。在这过程中,更加需要院长有清晰的领导思路。但是,在现实的工作中,有的院长依然不清楚"我从哪儿来,要到哪里去"这一基本问题。缺乏视野格局,有的心胸狭窄,出现党政不和谐的现象,甚至出现争名夺利的情况。有的出现问题总是从别人身上去找原因。有的学院出不了工作成果、做不出成绩时,满嘴只有借口,如学校领导支持不够、基础条件不行、团队力量不行等。

(三)思维局限问题

平时经常有人说:知识分子的一大特点就是爱钻牛角尖。在思考问题、处理问题时特别容易受思维定式影响。在这方面,二级学院院长在领导过程中,也会经常出现思维局限问题。一是理论强于实践。领导工作中就某项工作经常说得长篇大论,理论上一套一套。可是在实际工作中,不知所措。二是质疑胜于协作。有的院长在学校或者老师需要去解决什么问题,或者协助去开展某项工作时,先表现出来的是质疑,而不是想如何去协助或者协作。三是问题多于建议。有的院长要他谈论或者探讨某项工作,或者要去落实某项任务时,总喜欢问题谈一大堆,对于解决问题的办法或者建议基本谈不到位或者谈不上。

上述问题如果不想方设法去解决,教育领导力的培养和提升是无从谈起的。

三、治理环境中角色冲突和体制机制改善的内在体现

二级学院院长教育领导力的培养与提升与其作用的发挥也有很大的关联。作用发挥得好,领导效能能够得到肯定,无形中就促进了教育领导力的培养提升。而从总体上来说,影响二级学院院长教育领导力发挥的因素除了个体因素外还有治理环境的影响。个体因素在院长领导工作中常见的问题做了分析。环境因素主要是院长领导过程中可能发生的角色冲突问题以及管理的体制机制方面的问题。这些问题在教育领导力培养提升过程中都是要注意到的。

(一)角色冲突问题

二级学院院长在治理环境中的角色冲突主要体现在自身管理与学术研究的角色分配冲突、自身与领导班子成员特别是党组织书记的冲突以及自身与学校领导的角色冲突上,这些冲突如果能够适当解决或者调解,是能够避免负面影响的。

1.自身角色的冲突

二级学院院长的第一身份是教师,这一点是必须清楚的。千万不要认为自己当了院长后,教师的身份就已经排在第二了,甚至是缺失了。但是从教师岗位转换为院长领导岗位后,自身的职责有了转变,职责和担子更加重了。即既要负责领导管理工作,也不能丢掉原来的学术研究工作。因此,院长本身面临管理工作与学术研究的冲突就相当的自然了。假如院长因为领导管理而忽视学术研究,或者因为本身原来的学术研究而疏忽了领导管理工作,对院长教育领导力的发挥和自身发展都是极为不利的。在高校来说,我们主张中层领导管理工作与学术研究必须兼顾。因为"学术性"是高校领导干部的"特性",学术研究与管理工作能够相互促进。作为二级学院院长来说,更加应该注意因人因事分配好学术研究与管理工作的时间精力。借口管理忙不从事学术研究,借口学术研究忙疏于管理,总归都是借口,高校中层干部应该要做研究型领导。

2.院长与学院党组织书记的角色冲突

根据目前我国本科院校二级学院班子的配备,从正职上来说,基本上是党政各一名主要负责人的配置,即二级学院党组织书记和院长各 1 人。其实这样的班子配置有利于体现书记和院长的主责主业,当然这也要明白一个基本的原则,即:党政同责,一岗双责,既分工又合作,分工不分家。即并非两者所领导的业务范围是井水不犯河水的。而是党建与行政业务工作如何融合,达到"双促进",避免出现"党政两张皮"的现象,避免出现书记与院长角色冲突的发生,甚至是两者矛盾的产生。书记和院长角色冲突的避免既要靠制度的规范和约束,如建立书记院长的谈心谈话制度、工作沟通机制、学院决策机制等,也要靠双方的智慧,特别是领导力水平。

3.院长与学校领导的角色冲突

在我们访谈的过程中,曾经有一位学校的校领导谈到一个例子,说他们学校有一位二级学院的院长很有个性,在学校一层的会议上也经常与校领导唱反调,甚至有抵触情绪。可是这位院长在职位上已经待了二十年。这说明二级学院院长在领导工作过程中,与学校领导产生角色冲突也是正常的事情。因为每个人考虑问题的方式方法、角度、高度都有不同。大学就应该是个百家争鸣、百花齐放的场所,假如把二级学院院长与学校领导的角色冲突看作是绝对禁止的事情,这反而不是正常的。当然,这也有一个前提,即冲突的问题必须旗帜鲜明地分清楚,如果是大是大非的问题、政治或者事关意识形态方面的问题,这样的冲突是要坚决禁止的,因为这样的冲突只有对和错两个选择中的一个,如果明明知道是错误的,还去争论,还产生冲突,说明是政治问题了。因此,对院长与学校领导的角色冲突一定要一分为二地去分析和看待。院长与学校领导的角色冲突需要通过建立机制去解决,也需要依靠双方的智慧以及领导力水平的提升去解决。

(二)管理的体制机制问题

体制机制可以说是把双刃剑,好的体制机制有利于发展,不好的体制机制会限制工作上的开拓创新。中央明确提出坚持和完善中国特色社会主义制度、推进国家治理体系和治理能力现代化,就是希望我们的国家和人民更加能体现中国的制度自信,并通过推进国家治理体系和治理能力现代化,凝聚各方面力量去实现"两个一百年"的奋斗目标,为实现中华民族伟大复兴而奋斗。当前,在我国现代大学制度的构建与完善过程中,无论是从国家层面、省级(自治区、直辖市)层面、地(市)级政府层面,还是学校、二级学院本身层面,如何更好地构建和完善大学自治、学术自由、民主管理等大学制度,都需要进行相应的管理体制机制的改革和完善。就大学内部综合改革来说,必须把握好三个方面:

1.学校办学重心下移要解决好资源配置和利益分配问题

"巧妇难为无米之炊",如何拓宽二级学院办学过程中的资源汇聚路子,使办学资源能够满足学院办学的基本要求,是院长发挥好教育领导力作用的关键。在目前大学办学重心下移的态势下,一个很关键的问题是为二级学院解决好资源配置和利益分配问题,也就是要解决好放水养鱼的问题。不然,只是任务下放、工作下放,资源分配、利益分配跟不上,这是无法调动二级学院办学积极性的,作为二级学院院长来说,也是会感到难以施展教育领导力水平的。

2.二级学院决策要利用好党政联席会议的决策机制

目前,高校的民主办学或者说是管理体制已经非常明确,就是在学校实行"党委领导下的校长负责制"。这一管理体制的明确很好地推动了学校的改革与发展。对解决学校党委书记与校长的关系问题,作出了明确的回答。有的学者提出,在二级学院能否也推行二级学院党组织书记领导下的院长负责制呢?我们认为,这是不可取的,因为学校一层与二级学院一层真正办学的工作和任务是不一样的。直白地说,校长和二级学院院长是完全不同的角色。为此,党中央也明确了二级学院实行党政联席会的决策机制,并专门制定出台了有关二级学院议事的三个会议议事制度,即二级学院党组织会议议事规则、二级学院党政领导班子联席会议议事规则、二级学院院长办公会议事规则。三个会议议事制度对二级党组织书记、院长如何发挥好作用均做出了明确规定。要把这些议事规则执行好、运用好也考验着二级学院院长的教育领导力水平。

3.积极营造校院两级管理的良好生态环境

无规矩不成方圆。没有好的办学生态环境,二级学院院长教育领导力也是无法有效发挥的。在这方面,民主办学氛围的营造是关键。这需要二级学院院长发挥好二级学院的学术委员会、教学指导委员会以及二级学院教职工代表大会的作用,真正使民主办学落到实处。当然,也需要二级学院的师生积极配合,发挥好各自在办学中的主体地位。总之,二级学院院长领导工作中需要的良好生态环境就是不要产生太多不必要的折腾,否则二级学院院长的心思没有办法聚焦到学院事业发展上。

本章小结

干部队伍建设是一项系统工程,也是战略性工程。干部队伍建设中的一个核心或者重点是怎么培养和提升干部"干"的能力素质和水平。二级学院院长教育领导力培养和提升是高校干部队伍建设中的重要组成部分,就是要帮助解决如何"干"以及如何"干好"的问题。本章节在坚信领导力是可以培养提升的前提下,提出了"领导者领导力的培养与提升是通过领导者本身对领导领域内在认识而产生的内生力和组织培养以及治理文化对领导者的影响而产生的外生力相互作用、相互影响的结果,是领导者不断走向成熟和完善的过程"的规律性认识。在分析"培养和提升院长教育领导力是高等教育发展大势所趋"的基础上,遵循领导干部成长的规律即自身努力和组织培养,深入探讨了院长教育领导力培养和提升的三方面认识。并结合高校特点以及开展组织工作的实际,专门分别对如何发现培养、选拔任用、教育培训、考核评价以及监督服务的一些原则性和操作性问题进行了具体分析。特别是在选拔任用中还专门探讨了选拔任用二级学院院长的原则、二级学院院长选任工作中存在的问题、选拔任用二级学院院长的对策,为选好用好培养好二级学院院长提供了方案。

第七章

研究结论与展望

在选择院长教育领导力这个主题进行研究时,很多专家学者都指出:此选题意义实在,但是挑战性极大,难度不小。在写作的过程中,有时确实不知道如何下笔。写的过程中笔者始终牢固树立三个方面的写作思想或理念:一是潘懋元先生指出的要从多学科视角去研究高等教育现象,揭示高等教育的本质和规律;二是刘澜先生概括的研究领导力的三种范式:科学范式(目的是求真)、经验范式(目的是求善)、人文范式(目的是求美)。① 三是国家行政学院中国领导科学研究中心主任刘峰教授为林嵩、徐中编译的《领导力的本质》(第二版)一书作"要以科学的态度和方法研究及实践领导力"推荐序中提出的:领导力是可以日常认知的;领导力是可以实证研究的;领导力是可以实践应用的;领导力是可以学习培训的。② 正是以此种思想或者理念作基础,坚定了研究的信心和决心。

一、研究结论

(一)院长的教育观是影响二级学院内涵式发展的根本因素

在院长教育领导力的十个维度要素中,院长的教育观是影响二级学院内涵式发展的根本因素。因为观念是行动的指南,可以说院长有什么样的教育观,就会有什么样的教育行动。结合地方本科院校改革与发展实际,院长的教育观包括学院发展全局观、学科专业优化观、理论教学与实践结合观

---

① 刘澜.领导力:解决挑战性难题[M].北京:北京大学出版社,2018:1.

② 大卫·V.戴,约翰·安东纳基斯.领导力的本质[M].2版.林嵩,徐中,译.北京:北京大学出版社,2015:5-7.

以及应用型科学研究观,目的是通过这些教育观更好引领学院发展,更加突显地方高校地方性、应用性的特点,结合地方实际实现学院内涵式发展,培养好应用型人才。在案例分析中,B 校 B1 院长根据当地发展宝石加工产业,把艺术学院改为宝石与艺术设计学院,并提出"宝石＋"艺术设计专业群一体化建设;A 校 A1 院长结合地方方言丰富的资源优势,创办全国首个方言博物馆,以及 A 校 A13 院长结合地方发展碳酸钙产业成立行业学院碳酸钙学院,就是因为院长有学院发展全局观、学科专业优化观和应用型科学研究观,结合地方特色,推动学院学科专业的发展,服务地方产业,使学院办出了特色。

(二)教育观、人才观、权力观水平共同决定了院长领导观念的先进性,进而决定了二级学院发展的思路和举措

"培养什么人,怎样培养人,为谁培养人"是大学必须回答的根本问题。二级学院是承载大学培养人才的场所,这三个根本问题的回答,关键落在二级学院,而院长就是学院回答好这三个根本问题的一号答题手。院长缺乏先进的领导观念,就难以适应新时代教育改革发展,人才培养就跟不上形势,培养出来的人才就难以适应社会发展需要,更谈不上培养德智体美劳全面发展的社会主义建设者和接班人。当前,地方性本科院校要培养应用型人才,急需院长要牢固树立应用型人才培养理念,应用型人才培养源于院长是否有切合地方发展需要的学院发展全局观、学科专业优化观、理论教学与实践结合观以及应用型科学研究观构成的教育观。同时需要院长对"培养什么人"理想人格设计使学生成才的人才观,且也需要促进教师在培养好人才的过程中得到职业发展的教师发展人才观。院长对二级学院的治理主要是学术治理和行政治理,其归根结底就是要求院长通过自身教育领导力统率好师生在开展学院教学、科研、社会服务以及行政管理工作中形成教育行动合力,而在此过程中,院长的权力观是统率好师生不可缺少的领导观念。因此,由教育观、人才观、权力观构成的院长教育领导力中的先进领导观念,决定着院长如何统御和指引学院教学、科研、社会服务以及行政管理工作。

(三)良好的人格魅力、学术造诣和领导艺术构成领导素养核心,并成为先进领导观念的依托

院长教育领导力中领导观念的形成依赖于院长的人格魅力、学术造诣以及领导艺术等核心领导素养。院长具有良好的人格魅力有利于形成正确的权力观,同时更好地在学术治理和行政治理中展现权力观;院长的学术造诣有利于形成科学的教育观和人才观,更加有效地统御和指引学院教学、科研、社会服务以及行政管理工作;而院长的领导艺术不仅仅影响着院长关键领导能力的发挥,也有利于院长更好地展现其教育观、人才观、权力观,最终更好地提升院长的领导效能,履行好院长的相应职责,发挥好院长应有的领导作用。大学治理重心下移,不仅对二级学院提出了更高要求,而且对二级学院院长提出了更高的挑战。院长只有在领导实践中,不断提升自身的人格魅力、学术造诣和领导艺术,才能更好迎接大学治理重心下移带来的挑战。

(四)院长只有具备学院发展谋划力、内外交往讲演力、办学活力激励力和学院治理规范力等关键领导能力才能领导好学院

二级学院的教学、科研、社会服务以及行政管理工作是院长必须统筹领导好的主要工作。院长要领导好学院发展除需具备基本的领导能力,如组织、协调、计划等,关键还要看其学院发展谋划力、内外交往讲演力、办学活力激励力和学院治理规范力如何。院长具备了这四种关键的领导能力,才能在领导实践中统御和指引好教学、科研、社会服务和行政管理工作。大学发展过程中,大学的办学愿景都要依靠二级学院去落实。院长不论是从学院当前发展还是中长期发展,都需要有对学院发展的谋划能力以及对落实具体工作措施的谋划能力;在学院发展过程中如何凝聚学院师生的力量,让学院师生理解和认同学校以及学院的治理文化,如何更好地向校内校外宣传和推介学院发展成绩和办学特色,需要院长具备内外交往讲演力;院长在领导实践中如何统率学院师生形成教育行动合力,需要院长具有办学活力激励力;而院长在领导实践中,不仅仅在行政管理工作中要有学院治理规范力,在发挥学院教学、科研、社会服务等职能的过程中也少不了学院治理规范力。因此,院长具备了学院发展谋划力、内外交往讲演力、办学活力激励力和学院治理规范力等关键领导能力才能更好统御和指引学院改革与发展。

(五)具备院长教育领导力的十个维度要素方能当好院长,并承担大学治理重心下移的时代使命

领导力的重要性不容置疑,可以说不论组织还是个体,在执行某种工作任务,实现组织既定目标时,都缺少不了领导力。因为有了领导力才有胜任力和执行力。笔者在研究院长应有领导力的过程中,紧紧围绕一个核心命题:即二级学院院长具有什么样的教育领导力才能胜任大学治理重心下移的时代使命,才能更好实现二级学院乃至大学治理体系和治理能力现代化这一时代命题。基于对"院长教育领导力是院长在深刻领会高等教育本质基础上,对'培养什么人'形成了全面透彻的理解,并用之统率学院全体人员而形成的教育行动合力。是院长基于理想人格的设计,形成学院的共同奋斗目标,并用其统御和指引学院教学、科研、社会服务和行政管理工作"的认识。提出了院长教育领导力由院长的教育观、人才观、权力观、人格魅力、学术造诣、领导艺术、学院发展谋划力、内外交往讲演力、办学活力激励力和学院治理规范力等十个维度要素组成。并在此基础上,围绕研究主题通过深入 A、B 两所地方本科院校,深度访谈 23 名院长,7 名校级领导和 4 名与院长工作联系比较紧密的职能部门负责人,并通过院长教育领导力成败案例分析,进一步说明了院长教育领导力的十个维度要素,在大学治理重心下移二级学院后,其在学院治理过程中的重要性:即院长的教育观对学院发展有着潜在的导向作用;院长的人才观事关学院教师工作积极性发挥和人才培养规格的设计;院长的权力观关系到学院民主办学的落实和办学活力的激发;院长的人格魅力是统率学院师生形成教育行动合力的强大精神动力;院长的学术造诣有利于打造学院核心竞争力;院长的领导艺术有利于营造良好的领导环境和学院发展环境;学院发展谋划力是院长发挥主观能动性的重要表现;内外交流讲演力是院长扩大学院影响赢得广泛支持的关键;办学活力激励力是影响学院师生发挥学习工作潜能的重要因素;学院治理规范力是提高学院工作效率以及学院走内涵式发展道路行稳致远的关键。从而证明了,院长具备了教育领导力的十个维度要素才能当好院长,才能承担大学治理重心下移的时代使命。

(六)意外发现:地方本科院校二级学院院长海外背景、行业背景令人忧虑

在研究过程中,为了进一步从人口学视角了解到底谁在地方本科院校二级学院当院长,笔者借助原来在组织部门工作过的优势,在原调查 A、B 两所高校的基础上,增加了 3 所高校二级学院院长样本,共 5 所地方性本科院校共 67 名二级学院院长(含主持工作副院长)的调查。调查发现,地方性本科院校二级学院院长除了在学历、职称与重点大学有较大差距外,地方本科院校二级学院院长海外背景(包括海外进修学习)、行业背景(包括行业挂职锻炼)着实令人担忧。从调研数据来看,67 名院长有海外背景的只有 7 名,且均为海外访学 1 年,超过 90% 的院长无海外经历。这对于院长教育领导力的培养和提升是有重要影响的,当前我国高等教育正朝着大国向强国迈进的关键时期,院长教育理念中的国际视野如何,对其治理好学院,特别是走国际化道路有着重要影响。而从院长的行业背景来看,所选样本院长中,有行业背景的也少之又少,5 所院校 67 名院长中有行业背景的只有 3 名,占比 4%,超过 95% 的院长没有行业背景,这与地方本科院校走应用型转型发展之路是不匹配的。

二、研究创新之处

本书以"二级学院院长教育领导力"为研究对象,本身就是一个概念上的创新。因为本书从高等教育本质属性以及教育领域领导岗位的特殊性和专业性,提出二级学院院长教育领导力的概念,并对院长教育领导力的内涵重新解释和解读,突显了领导力在教育领域中的本质属性和教育领导力的专业性,更加突显教育的特点。从而区别于以往研究所提出的院长领导力,解决了已有研究中对教育领导领域应有的领导力定义不精准、缺乏针对性的问题。同时,与以往相关研究对比,本研究的创新点具体还体现在如下三个方面:

(一)凸显了教育观念在院长教育领导力中的核心地位

研究中笔者查阅了已有文献,以往对教育领域领导者领导力的研究,都没有把教育观念放在一个根本地位。本研究结合高等教育的本质属性对教育领导力作了一个概念界定,更符合教育领导与管理方面的要求。同时,在大学治理重心下移二级学院的时代背景下,结合高等教育的本质属性以及大学的职能和二级学院院长领导职责,构建了院长教育领导力维度要素结构模型,并且在院长教育领导力维度要素中,把教育观、人才观、学术造诣等直接突显教育理念的维度要素,纳入了院长教育领导力的组合体。教育领域的领导者必须具备先进的教育观念,方能更好地领导教育事业的改革与发展。教育领导力是一种比较专门的领导力(也即具有浓重的教育专业色彩),不是一种普通的领导力,它必须建立在对教育规律的专门研究与认识基础之上,方可洞悉教育活动规律,真正做好教育领导者。

(二)提出院长教育领导力由三个层面十个维度要素构成,即三三四模型

院长教育领导力模型的构建既是本研究的重点也是创新点。从国内已有的研究看,由于研究基本上是直接把领导力移植到教育领域,无论从概念

理解还是要素构建,均没有突显教育属性和教育领导的专业性。为此,本研究结合高等教育本质属性、地方高校二级学院的特点、院长行使行政权力和学术权力的特殊性,从三个层面构建了院长教育领导力十个维度要素模型,即院长教育领导力三三四模型,从而显现出二级学院院长教育领导力与其他岗位的领导力的不同。在院长教育领导力中先进领导观念决定了院长领导学院改革和发展中的领导行为;而核心领导素养有利于院长形成先进领导观念,提升关键领导能力;关键领导能力是院长领导学院教学、科研、社会服务以及行政管理工作实践中必需的领导能力;院长具备了教育领导力方能统率全院师生形成教育行动合力,统御和指引学院教学、科研、社会服务和行政管理工作。院长教育领导力模型的构建体现了高等教育的本质属性和规律性,对应了二级学院治理的新趋势,同时体现了院长应有领导力应该具有的教育专业色彩。

（三）在研究方法上的创新,即本研究以行动者身份来探究院长教育领导力问题,希望通过理论探讨与实践建构找到提升院长教育领导力的科学方案

本研究是理性思辨与自身从事干部工作实践以及案例分析三者的统一,是结合笔者在地方高校担任过院（系）负责人、组织部部长、分管干部工作的校领导,切合工作实践,基于行动研究而开展的研究,是运用行动研究来开展领导力研究的大胆尝试。本研究弥补了已有相关研究主要采取逻辑思辨为主,缺乏工作实践,研究结果缺乏针对性和实际应用性的不足。因此,从某种意义上说,也是用行动研究方法的路线来研究院长教育领导力。

三、研究所存在的不足

尽管在选题的选择上具有开拓性,并且研究确实也为如何培养、选拔、任用二级学院院长以及如何当好二级学院院长提供了参考,围绕"院长到底应该具有什么样的领导力"在教育领导力概念、维度要素模型构建、院长教育领导力强弱考核评价体系建立上不乏创新之处。但由于我国学者对二级学院院长的研究比较少,而专门针对院长领导力问题研究的更少,兼之个人研究水平和能力欠缺,同时也受研究时间以及相关资源获取等方面的限制,以及在访谈中获取的信息难以确保精准。因此,本书也存在不少研究的困惑和缺憾:

(一)研究结果的可操作性比较强,但理论性不足

理论性与可操作性深度融合是开展应用研究过程中必须注意的问题,也是要突破的难题。关于院长教育领导力的研究不论国内还是国外都研究不多,直接可参考的文献甚少。因此,笔者主要是结合工作实际以及深度调研访谈获取数据资料,在分析整理数据时如何把感性的认识上升到理性的思考,即从实践上升为理论,更加突显研究的深度和广度,真正把学理性与可操作性深度融合是一大难点。特别是如何把院长教育领导力研究中的一些规律性认识挖掘出来是比较困难的问题,因为这不仅仅要求对院长领导工作实际有了解,还要求对院长领导工作中的现象能够进行深入分析。

(二)选取院长样本案例仅来自两所地方本科院校,存在样本数量以及代表性不够

本研究进行案例分析选取院长样本只来自两所地方本科院校共 23 名院长(包括主持工作的副院长)领导工作中的案例,深度访谈选取了 7 位校级领导和 4 位与院长工作比较关联的职能部门负责人,尽管案例比较典型,但是对现实的关照仍然感觉不够全面,其代表性还是略显不足。如果样本选择能够扩展到既有地方本科院校又有研究型大学,深度访谈的典型样本案例数量能够倍增,研究成果会更具有代表性和说服力。

除上述不足之处外,由于笔者非真正意义上的专职一线教学科研人员,学术思维依然比较欠缺。也就是说,平时工作过程中习惯用感性思维去思考问题和解决处理问题,研究过程中如何提高理论研究水平,这是今后研究过程中急需改进的地方。同时,在围绕二级学院院长教育领导力构建素质能力体系或模型方面,如何体现我国高校干部队伍建设中的特殊性,特色化以及如何博采众家之长,特别是如何取西方精华、去西方糟粕,由于学识浅薄,难免出现研究视野狭窄、信息量不够大的问题。再有笔者外语水平有限难以进行外文文献中比较有深度的文献分析。外语一直是困扰笔者提升研究水平和拓展研究视野中不可逾越的一道坎,这是研究过程中的一大短板和难点。

四、下一步展望

领导力的研究在我国越来越受到学者的重视,而从现实社会发展过程来看,人们也越来越深刻地认识到领导力在组织或者个体完成既定目标中所发挥的重要作用。当前不论企业还是政府机关部门对组织或者个体领导

力的培养和提升也越来越重视。我们始终认为,随着社会的转型发展,信息化、智能化、数字化、全球化时代的到来,领导力将成为社会新发展态势中更加突显、更受关注的领域。对领导力研究的专家学者会层出不穷。而对教育领导者来说,教育领域领导者缺乏较强的教育领导力就无法搞好教育,立德树人的根本任务就难以完成。为此,在现有研究的基础上,下一步的研究要更加关注以下三个方面的问题:

(一)结合工作实际,可以把研究结果运用到实践中

本研究所形成的观点大多数还是结合经验性的体悟,所构建的院长教育领导力维度模型,以及院长教育领导力强弱考核评价体系在实际工作中运用如何,效用如何,指导意义如何,是否能够达到解决"大学治理重心下移的趋势下如何选好、培养好、考核评价好乃至当好二级学院院长"这一实际问题,可以在实践中进行推广应用和验证。

(二)借助目前研究的结果进行开发研究

经过研究已经对教育领导力以及院长教育领导力的构成维度要素和院长教育领导力表现形式形成了研究成果,下一步可以考虑借助研究成果拓宽高校行政、教辅等部门领导者以及普通教师应有教育领导力的开发和研究。

(三)构建院长教育领导力考核评价指标体系

研究成果的价值最终体现在指导实践中发挥积极作用。本研究成果是基于行动研究基础上进行的,所提出的教育领导力概念以及构建的院长教育领导力维度要素,可以从院长教育领导力维度要素和院长教育领导力效能基本表现形式两个维度,按照院长教育领导力考核评价的分析,构建院长教育领导力考核评价指标体系,并开展专项的考核评价。

附　录 ....

附录一　二级学院院长访谈提纲

一、访谈对象

二级学院院长(包括主持工作的副院长)

二、访谈目的

(一)总体目的

本调研访谈旨在探讨二级学院院长教育领导力维度的构成,为提高二级学院院长的领导水平,建设好二级学院领导干部队伍,提升二级学院领导干部的治理水平和能力,推进二级学院治理现代化等提供重要的参考依据。

(二)具体目的

1.通过访谈了解影响二级学院院长开展好工作的首要因素;

2.通过访谈了解二级学院在学校发展中的地位和作用;

3.通过访谈了解二级学院院长应具备的素质和能力;

4.通过访谈了解师生对二级学院院长工作不满意的原因;

5.通过访谈了解对二级学院院长的期盼以及提高二级学院院长领导水平的办法和举措。

三、访谈提纲和内容

（一）作为二级学院院长，您认为二级学院在学校发展中的地位和作用如何？您认为二级学院应该如何去体现这些地位和发挥好作用？

（二）您认为二级学院发展目标和定位应该要考虑哪些因素？作为院长有哪些方面会影响到二级学院发展目标的确定或实现？

（三）学院的办学机遇和办学资源的争取，院长可以在这里面发挥什么样的作用？您在领导学院工作中是如何争取学校内外的支持的？

（四）您在领导工作中遇到的问题和障碍有哪些？您是如何去应对和解决的？

（五）您认为影响您的领导行为和领导效能提升的因素有哪些？为什么是这些因素？

（六）能否分享您在领导学院发展的过程中，所经历的成功事件和失败的事情？同时分别谈谈成因。

（七）您认为当前学校各二级学院院长教育领导力水平如何？培养和提升院长教育领导力可以从哪些方面入手？

附录二　校级领导访谈提纲

一、访谈对象

学校领导(包括书记、校长、副书记、副校长)

二、访谈目的

(一)总体目的

本调研访谈旨在探讨二级学院院长教育领导力维度的构成,为提高二级学院院长的领导水平,建设好二级学院领导干部队伍,提升二级学院领导干部的治理水平和能力,推进二级学院治理现代化等提供重要的参考依据。

(二)具体目的

1.通过访谈了解影响二级学院院长开展好工作的首要因素;

2.通过访谈了解二级学院在学校发展中的地位和作用;

3.通过访谈了解二级学院院长应具备的素质和能力;

4.通过访谈了解师生对二级学院院长工作不满意的原因;

5.通过访谈了解对二级学院院长的期盼以及提高二级学院院长领导水平的办法和举措。

三、访谈提纲和内容

(一)您认为二级学院院长在学校发展中的地位和作用是什么? 您如何看待二级学院院长的领导角色?

(二)作为高校党委书记(校长),您认为影响二级学院内部治理水平提升的因素有哪些? 首要的因素是什么?

(三)您认为二级学院院长应该具有什么样的素质和能力,才能有效推进高校内部治理现代化,确保大学治理重心下移工作落到实处?

（四）高校内部治理中不和谐的一个表现就是师生对二级学院院长或中层干部服务的埋怨不少,您认为师生对二级学院院长不满意的原因是什么?

（五）干部的执行力和服务水平是衡量干部胜任力的关键,您认为当前提高二级学院院长领导力水平的办法和举措有哪些?

附录三 与二级学院院长工作关联度比较高的 职能部门负责人代表访谈提纲

一、访谈对象

与二级学院院长工作关联度比较高的机关职能部门负责人代表(如组织部长、教务处长、科研处长、人事处长、财务处长、学工处长、国资后勤处长等)。

二、访谈目的

(一)总体目的

本调研访谈旨在探讨二级学院院长教育领导力维度的构成,为提高二级学院院长的领导水平,建设好二级学院领导干部队伍,提升二级学院领导干部的治理水平和能力,推进二级学院治理现代化等提供重要的参考依据。

(二)具体目的

1.通过访谈了解影响二级学院院长开展好工作的首要因素;

2.通过访谈了解二级学院在学校发展中的地位和作用;

3.通过访谈了解二级学院院长应具备的素质和能力;

4.通过访谈了解师生对二级学院院长工作不满意的原因;

5.通过访谈了解对二级学院院长的期盼以及提高二级学院院长领导水平的办法和举措。

三、访谈提纲和内容

(一)您认为影响二级学院内部治理的因素有哪些?关键的因素是什么?

(二)您认为二级学院院长应该具有什么样的领导能力才能有效治理好

学院？

（三）当前您对二级学院院长领导工作和领导能力最不满意的是什么？为什么？

（四）二级学院院长的领导水平是衡量其胜任力的关键,您认为当前提高二级学院院长领导力水平的办法和举措有哪些？

附录四 "院长教育领导力研究"
深度访谈信息记录表

受访人员编号		受访者类型	二级学院院长（ ） 校领导（ ） 组织部长（ ） 教务处长（ ） 科研处长（ ） 人事处长（ ） 财务处长（ ） 学工处长（ ） 国资后勤处长（ ）
访谈方式		访谈时间	访访谈地点	

一、获取的主要访谈信息：

二、本次访谈形成的思考：

三、下次访谈的注意事项：

参考文献

一、中文文献

(一)专著

[1]大卫·V.戴,约翰·安东纳基斯.领导力的本质[M].2版.林嵩,徐中,译.北京:北京大学出版社,2015.

[2]伯顿·克拉克.高等教育系统:学术组织的跨国研究[M].王承绪,徐辉,殷企平,等译.杭州:杭州大学出版社,1994.

[3]克拉克·克尔.大学的功用[M].陈学飞,陈恢钦,周京,等译.南昌:江西教育出版社,1993.

[4]伯顿·克拉克.高等教育新论:多学科的研究[M].王承绪,徐辉,郑继伟,等译.杭州:浙江教育出版社,2001.

[5]罗纳德·G.埃伦伯格.美国的大学治理[M].沈文钦,张婷姝,杨晓芳,等译.北京:北京大学出版社,2010.

[6]约翰·S.布鲁贝克.高等教育哲学[M].王承绪,郑继伟,张维平,等译.杭州:浙江教育出版社,2001.

[7]爱弥儿·涂尔干.教育思想的演进[M].李康,译.上海:上海人民出版社,2006.

[8]约翰·韦斯特-伯纳姆.重新审视教育领导力:从提升到转型[M].胡卫,译.上海:华东师范大学出版社,2016.

[9]理查德·L.休斯,凯瑟琳·科拉雷利·贝蒂,戴维·L.迪恩伍迪.战略型领导力:战略思考、战略行动与战略影响[M].刘旭东,牟立新,沈小滨,等译.北京:电子工业出版社,2016.

[10]安东尼·克龙曼.教育的终结:大学何以放弃了对人生意义的追求

[M].诸惠芳,译.北京:北京大学出版社,2018.

[11]约翰·C.麦克斯维尔.中层领导力[M].施轶,译.南京:江苏凤凰文艺出版社,2015.

[12]约翰·麦克斯韦尔.领导力的5个层次[M].任世杰,译.北京:金城出版社,2017.

[13]詹姆斯·杜德斯达.21世纪的大学[M].刘彤,译.北京:北京大学出版社,2005.

[14]潘懋元.多学科观点的高等教育研究[M].上海:上海教育出版社,2001.

[15]别敦荣,杨德广.中国高等教育改革与发展30年[M].上海:上海教育出版社,2009.

[16]吴岩.构建中国特色的高等教育质量保障体系[M].北京:教育科学出版社,2014.

[17]闫拓时.当代中国大学校长领导力研究[M].北京:高等教育出版社,2014.

[18]刘澜.领导力:解决挑战性难题[M].北京:北京大学出版社,2018.

[19]王洪才.大学校长:使命·角色·选拔[M].上海:上海交通大学出版社,2009.

[20]祁凡骅.领导力[M].北京:中国人民大学出版社,2012.

[21]王洪才.中国大学模式探索:中国特色的现代大学制度建构[M].北京:教育科学出版社,2013.

[22]吴甘霖,邓小兰.做最好的干部[M].北京:国家行政学院出版社,2012.

[23]刘峰.领导能力提升简明读本[M].北京:国家行政学院出版社,2012.

[24]马万华.多样性与领导力:马丁·特罗论美国高等教育和研究型大学[M].北京:教育科学出版社,2011.

[25]温恒福.教育领导学[M].北京:中国人民大学出版社,2011.

[26]高敬.领导干部核心能力提升[M].北京:国家行政学院出版社,2013.

[27]孟庆春.研究型领导[M].北京:中国长安出版社,2012.

[28]吴小云.变革型领导影响下属满意度和组织承诺的路径研究

[M].北京:中国经济出版社,2013.

[29]贺祖斌.思考大学[M].北京:北京大学出版社,2015.

[30]黄达人等.大学的根本[M].北京:商务印书馆,2015.

[31]黄达人.大学的观念与实践[M].北京:商务印书馆,2011.

[32]陈平原.大学何为[M].北京:北京大学出版社,2006.

[33]眭依凡.大学的使命与职责[M].北京:教育科学出版社,2007.

[34]曲绍卫.大学竞争力研究[M].北京:教育科学出版社,2008.

[35]张德.现代管理学[M].北京:清华大学出版社,2007.

[36]曹希坤.大学二级学院院长的角色认知与管理之道[M].北京:经济管理出版社,2019.

[37]杨兴林.现代大学治理问题研究[M].北京:光明日报出版社,2017.

[38]张德祥,姜华等.二级学院治理:权力运行制约与监督[M].北京:科学出版社,2017.

[39]任初明.大学院长的角色研究[M].北京:教育科学出版社,2013.

[40]王铁军.校长领导力修炼[M].上海:华东师范大学出版社,2010.

[41]马龙海.当代中国大学校长领导力发展研究[M].北京:中国人民大学出版社,2012.

[42]张新平.教育组织范式论[M].南京:江苏教育出版社,2001.

[43]彭俊.现代大学制度研究[M].北京:中国政法大学出版社,2018.

[44]夏基松.简明现代西方哲学[M].上海:上海人民出版社,2015.

[45]罗素.西方哲学史[M].马元德,译.北京:商务印书馆,2015.

[46]赵敦华.现代西方哲学新编[M].北京:北京大学出版社,2016.

[47]L.J.萨哈.教育社会学[M].刘慧珍,译.重庆:西南师范大学出版社,2011.

[48]潘懋元.大学教育质量的理论与实践研究[M].广州:广东高等教育出版社,2009.

[49]郭元祥.教育逻辑学[M].北京:人民教育出版社,2014.

[50]约翰·亨利·纽曼.大学的理想[M].徐辉,顾建新,何曙荣,译.杭州:浙江教育出版社,2001.

[51]菲利普·G.阿特巴赫.高等教育变革的国际趋势[M].蒋凯,译.北京:北京大学出版社,2009.

[52]夸美纽斯教育论著选[M].任钟印,任宝祥,译.北京:人民教育出

版社,1990.

[53]潘懋元.应用型本科院校人才培养的理论与实践研究[M].厦门：厦门大学出版社,2011.

[54]华玉,李兵,赵国英.地方新建本科院校发展概论[M].北京：光明日报出版社,2009.

[55]樊彩萍.新建本科院校办学定位的理论与实践[M].北京：北京师范大学出版社,2010.

[56]贺金玉.中国地方新建本科院校的办学定位[M].北京：高等教育出版社,2009.

[57]杨红卫,彭增华.应用型本科院校建设探索[M].昆明：云南大学出版社,2015.

[58]诸含彦.社会科学研究方法[M].重庆：西南师范大学出版社,2016.

[59]陈向明.教育研究方法[M].北京：教育科学出版社,2013.

[60]威廉·维尔斯马,斯蒂芬·G.于尔斯.教育研究方法导论[M].9版.袁振国,等译.北京：教育科学出版社,2010.

[61]刘献君.教育研究方法高级讲座[M].武汉：华中科技大学出版社,2010.

[62]艾尔·巴比.社会研究方法[M].11版.邱泽奇,译.北京：华夏出版社,2018.

[63]金东日.组织理论与管理[M].天津：天津大学出版社,2016.

[64]刘献君.高等学校战略管理[M].北京：人民教育出版社,2008.

[65]柏昌利.高等教育管理导论[M].西安：西安电子科技大学出版社,2006.

[66]李克军.在服务地方中凸显特色：新建本科院校发展战略研究[M].北京：清华大学出版社,2015.

[67]季桂起,宋伯宁.地方本科院校创新性应用型人才培养模式研究[M].济南：山东大学出版社,2013.

[68]郭平.现代大学治理及其功能研究[M].成都：西南交通大学出版社,2015.

[69]罗伯特·K.殷.案例研究方法的应用[M].周海涛,夏欢欢,译.重庆：重庆大学出版社,2014.

[70]裴娣娜.教育研究方法导论[M].合肥：安徽教育出版社,2011.

[71]马克斯·韦伯.社会科学方法论[M].韩水法,莫茜,译.北京:商务印书馆,2015.

[72]薛天祥.高等教育管理学[M].桂林:广西师范大学出版社,2001.

[73]姚启和.高等教育管理学[M].武汉:华中理工大学出版社,2000.

[74]林染.领导赢在管人[M].北京:中国华侨出版社,2006.

[75]杨德广.高等教育管理学[M].上海:上海教育出版社,2006.

[76]刘建军.领导学原理:科学与艺术[M].2版.上海:复旦大学出版社,2004.

[77]魏文斌.第三种管理维度:组织文化管理通论[M].长春:吉林人民出版社,2006.

[78]斯蒂芬·P.罗宾斯.管理学[M].9版.孙健敏,等译.北京:中国人民大学出版社,2008.

[79]曾仕强.中国式管理[M].北京:中国社会科学出版社,2003.

[80]陈福今.领导科学概论[M].北京:人民出版社,2006.

[81]葛荣晋.中国管理哲学通论[M].北京:中国人民大学出版社,2012.

[82]W.理查德·斯科特,杰拉尔德.F.戴维斯.组织理论[M].高俊山,译.北京:中国人民大学出版社,2011.

[83]沃伦·本尼斯,伯特·纳努斯.领导者[M].方海萍,等译.北京:中国人民大学出版社,2008.

[84]珍妮特·V.登哈特,罗伯特.B.登哈特.新公共服务:服务,而不是掌舵[M].丁煌,译.北京:中国人民大学出版社,2016.

[85]刘峰.领导哲学[M].北京:国家行政学院出版社,2015.

[86]约翰·阿戴尔.有效领导力开发[M].翁文艳,吴敏,译.上海:上海人民出版社,2011.

[87]于炳贵.如何提升领导力[M].济南:济南出版社,2010.

[88]荣敬本,等.从压力型体制向民主合作体制的转变[M].北京:中央编译出版社,1998.

[89]塞缪尔·亨廷顿.变化社会中的政治秩序[M].王冠华,等译.上海:上海人民出版社,2008.

[90]李友梅,等.中国社会生活的变迁[M].北京:中国大百科全书出版社,2008.

[91]高敬.领导者核心能力提升[M].北京:中共党史出版社,2009.

[92]竺乾威.公共行政学[M].上海:复旦大学出版社,2008.

[93]王孙禹.高等教育组织与管理[M].北京:高等教育出版社,2008.

[94]黄福涛.外国高等教育史[M].上海:上海教育出版社,2008.

[95]费孝通.乡土中国[M].上海:上海世纪出版集团,2015.

[96]夏鲁惠.我国高等教育区域化发展研究[M].桂林:广西师范大学出版社,2009.

[97]黄建如.比较高等教育:国际高等教育体系变革比较研究[M].北京:社会科学文献出版社,2008.

[98]陈洪捷.德国古典大学观及其对中国的影响[M].北京:北京大学出版社,2007.

[99]钱国英,等.高等教育转型与应用型本科人才培养[M].杭州:浙江大学出版社,2007.

[100]徐绪卿.教学服务型大学:理论研究与制度框架[M].北京:中国社会科学出版社,2014.

[101]孙惠敏.教学服务型大学理论探析与实践[M].杭州:浙江大学出版社,2014.

[102]天野郁夫.高等教育的日本模式[M].陈武元,译.北京:教育科学出版社,2006.

[103]李化树.建设欧洲高等教育区:聚焦博洛尼亚进程[M].北京:人民教育出版社,2014.

[104]万秀兰.美国社区学院的改革与发展[M].北京:人民教育出版社,2003.

[105]高迎爽.法国高等教育质量保障体系研究[M].北京:中国社会科学出版社,2014.

[106]拉尔夫·达仁道夫.现代社会冲突:自由政治随感[M].林荣远,译.北京:中国社会科学文献出版社,2000.

[107]冯增俊.教育人类学[M].南京:江苏教育出版社,2001.

[108]威廉·A.哈维兰.文化人类学:人类的挑战[M].陈相如,等译.北京:机械工业出版社,2014:17.

[109]余东升,魏署光.中国院校研究案例:第5辑[M].武汉:华中科技大学出版社,2016.

[110]郭平.现代大学治理及其功能研究[M].成都:西南交通大学出版

社,2015.

[111]黄光国.社会科学的理路[M].台北:心理出版社股份有限公司,2003.

(二)期刊

[1]潘懋元.当代世界高等教育理念及对中国的影响・序[J].高教探索,2002(3):15.

[2]王敬波.落实高等教育法助力"双一流"建设[J].北京教育,2016(5):43.

[3]王建华.重启高等教育改革的理论思考[J].高等教育研究,2014(5):1-10.

[4]中国科学院"科技领导力研究"课题组.领导力五力模型研究[J].领导科学,2006(9):20-23.

[5]任真,王石泉,刘芳,等.领导力开发的新途径:"教练辅导"与"导师指导"[J].外国经济与管理,2006(7):53-58.

[6]张小娟.打造卓越的领导力[J].领导科学,2005(18):37.

[7]邱霈恩.新世纪呼唤新的更强大的领导力[J].党政干部学刊,2001(2):28-29.

[8]柯士雨.论政府及其官员的领导力的提升[J].甘肃行政学院学报,2004(1):35-37.

[9]邱心玫.论中小学校长领导力的提升[J].当代教育论坛,2007(12):23-25.

[10]朱忠武.领导力的核心要素[J].中外企业家,2005(4):32-33.

[11]陈健生.企业领导如何提高领导力[J].领导科学,2003(17):52.

[12]李昌明.领导力与造就优秀企业人才[J].经济论坛,2005(6):75-76.

[13]马建新.有效领导力的构成及提升途径[J].理论界,2007(1):48-49.

[14]王丽慧,王丽英.领导力的启示[J].才智,2004(2):25-27.

[15]李光炎.领导力与生产力[J].中共桂林市委党校学报,2001(1):30-32.

[16]王红,陈纯槿.美国教育领导力评价研究三十年:回顾与启示[J].比较教育研究,2012(1):55-58,77.

[17]别敦荣.学术管理、学术权力等概念释义[J].清华大学教育研究, 2002(2):44-48.

[18]肖月强,袁永新.高等院校教师领导力建设研究[J].国家教育行政学院学报,2011(4):66-70.

[19]潘懋元.高等学校管理干部的专业化问题[J].上海高教研究丛刊, 1982(4):18-20.

[20]谭红军,等.科技领导力要素研究[J].科研管理,2007(6):115-122.

[21]杜治洲.廉政领导力的内涵、模型及作用机理[J].河南社会科学, 2014(10):5-10.

[22]刘崇瑞.危机领导力:内涵、要素和模型[J].中国商贸,2010(25): 65-66.

[23]关铮,佘廉,魏凌.危机领导力研究综述:借鉴与展望[J].中国延安干部学院学报,2016(6):103-112,127.

[24]吴涛,奚洁人.战略领导力问题研究[J].上海行政学院学报,2013 (1):24-31.

[25]靳占忠,王洋.提升二级学院院长领导力 推进高等农业院校协同创新[J].高等农业教育,2014(1):3-6.

[26]周丽.国内大学校长领导力研究综述[J].中国电力教育,2016 (12):5-7.

[27]王光荣,骆洪福.高校二级学院院长的权力类型及协调:基于高校管理重心下移的思考[J].山东高等教育,2016(9):1-7.

[28]王敬红.大学二级学院院长研究:回顾与展望[J].高校教育管理, 2016(6):118-124.

[29]曾令初.大学实行学院制后校、院、系基本职能探讨[J].高等教育研究,1997(3):47-50.

[30]姜华.高校二级学院院长的角色冲突[J].中国高教研究,2011 (10):56-59.

[31]郑文力,叶先宝.我国大学院长角色演变与冲突调适[J].江苏高教,2017(6):25-28.

[32]靳占忠,王洋,张艳倩.二级学院院长感召力研究[J].高等农业教育,2014(4):3-8.

[33]王祚桥,张子,龙李伟.新时代提升高校领导力的四个着力点

[J].学校党建与思想教育,2019(12):77-79.

[34]赵聪环,周作宇,杜瑞军.论大学治理的领导力基础[J].中国高教研究,2017(12):49-55.

[35]刘宇文,周凯兴.新时期高校领导干部的能力建设[J].湖南师范大学教育科学学报,2014(1):109-111.

[36]王洪才.论大学发展阶段与校长选择[J].江苏高教,2007(1):22-25.

[37]罗建河.论高等教育的元治理[J].高等教育研究,2017(12):12-20.

[38]黄达人.大学中层管理者要善谋事能成事[J].中国高等教育,2008(Z3):29-31.

[39]王建华.重思大学的治理[J].高等教育研究,2015(10):8-13.

[40]洪早清.本科教育新时代下的教学管理变革省思[J].中国大学教学,2019(11):75-80.

[41]聂鑫.领导力属性模型及领导力水平评价方法研究[J].中外企业家,2016(26):136-137.

[42]刘振天.从高等教育两种哲学两大规律看两类发展理论[J].南开学报(哲学社会科学版),2020(1):73-80.

[43]别敦荣.美国大学治理理念、结构和功能[J].高等教育研究,2019(6):93-101.

[44]全守杰,张丽霞.中国大学院长的领导情境及其角色特征分析[J].现代教育管理,2017(2):1-5.

[45]李冲锋.领导力的自我提升与教育培养[J].中国浦东干部学院学报,2009(4):37-44.

[46]陈树生,等.论高等学校干部领导力的开发[J].中国高教研究,2004(2):36-39.

[47]戴炳钦,刘龙和.领导力来源的主要因素研究[J].领导科学,2012(17):40-41.

[48]李彬.我们需要这样的新闻学院院长[J].新闻记者,2017(3):35-36.

[49]宣勇.论大学的校院关系与二级学院治理[J].现代教育管理,2016(7):1-5.

[50]别敦荣.论高校内涵发展[J].中国高教研究,2016(5):28-33.

[51]吴康宁.改革·综合·教育领域:简析教育领域综合改革之要义[J].教育研究,2014(1):41-46.

[52]李建华.谈地方大学的内涵发展[J].中国高等教育,2011(11):60-63.

[53]刘振天.完善高等教育评价体系 提升高等教育治理能力[J].大学教育科学,2020(1):37-42.

[54]沈红.论大学教师评价的目的[J].高等教育研究,2013(11):43-48.

[55]陈寒.欧洲专业高等教育的发展、困境及启示[J].中国高教研究,2018(10):56-62.

[56]郭少东.地方本科高校转型发展中的应用性科研体制建设[J].中国高校科技,2017(9):36-39.

[57]王峰.新建本科院校核心价值观及其培育策略[J].现代大学教育,2013(3):89-91.

[58]曹如军.高校教师社会服务能力:内涵与生成逻辑[J].江苏高教,2013(2):80-82.

[59]顾永安,陆正林.我国新建本科院校的设置情况分析及启示[J].中国高教研究,2012(2):68-73.

[60]王占军.大众化时期高校趋同现象探析:以师范院校为例[J].教育发展研究,2008(13-14):64-68.

[61]钟秉林.新建本科院校要高度重视内涵发展和质量建设:基于41所本科院校合格评估结果的分析[J].中国高教研究,2015(6):68-72.

[62]陈新民,王一涛.教学服务型大学:新建本科院校的重要发展趋向[J].教育发展研究,2011(17):29-33.

[63]余国江,蔡敬民.新建本科院校发展中需要关注的几个问题[J].中国大学教学,2011(12):65-67.

[64]魏海苓.地方高校从"管理"走向"经营"的现实困境及突破:新制度主义视角[J].高教探索,2008(2):63-67.

[65]汪丽燕,廖锦锋等.发挥二级学院院长在本科教育工作中的作用:以桂林医学院为例[J].高校医学教学研究(电子版),2019(6):7-10.

[66]吴艳玲,刘耀."双一流"建设中二级学院院长角色分析:基于明茨伯格管理者角色理论[J].高等建筑教育,2019(2):138-144.

[67]吴映强.国内高校二级学院院长遴选机制优化研究[J].首都师范

大学学报(社会科学版),2018(5):178-186.

[68]赵海萍,盖志毅.我国高校二级学院院长(系主任)的职责研究:基于管理重心下移的背景分析[J].内蒙古农业大学学报(社会科学版),2011(3):122-123,129.

[69]郑余.大学系主任管理工作再思考:基于伯顿·克拉克的学术系统论的思考[J].江苏高教,2005(3):43-44.

[70]高磊,赵文华.深化"院为实体"改革 推进现代大学制度建设[J].现代大学教育,2003(5):65-68.

[71]韩梦洁.调整校院关系 推进学院治理现代化:"二级学院治理:权力运行制约与监督"学术研讨会综述[J].中国高教研究,2017(1):18-20.

[72]张宇华.高校二级学院从管理到治理的转变[J].教育理论与实践,2018(15):6-8.

[73]王光荣,骆洪福.高校二级学院院长的权力类型及协调:基于高校管理重心下移的思考[J].山东高等教育,2016(9):1-7.

[74]朱建成.二级学院院长负责制及其管理模式探讨[J].广东外语外贸大学学报,2006(4):98-101.

[75]戚业国.论大学学院制度的形成、发展与改革[J].高等教育研究,1996(5):17-22.

[76]龚放.高等教育的本质特点不容忽视[J].高等教育研究,1995(1):22-27.

[77]瞿振元.高等教育强国:本质、要素与实现途径[J].中国高教研究,2013(3):1-5.

[78]沈文钦.《大学的理念》中的博雅教育学说:缘起、观点及其影响史[J].北京大学教育评论,2014(3):141-159.

[79]李友梅.当代中国社会治理转型的经验逻辑[J].中国社会科学,2018(11):58-73.

[80]姚远,任羽中."激活"与"吸纳"的互动:走向协商民主的中国社会治理模式[J].北京大学学报(哲学社会科学版),2013(2):141-146.

[81]周光迅.对教育理念的哲学考察[J].杭州电子科技大学学报(社会科学版),2006(3):36-40.

[82]王胜今,吴昊.高等教育发展若干重要关系思考[J].求是,2013(9):45-46.

[83]顾志勇.高等教育新发展理念探究[J].黑龙江高教研究,2018(8):52-57.

[84]潘懋元,陈斌.面向 2030 的高等教育发展:理念与行动[J].中国高等教育评论,2018(1):3-13.

[85]葛道凯.坚持以人民为中心的发展理念 推动高等教育内涵发展[J].中国高等教育,2017(2):13-15.

[86]韩清波.高校二级学院行政领导影响力核心因素研究[J].现代大学教育,2007(4):69-73.

[87]程杉.高校领导干部领导观念刍议[J].中国劳动关系学院学报,2006(1):101-103.

[88]张红.领导观的转向及对学校领导的启示[J].教学与管理,2010(16):13-14.

[89]覃正爱.论科学领导与科学领导观[J].常德师范学院学报(社会科学版),2002(5):38-40.

[90]李一.浅谈国家治理现代化背景下的领导观[J].领导科学,2015(4):24-26.

[91]祝学明,黄新建.欠发达地区高校领导干部的现代理财观念及模式探讨[J].企业经济,2004(12):208-209.

[92]王祚桥,张子龙,李伟.新时代提升高校领导力的四个着力点[J].学校党建与思想教育,2019(12):77-79.

[93]张传燧.治理、文化、质量:高等教育深化改革的三大主题[J].大学教育科学,2015(1):15-19.

[94]眭依凡.关于大学人才培养问题的思考[J].教育发展研究,2006(5):30-34.

[95]李启辉.高校领导干部权力观的错位与正位[J].龙岩学院学报,2008(5):18-21.

[96]彭如发.试论高校领导干部的权力观[J].湖北中医学院学报,2003(2):64-65.

[97]王退见.论新时代党政干部权力观[J].中国延安干部学院学报,2018(6):67-74.

[98]石小玉.浅议高校领导干部权力观教育[J].科技信息,2010(15):535,531.

[99]李伟.高校领导干部权力运行监督机制[J].上海党史与党建,2013（9）:39-41.

[100]胡国铭.大学校长的人格魅力与大学发展[J].高等教育研究,2002(5):57-60.

[101]林泉.人格魅力如何影响领导力[J].小康,2005(12):22-23.

[102]王润芳.论高校领导干部的人格魅力[J].黑龙江科技信息,2007（24）:134.

[103]刘建平.谈新时期领导者的人格魅力[J].理论探讨,2003(4):81-82.

[104]王尔章.领导者要强化人格魅力[J].政工学刊,2007(5):14.

[105]余利川,段鑫星.行政与学术:"双肩挑"院长角色冲突的扎根研究[J].复旦教育论坛,2018(1):72-78.

[106]邹治平,杨映忠.简论高校领导干部的领导艺术[J].重庆职业技术学院学报,2005(4):102-104.

[107]肖新平.对领导艺术的几点理解[J].领导科学论坛,2017(23):41-43.

[108]王寅哲.论领导科学与领导艺术的关系[J].人民论坛,2012(36):194-195.

[109]刘红委.高校校级干部领导艺术及表现形式探析[J].江西科技师范学院学报,2010(4):97-100.

[110]刘彦芬,苏献启.治理理念中的领导艺术解析[J].邢台学院学报,2016(2):44-46.

[111]刘峰.新领导力与领导艺术[J].紫光阁,2014(11):77-78.

[112]吴荣生.如何提升领导干部群众话语能力[J].中国党政干部论坛,2019(7):74-77.

[113]董浩平.试论新时代高校领导干部的基本素养和基本能力[J].河南工程学院学报(社会科学版),2018(4):28-30.

[114]霍庆生.高校领导干部如何顺应形势提升治理能力[J].高教学刊,2015(17):140-141.

[115]别敦荣,韦莉娜,唐汉琦.高等教育治理体系和治理能力现代化的基本原则[J].复旦教育论坛,2015(3):5-10.

[116]张慧春.从领导特质理论看高校领导干部能力的提升[J].怀化学

院学报,2014(12):119-121.

[117]谭斌.高校领导干部的素养培养及能力建设[J].学理论,2015(3):224-225.

[118]王华彪.高校领导干部如何提高抓落实的能力[J].党政干部论坛,2019(5):15-18.

[119]刘宇文,周凯兴.新时期高校领导干部的能力建设[J].湖南师范大学教育科学学报,2014(1):109-111.

[120]赵晓兰,侯燕.提高二级学院领导班子领导能力的有效途径[J].扬州大学学报(高教研究版),2013(3):56-59.

[121]毛芳才,周燕学.关于地方本科院校专业链与社会产业链对接的几点思考[J].贺州学院学报,2018(4):138-143.

[122]吕治国.提升高校领导班子办学治校能力[J].中国高等教育,2010(2):1.

[123]高云峰.领导能力是构建和谐校园的有力保障[J].前沿,2008(4):97-99.

[124]窦贵君.现代校长应具备的六种领导能力[J].教育理论与实践,2008(3):16.

[125]孙丽平.关于加强高校管理者领导能力建设的思考[J].教育与职业,2006(21):57-58.

[126]符惠明,简大钧."谋大事、促发展"是高校领导班子能力建设的根本[J].江南大学学报(人文社会科学版),2006(2):99-102.

[127]崔文志.关于提高高校领导干部战略决策能力的若干思考[J].北京教育(高教版),2004(Z1):21-23.

[128]曹仰锋,李平.中国领导力本土化发展研究:现状分析与建议[J].管理学报,2010(11):1704-1709.

[129]李冲锋.领导力的自我提升与教育培养[J].中国浦东干部学院学报,2009(4):37-44.

[130]李斌琴,李泽彧.高校内部管理规范的合理性[J].现代教育管理,2012(7):46-50.

[131]金晓伟.领导激励理念与方法创新[J].合作经济与科技,2011(21):34-35.

[132]刘永宏.论领导激励的平衡点[J].西南农业大学学报(社会科学

版),2007(5):26-28.

[133]董建中.浅谈领导激励[J].煤炭经济研究,2007(10):74-75.

[134]阿荣高娃.领导激励理念创新[J].领导科学,2006(21):40-41.

[135]黄淑洁.高校知识型员工激励策略的研究[J].长春理工大学学报(高教版),2009(2):77-78.

[136]王中华.地方普通本科高校转型发展的困惑与出路:二级学院的视角[J].现代教育管理,2016(3):53-57.

[137]马进明,韦钢,刘金岭.高等院校二级学院定位的思考[J].中国成人教育,2007(21):37-38.

[138]于杨,尚莉丽,冯亚娟.美国常春藤联盟大学二级学院治理结构模式、特征及其启示[J].复旦教育论坛,2019(5):27-33.

[139]于杨.高校二级院系发展战略规划及其制定[J].东北大学学报(社会科学版),2017(3):305-311.

[140]周光礼."双一流"建设中的学术突破:论大学学科、专业、课程一体化建设[J].教育研究,2016(5):72-76.

[141]郑勇,徐高明.权力配置:高校学院制改革的核心[J].中国高教研究,2010(12):24-26.

[142]仰丙灿,张兄武.试点学院改革下的大学二级学院治理[J].现代教育管理,2019(2):37-42.

[143]陈珂,张旭,冯丽谦.要素构成与能力提升:高校二级学院领导者角色扮演研究[J].黑龙江高教研究,2017(10):48-51.

[144]张子照,朱晟利.谈地方本科院校教学团队建设中存在的问题与对策[J].教育探索,2012(2):91-93.

[145]刘国艳.地方高校教师团队建设:现实困境与变革走向[J].江苏高教,2015(3):113-115.

[146]宋保平.芬兰校长的教育领导力[J].现代教学,2013(4):72-74.

[147]孟雪,林艺茹.学习型社会下教育领导力的构建及提升[J].中国高等教育,2012(7):53-55.

[148]袁贵仁.深化教育领域综合改革 加快推进教育治理体系和治理能力现代化[J].中国高等教育,2014(5):4-11.

[149]王烽.加快推进教育治理水平和治理能力现代化[J].人民教育,2019(22):1.

[150]贾新波.关于领导者、追随者及环境三个问题的探讨[J].理论前沿,2014(9).

[151]南国君,卫婷婷.新时代高校二级学院治理体系改革困境及路径重构[J].国家教育行政学院学报,2020(5):41-46.

[152]张应强,王平祥."双一流"建设背景下我国本科教育人才培养目标的思考[J].湖南科技大学学报(社会科学版),2019(6):148-154.

[153]张应强,邬大光,眭依凡等.中国高等教育70年十人谈(笔会)[J].苏州大学学报(教育科学版),2019(3):22-50.

[154]王俊,顾拓宇.新建本科师范院校组织转型探究:基于61所院校统计数据的分析[J].现代大学教育,2019(5):71-78.

[155]王俊,王琳博.近十五年来我国大学治理研究的知识图谱分析[J].现代教育管理,2018(4):1-6.

(三)学位论文

[1]周富强.高等教育大众化阶段地方大学院长领导力研究:以广东外语外贸大学为例[D].北京:北京大学,2009.

[2]饶正慧.民国时期著名大学校长领导力研究[D].重庆:西南大学,2013.

[3]王洋.基于领导力理论的二级学院院长领导力研究[D].石家庄:河北科技大学,2013.

[4]梁昌猛.地方大学校长学术领导力研究:以H大学为例[D].上海:华东师范大学,2018.

[5]王娟.中小学校长领导力评价指标体系研究[D].上海:华东师范大学,2016.

[6]李玉芳.论中小学校长领导力及其开发[D].上海:华东师范大学,2009.

[7]卞良.中国研究型大学二级学院内部治理及其影响因素研究[D].武汉:华中科技大学,2017.

[8]郭书剑.我国大学学院治理问题研究[D].南京:南京师范大学,2017.

[9]刘恩允.治理理论视阈下的我国大学院系治理研究[D].苏州:苏州大学,2014.

[10]孙曙光.治理理论视阈下我国公立大学内部制度研究[D].长春:吉

林大学,2017.

[11]解德渤.我国公立高等学校法人制度改革研究[D].厦门:厦门大学,2017.

[12]刘香菊.治理视域下的我国大学院长角色研究[D].武汉:华中科技大学,2014.

[13]王辅俊.高校中层领导干部考核评价指标体系研究:以上海某S高校为例[D].上海:上海师范大学,2011.

[14]傅建东.中职校长领导力研究[D].上海:华东师范大学,2007.

[15]领导力培养与服务型学习:当代美国高校领导教育的专题研究[D].北京:首都师范大学,2006.

[16]吉明明.学院治理:结构·权力·文化[D].南京:南京师范大学,2018.

[17]姚蕾.从历史观点看早稻田大学的教育理念[D].上海:上海外国语大学,2017.

[18]卢晓中.当代世界高等教育理念及对中国的影响[D].厦门:厦门大学,2001.

[19]贾杰静.哈佛大学教育理念研究[D].武汉:华中科技大学,2009.

[20]王廷雯.民国时期大学校长人才观的研究[D].济南:山东大学,2015.

[21]肖京林.地方大学治理转型研究:基于单位制变迁的视角[D].武汉:华中科技大学,2017.

[22]柳友荣.我国新建应用型本科院校发展研究[D].南京:南京大学,2011.

[23]刘晖.转型期的地方大学治理[D].厦门:厦门大学,2007.

[24]郝进仕.新建本科院校发展战略与战略管理研究[D].武汉:华中科技大学,2010.

[25]黄容霞.全球化时代的大学变革(1980—2010):组织转型的制度根源[D].武汉:华中科技大学,2012.

[26]周玲.大学组织冲突研究:角色、权力与文化视角[D].上海:华东师范大学,2006.

[27]张晓霞.我国高校校院间权力配置研究:以山东省高校为例[D].武汉:华中科技大学,2018.

[28]许晚辉.高校二级学院内部治理结构研究[D].长沙：湖南大学,2017.

（四）报纸

[1]柳友荣.新建本科院校如何实现转型发展[N].光明日报,2016-07-27(10).

[2]顾永安.新建本科院校转型不能"一刀切"[N].中国教育报,2015-06-18(9).

[3]朱仕仲.新建本科院校转型不宜跟风[N].光明日报,2014-12-23(10).

[4]汪明仪.新建本科院校如何凝聚特色发展驱动力[N].中国教育报,2013-05-27(8).

[5]牟延林.新建本科院校如何实现二次转型[N].中国教育报,2013-05-27(8).

[6]侯长龙.地方本科高校就业排名垫底[N].中国教育报,2012-07-03(8).

[7]黄丽艳.高校转型：综合改革促特色发展[N].中国教育报,2016-06-15(8).

[8]王任,志刚.基于法治的现代大学善治[N].新华日报,2016-06-15(10).

[9]陈文新.高校薪酬需立足公平与激励[N].光明日报,2012-08-15(15).

[10]胡晟.校企合作：从磨合走向融合的过程[N].文汇报,2017-03-10(10).

[11]徐中.重新定义领导力[N].中国证券报,2019-10-17(A06).

[12]蔡礼强.新时代领导力研究应重视几个问题[N].中国社会科学报,2018-06-27(7).

（五）电子文献

[1]中华人民共和国教育部.教育部、国家发展改革委、财政部关于引导部分地方普通本科高校向应用型转变的指导意见[EB/OL].(2015-10-23)[2018-02-21].http://www.moe.gov.cn/srcsite/A03/moe_1892/moe_630/201511/t20151113_218942.html.

[2]中华人民共和国工业和信息化部.三部委关于印发《制造业人才发

展规划指南》的通知[EB/OL].（2017-02-24）[2018-11-13]. http://www. miit.gov.cn/n1146290/n4388791/c5500114/content.html.

[3]中共中央、国务院印发《国家中长期教育改革和发展规划纲要（2010-2020）[EB/OL].（2010-07-29）[2019-03-23]. http://www. gov. cn/jrzg/2010-07/29/content_1666937.htm.

[4]国务院关于印发统筹推进世界一流大学和一流学科建设总体方案的通知[EB/OL].（2015-11-05）[2019-10-25]. http://www. gov. cn/zhengce/content/2015-11/05/content_10269.htm.

[5]中共中央、国务院印发《中国教育现代化 2035》[EB/OL].（2019-02-03)[2020-06-01]. http://www.moe.gov.cn/jyb_xwfb/s6052/moe_838/201902/t20190223_370857.html.

[6]中共中央 国务院关于全面深化新时代教师队伍建设改革的意见[EB/OL].（2018-01-20）[2019-06-15]. http://www. moe. gov. cn/jyb_xxgk/moe_1777/moe_1778/201801/t20180131_326144.html.

[7]国务院办公厅关于深化产教融合的若干意见（国办发〔2017〕95 号）[EB/OL].（2017-12-05）[2019-09-15]. http://www. moe. gov. cn/jyb_xxgk/moe_1777/moe_1778/201712/t20171219_321953.html.

[8]教育部关于深化本科教育教学改革 全面提高人才培养质量的意见[EB/OL].（2019-10-08）[2019-10-15]. http://www. moe. gov. cn/srcsite/A08/s7056/201910/t20191011_402759.html.

二、外文文献

[1]REID A. Foucault and school leadership research：bridging theory and method[J].International journal of research & method in education，2019(1)：109-110.

[2]BALES B L. Teacher education reform in the United States and the theoretical constructs of stakeholder mediation［J］. International journal of education policy &leadership,2010,2(6).

[3]BRUBACHER J S.On the philosophy of higher education[M]. San Francisco：Jossey-Bass Publisher,1982.

[4] CONNOLLY M，CONNOLLY U，JAMES C. Leadership in edu-

cational change[J]. British journal of management,2000(11):61-70.

[5] GOMES W. Leadership in educational technology insights from the corporate world[J]. Journal of leadership studies,2011,4(4).

[6] BOTTEY M.The challenges of educational leadership:values in a globalized age[J].Journal of philosophy of education,2005,39(3).

[7] GUNTER H,RIBBINS P. The field of educational leadership:studying maps and mapping studies[J]. British journal of educational studies,2003,51(3).

[8]CRAIG L P, JAY A C, EDWIN A L. Shared leadership theory [J].The leadership quarterly,2008(6):622-628.

[9]PARRY K W. Grounded theory and social process:a new direction for leadership research[J].The leadership quarterly,1998(6):85-105.

[10]JESSICA E D,ROBERT G L,WILLIAM L G, et al. Leadership theory and research in the new millennium:current theoretical trends and changing perspectives[J].The leadership quarterly,2014(1):36-62.

[11] CHESTER A S. Further advances in traditional leadership theory and research[J].The leadership quarterly,2013(6):952.

[12]DAY V D.The leadership quarterly yearly review:comprehensive and integrative perspectives on leadership research, theory, and methods[J]. The leadership quarterly,2020(2):65.

[13]HARRIS A, LEITHWOOD K, DAY C,et al. Distributed leadership and organizational change:reviewing the evidence[J].Journal of educational change,2007 (4).

[14]BEGLEY P T. Self-knowledge, capacity and sensitivity:prerequisites to authentic leadership by school principals[J].Journal of educational administration,2006 (6).

[15] CAPPER C A, THEOHARIS G, SEBASTIAN J. Toward a framework for preparing leaders for social Justice [J] . Journal of educational administration,2006 (3).

[16]LYNN H D. Leadership for community building:changing how we think and act[J]. The clearing house:a journal of educational strategies, issues and ideas,2004 (5).

[17]SPILLANE J P,HALVERSON R,DIAMOND J B. Towards a theory of leadership practice: a distributed perspective[J]. Journal of curriculum Studies,2004 (1).

[18] BOGOTCH I E. Educational leadership and social justice: practice into theory[J]. Journal of school leadership,2002 (2).

[19]DIMMOCK C, WALKER A.Developing comparative and international educational leadership and management: a cross-cultural model [J].School leadership & management,2000 (2).

[20] DOYLE R M. Applying new science leadership theory in planning an international nursing student practice experience in Nepal [J].The journal of nursing education,2004 (9).

[21]BASS L R. Black male leaders care too: an introduction to black masculine caring in educational leadership [J]. Educational administration quarterly,2020(3):353-395.

[22] DEXTER S, CLEMENT D, MORAGUEZ D, et al. (Inter) Active learning tools and pedagogical strategies in educational leadership preparation[J]. Journal of research on leadership education, 2020 (3): 173-191.

后 记

　　本书的出版，主要是在我的博士毕业论文基础上形成的。还记得2014年7月27日，当我再次收到来自厦门大学的录取通知书，内心澎湃着的激动、兴奋、喜悦，让我情不自禁地在 QQ 空间发表了一条说说"厦大我又来了"，以此表达历经三次考博才终于得以返回母校深造的心情。

　　再次步入研究高等教育的殿堂——厦门大学教育研究院，我想先从本人与教育学的不解之缘说起。从本科的教育管理，硕士的高等教育学，到如今的教育博士，从学历上看，我似乎越来越靠近教育学的高深之境。但，学然后知不足。正如2000多年前，古希腊哲学家芝诺提出的"知识圆圈说"，人的知识就好比一个圆圈，圆圈里面是已知的，圆圈外面是未知的；你知道的越多，圆圈也就越大，你不知道的也就越多。步步深造的过程，让我越发觉得自己的知识远远不够，也越发渴望继续深造。

　　泰戈尔说："我不能选择那最好的，是那最好的选择了我。"我非常感谢我的导师王洪才教授，在我第三次考博的时候接纳了我。如果没有王老师的选择，或许我这辈子只能与博士擦肩而过了。我始终不忘那一年的9月15日，在教育研究院举行的开学典礼上，潘懋元先生的谆谆教诲："教育博士要结合工作去读，结合工作去开展研究。"由此开启了我攻读教育博士的历程，也启发了我着手思考今后博士论文应该以什么主题去撰写。彼时，作为一所地方高校党委组织部的主要负责人，高校干部队伍建设的话题在我心头油然而生。

　　高校干部队伍主要是指专职教师以及后勤安保服务人员之外的群体。可以说，这是一个很大的群体，因为从层级而言，至少包括四个层级，即校级、中层、三层乃至一般的干部；而从类别而言，也至少包括四类，即行政机关类、教辅机构类、二级院（系）类、科研院所类。不论从层级还是类别，干部的条件和要求都各有不同。随着我国大学治理重心下移，学院办大学越来越引起人们的思考。作为拥有大学学术治理和行政治理两大职能的二级院（系）的领导人理应越来越受到关注，也走进了我思考的视野。正是基于此，我尝试从教育学的视角，围绕高等教育领导领域的专业性和特殊性，探讨二级学院院长教育领导力问题，并通过研究解决"二级学院院长具有什么样的教育领导力才能胜任大学治理重心下移的时代使命，领导好学院发展，以及破解如何选好和当好二级学院院长的现实问题"。

写作的过程中，王洪才教授给予了我无微不至的关心和指导以及非常及时的鼓励，潘懋元教授、邬大光教授、刘海峰教授、王洪才教授、史秋衡教授、李泽彧教授、张亚群教授、林金辉教授、吴薇教授、徐岚教授等老师的精彩授课，让我对高等教育的研究有了更为系统而深入的认识和理解。而在拙著完善提升的过程中，除了导师王洪才教授提供了许多高屋建瓴的指导意见外，还特别要感谢潘先生以及别敦荣教授、刘振天教授、覃红霞教授、郭建鹏教授、杨广云副教授、乔连全副教授、郑宏副教授以及广西师大高金岭教授、华中师大王俊教授等老师的关心和指导，以及我的工作单位贺州学院校长吴郭泉、原党委书记梁丁丁等同事对我的关心和支持。同时也要感谢广西壮族自治区党委组织部干部五处秦娟主任以及我所在单位从事组织工作等同事的支持，每当我遇到写作疑惑时，都会邀请他们积极参与我的讨论，他们无意之间的几句话就会让我茅塞顿开。当然也要感谢广西壮族自治区党委教育工委组织部唐春燕部长以及广西部分兄弟院校组织部同人对我调研工作的鼎力支持。同时，也要感谢我的同门大连理工大学解德勃博士以及段肖阳、郭一凡、郑雅倩、李淑娥、施卫华、汤建、陈坤党、刘红光、闵琴琴、史正东、汤智、王健、赵祥辉、许冬武、宣葵葵、杨振芳、张启富、王洪国等同门兄弟姐妹的关心，特别是两次在沙龙上给我的写作提出不少宝贵意见和建议。

最后，要感谢我的家人，我的夫人周燕学是我真正的贤内助，天天督促我、催我赶快写论文的声音至今还萦绕我耳旁。导师叮嘱她在我著作完稿时，要全部帮忙校对一遍，她做得非常到位，逐字逐句地帮忙校对。当然，还有我的女儿毛芸和女婿朱正元，在我完善书稿时每当向前走出一步时，他们都会祝贺及提醒我继续努力。我从中体会到孩子对父母的爱还体现在晚辈对父辈的激励和鼓励上。

此外，在我准备把专著出版的时候，特别要感谢我的本科母校广西师范大学校长贺祖斌教授、博士生导师对我的悉心指导，且亲自为我的拙著作序。也要感谢厦门大学出版社的编校老师,他们一丝不苟、精益求精的工作作风十分令我感动。其实,要感谢的人还有很多,无法在此一一列出,但我铭记在心。承载着大家的祝福和期盼,我将不断耕耘,不断努力。专著的出版也得到了贺州学院博士教授科研启动基金项目的支持。

做研究和写文章的过程就是爬坡过坎的过程,不停地自我怀疑与否定,又不停地寻找突破口和新思路。本专著从着手写作到最终成稿,历经了三载春夏秋冬的更迭。这个过程充满了煎熬和辛酸,却也伴随着收获的欣喜和成长的欢愉。

当然,本书肯定还存在诸多的不足,为此,诚恳地接受各位专家、学者的批评和指正。

2022 年 1 月
于广西贺州博雅苑